水文地质与电测找水技术

刘春华　李其光　宋中华　霍家喜　等编著

黄河水利出版社

内容提要

全书共分三卷，第一卷为地质找水技术，简洁地论述了有关地质找水方面的地质学和水文地质学方面的基础知识，系统地论述了地质找水方面的专业知识和技术工作方法；第二卷为电测找水技术，简要介绍了电测找水的基本工作原理，系统论述了电测找水常用技术方法以及工作方法；第三卷为山东区域地层表，其特点是以能够满足找水工作的需求为原则，全面实用，便于查阅。本书编写时力求系统、全面、简洁、实用，面向基层找水工作者，是从事找水技术人员的专业书籍。

图书在版编目(CIP)数据

水文地质与电测找水技术/刘春华等编著.—郑州：黄河水利出版社，2008.10

ISBN 978-7-80734-514-5

Ⅰ.水… Ⅱ.刘… Ⅲ.①水文地质②地下水-水文地质勘探-电测法 Ⅳ.P641

中国版本图书馆 CIP 数据核字(2008)第151379号

组稿编辑：岳德军　手机：13838122133　E-mail：dejunyue@163.com

出 版 社：黄河水利出版社

地址：河南省郑州市金水路11号　　邮政编码：450003

发行单位：黄河水利出版社

发行部电话：0371-66026940、66020550、66028024、66022620(传真)

E-mail：hhslcbs@126.com

承印单位：黄河水利委员会印刷厂

开本：787 mm×1 092 mm　1/16

印张：20

字数：460千字　　印数：1—2 000

版次：2008年10月第1版　　印次：2008年10月第1次印刷

定价：49.00元

前　言

水文地质找水技术主要是依据地质科学中的地层学、岩石学、构造地质学、地质力学以及地下水动力学的基本理论，结合找水实践，科学地确定储水构造、含水层和补给区的基本定义。以此为基础，对各类岩层在不同力学性质作用下形成的储水构造体系进行分类，对不同岩性地层、不同力学性质构造的控水性进行研究，以此为依据进行的地质找水选井工作，是一门涉及多学科的综合性较强的应用技术。由于地质体的充分复杂性、岩石构造裂隙发育的不均匀性和地质体本身一些不可预见因素的客观存在，使得找水工作在某些地区或地层上充满了挑战和风险。因而，找水工作者的责任，应定义为是根据自身的专业知识和经验，对打井定位提供程度不同的技术咨询和服务，提供一种专业判断。既然是一种技术咨询和服务，是在提供一种专业判断，就应在说明定位的理由和成井的可能性的同时，恰如其分地阐明其可能存在的风险，以做出决断。

地球物理勘探，简称物探，是用物理方法来勘探地壳上层岩石的构造与寻找可用资源的一种手段，主要包括电法勘探、地球物理测井、地震勘探和声波探测等类别。其中电法勘探又分为直流电法勘探和交流电法勘探，以及人工场源法和天然场源法。电测找水属于一种电法勘探，它是利用地下各类岩层、构造等在富水的情况下所表现出来的导电性差异，达到找水的目的。目前各种物探找水方法的解释基本上是一种间接判断，其解释结果在许多情况下具有多解性，加之地质体的复杂性、岩石构造裂隙发育的不均匀性和地质体本身一些不可预见因素，因而其解释结果应充分结合地质及水文地质条件分析，才有可能做出较为正确的判断。

地层学是地质学的基础学科，亦是找水工作的重要依据之一。本书主要以山东省为例，阐述水文地质与电测找水技术。根据地层总体发育状况，山东省属于华北地层大区的晋冀鲁豫地层区的东南隅，地质条件复杂，其找水方法和技术，对我国其他地区亦具有重要的参考和借鉴价值。本书所列地层表主要是供找水工作者使用，其特点是以能够满足找水工作的需求为原则，遵循以往找水工作者的使用习惯和叫法，便于查阅，其主要编排依据如下：中国地质学编辑委员会、中国科学院地质所，1956，中国区域地层表（草案）；山东省地质局805队，1966，1∶50万山东省地质图说明书；山东省区域地层表编写组，1978，华东地区区域地层表·山东省分册；山东省地质矿产局，1995，山东省岩石地层;以及其他相关地质资料。

编写本书的宗旨是,力求系统、全面、简洁、实用,面向基层找水工作者。论述了有关地质和电测找水方面的技术知识,以及找水方面的专业知识和经验积累,是从事找水技术人员的专业实用书籍。

全书共分三卷,各部分编写分工如下:第一章由李其光执笔,第二章、第四章及第三卷荣成地层小区地层表由宋中华执笔,第三章及第三卷临清—丘县地层小区地层表、附录1、附录2由霍家喜执笔,第五章及第三卷蓬莱地层小区地层表由耿蕊执笔,第六章、第十六章及第三卷泰安地层小区地层表由韩名乾执笔,第七章、第九章、第十四章由岳成鲲执笔,第八章、第十二章及第三卷济宁地层小区地层表由孟宪静执笔,第十章、第十九章及第三卷胶南—东海地层小区地层表由董学刚执笔,第十一章、第十五章及第三卷莱阳地层小区地层表由刘谦执笔,第十三章由刘春华执笔,第十七章及第三卷潍坊地层小区地层表由刘延美执笔,第十八章、第二十一章及第三卷埕宁地层小区地层表由周建伟执笔,第二十章及第三卷济阳地层小区地层表由付作民执笔。全书由刘春华、李其光负责统稿。

由于编者水平所限,书中的缺点、错误在所难免,请读者多提宝贵意见,以便下次修订时加以改正。

作　者

2008 年 2 月

目　录

第二卷 电测找水技术

第三卷 山东区域地层表

第一卷　地质找水技术

第一章　地球概况及地质作用

第一节　地球概况

一、地球的形状和大小

地球是一个实心椭球体,它的赤道半径稍大,两极半径稍小。目前,通过人造卫星观测和计算,已能较精确地获得地球形状和大小的数据。根据 1975 年第 16 届国际大地测量和地球物理协会公布的有关地球形状和大小的数据如下:

赤道半径 a	6 378.140 km
两极半径 c	6 356.755 km
表面积 $4\pi R^2$	510 064 472 km^2
体积 $\frac{4}{3}\pi R^3$	10 832 $\times 10^8$ km^3

二、地球的表面形态特征

地球的表面高低不平,以海平面为界,分为海洋盆地与大陆两大地理单元。前者总面积有 3.61 $\times 10^8$ km^2,占地球表面积的 70.8%;后者总面积有 1.49 $\times 10^8$ km^2,占地球总面积的 29.2%。海洋盆地的平均深度为 3 729 m,最深处在西太平洋马里亚纳海沟的中段,最深点达 11 034 m。大陆的平均高度为 875 m,最高处为喜马拉雅山脉的珠穆朗玛峰,其高度为 8 844.43 m。

按高程和起伏特征,将陆地分为以下几类地形单元:

(1)山地。一般把海拔高程大于 500 m、切割深度大于 200 m 的正地形称为山或山地。其中海拔 500 ~ 1 000 m 的地区,称低山区;海拔 1 000 ~ 3 500 m 的地区,称中山区;海拔 3 500 ~ 5 000 m的地区,称高山区;海拔超过 5 000 m 的地区,称极高山区。呈线状延伸的山地称山脉。我国是一个多山的国家,海拔超过 500 m 的地区面积(包括山地和高原)占全国总面积的 84%。

(2)丘陵。海拔低于 500 m、具有一定起伏,相对高差在 200 m 以下的地区,称为丘陵。

(3)平原。海拔低于 500 m 的广阔而平坦的地区,称为平原,如华北平原、长江中下游平原等。

(4)高原。海拔 600 m 以上,广阔而较为平坦的地区,称为高原,如青藏高原、蒙古高原等。

(5)盆地。四周被山地(或较高的高地)包围、中间较低且起伏不大的地区,称为盆地,如塔里木盆地、四川盆地等。

三、地壳物质组成和地球年龄

组成地壳的各种化学元素,它们的分布是极不均匀的,丰度最大的前 10 种元素(O、Si、Al、Fe、Ca、Na、K、Mg、Ti、Mn),约占地壳总量的 99%,而 H、P、S、C 以及其他几十种元素加起来,还不足地壳总量的 1%(见表 1-1)。许多在工业上重要作用的元素如铜、铅、锌、锑、钼、锡、金等,它们的克拉克值虽然很小,但在地质作用的影响下,往往可集聚起来,成为有经济价值的矿床。地壳中的各种化学元素绝大部分是以矿物产出的,再由矿物有规律地组合而形成各种岩石。

表 1-1　地壳中主要化学元素的克拉克值

化学元素	克拉克值	化学元素	克拉克值	化学元素	克拉克值
氧	47	钠	2.5	氢	0.07
硅	29	钾	2.5	磷	0.093
铝	8.05	镁	1.87	硫	0.047
铁	4.65	钛	0.45	碳	0.023
钙	2.96	锰	0.1	其他	0.187

矿物是指地壳及地球内层的化学元素通过各种地质作用形成的、在一定地质条件和物理化学条件下相对稳定的自然元素单质或化合物。例如自然金(Au)、汞(Hg)、石墨(C)和金刚石(C)等矿物是单质元素形成的,石英(SiO_2)、方解石($CaCO_3$)等矿物则是由化合物构成的。绝大多数矿物质是化合物,矿物多为固态,仅少数矿物呈液态和气态,是组成岩石和矿石的基本单元。

目前已发现的矿物总数有 3 000 多种,但地壳中最常见的主要矿物不过十多种,其中长石、石英、辉石、方解石等矿物组成各种岩石,而磁铁矿和其他矿物则可通过一定成矿作用形成各种金属和非金属矿床(见表 1-2)。

表 1-2　地壳中主要矿物成分含量

矿 物	含 量(%)	矿 物	含量(%)
斜长石	39	橄榄石	3
钾长石	12	方解石	1.5
石 英	12	白云石	0.9
辉 石	11	磁铁矿(+钛铁矿)	1.5
角闪石	5		
云 母	5	其他矿物	4.5
黏土矿物	4.6		

目前在南非、格陵兰岛发现的地球上最古老的岩石的年龄约为 38 亿年,它表明地壳的年龄至少有 38 亿年,而地球的年龄则应更长,据估计有 45 亿 ~46 亿年。

第二节 地质作用及其分类

一、地质作用的概念

地壳无时无刻不在受着各种作用,促使它产生运动变化,地质学把这种作用的动力称为地质营力(或地质动力)。由地质营力引起地壳的物质组成、内部结构和地表形态变化与发展的作用,称为地质作用。

有些地质作用进行得十分猛烈,如火山爆发、地震、山崩、洪水等;而有些地质作用进行得极其缓慢,在短期内不易被人们所觉察,如山脉隆起、海陆变迁、岩石风化等。但是这种缓慢的地质作用在漫长的地质时期中不停地进行着,因此可以产生更为惊人的结果。

产生地质动力的能量来自两方面:一方面来源于地球内部,称为内能,主要有放射性元素蜕变等产生的热能、重力作用形成的重力能和地球自转产生的旋转能等;另一方面来源于地球外部,称为外能,主要是太阳辐射能和日、月引力等。

二、地质作用的分类

地质作用分为外动力地质作用和内动力地质作用两大类。又根据这两类地质作用的性质、方式和结果的不同,将外动力作用分为风化作用、剥蚀作用、搬运作用、沉积作用和成岩作用等五种。将内动力地质作用分为岩浆作用、地壳运动、变质作用和地震作用等四种。

第三节 风化作用

风化作用按性质分为三类:物理风化作用、化学风化作用和生物风化作用。

一、物理风化作用

物理风化作用(或称机械风化作用)是指由于气温频繁升降的反复变化,使岩石在原地发生碎裂的过程。这种过程不改变原岩的化学成分。物理风化作用有以下类型。

(一)剥离作用

地表温度有日变化、年变化,特别是干旱地区,其变化幅度可达150 ℃左右,各种矿物组成的岩石(如花岗岩由钾长石、斜长石、石英和云母等组成),由于各种矿物的热胀系数不同,在这种日温差达40~60 ℃以上的长期反复的作用下,矿物之间及矿物本身产生裂隙,小裂隙串通成大裂隙至裂隙网,导致岩石表层的逐层剥离。

(二)冰劈作用

水结成冰时其体积可增大9.2%。白天水若渗入并充满岩石裂缝,夜晚自外向内逐渐冻结成冰,冰体将对裂缝壁产生2 000 kg/cm^2 的巨大压力。白天冰融化,夜晚再冻结。长期、反复的挤压将逐渐使裂缝扩展而导致岩石崩解、垮落。物理风化作用的结果使岩石碎裂、崩解,大块变成碎屑和颗粒。这些碎屑大小混杂,散落在原地及附近。

二、化学风化作用

化学风化作用是指在大气水和水溶液的作用下岩石发生的化学分解过程。化学风化作用有以下方式。

(一)氧化作用

地下处于还原环境的矿物和岩石,一旦进入地表环境,就要发生氧化作用。例如,岩石和矿石常见有黄铁矿,在其进入地表环境后,黄铁矿会迅速地被氧化成褐铁矿。这种作用会使岩石或矿石的结构松散,强度降低。其反应式如下:

$$\underset{\text{(黄铁矿)}}{4FeS_2} + 11O_2 + nH_2O \longrightarrow \underset{\text{(褐铁矿)}}{2Fe_2O_3 \cdot nH_2O} + 8SO_2$$

(二)二氧化碳的化学风化作用

地面附近的大气中 CO_2 的含量是较高的,不含 CO_2 的水也是罕见的。许多岩石,包括岩石圈上部分布极广的花岗岩、石灰岩和白云岩,在纯水中几乎不溶解,但遇上富含 CO_2 的水时,则会因碳酸化作用而分解。花岗岩中长石的含量占岩石总重量的60%~65%,碳酸可夺取长石中的阳离子 K^+、Na^+、Ca^{2+} 成为可溶性碳酸盐被水带走;游离的二氧化硅成胶体随水漂移,或残留原地。其反应式如下:

$$\underset{\text{(正长石)}}{2KAlSi_3O_8} + 2CO_2 + 3H_2O \longrightarrow \underset{\text{(高岭石)}}{A1_2Si_2O_3(OH)_4} + \underset{\text{(胶体)}}{4SiO_2} + 2KHCO_3$$

石灰岩主要由方解石组成,其碳酸化反应式如下:

$$\underset{\text{(方解石)}}{CaCO_3} + CO_2 + H_2O \longrightarrow \underset{\text{(重碳酸钙)}}{Ca(HCO_3)_2}$$

重碳酸钙可溶于水中被流水带走,因而石灰岩的表面易出现沟和石芽等凹凸不平现象。

(三)水的化学风化作用

有少部分矿物和岩石可以溶解于水中(溶解作用),如沉积岩中的岩盐、钾盐等。还有一些矿物可以吸附一定量的水分子,形成含水矿物(水化作用),同时使其体积膨胀,如硬石膏吸附水而成石膏,其体积增大30%。这些作用的结果,都会造成含这类矿物的岩石结构遭到破坏,使岩石的强度降低。

三、生物风化作用

生物的风化作用按其作用性质不同可分为生物物理风化作用和生物化学风化作用两类。

生物物理风化作用表现为生物对岩石进行的机械破坏作用。例如生长在岩石裂缝中的植物随其长大,根部逐渐把岩石胀裂开来,扩大裂缝,促使岩石崩裂、破碎等。

生物化学风化作用是微生物分解有机物时,常把其中的氢离析出来。有些微生物通过它们的生命活动能放出 CO_2、O_2、CH_4 等气体,这些气体能对矿物、岩石进行强烈的化学风化作用。

四、风化壳

地表的岩石,一般同时受到各种风化作用的破坏,长期风化作用的结果形成的风化产物残留在基岩的表面上,这些残积在原地的风化产物叫残积物,残积物上常生长植物,发育成富含有机质的土壤。在大陆地壳的表面风化残积物组成一层不连续的薄壳,称为风化壳。

风化壳的厚度、结构及土壤的特征都与气候带关系密切。一般地说,热带和亚热带地区,风化壳厚度可达50~100 m;温带的风化壳一般厚20~50 m。干旱、半干旱地区和寒冷地区以物理风化作用为主,风化壳较薄,厚15 m左右或更薄。

风化壳自上而下分为多层:表层为富含腐殖质的残积层——土壤;向下逐渐变为基本不含腐殖质的残积层;再往下为半风化基岩;其下则过渡为未风化基岩。

第四节 地面流水的地质作用

一、暂时性流水的地质作用

在降雨或融雪时,地表水一部分渗入地下,其余的沿坡面向下流动。这种暂时性的无固定水槽的地面细流,称为坡流。坡流在流动的过程中对坡面产生剥皮式的破坏作用,称为洗刷作用。当降大雨时,在松散土粒组成的光秃斜坡上,洗刷作用表现得最强烈;当降小雨时,在坚硬岩石组成的有植被的斜坡上,则洗刷作用轻微。坡流搬运的碎屑物质,会堆积在坡麓构成坡积物。组成坡积物的颗粒通常是砂粒或砂质黏土,颗粒大小混杂,分选性不好。其成分与斜坡上的基岩密切相关。

坡流顺着坡面向下流动会逐渐集中到低凹处,汇成一股较大的线状水流,顺凹地的沟谷快速奔腾地流动,这就是洪流。洪流猛烈冲刷沟谷内的岩石,这种破坏作用称为冲刷作用。冲刷作用可将凹地沟谷冲刷成两壁陡峭的冲沟,冲沟随着多次洪流的冲刷,会逐渐加长、加深,长期作用的结果,就形成冲沟系统。

洪流除冲刷作用外,由于流速快,搬运能力也很大,特别是每当降暴雨之后、山洪暴发之时,巨大的洪流挟带着大量泥沙、砾石、块石奔腾倾泻而下,迅猛异常。冲到冲沟的出口处,由于沟口地形开阔,水流分散,流速骤减,搬运力迅速减弱,于是挟带的物质就堆积下来,形成洪积物。洪积物堆积的地形,呈锥状者,称为洪积锥;呈扇状者,称为洪积扇。

洪积物在沟口堆积多、厚,颗粒粗大;愈向外堆积就愈少、薄,颗粒细小,具有明显的分带性。但由于洪流搬运距离不远,因此洪积物的磨圆度差,层理发育较差。

二、河流的地质作用

(一)河流的侵蚀作用

河流对河床的侵蚀,按其侵蚀作用的方向可分为底蚀作用、侧蚀作用。

1.河流的底蚀作用

河流在垂直方向上对河谷底部的冲刷作用,称为底蚀作用(下蚀作用)。一般说,在河流的上游，河床纵坡降大，水流速度快，在这些地方，底蚀作用表现得最为强烈。强烈的底蚀使河谷不断被加深，常常造成“V”字形河谷，称为峡谷。我国最大的峡谷是金沙江虎跳峡。

上游河流在发生底蚀作用的过程中，往往在河床中形成急流和瀑布。云南金沙江的虎跳峡峡谷内，江水连续下跌7个陡坎，累积落差达170 m。黄河壶口至龙门是著名的急流瀑布区。在河床中软硬岩石相间的地方，硬的岩石凸起，软的岩石凹下，能形成落差很大的瀑布。贵州黄果树大瀑布，落差高达57 m，巨瀑似布如帛，溅起的水珠闪银亮玉，十分壮美。

2. 河流的侧蚀作用

河流在水平方向上不断地冲蚀河床，使谷坡不断坍塌，这种加宽河谷的侵蚀作用，称为侧蚀作用。河流总是有弯曲的，河床中的流水在离心力和地球自转产生的偏转力的双重影响下，水流不能立即顺河床的弯曲流动，而是流向凹岸，造成凹岸变陡后退；而在凸岸则发生堆积，形成边滩。

随着河谷的加宽，河床在河漫滩上自由摆动。形成一种蜿蜒如蛇形的河流，称为曲流。长江中游的河曲，有“九曲回肠”之称。河道随着曲流进一步地发展，两个相邻弯曲之间逐渐靠近，当洪水冲来时，极易冲断，造成自然的裁弯取直。被切断的河湾，由于泥沙淤塞封闭，形成牛轭湖。

（二）河流的搬运作用

河流搬运物质的方式有拖运、悬运、溶运三种。河流中的巨大石块、砾石、粗砂，在河底以滑动、滚动或跳跃的方式前进，称为拖运。这些粗碎屑和石块在拖运的过程中，相互撞击、摩擦、破碎，经过长途搬运后，棱角被磨去，这一作用，称为磨圆作用。磨圆程度越好，一般显示其搬运距离越远。河流中的粉砂和黏土，由于颗粒细小，多悬浮在水流中，随着流水前进，称为悬运。当河流悬运物质的数量很多时，河水将变得浑浊不清。如黄河河水中平均每立方米含沙量高达36.9 kg，据测定每年输沙量达12亿t，为世界罕见。河流中的水流溶解了可溶性岩石和矿物。它们呈真溶液和胶体状态随流搬运，这种搬运形式，称为溶运。据科学计算，全球河流每年带入海洋中的溶解物为35亿t。当河流的流量、流速减小，尤其是流速减小时，会使河流的搬运能力降低，造成河流挟带的机械搬运物质沉积下来，这种沉积物，称为冲积物。冲积物具良好的分选性、较好的磨圆度、一般发育清晰的层理等特点。

三、河流阶地

在河谷中常见有沿着河谷谷坡伸展的阶梯状的地形，称为河流阶地。河流在以侧蚀作用为主的时候，一方面河谷不断加宽，一方面河谷进行沉积，其后，由于侵蚀基准面下降等原因，底蚀作用加强，就会在原有的谷底上侵蚀出“新的河谷”来，原有的谷底相对抬高，不再被河水淹没，便形成了阶地。阶地有的只有一级，有的有几级。每一级阶地由一个平台和与之相连的阶地斜坡组成，这一平台的面，称为阶地面。在有几级阶地的情况下，最低的一级，称为一级阶地，往上为二级阶地，以此类推，阶地愈高形成的时期愈早，如图1-1所示。

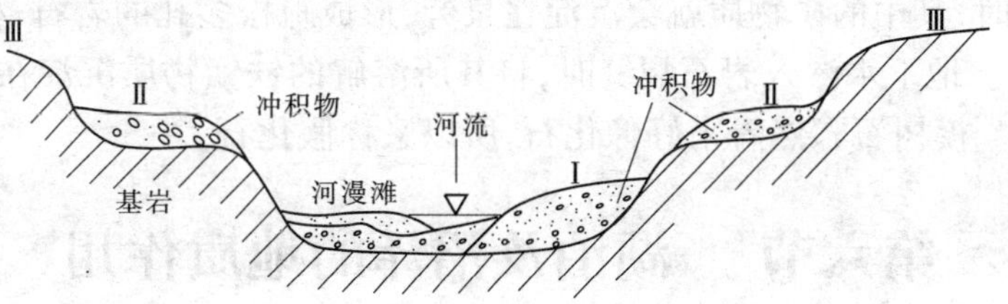

图 1-1　河流阶地类型示意图

Ⅰ— 一级阶地（堆积阶地）；Ⅱ—二级阶地（基座阶地）；Ⅲ—三级阶地（侵蚀阶地）

第五节　地下水的地质作用

作为只占整个地壳水总量万分之一的地下水，它是水圈的组成部分，在参与自然界水圈循环的运动过程中，也不断地进行着地质作用（潜蚀、搬运、沉积），是重要的外营力。

地下水的剥蚀作用，称地下水的潜蚀作用。潜蚀作用包括机械作用和化学作用两种方式。地下水在岩石的裂隙或土壤的空隙中流动很慢，因此它的机械冲刷能力较小。分布于斜坡上的岩石或土体，由于地表水的大量渗透而浸湿，不仅增加了岩石或土体的重量，而且在地下水的长期作用下，又减小了上、下部岩石或土体之间的摩擦力，从而导致上部岩石或土体失稳，并由高向低处滑移，这种现象称为滑坡。在黄土地区，由于地下水的浸湿，破坏了黄土的结构和稳定性，导致上部黄土发生沉陷现象，叫黄土湿陷。

地下水对可溶性岩石的溶解破坏作用，称为溶蚀作用。可溶性岩石在地下水和地面流水的共同作用下，在其演化的过程中所形成的种种地质现象，称为岩溶（亦称喀斯特）现象。岩溶现象中最典型、最常见的岩溶地貌有溶沟与石芽、漏斗与落水洞、溶洞与地下河、岩溶谷地与天生桥、石峰等。

由于地下水主要是在土壤空隙和岩石的裂隙中流动，流速很慢，所以它的机械搬运力极其微弱。只有在洞穴中的流水或是地下河才有一定的机械搬运能力，但规模不大。

地下水缓慢地流动在土壤空隙和岩石的裂隙中，能较充分地溶解其流经区的化学成分。即地下水中含有较多的溶解物质，它们随地下水悄悄溶运带走，并形成碳酸盐岩庞大的洞穴系统。

地下水的化学沉积主要分布在洞穴、裂隙和泉的出口之处。化学堆积物的形成是因为地下水中的溶解物质，在温度升高或压力减小诸环境因素的改变下，导致二氧化碳逸出，地下水的溶解能力减小，其矿物质就沉淀下来。例如，溶解于地下水中的碳酸氢钙的沉积，其化学反应式为：

$$Ca(HCO_3)_2 \longrightarrow CaCO_3\downarrow + CO_2\uparrow + H_2O$$

化学沉积物主要有：

(1)石钟乳、石笋、石柱。在溶洞中地下水从洞顶下滴，原来溶解于水中的碳酸钙沉积下来，形成悬挂于洞顶的圆锥，称为石钟乳。与其相对应的洞底位置生长的圆锥，称为石笋。久而久之，二者连为一体，称为石柱。

(2)泉华。温泉或间歇泉由于水温较高，在地下溶解了大量的矿物质。当泉水流出地面,温度降低时,其中的矿物质就会沉淀在泉旁,形成疏松多孔的岩石,称为泉华。

(3)模树石。地下水渗入岩石裂缝时,将其所溶解的铁锰物质沉淀在裂隙面上,呈枝状,称为模树石。模树石骤然看来好像化石,所以又称假化石。

第六节　湖泊及沼泽的地质作用

一、湖泊概述

湖泊是大陆上天然洼地中的水体。湖泊遍布世界各地,总面积约 270 万 km^2,约占陆地总面积的 1.8%。湖泊大小悬殊,面积自数十平方米至数十万平方千米。深浅不定,有不到 1 m 深的,有深达数百米甚至 1 000 多米的。我国的湖泊很多,如江西鄱阳湖、湖南洞庭湖、江苏太湖都是著名的淡水湖;西藏纳木措湖、青海省的青海湖都是有名的高原大湖。

形成湖泊的主要原因有下面几种。

(1)由地壳变动所形成的湖盆,称为构造湖盆。如我国云南滇池、洱海等都是由地壳发生断裂陷落而成的构造湖。

(2)由火山活动形成的湖盆,称为火山湖盆。它有两种情形:一是由火山口洼地积水而成的火山口湖,如长白山主峰的白头山天池,水深达 300 多米,方圆约 11 km;二是熔岩流堵塞河谷构成湖盆积水而成的堰塞湖,如黑龙江镜泊湖。

(3)由外动力地质作用形成的湖泊。诸如由河流裁弯取直而遭遗弃的旧河道形成的牛轭湖,这一类湖泊在长江中下游很多。由冰川侵蚀作用造成的冰蚀湖盆,蓄水就称冰蚀湖。由地壳上升或沉积作用,造成海湾与海水隔绝,形成的泻湖。著名的杭州西湖原为泻湖,经过淡化成为今日风景优美的淡水湖。由风蚀作用形成的湖盆积水而成的风蚀湖,如甘肃敦煌月牙湖。由人类改造山河的人工湖盆积水而成的人工湖(水库)。

二、湖泊的地质作用

(一)湖泊的机械沉积作用

湖泊的沉积主要是由河流搬运来的碎屑及少量由湖浪冲蚀破坏的碎屑的沉积。这些碎屑物质有砾石、砂粒和黏土。一般较粗的物质都沉积在湖岸边缘,愈向湖心,沉积物愈细,发育有良好的水平层理。

(二)湖泊的化学沉积作用

在气候干旱地区的湖泊,蒸发量大于降雨量,使地面水和地下水带来的盐类数量逐渐增多,即湖水中的含盐浓度逐渐增大,而成为咸水湖。当湖水继续蒸发,水中的盐分浓度过饱和时,多余的盐分就会从湖水中结晶出来,一层一层地沉积在湖底。

(三)湖泊的生物沉积作用

淡水湖中生长着大量藻类和微生物,这些生物死亡之后堆积在湖底与黏土掺合在一起,形成腐泥。含有大量有机质的腐泥,在还原环境下保存下来。经过复杂的变化,可慢慢转变为碳氢化合物,形成石油或天然气。

三、沼泽的地质作用

前已提及,各类湖泊的沉积作用能使湖泊淤塞而成为沼泽。沼泽是长满着嗜湿植物并被一薄层水覆盖的湿地。沼泽只是沉积有机质,大量的有机质堆积在一起,在缺氧的条件下,天长日久就变成泥炭。泥炭又被深埋在地下,经过较长的地质历史时期,在较高的温度和压力条件下,泥炭中的氢和氧的含量减少,相对碳质增高,逐渐变成褐煤,进一步形成烟煤、无烟煤。

第七节　海洋的地质作用

粗略地说,近陆为海,远陆为洋,它们水体互通。辽阔的海洋,占地球面积的71%,是水圈的主要部分。海水总是不停息地运动着,有波浪、潮汐、浊流和洋流四种运动形式。运动的海水是产生海洋地质作用的动力源泉。

一、海蚀作用

海水通过自身的动力对海岸带和海底的破坏,称为海水的剥蚀作用(简称海蚀作用)。海蚀作用盛行于滨海带,它以冲蚀和磨蚀这两种机械动力作用方式,塑造特殊的海岸地貌,对大陆架以及大陆坡也产生影响。

二、海水搬运作用

海水在进行海蚀作用的同时,又对海蚀产物和河流带来的物质进行搬运,其中波浪是海水搬运作用的主要动力。拍岸浪可以卷起浅处的碎屑泥沙向海岸搬运,底流又把碎屑泥沙搬回海中,岸流能沿着海岸进行搬运。涨潮时,可向大陆方向搬运泥沙,落潮时可向海洋方向搬运泥沙。如杭州钱塘江的出口处,本应形成三角洲,但实际上却没有形成三角洲,究其原因之一就是落潮时,潮水将江水带来的河口沉积物席卷而去,而成为三角港。洋流主要搬运一些细小的泥沙和漂浮物质,搬运距离可达数千千米。海水的搬运作用具有明显的分选性。一般较粗、较重的颗粒搬运的距离较近;较细、较轻的颗粒搬运的距离较远。海水不但进行机械搬运,而且还能进行化学搬运。海水(洋流)将其溶蚀的物质与陆源化学物质长距离搬运到广阔的海域,成为海洋化学沉积的主要物质来源。

三、海洋沉积作用

海洋沉积作用有机械、化学和生物沉积三种,根据沉积环境的不同又可分下列几种。

(一)滨海沉积

滨海沉积是最高潮线和最低潮线之间地带的沉积,又称海岸沉积。它以机械碎屑沉积为主。只有在特定的环境下,才有化学沉积。滨海机械碎屑沉积的颗粒较粗大,多为粗砂和砾石。砾石的滚圆度较好,其长轴方向与波前锋近平行,砾石最大的扁平面向着海洋倾斜。

(二)浅海沉积

浅海沉积是最低潮线以下至200 m深度的海区的沉积,又称大陆架沉积。浅海带离陆地较近,地形一般较平坦,水不深,阳光充足,海水温暖,海生生物极为繁盛,又接纳着由陆地带来的大量碎屑物和溶运物,它是海洋沉积作用最主要的沉积场所。按其沉积方式的不同,分为机械、化学和生物沉积。

浅海机械沉积的颗粒比滨海带为细,随着离岸距离和海深的增加,颗粒愈来愈细。其机械碎屑粒级为粗砂至粉砂和黏土,砾石极为少见。沉积物发育有极好的水平层理,其内常有软体动物的贝壳。

浅海化学沉积物来自海水溶蚀,河流、地下水从陆地上溶运来的溶解物质和胶体物质等。这些化学成分按一定的顺序和分异作用在不同的环境下沉积下来,形成化学沉积物。

浅海常见的化学沉积物,按其溶解度由小到大,其顺序是:Fe—Al—Mn—SiO_2—P_2O_5 + $CaCO_3$ + $CaSO_4$ + NaCl + $MgCl_2$。前几种是胶体,后几种为真溶液。呈胶体状态的铁、铝、锰以氧化物或氢氧化物首先沉积下来,有的可形成鲕状、豆状和肾状结构。然后是碳酸盐类沉积,形成分布广泛的石灰岩和白云岩。溶解度最大的碱金属硫酸盐和卤盐,只有在泻湖中才能沉积。

浅海阳光充足,繁殖着大量的生物,是海洋生物竞相生存的主要场所。这些生物大量繁殖与死亡,其骨骼或外壳在原地也可被波浪等搬运到适当环境沉积下来,这就形成由生物遗骸组成的沉积物,经成岩作用后形成浅海生物沉积岩。如贝壳灰岩、珊瑚灰岩、有孔虫灰岩及硅藻岩等。生物沉积形成的重要资源之一是海底石油。浅海中有大量的生物,特别是微生物体。它们死亡后埋藏在泥沙中,在缺氧的环境下,受到一定的温度、压力和细菌的分解作用,有机质就转化成石油。我国大陆架面积辽阔,蕴藏着丰富的石油资源。

(三)半深海沉积

半深海沉积就是指大陆坡沉积。半深海的沉积物就没有浅海沉积那样丰富。这与远离陆岸、海水深度深等原因有关。沉积物只有少量的来自陆地,大部分沉积物是海洋生物遗体的软泥。

(四)深海沉积

深海沉积是在海水深度2 500 m以下的洋底(洋盆)沉积。这里没有陆源碎屑,海底生物也贫乏,化学沉积作用亦微弱。因此,深海主要沉积漂浮生物遗体,形成各种软泥。

第八节　冰川的地质作用

冰川是陆地上终年由雪源向外缓慢移动的巨大冰体,是水圈的重要组成部分,也是重要的淡水资源。地球上85%的淡水都是以冰的形式储存,很多大江大河的源头为冰川,故冰川有固体水库之称。现代冰川覆盖陆地面积约10%,而两极的冰川就占冰川总面积的99%。我国冰川面积4.4万km^2,是山岳冰川发育的国家之一。

冰川总是处于缓慢的运动状态中,这是冰川不同于其他自然冰体的重要特征。引起冰川运动的因素主要是重力和压力。高山区的冰川在其自身重量作用下,克服冰体与地面以及冰体内部间的摩擦阻力,从高处流向低处。

冰川在缓慢的运动过程中对地面岩石的破坏作用,称为冰川剥蚀作用。冰川破坏岩石,是因为冰体本身有巨大的重量,而且又是在运动着的。据计算,100 m 厚的冰层,在 1 m^2的冰床上要承受 90 t 的静压力。具有如此巨大压力的冰体,在运动过程中必然对其底部和两侧的岩石进行挖掘和磨蚀。所谓挖掘作用是冰体运动时将冰床突起的岩石或裂隙发育的岩石挖起带走。镶嵌在冰体上的岩块,就像锉刀和刨子一样去锉磨冰床和两侧的岩石,这就是冰川的磨蚀(或刨蚀)作用。

运动中的冰川,刨蚀作用与搬运作用是同时进行的,"刨蚀"本身就具有动力学、运动学的含义。冰川将刨蚀的产物以及坠落在冰面上的岩石碎块一并冻结于冰体之中,像传送带一样将它带到冰川的末端(下游),称为冰川的搬运作用。冰川搬运的最大特点是呈固体状态进行,尽管流速慢,但搬运能力很强,它可将巨大石块驮运很长的距离,这巨大的石块,称为漂砾,如庐山的飞来石。

固体冰川发生沉积作用的主要原因是冰川融化。冰川融化堆积下来的物质,称为冰碛物(泥砾)。冰碛物的主要特征是碎屑大小混杂、形状各异(马鞍石),没有成层现象,泥砾共存,砾石表面常有很多钉头鼠尾形的冰擦痕(条痕石)。它是冰川存在的重要标志之一。冰川在退却过程中,由于冰体融化,可以形成冰碛地貌、冰碛丘陵、鼓丘、侧碛堤、终碛堤。

第九节　风的地质作用

空气的强烈对流,就形成风。在干旱地区,风的地质作用表现十分突出。它扬尘、运沙,同时也对地面物体产生风蚀破坏。所以,它是发生在沙漠地区的一种主要的地质外营力。风的地质作用也可以分为剥蚀、搬运与堆积作用三种。

一、风的剥蚀作用

风的剥蚀作用简称风蚀,包括吹扬和磨蚀两种方式。

(1)吹扬作用。它一般发生在干旱的沙漠地区,地面植被稀少,大风一起,疏松的沙尘受风力吹扬,造成风沙弥漫、昏天暗地的沙尘暴现象。这种由风力扬起沙尘的过程,称为吹扬作用。

(2)磨蚀作用。风力携带吹扬起的碎屑物质,对地表物质的冲击和摩擦,以及所扬起的碎屑间的冲撞和摩擦并造成它们破坏,称为磨蚀作用。

风蚀作用还可造成一系列风蚀现象和特殊地貌,如:风蚀柱、石蘑菇、蜂窝石、风蚀谷、风蚀城堡等。

二、风的搬运与堆积作用

风作为一种外营力,其作用的表现在于将原地表松散细粒的沙尘,运到另一处堆积,这个迁移过程就称为风的搬运作用。形象地说,"飞沙走石"就是风的搬运作用的征象。

风运物质,当风速减弱或遇障碍时,就会堆积下来,这种堆积下来的风运物,称为风积物。颗粒较大的沙粒,风运不远,形成风沙堆积,颗粒细小的尘土则飘扬到远处堆积,形成风成黄土。

风力搬运堆积的沙(粒径0.5~0.2 mm)称为风成沙。风成沙的主要特点是以石英为主,圆度较高、分选性良好,常具规模极大的风成交错层理。风成沙常在千里流沙滚滚的沙漠中构成形态各异的沙丘。有新月形沙丘、纵向沙垅、横向沙丘等。

新月形沙丘:平面上呈月牙形或新月形,高度一般为1~5 m,很少超过15 m。新月形沙丘宽度可达100~300 m。在沙丘的两侧形成似对称的两个尖角,称为沙角(也称兽角)。新月形沙丘在风的持续吹动下,能较快地向前移动,其速度可达每年5~50 m。它埋没田园、村落与道路,给人类带来严重危害。如陕北的榆林市,因流沙的威胁历史上曾发生三次迁移。

黄土是干旱、半干旱地区一种特殊的第四纪沉积物,其形成与风有关。黄土主要由粉沙组成,并含有细沙与黏土,颜色为黄灰色或棕黄色。其质地均一,未固结(手搓易成粉末),质轻,孔隙度大,略具黏性,含有较多钙质,无明显层理,干燥时较坚固,遇水易于剥落,易受侵蚀,沟谷密布,地表支离破碎,形成黄土地区特有的塬、梁、峁等地形。我国黄土很发育,分布很广,主要在西北沙漠的外缘黄土高原上,其次在华北平原等地,厚度各地不一,由几米至几十米,陇西地区甚至厚达100~150 m。黄土是经过几十万年堆积而成的。

第十节　地壳运动

由地球内力引起地壳的变位、变形以及洋底的变化等机械运动,称地壳运动(亦称构造运动)。在地球内力的作用下,地壳是在不断地运动着的,通常地壳运动的速度是缓慢的,不易被人类察觉。当它以地震的形式出现时,引起地陷、海啸、山崩,人们才能直接感受其威力与存在。

不同类型的地貌是内、外力地质作用的共同产物,但地壳运动的控制是占主导地位的。如地壳运动导致上升的地区,就以剥蚀地貌为主,若表现为下降的地区,则以堆积地貌为主。多层溶洞、多级阶地、高山深谷、万丈深壑以及“世界第三极”喜马拉雅山的不断长高(每年升高约2 cm)等都是地壳运动的直接反映。

前已叙及的浅海沉积,不过是在最低落潮线至200 m深的范围内的沉积,而今在陆地上常发现一些浅海沉积物厚达数千米至上万米。这就揭示出其在沉积过程中,地壳必是在不断地下降。此外,沉积岩相、古地理环境、古生物的变化等都是地壳运动起主导作用造成的。

地壳运动的特征,归纳起来表现在两个方面,即水平运动和垂直运动。地壳或岩石圈大致沿地球表面切线方向的运动,称为水平运动。水平运动表现为地壳或岩石圈的水平挤压或水平引张引起岩层褶皱和断裂,形成巨大的褶皱山系或大型的地堑、裂谷,以及形成巨型的平移断层。

地壳或岩石圈沿垂直于地表,即沿地球半径方向的运动,称为垂直运动(亦称升降运动)。垂直运动表现为地壳某些区域上升成为高地或山岭(隆起);另一区域下降成为盆地或平原(凹陷)。如喜马拉雅山上有大量新生代早期的海洋生物化石,说明6 000万年前这里曾是一片汪洋,如今却被誉为“地球第三极”。这就是地壳垂直运动的结果。

地壳运动一般说来,升降运动比水平运动更为缓慢,它们有主次之分,也有因果关系。由于大陆漂移、海底扩张、板块构造观点的建立,一般认为地壳运动是以水平运动占主导地位的。

第二章　岩浆岩概论

第一节　岩浆岩及其物质成分

一、岩浆与岩浆岩的概念

岩浆是地壳深部或上地幔产生的高温炽热、黏稠、含有挥发分的硅酸盐熔融体。由岩浆冷凝固结而成的岩石,称为岩浆岩(火成岩)。岩浆岩通常分为侵入岩和喷出岩两个部分。

侵入岩为岩浆在地下不同深度冷凝结晶而成的岩石。由于冷凝缓慢,所以岩石中的矿物结晶较好,颗粒较粗。侵入岩分深成岩和浅成岩两类。

喷出岩包括熔岩和火山碎屑岩(火山碎屑堆积而成的岩石)。由于喷出岩是岩浆在地表冷凝而成的,温度降低很快,所以岩石中的矿物结晶细小,甚至有的没有结晶,成为玻璃质岩石。

二、岩浆岩的化学成分

地壳中所有的化学元素在岩浆岩中基本都有,其中含量较多的元素有 O、Si、Al、Fe、Mg、Ca、Na、K、Ti 等。它们加起来约占岩浆岩总成分的 99.25%。上述化学成分习惯上用氧化物表示,岩浆岩中主要氧化物的平均含量如表 2-1 所示。

表 2-1　岩浆岩主要氧化物平均含量

氧化物	质量(%)	元素	质量(%)
SiO_2	59.12	O	46.59
TiO_2	1.05	Si	27.72
Al_2O_3	15.34	Al	8.13
Fe_2O_3	3.08	Fe	5.01
FeO	3.80	Ca	3.63
MgO	3.49	Na	2.85
MnO	0.12	K	2.60
CaO	5.08	Mg	2.09
Na_2O	3.84	Ti	0.63
K_2O	3.13	P	0.15
H_2O	1.15	H	0.13
P_2O_5	0.30	Mn	0.10
CO_2	0.102	S	0.052
ZrO_2	0.039	Ba	0.050
Cr_2O_3	0.055	Cl	0.048
其他	0.304	Cr	0.037
		Zr	0.026
		其他	0.157
总和	100.00	总和	100.00

三、岩浆岩的矿物成分

岩浆岩的矿物成分能够反映它们的化学成分、生成条件，以及成因等变化规律。同时，矿物成分也是岩浆岩分类和命名的主要依据。自然界矿物的种类很多，但组成岩浆岩的常见矿物不过20多种，这些组成岩石的矿物，称为造岩矿物，见表2-2。

表2-2　岩浆岩中矿物的平均含量

矿物名称	含量(%)	矿物名称	含量(%)
石英	12.4	白云母	1.4
碱性长石	31.0	橄榄石	2.6
斜长石	29.2	霞石	0.3
辉石	12.0	不透明矿物	4.1
普通角闪石	1.70	磷灰石、榍石及其他	1.5
黑云母	3.80	总 计	100.00

注：据李方正、蔡瑞凤主编《岩石学》(第2版)，地质出版社1993年版。

第二节　岩浆岩的结构和构造

岩浆岩的结构和构造是区分与鉴定岩浆岩的重要标志之一。它不但反映岩石的形成环境和形成过程，而且还是岩浆岩分类和命名的主要依据。

一、岩浆岩的结构

岩浆岩的结构是指组成岩石的矿物的结晶程度、颗粒大小、形态及其相互关系。岩浆岩的结构可划分为以下几个类型。

(一)按结晶程度划分

岩浆岩结晶程度如图2-1所示。

1. 全晶质结构

这种结构的岩石全部由结晶的矿物组成，它是岩浆在温度缓慢下降的条件下结晶而成的，多为深成岩所具有，如花岗岩就具有此种结构。

2. 半晶质结构

具这种结构的岩石中既有结晶的矿物，又有未结晶的玻璃质。它是岩浆在温度下降较快的条件下冷凝形成的，多为喷出岩及浅成岩所具有，如流纹岩就常具有此种结构。

3. 玻璃质结构

岩石全部由非晶质——玻璃质组成，它是岩浆在温度下降很快的条件下各种组分来不及结晶而

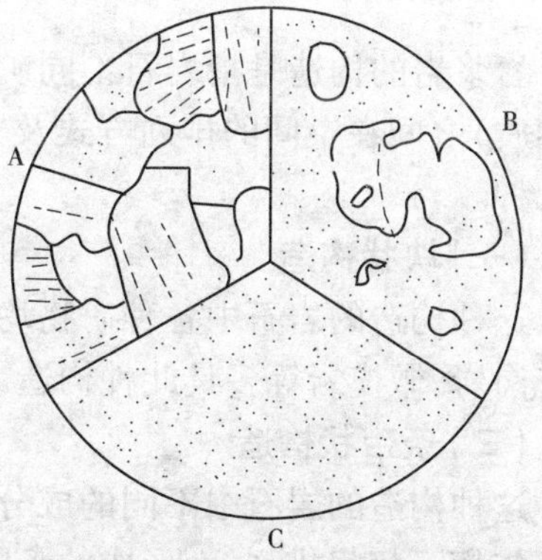

图2-1　结晶程度示意图

A—全晶质结构；B—半晶质结构；C—玻璃质结构

急速冷凝形成的，主要出现在酸性喷出岩中，如黑曜岩等。

（二）按矿物颗粒的绝对大小划分

1. 显晶质结构

岩石中矿物结晶比较大，用肉眼或借助于放大镜可分辨矿物颗粒。侵入岩常具此种结构。

按岩石中矿物的粒度大小又可分为以下四种：

(1)粗粒结构。矿物颗粒直径 >5 mm。

(2)中粒结构。矿物颗粒直径 1 ~5 mm。

(3)细粒结构。矿物颗粒直径 0.1 ~1 mm。

(4)微粒结构。矿物颗粒直径 <0.1 mm。

2. 隐晶质结构

岩石中的矿物结晶细微，肉眼或放大镜无法分辨出矿物颗粒。具此种结构的岩石外貌致密，断口呈瓷状。喷出岩常具有此种结构。

（三）按矿物颗粒的相对大小划分

1. 等粒结构

岩石中同种主要矿物颗粒大小大致相等。此种结构多见于深成侵入岩中。

2. 不等粒结构

岩石中同种主要矿物颗粒大小明显不等，其粒度大小依次渐变。此种结构多见于深成侵入体边部或浅成侵入体中。

3. 斑状结构和似斑状结构

岩石由两类大小截然不同的矿物颗粒组成，大的颗粒（斑晶）被小的颗粒（基质）所包围。若基质为隐晶质或玻璃质时称斑状结构，这种结构常见于浅成岩及喷出岩中；若基质为显晶质时则称为似斑状结构，这种结构常见于浅成岩和部分中深成岩中，尤其在花岗岩中最为常见。

二、岩浆岩的构造

岩浆岩的构造是指岩石不同矿物集合体间或矿物集合体与岩石的其他组成部分（如玻璃质）之间在空间的排列方式及充填方式所反映出来的特征。常见的岩浆岩构造有以下几种。

（一）块状构造

这种构造的岩石中各种矿物均匀分布，无定向排列。这是岩浆岩最常见的一种构造，如花岗岩、橄榄岩等多具此种构造。

（二）条带状构造

这种构造的岩石中不同的成分、结构、颜色等的矿物呈条带状分布，如辉长岩中由于长石与辉石相间排列，而形成的条带状构造。

（三）流纹构造

这种构造由不同颜色的矿物、拉长的气孔以及长条状矿物在岩石中呈一定方向排列而构成，它是岩浆流动的结果，故称为流纹构造。这种构造常见于酸性喷出岩中。

（四）气孔构造和杏仁构造

当岩浆喷溢出地表后，由于压力降低，气体从熔岩中分离出来而留下各种形状不同的孔洞，当岩石中这种孔洞很多时可使岩石呈现蜂窝状，岩石的这种空洞称为气孔构造。此种构造在玄武岩中最常见。当气孔被次生矿物完全充填后，则称为杏仁构造。

（五）枕状构造

这是海底溢出的基性熔岩中常见的一种构造。这种构造由大小不等的枕状体堆积而成，一般发育于熔岩的顶部。

第三节　岩浆岩的产状

岩浆岩的产状是指岩体的形态、大小与围岩的关系。岩浆岩的产状，主要受岩浆的成分、性质、岩浆活动的方式及构造运动的影响，并与岩浆侵入深度有关。

一、侵入岩的形状

侵入岩体是岩浆侵入到地表以下一定部位冷凝而成的，所以其形状与围岩关系密切。如果侵入体切穿围岩层理，则称为不整合侵入体。如果侵入体沿着围岩的层理或片理顺层侵入，则称为整合侵入体。

侵入岩产状有以下几种常见类型（见图2-2）。

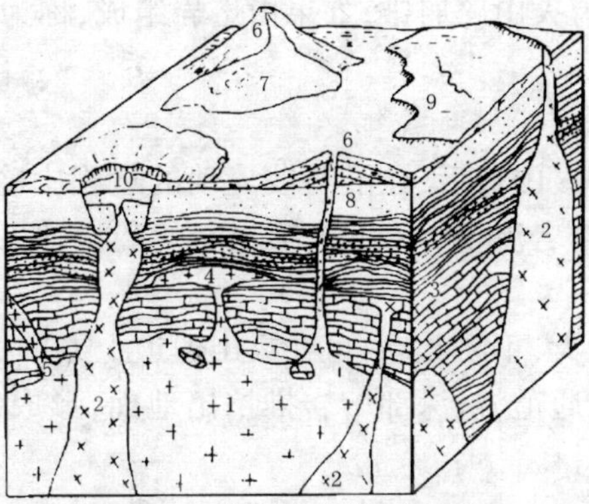

图2-2　岩浆岩产状示意图

1—岩基；2—岩株；3—岩床；4—岩盘；5—岩脉；6—火山锥；7—溶岩流；8—火山颈；9—溶岩被；10—破火山

（一）岩基

岩基是一种规模巨大，平面上多呈长圆形的深成侵入体。一般出露面积超过100 km^2。通常是由酸性或中酸性岩浆冷凝而形成的。

（二）岩株

岩株形态上与岩基相似，但出露面积较小，是小于100 km^2 的侵入体。岩株通常也都是由中酸性岩浆岩组成。

（三）岩床

岩床是岩浆顺层侵入的一种板状岩体。其厚度一般较小，但面积较大。岩床多由基性、超基性岩组成。

(四)岩盖

岩盖又称岩盘,也是顺层侵入的一种岩体。其底部平坦,顶部拱起,中央厚,缘薄,在平面上呈圆形。它的形成深度一般较浅,规模也较小,直径一般为 3 ~ 6 km;厚者可达 1 km,岩盖多由中酸性岩浆侵入而形成。

(五)岩盆

岩盆是岩浆顺层侵入的一种岩体,其中央部分下沉而形成中央微凹的盆状。岩盆大小不一,大者直径可达数十到数百千米。岩盆多由基性、超基性岩浆冷凝而成。

(六)岩墙与岩脉

岩墙与岩脉是岩浆切穿岩层并充填于围岩裂隙中的小型板状侵入体。其规模不一,厚度可从数十厘米至数十米,长度可从数十米至数千米。通常将规模较大、形态规则的板状者称为岩墙;把规模较小、形态不太规则者称为岩脉。

二、喷出岩的产状

喷出岩的产状与其喷发方式及喷出物的性质有关。火山的喷发方式有中心式和裂隙式两种类型。

(一)火山锥

由火山喷出物质,围绕火山口堆积而成的圆锥形火山体,称为火山锥。火山锥体如果由火山碎屑物质组成,称为火山碎屑锥;如果由熔岩组成,称为熔岩锥;由二者的混合物质组成,称为混合锥。

(二)熔岩流

黏度较小的岩浆溢出火山口后,在沿斜坡流动的过程中冷凝而成的带状、舌状、宽阔状的岩体,称为熔岩流。熔岩流多为玄武岩喷出岩的产状,但少数流纹岩喷出岩也具有。

(三)岩钟、岩针

流纹岩岩浆的黏度较大,不易流动,可在火山通道上方聚积起来,形成钟状岩体,称为岩钟。如果已固结的火山通道,被深部熔岩推挤出地面,形成针状尖峰,称为岩针。有的岩针高达 400 m 以上。

第四节　岩浆岩的分类

一、岩浆岩分类的基础

按岩浆岩的化学成分分类:

(1)根据 SiO_2 含量多少,分为超基性岩类(SiO_2 含量 $<45\%$)、基性岩类(SiO_2 含量 $45\% \sim 52\%$),中性岩类(SiO_2 含量 $52\% \sim 65\%$)、酸性岩类(SiO_2 含量 $>65\%$)等大类。

(2)根据岩浆岩中 K_2O、Na_2O、CaO、Al_2O_3 的相对含量(分子数和原子数)划分成以下四种类型。

①正常岩石类型:$Na_2O + K_2O + CaO > Al_2O_3 > K_2O + Na_2O$;

②铝过饱和岩石类型：$Al_2O_3 > Na_2O + K_2O + CaO$；

③碱过饱和岩石类型：$Na_2O + K_2O > Al_2O_3$；

④碱极度过饱和岩石类型：$Na_2O + K_2O > Al_2O_3 + FeO$。

按岩浆岩的矿物成分分类，是根据主要矿物的种类及其含量来进行的，即以石英的含量，长石和暗色矿物的含量及种类，似长石的含量等。例如，国际地科联提出的定量矿物分类法，就是根据矿物成分的分类。矿物成分的分类是最主要的分类，尤其适用于野外工作。

二、岩浆岩分类表

表2-3采用以定量矿物成分为主要基础（矿物定量与国际地科联的分类一致）并结合化学成分、结构、产状对岩浆岩进行分类。

第五节　橄榄岩-苦橄榄岩类（超基性岩类）

一、概述

本类岩石 SiO_2 含量低（<45%），为硅酸不饱和岩石。铁镁含量最高，以铁镁矿物为主，主要是橄榄石和辉石，其次是角闪石和黑云母，不含石英。本类岩石多呈暗色，分布很少。

二、侵入岩

橄榄岩是超基性深成侵入岩的代表。岩石呈黑色、暗绿色，具中、粗粒状结构，块状构造或带状构造。主要矿物为橄榄石和辉石。浅成侵入岩的代表岩石为金伯利岩，为含金刚石的母岩，产于南非金伯利而得名。

三、喷出岩

喷出岩的代表岩石有苦橄榄岩和科马提岩。苦橄榄岩呈暗绿色至黑色，细、微粒结构或斑状结构。科马提岩是一种含镁很高的超镁铁质火山岩。

四、产状、分布及有关矿产

超基性岩在地表的分布面积很小，约占岩浆岩分布面积的0.4%。它常与基性岩一起组成岩浆岩杂岩体，也有呈独立岩体出现的，一般为小型岩株、岩盆或岩墙。与超基性岩有关的矿产有铬、镍、钴、铂、稀土、金刚石、石棉、磷灰石、滑石等。

表 2-3　岩浆岩分类

SiO_2(%)			<45	45～52	52～65		65～75			52～65		
岩　类			超基性岩类	基性岩类	中性岩类		中酸性岩类	钙碱性系	碱性系	钙碱性系	碱性系	碱性岩类
								酸性岩类		中性过渡性岩类		
			橄榄岩－苦橄榄岩类	辉长岩－玄武岩类	闪长岩－安山岩类	石英闪长岩－英安岩类	花岗闪长岩－流纹英安岩类	花岗岩－流纹岩类		正长岩－粗面岩类		霞石正长岩－响岩类
侵入岩	深成岩	全晶质等粒，半自形粒状或似斑状结构	橄榄岩、辉石岩、角闪岩	辉长岩、苏长岩、斜长岩	闪长岩	石英闪长岩	花岗闪长岩	花岗岩	碱性花岗岩	正长岩二长岩	碱性正长岩	霞石正长岩、霓霞正长岩
	浅成岩	全晶质细粒等粒结构，斑状结构	苦橄榄岩金伯利岩	辉绿岩	闪长玢岩	石英闪长玢岩	花岗闪长斑岩	花岗斑岩		正长斑岩二长斑岩		霞石正长斑岩
	次火山岩	斑状或隐晶质细纹结构										
喷出岩		无斑隐晶质或斑状半晶质玻璃质结构	苦橄榄岩	玄武岩、细碧岩	安山岩	英安岩	流纹英安岩	流纹岩	碱性流纹岩、石英角斑岩	粗面岩粗安岩	碱性粗面岩角斑岩	响岩、白榴石响岩
石英(Q)和僦长石(F)			Q=0，F=0	Q=0～微，F=0	Q=5～20，F=0		Q=20～60，F=0			Q=0～20，F=0～20		Q=0，F=10～60
斜长石(P)和碱性长石(A)			P=0～10，A=0	P=40～90，A=0～10	P=30～70，A=0～10		P=0～30，A=0～30			P=0～35，A=0～35		P=0，A=50
铁镁矿物种属及其含量			橄榄石、辉石、角闪石为主，其含量大于90%	以辉石为主，可有橄榄石、角闪石、黑云母等，其含量小于90%	以角闪石为主，辉石、黑云母次之，其含量一般为15%～40%		以黑云母为主，角闪石次之，其含量小于15%		以碱性角闪石、辉石为主，其含量小于15%	以角闪石为主，黑云母、辉石次之，其含量小于50%	以碱性角闪石、辉石为主，富铁云母次之，其含量小于50%	以碱性铁镁矿物为主，其含量小于50%

注：表内没有列入碳酸岩、玻璃质岩和脉岩。

第六节　辉长岩－玄武岩类(基性岩类)

一、概述

基性岩类岩石含 $SiO_2$45% ~52%，$K_2O + Na_2O$ 含量平均为3.6%左右，Al_2O_3 可达14%以上，CaO 可达9%以上，Mn、MgO 含量仍然很高。在矿物成分上以铁镁矿物辉石和基性斜长石为主，不含或少含石英及钾长石。本类岩石喷出岩——玄武岩在地表分布最广，侵入岩——辉长岩的分布比较少。

二、侵入岩

深成侵入岩的代表岩石为辉长岩。岩石呈灰黑色，一般为中、粗粒状结构，块状构造或条带构造。主要矿物成分为辉石和基性斜长石，二者含量大致相等。若铁镁矿物含量大于65%时，称为暗色辉长岩；铁镁矿物含量仅10% ~35%时，称为浅色辉长岩；基性斜长石含量大于等于90%时，则称为斜长岩。若次要矿物橄榄石、角闪石等较多时，也可参与命名，如橄榄辉长岩、角闪辉长岩。若含明显可见的石英或钾长石，则称石英辉长岩或正长辉长岩。

浅成侵入岩称为辉绿岩。辉绿岩为暗绿至绿黑色；具典型的辉绿结构，即长条状基性斜长石微晶杂乱交织，构成三角形空隙，其空隙被他形辉石微晶充填，二者大小相近；也常见斑状结构，斑晶以基性斜长石为主，这种岩石称为辉绿玢岩。浅成侵入岩的矿物成分与深成岩相同。

三、喷出岩

喷出岩的代表岩石为玄武岩。玄武岩多呈黑色、灰绿色至暗紫色；矿物成分与辉长岩基本相同；隐晶结构或斑状结构；气孔、杏仁构造；海底喷发形成的玄武岩常具枕状构造，巨厚层玄武岩中常形成柱状节理。按占优势斑晶矿物成分可将玄武岩命名为橄榄玄武岩、辉石玄武岩和斜长玄武岩。

四、产状、分布及有关矿产

基性侵入岩分布较超基性岩广一些，但单个岩体规模一般不大，常呈岩盆、岩盖、岩株、岩床和岩墙产出。与其有关的矿床主要是铜镍硫化物矿床；其次有铬铁矿床和钒钛磁铁矿床。玄武岩多呈巨厚的岩被，面积达几十万甚至上百万平方千米。玄武岩不仅在大陆上广泛分布，且几乎构成所有大洋的洋壳。

第七节　闪长岩－安山岩类(中性岩类)

一、概述

中性岩类含 SiO_2 52%～65%，$K_2O + Na_2O$ 5%～6%，Al_2O_3 16%～17%，$FeO + Fe_2O_3$ 3%～8%，CaO_4 4%～7%。在矿物成分上，铁镁矿物只占20%～35%，其中以角闪石为主，辉石和黑云母次之；铝硅矿物占65%左右，其中以中性斜长石为主，钾长石及石英较少。常为灰色或浅灰绿色。

二、侵入岩

侵入岩代表岩石为闪长岩。闪长岩一般呈灰色至绿灰色；中、细粒粒状结构；块状构造；也可见到斑杂构造。其主要矿物为中性斜长石和角闪石；次要矿物有辉石、黑云母；有的含石英或钾长石。当次要矿物较多时，可称辉石闪长岩、石英闪长岩(石英含量5%～20%)、黑云母闪长岩。浅成侵入岩的代表岩石为闪长玢岩，常具斑状结构、块状构造。其特点是中性斜长石和角闪石形成斑晶；基质呈灰绿色，由斜长石、角闪石的微晶组成。

三、喷出岩

喷出岩的代表岩石为安山岩，在南美洲安第斯山发育最好，因而得名安山岩。安山岩颜色呈灰色，经次生变化后往往呈灰褐、灰绿、红褐色；矿物成分与闪长岩基本相同；多数为斑状结构，斑晶为斜长石、辉石、角闪石、黑云母；少数为隐晶结构或玻璃质结构；常见块状构造、气孔和杏仁构造。与石英闪长岩成分相当的喷出岩为英安岩，多为隐晶质结构。

四、产状、分布及有关矿产

闪长岩多呈小岩体侵入，如小岩株、岩盖和岩脉等，分布不多，其出露面积小于100 km^2，常与辉长岩或花岗岩共生，构成复杂的杂岩体。侵入于碳酸盐岩中的闪长岩，常在接触带形成矽卡岩，形成矽卡岩型钢、铁、金、银、铅、锌等矿床。安山岩常成较大面积的岩流广泛分布，分布面积仅次于玄武岩，厚度达几百米甚至几千米。

第八节　花岗岩－流纹岩类(酸性岩类)

一、概述

酸性岩类岩石含 SiO_2 大于65%，属于硅酸过饱和的岩石。FeO、Fe_2O_3、MgO 很低，普遍低于2%，CaO 低于3%，Na_2O、K_2O 则有明显的增加，平均各为3.5%。

矿物成分以硅铝矿物为主，主要为钾长石、石英和酸性斜长石。其中石英的含量20%以上。铁镁矿物为10%左右。常见的铁镁矿物是黑云母、角闪石。副矿物含量虽少(小于1%)，但种类繁多，常含稀有和放射性元素。岩石颜色浅，多为灰白色、肉红色。酸性岩类岩石分布广泛，是大陆地壳的重要组成岩石。侵入岩常呈岩基或岩株产出，喷出岩分布较少。

二、侵入岩

深成侵入岩代表性岩石为花岗岩、花岗闪长岩。花岗岩多呈浅肉红色、浅灰色；粗—细粒结构、似斑状结构，块状构造，局部见斑杂构造。主要矿物为钾长石（±40%）、酸性斜长石（±20%）和石英（±30%）；次要矿物有黑云母、角闪石（±10%）；副矿物有磁铁矿、榍石、锆石、磷灰石等。若钾长石与酸性斜长石含量大致相等，则称二长花岗岩；若斜长石含量远大于钾长石，称为斜长花岗岩；若钾长石与斜长石之比约为1∶2，石英含量20%～25%，次要矿物以角闪石为主，则称为花岗闪长岩。

与花岗岩成分相当的浅成侵入岩为花岗斑岩。花岗斑岩具全晶质斑状结构，块状构造。基质一般为细—微粒结构。斑晶主要是钾长石与石英。可有少量黑云母、角闪石。与花岗闪长岩成分相当的浅成侵入岩为花岗闪长斑岩，其与花岗斑岩的区别在于斑晶主要为斜长石，也可有少量黑云母、角闪石、钾长石、石英。

三、喷出岩

喷出岩的代表性岩石为流纹岩。流纹岩成分相当于花岗岩，其颜色呈浅灰、灰红色，少数呈深灰或砖红色；斑状结构、隐晶质结构；流纹构造；部分具气孔和杏仁构造。斑晶主要由透长石和石英组成。基质多为隐晶质和玻璃质。当斑晶全为石英时称石英斑岩。与花岗闪长岩成分相当的喷出岩称为流纹英安岩。其与流纹岩的区别在于斑晶主要为斜长石和石英；与英安岩相比，英安岩的斑晶为斜长石与角闪石，石英较少，没有钾长石。酸性喷出岩还有一些玻璃质结构的岩石，如珍珠岩，浅灰、蓝绿、红、褐色等，含有大量珍珠裂纹或球粒，粒径2～3 mm或6～8 mm。

四、产状、分布及有关矿产

花岗岩常形成大岩基，长几百千米至上千千米，宽几十千米至上百千米，也常见小型岩株、岩盖或岩枝。流纹岩多呈岩钟、岩针等中心式喷发的产物，少数为裂隙式喷发形成的岩流。

与花岗岩和花岗闪长岩有关的矿产较多，主要是多金属矿产，如钨、锡、钼、铋、锑、汞、铍、铅、锌、金、银、铜、铁、铌、钽和稀土、放射性元素等。与流纹岩有关的矿产主要有铜、铅、锌、铀及黄铁矿、明矾石、叶蜡石、刚玉等。

第九节　正长岩－粗面岩类（中性过渡性岩类）

一、概述

中性过渡性岩类岩石含 SiO_2 60%左右，与闪长岩相近。碱质含量高，$K_2O + Na_2O$ 占9%左右。矿物成分硅铝矿物含量较多，占60%以上，以碱性长石为主，其次为斜长石、石英;铁镁矿物占15% ~40%,以角闪石为主,次为黑云母、辉石。岩石的颜色为灰色、红色等。正长岩－粗面岩分布不多,常和其他岩体相伴产出,很少呈独立岩体出现。

二、侵入岩

侵入岩代表岩石为正长岩。岩石多呈浅灰红或肉红色;中粗粒结构或似斑状结构;块状构造。其主要矿物为钾长石和斜长石;次要矿物有角闪石、黑云母及辉石。石英含量不超过5%;若石英含量达5% ~20%,则称为石英正长岩。若斜长石与钾长石含量大致相等,则称为二长岩。

成分与正长岩相当的浅成岩称为正长斑岩。斑状结构,斑晶为正长石和少量角闪石;基质为微粒、隐晶质,成分主要为碱性长石和斜长石。浅成岩还常见微粒结构的微晶正长岩。

三、喷出岩

喷出岩的代表性岩石为粗面岩。粗面岩颜色呈浅灰、灰黄、浅肉红色;常具斑状结构,斑晶为透长石、斜长石、黑云母、角闪石;基质多为隐晶质,表面具粗糙感;多为块状构造,有时也见气孔构造。

安山岩、粗面岩及玄武岩均为喷出岩,且岩性上为过渡关系,它们的区分主要看斑晶的成分。斑晶主要为橄榄石或伊丁石(橄榄石次生变化产物,红色)和长板状基性斜长石,岩石色深,可定为玄武岩;斑晶主要为角闪石或黑云母,宽板状中性斜长石,可定为安山岩;斑晶主要为透长石(透明的正长石),岩石色浅,可定名粗面岩。

四、产状、分布和矿产

正长岩分布不广,常产出于其他岩体的边缘,有时也呈独立岩体产出。但一般都以较小的岩体,如岩盖、岩株或其他不规则的岩体出现。浅成岩多呈岩脉产出。与正长岩有关的矿产主要是矽卡岩型铁矿和碱性正长岩相伴的稀土与放射性矿产。粗面岩的分布比玄武岩和安山岩少得多,常呈浑圆状的岩流、岩颈和岩钟产出,并常与玄武岩和安山岩共生。与粗面岩有关的矿产是铜矿、锌矿等。

第十节 霞石正长岩－响岩类(碱性岩类)

一、概述

碱性岩类岩石 SiO_2 含量不饱和,为 50% ~60%。碱质含量最高,Na_2O 占 5% ~10%,K_2O 占 4% ~12%。此外,Fe_2O_3、FeO 的含量仅有 2% ~4%,MgO 和 CaO 的含量较低,为1% ~2%,稀有元素的含量较高。主要矿物是碱性长石,含量在 60% 左右,不含石英和斜长石,而出现似长石矿物(如霞石、白榴石等),含量在 20% 左右。铁镁矿物为碱性辉石、碱性角闪石和富铁云母,含量小于 50%。本类岩石的颜色与中性岩相似。

二、侵入岩

侵入岩的代表岩石为霞石正长石(深成)、霞石正长斑岩(浅成)。霞石正长岩为浅灰色,有时带淡绿或浅红色。易风化,中至粗粒等粒结构,块状构造。霞石正长斑岩是矿物成分相当于霞石正长岩的浅成岩,具斑状结构,斑晶为碱性长石,但大部分已遭受次生变化,基质由碱性长石和霞石及少量暗色矿物组成。块状构造、斑杂构造。

三、喷出岩

喷出岩的代表岩石为响岩。响岩(霞石响岩)矿物成分与霞石正长岩相当,颜色浅绿灰色或浅褐灰色。白榴石响岩由白榴石和碱性长石组成,并有少量碱性辉石和碱性角闪石。具斑状结构,斑晶为透长石、白榴石及碱性暗色矿物,不含霞石,基质致密,断口粗糙。白榴石不稳定,常被正长石及霞石所交代并保留其假象,构成假白榴石,这种岩石称为假白榴石响岩。

四、产状、分布和矿产

侵入岩体规模较小,分布不广。常呈岩床、岩盆、岩盖、岩株产出,独立岩体者较少。稀有元素矿床如铌、铬、钍、稀土、铀矿与该类岩石有关。我国响岩不多,一般为小型的岩钟、岩流。有些金矿、铜矿产于响岩中。

第十一节 碳酸岩类

碳酸岩是19世纪末期发现的一种以碳酸盐矿物为主要成分的岩浆岩。1921年布列格尔首次确定它是与碱性杂岩体相伴生的岩浆岩,并正式命名为“碳酸岩”,以示与沉积“碳酸盐岩”区别。

碳酸岩在外观上很像大理岩,颜色白、浅棕。结晶结构,块状构造,常与橄榄岩、霞石正长岩共生。碳酸岩可分侵入岩和喷出岩。与碳酸岩有关的矿产主要是稀有元素矿床、非金属原料(磷灰石、金云母、蛭石矿床等),同时,碳酸岩本身也是很好的水泥原料。

第十二节 脉岩类

一、概述

脉岩是受构造裂隙控制的小型侵入体,呈脉状、岩墙状充填在岩体或围岩裂隙中,其矿物成分、化学成分、空间分布上与深成岩有密切关系,多数是岩浆作用晚期的产物。多数脉岩形成深度浅,有的已接近地表。由于岩浆冷凝快,因而岩石一般为细粒、微粒、隐晶质结构,斑状结构也常见;若岩浆中富集了挥发分,可形成伟晶结构。一般为块状构造、斑杂构造。脉岩按颜色、矿物成分分为暗色脉岩、浅色脉岩两类,浅色脉岩又分为细晶岩和伟晶岩两类。

二、脉岩的主要类型

(一)煌斑岩

煌斑岩为暗色矿物含量占主导地位的脉岩,颜色一般为黑色、暗绿色、深灰色,故称为暗色脉岩;其结构多为全晶质细粒至微粒结构、斑状结构,斑晶全为暗色矿物。煌斑岩的 SiO_2 含量多为40% ~50%,FeO、Fe_2O_3、MgO 及 K_2O、Na_2O 的含量相对较高。暗色矿物主要为辉石、角闪石、黑云母,浅色矿物为斜长石或钾长石。

(二)细晶岩

细晶岩为浅色矿物含量占主导地位的脉岩,颜色多呈灰白至浅肉红色;细粒他形结构,块状结构。浅色矿物主要为钾长石,含量占90%以上。暗色矿物有黑云母、角闪石、辉石。常见的细晶岩多为花岗细晶岩,其成分类似于花岗岩。也有正长细晶岩、闪长细晶岩和辉长细晶岩。

(三)伟晶岩

伟晶岩是一种具有特别粗大矿物晶粒结构的脉岩,晶粒一般大于10 mm,有的可大到几米以上。新疆阿尔泰地区伟晶岩中的绿柱石重达数吨。

四、产状、分布和矿产

脉岩通常呈规则或不规则的板状体产出,大小不一,长度由几米至几千米,厚度从几厘米至几十米。有些脉岩常侵入在早期侵入体内或其附近围岩中。煌斑岩多形成于远离母岩体地区。

钾镁煌斑岩是金刚石矿床的重要母岩。伟晶岩本身常作为非金属矿产进行开采。与花岗伟晶岩有关的矿产在40种以上,其中主要为稀有元素矿产及云母、水晶、长石及各种宝石等。

第三章　沉积岩概论

第一节　沉积岩的概念

一、沉积岩的基本概念

沉积岩是在地表或地表以下不太深的地方，在常温常压下，由母岩的风化产物或由生物作用和某些火山作用所形成的物质，经过搬运、沉积、成岩等地质作用而形成的层状岩石，如砂岩、页岩、石灰岩等。沉积岩分布非常广泛，覆盖了全球大陆面积的75%，但其质量只占地壳质量的9%；体积仅占地球体积的0.02%。所以，沉积岩仅是地壳表面薄薄的一层。

二、母岩的风化作用

母岩风化作用指地壳表层的岩石（岩浆岩、变质岩和先成的沉积岩）在温度变化、大气、水、生物活动以及其他表生因素的影响下，发生机械破碎和化学变化的作用。它的产物是沉积岩的主要物质来源。岩浆岩、沉积岩、变质岩由于是在不同的条件下形成的，其各自的矿物成分、结构不同，所以风化的快慢及程度大不一样。其中岩浆岩最易风化，其次是变质岩，沉积岩较稳定，一般难以风化。

母岩经受风化作用后形成以下三种产物：

(1)碎屑物质，即矿物碎屑和岩石碎屑。它们是母岩机械破碎的产物，如长石、石英砂、白云母碎片和各种砾石等。

(2)残余物质（不溶残积物），母岩在分解过程中形成的不溶物质，如黏土矿物、褐铁矿及铝土矿等。

(3)溶解物质，母岩在化学风化过程中被溶解的成分，如 Cl^-、SO_4^{2-}、Na^+、K^+、Ca^{2+}、Mg^{2+}、Fe^{2+}、Al^{3+}、Si^{4+} 等。它们大都呈真溶液或胶体溶液状态被流水搬运至远离母岩的湖海中。

三、沉积物的成岩作用和沉积岩的后生作用

沉积物沉积以后，即开始进入形成沉积岩的阶段，而且在形成沉积岩后，在岩石发生风化或变质之前，岩石还会发生一些改造。上述过程可划分为两个阶段，即沉积物的成岩作用和沉积岩的后生作用。

(一)沉积物的成岩作用

松散的沉积物转变为致密、固结、坚硬的岩石的作用，称为成岩作用。成岩作用主要包括以下作用。

1. 压固作用

这是一种由于上覆沉积物的重力和水体的静水压力,使松散沉积物排出水分、孔隙减少,体积缩小、密度加大,进而转变成固结的岩石的作用。

2. 胶结作用

松散的沉积碎屑颗粒,通过粒间孔隙水中的化学沉淀物等胶结物的黏结变为坚硬的岩石,这种作用称为胶结作用。常见的胶结物有碳酸盐质、硅质、铁质、有机质和黏土矿物等,这些大都是由溶解于水中的物质沉淀而成。

3. 重结晶作用

胶体和化学沉积物质等非晶质,逐渐转变为结晶质或细小晶体;或由于溶解、局部溶解或扩散作用,使原始晶体继续生长、加大的现象等,称为重结晶作用,如蛋白石变为玉髓和石英。重结晶作用可使松散的沉积物固结成岩,也可破坏沉积物的原生结构和构造而形成新的结构和构造。例如沉积物的颗粒大小、形状及排列方向等,均可因重结晶作用而被破坏,细薄层理也因重结晶而消失。

(二)沉积岩的后生作用

沉积岩的后生作用是指沉积物固结成岩以后至岩石遭受风化或变质作用以前所发生的一系列变化。发生的原因有温度升高、上覆岩层的压力增大以及深部地下水沿岩石裂隙上升,造成岩石进一步被压固、晶粒变粗和形成后生矿物、结核及缝合线等。常见的后生矿物有石英、自生长石、沸石、绿泥石、绢云母、黄铁矿、白铁矿、碳酸盐类矿物等。

第二节　沉积岩的物质成分

一、沉积岩的化学成分

沉积岩的物质来源是多方面的,其中最主要的是母岩风化的产物。因此,沉积岩的化学成分与母岩有密切关系。由于其经受过表生破坏作用,又与原岩,特别是岩浆岩有明显差别,如表3-1所示。

表3-1　沉积岩与岩浆岩的平均化学成分

氧化物	含量(%)		氧化物	含量(%)	
	沉积岩	岩浆岩		沉积岩	岩浆岩
SiO_2	57.95	59.12	FeO	2.08	3.80
TiO_2 >	0.57	1.05	MgO	2.65	3.49
Al_2O_3 >	13.39	15.34	CaO	5.29	5.08
Na_2O	1.13	3.84	CO_2	5.38	0.10
K_2O	2.86	3.13	H_2O	3.23	1.15
P_2O_5	0.13	0.30	其他	1.27	0.304
Fe_2O_3 >	3.47	3.08	总计	100	100

从表 3-1 中所列的沉积岩与岩浆岩平均化学成分对比中可以看出,二者的主要化学成分虽然比较接近,但也存在着如下几个明显差别:

(1)沉积岩中 Fe_2O_3 的含量多于 FeO,岩浆岩则相反。这是因为沉积岩形成于地表水体中,氧气充足,大部分铁元素氧化成高价铁。

(2)沉积岩中的 K_2O 含量多于 Na_2O,而岩浆岩中则相反。这是因为黏土胶体质点能吸附钾离子,以及含钾的白云母等矿物在地表条件下相当稳定。

(3)沉积岩中富含 H_2O、CO_2 和有机质,而这些物质在岩浆岩中几乎是没有的。

二、沉积岩的矿物成分

沉积岩的矿物成分也有本身的特点,常出现的只有 20 余种,如石英、长石、云母、黏土矿物、碳酸盐类矿物、卤化物矿物及含水的铁、锰、铝等的氧化物矿物。然而,在一种岩石中所含有的主要矿物通常不超过 3～5 种。

沉积岩的矿物成分与岩浆岩有显著的不同,如表 3-2 所示,表现为:

表 3-2　沉积岩和岩浆岩的平均矿物成分

矿物名称	含量(%)		备注
	沉积岩	岩浆岩	
黏土矿物	14.51	—	沉积岩特有矿物
白云石及部分菱镁矿	9.07	—	
方解石	4.25	—	
沉积铁质矿物	4.00	—	
石膏及硬石膏	0.97	—	
磷酸盐矿物	0.15	—	
有机质	0.73	—	
石英	34.80	20.40	沉积岩和岩浆岩共有矿物
白云母	15.11	3.85	
钾长石	11.02	14.85	
钠长石	4.55	25.60	
磁铁矿	0.07	3.15	
榍石和钛铁矿	0.02	1.45	
钙长石	—	9.80	岩浆岩特有矿物
黑云母	—	3.86	
角闪石	—	1.66	
辉石	—	12.10	
橄榄石	—	2.65	

注:据张贵义主编《综合地质基础》,地质出版社,1992 年版。

(1)岩浆岩中大量存在的橄榄石、辉石、角闪石及黑云母等,在沉积岩中非常少见。

(2)钾长石、酸性斜长石、石英等矿物,在沉积岩中和岩浆岩中含量都大,但岩浆岩中的长石比沉积岩多，而石英在沉积岩中比岩浆岩中的含量大得多。

(3)在沉积岩形成过程中新生成的矿物，如黏土矿物、盐类矿物、碳酸盐矿物及有机质等在岩浆岩中基本没有。

组成沉积岩的矿物，按其形成阶段可分为以下几种类型，即陆源碎屑矿物、同生矿物、成岩矿物和后生矿物。后三者都是在沉积岩形成的过程中生长的，故又统称自生矿物。陆源碎屑矿物来源于风化原岩，故又称继承矿物，常见有石英、长石、白云母、黏土矿物以及锆石、榍石、磷灰石、金红石等重矿物。自生矿物常见有盐类矿物、碳酸盐矿物、自生黏土矿物，铝、铁、锰的氧化物和氢氧化物，自生石英和自生长石等。

第三节　沉积岩的结构、构造和颜色

一、沉积岩的结构

沉积岩的结构指组成沉积岩物质的结晶程度、颗粒形状、大小及相互充填、胶结关系等。不同类型的沉积岩由于形成的作用和方式不同，所以具有不同的结构类型。例如陆源碎屑岩主要为碎屑结构，火山碎屑岩具有火山碎屑结构，黏土岩具有泥质结构，化学及生物化学成因岩石具有晶粒结构等。

二、沉积岩的构造

沉积岩的构造是指沉积岩各组成部分的空间分布和排列方式。常见的沉积岩特征构造有层理和层面构造、缝合线、结核等。

层理构造是通常由沉积物的物质成分、结构、颜色沿垂直于沉积物表面方向变化而显示出来的一种层状构造。它是沉积岩最重要的特征之一，是与岩浆岩、变质岩相区别的重要标志。

层理的最小组成单位是细层，其厚度极小，几毫米至几厘米，成分上有一定的均一性，它是在一定条件下同时形成的。在成分、结构、厚度及空间产出状态上具有统一性的一组细层，称为层系，形成于相同沉积条件下。由两个或更多的在性质上相似的层系组合起来，便形成层系组，它们形成于相似沉积环境，中间无明显不连续现象(见图3-1)。

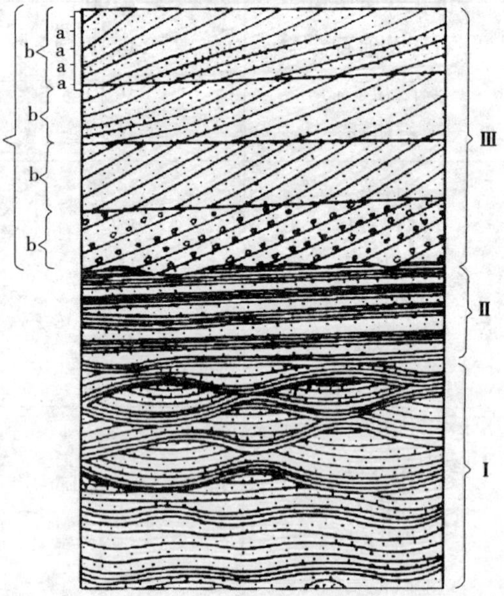

图3-1　层理的基本类型

Ⅰ—坡状层理；Ⅱ—水平层理；Ⅲ—斜层理

a—细层；b—层系；c—层系组

层(岩层)是沉积岩的基本组成单位。同一层岩石具有基本均一的成分、颜色、结构和内部构造，其上、下被层面与相邻的层分开。上述的细层、层系、层系组均是层(岩层)的内部构造。层往往以岩性命名,如石灰岩层、石英砂岩层等。层(岩层)一般按厚度分为:块状层,厚度大于1 m;厚层,厚度1~0.5 m;中厚层,厚度0.5~0.1 m;薄层,厚度0.1~0.001 m。

层理按其形成特征可分为下列几种基本类型:

(1)水平层理。由一系列与层面平行的细层呈直线状排列而形成的层理,称水平层理。此种层理多形成于平静的或微弱流动的水介质环境中,常见于泥质岩及粉砂岩中。

(2)波状层理。具这种层理的细层呈波状起伏,但其总体方向平行于层面。这种层理是在水介质具有一定波动条件下形成的,多出现在滨海或滨湖的浅水带沉积中,多见于粉砂岩和细砂岩。

(3)斜层理。由一系列与岩层面呈斜交的细层组成的层理称斜层理。这种层理多是在单向水流(或风)的作用下形成的,常见于河床沉积物中。细层的倾斜方向代表水流方向。

层面构造是在沉积物未固结时形成的。最常见的层面构造是波痕和泥裂,见图3-2、图3-3。

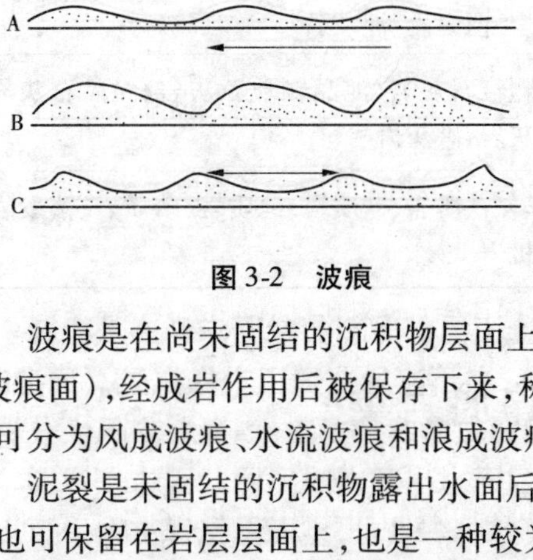

图3-2 波痕

图3-3 泥裂

波痕是在尚未固结的沉积物层面上,由于流水、风及波浪作用形成的波状起伏的表面(波痕面),经成岩作用后被保存下来,称为波痕。波痕常见于砂岩和粉砂岩中。按其成因可分为风成波痕、水流波痕和浪成波痕。

泥裂是未固结的沉积物露出水面后,因受阳光暴晒,经脱水收缩干裂而形成的裂缝。它也可保留在岩层层面上,也是一种较为常见的岩层层面构造。

缝合线是指在垂直沉积岩层理的断面上,呈不规则的齿状接缝。它很像动物头盖骨的接合缝。缝合线起伏的幅度从小于1 mm到几厘米。缝合线一般认为是固结岩石遭受压力后发生不均匀的溶解,难溶的黏土物质和铁质残留下来形成缝合线。

结核是指在成分、结构、颜色等与围岩有显著差异的矿物集合体。结核的成分有碳酸盐质、锰质、铁质、硅质、磷酸盐质和黄铁矿等。结核形态有球形、椭球形、透镜状、扁豆状或不规则团块状等,大小悬殊,内部构造也不一致。

三、沉积岩的颜色

根据成因,沉积岩的颜色可分原生色和次生色,原生色又分为继承色和自生色。

继承色为由矿物碎屑和岩石碎屑所形成的颜色,这些碎屑是从陆源区搬运来的,所形成的岩石继承了碎屑原有的颜色。如长石砂岩由于含大量钾长石为肉红色。

自生色为自生矿物所构成的颜色,如含海绿石的岩石为绿色,石灰岩为灰白色,自生色为大部分泥质岩、化学岩和部分碎屑岩所具有。

次生色是在后生作用阶段或风化过程中,岩石发生变化而产生的颜色。如红色页岩的局部 Fe^{3+} 还原成 Fe^{2+},而使岩石出现浅绿色斑点。

第四节 沉积岩的分类

沉积岩的分类主要依据岩石的成因、成分、结构等进行划分。一般以成因作为沉积岩大类的划分基础,而以成分、结构等特征作为划分岩石类型的依据,如表 3-3 所示。

表 3-3 沉积岩分类简表

沉积岩大类	分类依据	岩石类型
陆源碎屑岩类	粒度	砾岩(角砾岩)、砂岩、粉砂岩
火山碎屑岩类	粒度	集块岩、火山角砾岩、凝灰岩
泥质岩类	成分	高岭石黏土、蒙脱石黏土、伊利石黏土
	固结程度	黏土、泥岩、页岩
碳酸盐岩类	成分	石灰岩、白云岩、泥灰岩
	结构—成因	亮晶颗粒石灰岩、泥晶颗粒石灰岩、泥晶石灰岩、结晶石灰岩、礁灰岩
其他岩类	成分	铝质岩、铁质岩、锰质岩、硅质岩、磷质岩、蒸发岩、可燃有机岩

第五节 陆源碎屑岩类

一、概述

陆源碎屑岩是指母岩经风化作用所形成的碎屑物质(岩屑、矿物碎屑等),经过机械搬运和沉积,并进一步压实和胶结而形成的岩石。此类岩石由碎屑物和填隙物两部分组成。其中碎屑物质在岩石的含量大于50%。陆源碎屑岩根据碎屑粒度分为粗碎屑岩(砾岩和角砾岩)、中碎屑岩(砂岩)、细碎屑岩(粉砂岩)三类。它们是沉积岩中分布很广的岩石,数量仅次于泥质岩,居第二位。

二、陆源碎屑岩的特征

陆源碎屑岩主要由碎屑物质、胶结物质和杂基(二者合称填隙物)三部分组成。碎屑物质又分岩石碎屑(岩屑)和矿物碎屑(矿屑)两类。

(一)碎屑物质

1. *岩石碎屑*

岩屑是各种不同类型岩石经机械破碎而成的碎块。它的大量出现反映了母岩风化不彻底、搬运近、沉积快等特点。岩屑主要分布在砾岩中;在砂岩中也有一部分;而粉砂岩中则几乎不出现。

2. *矿物碎屑*

在碎屑岩中常见的有20余种,但在一种碎屑岩中,碎屑一般不超过3~5种。最主要的碎屑矿物是石英、长石和白云母,其次常见重矿物。

(二)胶结物

胶结物是在碎屑颗粒之间的化学沉淀物质。一般都是在成岩阶段形成的各种自生矿物,能把松散的碎屑胶结变成坚硬的岩石,其在碎屑岩中含量小于50%。常见的胶结物有碳酸盐质(方解石、白云石)、硫酸盐质(石膏、重晶石)、硅质(蛋白石、玉髓、石英)、铁质(赤铁矿、褐铁矿)、磷酸盐质及海绿石、沸石等。

(三)杂基

杂基又称基质,是充填于碎屑颗粒之间的细粒机械混入物,它是和碎屑物质一起由机械作用沉积下来的。包括小于0.03 mm的细粉砂和泥质,它们对碎屑物质也起胶结作用。

三、陆源碎屑岩的分类和命名

根据碎屑颗粒大小,陆源碎屑岩可分为三类:

(1)粗碎屑岩——砾岩和角砾岩,主要碎屑直径为2 mm。

(2)中碎屑岩——砂岩,主要碎屑直径为2~0.05 mm。

(3)细碎屑岩——粉砂岩,主要碎屑直径为0.05~0.005 mm。

四、陆源碎屑岩的主要类型

(一)砾岩和角砾岩

粒度大于2 mm的陆源碎屑其含量大于50%的沉积岩称为砾岩。按其主要砾石的粒级将砾岩划分为细砾岩(砾径2~10 mm)、中砾岩(砾径10~100 mm)、粗砾岩(砾径100~1 000 mm)、巨砾岩(砾径>1 000 mm)。若砾石多数为棱角状,则称角砾岩。岩石成分多为岩屑,次有长石、石英等矿物碎屑。砾岩和角砾岩一般不显层理,在细砾岩中有时可见到斜层理和粒序层理。

(二)砂岩

粒径2~0.05 mm的陆源碎屑含量大于50%的沉积岩称为砂岩。按其主体砂粒粒度可以划分为粗砂岩(粒径为2~0.5 mm)、中砂岩(粒径为0.5~0.25 mm)、细砂岩(粒径为0.25~0.05 mm),见表3-4。

石英砂岩中的石英碎屑(包括硅质岩和石英岩岩屑)含量在90%以上,含少量长石及其他岩屑。胶结物多为硅质、钙质和铁质,多为中细粒砂状结构。一般圆度高,分选好,缺乏泥质杂基,颜色较浅,常为灰白、浅黄色。

表 3-4　砂岩成分分类

岩类名称	岩石名称	主要碎屑颗粒含量(%)			备注
		石英(Q)	长石(P)	岩屑(R)	
石英砂岩(杂砂岩)	1. 石英砂岩(杂砂岩)	>90	<10	<10	
	2. 长石石英砂岩(杂砂岩)	75~90	5~25	<15	长石>岩屑
	3. 岩屑石英砂岩(杂砂岩)	75~90	<15	5~25	岩屑>长石
长石砂岩(杂砂岩)	4. 长石砂岩(杂砂岩)	<75	>25	<25	长石>岩屑
	5. 岩屑长石砂岩(杂砂岩)	<75	25~75	10~50	
岩屑砂岩(杂砂岩)	6. 岩屑砂岩(杂砂岩)	<75	<25	>25	岩屑>长石
	7. 长石岩屑砂岩(杂砂岩)	<75	10~50	25~75	

注:当杂基>15%时,为杂砂岩类。

长石砂岩碎屑组分主要是石英和长石,石英含量小于75%,长石含量大于25%,岩屑含量小于25%。长石以钾长石和酸性斜长石为主。胶结物多为钙质,有时为铁质,硅质少见。常含泥质杂基。长石砂岩一般为粗中粒砂状结构,圆度较差,分选不好或中等,颜色多为肉红色或粉红色。

岩屑砂岩碎屑颗粒中石英含量小于75%,岩屑含量大于25%,长石小于25%;岩屑成分随母岩而异,常见有喷出岩、粉砂岩、页岩、板岩、千枚岩、片岩、碳酸盐岩岩屑等。

(三)粉砂岩

粉砂岩是由粒度在0.05~0.005 mm、含量在50%以上的碎屑组成的碎屑岩。碎屑成分以石英为主,长石次之,岩屑少见,有时含较多的白云母片。重矿物含量较高,碳酸盐胶结物较常见,铁质和硅质较少。粉砂岩按粒度分为粗粉砂岩(粒度0.05~0.03 mm)和细粉砂岩(粒度0.03~0.005 mm)。

第六节　火山碎屑岩类

一、概述

火山碎屑岩是火山爆发所形成的各种火山碎屑物质,经堆(沉)积后固结形成的岩石。火山碎屑主要来自岩浆岩或已固结的熔岩,其成分与岩浆岩相同,火山碎屑又在空气或水中搬运和沉积,这与沉积岩相仿,故火山碎屑岩具有双重特征。火山碎屑岩在自然界分布很广,各地质年代和各地区均有广泛分布。

二、火山碎屑岩的成分

火山碎屑岩的成分包括较大的火山碎屑物和较小的火山填隙物(主要为细火山灰、尘等)。火山碎屑根据其物质状态分为岩屑、晶屑和玻屑。岩屑形状多样,大小不一。

三、火山碎屑岩的结构、构造

(一)火山碎屑岩的结构

根据火山碎屑物质的粒度、含量及物态,可将火山碎屑岩的结构分为以下类型。

1. 集块结构

集块结构是指大于64 mm的火山碎屑含量在50%以上,并被更细的火山碎屑胶结的结构。

2. 火山角砾结构

火山角砾结构是指2～64 mm的火山碎屑占50%以上,并为更细的火山碎屑胶结。

3. 凝灰结构

凝灰结构是小于2 mm的火山碎屑占70%以上。

4. 塑变结构

塑变结构又称熔结碎屑结构,主要由塑性玻屑和塑性岩屑彼此平行熔结而成。

(二)火山碎屑岩的构造

1. 假流纹构造

假流纹构造是由压扁拉长的塑性玻屑和焰舌状塑性岩屑呈定向排列而成,貌似熔岩中的流纹状构造。

2. 层理构造

层理构造是由于火山碎屑被风、水搬运、沉积形成的水平层理及交错层理。

3. 火山泥球构造

火山泥球构造是主要由较细的中、酸性火山碎屑物组成的球状、椭圆形及扁豆状、颗粒构造。泥球大小从1 mm到几厘米。

第七节　泥质岩类

一、概述

泥质岩是粒度小于0.005 mm,主要由黏土矿物组成的岩石。此类岩石是由母岩风化形成的黏土矿物,以悬浮状态搬运到水盆地后经机械沉积而成。泥质岩是分布最广的一类沉积岩,占沉积岩总量的60%左右。

二、泥质岩的矿物成分

泥质岩主要由黏土矿物组成,为高岭石、伊利石(水云母)、蒙脱石等,次要有粉砂级的陆源碎屑矿物石英、长石、白云母和少量重矿物;常有自生矿物碳酸盐、硫酸盐、硅质矿物、铁的硫化物和磷灰石、石盐、海绿石以及有机质、动植物化石。

三、泥质岩的结构、构造与颜色

泥质岩的结构根据黏土、粉砂及砂的相对含量,可划分出如下几种类型,见表3-5。

表 3-5 按粒度划分的泥质岩结构类型

泥质岩结构类型	各粒级含量(%)		
	黏土	粉砂	砂
泥质结构	>95	<5	—
含粉砂泥质结构	>75	5~25	<5
粉砂泥质结构	>50	25~50	<5
含砂泥质结构	>75	<5	5~25
砂泥质结构	>50	<5	25~50

泥质结构的岩石,以手触摸有滑腻感,用小刀切割的切面很光滑,断口为贝壳状或鱼鳞状。粉砂泥质结构和砂泥质结构的岩石,以手触摸有粗糙感,刀切面不平坦,断口粗糙。含砂泥质结构和砂泥质结构的岩石,手触摸有明显的颗粒感觉,肉眼可见砂粒,断口呈参差状。

鲕状结构、豆状结构都由黏土矿物组成,前者粒径小于 2 mm,后者大于 2 mm。

泥质岩的构造包括层理、波痕、泥裂、结核等构造。层理一般为水平层理;块状构造在泥质岩中也常见。页理是泥质岩的一种特征构造,可看成非常薄的水平层理,主要是片状黏土矿物平行排列所致。

泥质岩的颜色多种多样,取决于黏土矿物的成分和形成的环境。成分单一的高岭石泥质岩多呈白色、浅灰色。红色、紫色、棕色、黄色等多是岩石中含有 Fe^{3+} 的氧化物和氢氧化物所致。绿色、蓝色多是岩石中含有 Fe^{2+} 的化合物和铁的硅酸盐矿物。灰色、黑色是由于岩石中富含有机质或含有黄铁矿等硫化物。

四、泥质岩的分类和主要岩石类型描述

按泥质岩中混入的砂或粉砂的数量可分为泥岩、含粉砂泥岩、粉砂质泥岩、含砂泥岩及砂质泥岩。

按固结程度可分为以下几类(见表 3-6):

表 3-6 泥质岩按固结程度的分类

岩石名称	固结程度	构造特征
黏土	未固结—弱固结,易吸收水分,有可塑性、黏结性等	块状
泥岩	弱—中等固结,加水不易泡软,加水一昼夜,仍具可塑性	块状
页岩	强固结,加水不被泡软,沿页理方向易剥开,打击后成薄片	页理

(1)黏土为疏松状岩石,质纯者细腻质软,颜色以浅色为主。按成分分为:高岭石黏土,主要由高岭石组成,多为灰白、浅灰色,土状、有滑感,具可塑性、吸水性、黏结性及耐火性等物理特性;蒙脱石黏土,又称膨润土、斑脱岩,主要由蒙脱石组成,一般为粉红、灰白或淡黄色,重要特征是吸水性强,吸水后体积膨胀,吸附性强;伊利石黏土,成分比较复杂,除伊利石外,还含其他黏土矿物、石英、长石、云母等碎屑和重矿物,颜色多样。

(2)泥岩。泥岩是黏土经中等程度的成岩、后生作用后固结形成的。泥岩层理不明显,呈块状构造,没有页理。在水中不易被泡软,可塑性比黏土差。

(3)页岩。页岩为具有页理构造的泥质岩。可根据自生矿物、混入成分和颜色等进一步划分,常见如下类型。

钙质页岩:含有少量方解石的页岩,方解石含量不超过25%。

硅质页岩:SiO_2 含量超过普通页岩,可达85%以上,硅质由隐晶质的玉髓和蛋白石组成。岩石致密、坚硬,常与燧石岩等共生。

红色页岩:含较多分散的氧化铁、氢氧化铁的页岩。形成于干旱气候带的氧化环境中。

黑色页岩:含大量细分散的有机质和硫化铁,颜色黑但不污手。

炭质页岩:含大量炭化的有机质,与黑色页岩的区别是条痕黑色,污手。

油页岩:含油率为4%～20%的页岩,颜色黄褐、暗棕、黑色等。

第八节　碳酸盐岩类

一、概述

由方解石和白云石等碳酸盐矿物组成的沉积岩称为碳酸盐岩,主要岩石类型为石灰岩和白云岩。碳酸盐岩中常可混入数量较多的陆源碎屑物质(砂、粉砂、泥),当混入物的含量超过50%时,则过渡为陆源碎屑岩(砂岩、粉砂岩、泥质岩)。

碳酸盐岩在地壳中分布仅次于泥质岩和碎屑岩,约占沉积岩分布面积的1/5。据统计,碳酸盐岩在我国约占沉积岩总面积的55%,特别在西南地区,分布更为广泛。与碳酸盐岩共生的层状矿产有:铁矿、石膏、硬石膏、岩盐、钾盐等。一些裂隙和孔隙发育的碳酸盐岩同样是地下水的重要含水层。

二、碳酸盐岩的物质成分

碳酸盐岩的主要化学成分有 CaO、MgO 和 CO_2,此外还有 SiO_2、Al_2O_3、FeO、Fe_2O_3、K_2O 和 H_2O 等。碳酸盐岩的矿物成分主要有方解石、白云石、文石、菱铁矿、铁白云石等碳酸盐矿物。此外还有石膏、硬石膏、重晶石、岩盐、黄铁矿和陆源碎屑矿物如黏土矿物、石英、长石等。

三、碳酸盐岩的结构

不同成因类型的碳酸盐岩,具有不同的结构类型,主要有下面几种。

(一)粒屑结构

由波浪和流水剥蚀破碎、机械搬运和沉积作用而形成的碳酸盐岩,具有与陆源碎屑岩类似的结构,称粒屑结构。粒屑结构由三个部分组成:颗粒、泥晶基质、亮晶胶结物。

颗粒是指在沉积盆地内部,由化学、生物化学、生物作用及波浪、潮汐和岸流的机械作用形成的颗粒。它与陆源碎屑岩中的砾石、砂粒和粉砂相似。颗粒主要有五种类型:内碎屑、生物碎屑、鲕粒、豆粒和团块。

内碎屑是已沉积的弱固结碳酸盐沉积物，被波浪、潮汐和岸流作用磨蚀成的碎屑物。

生物碎屑是指生物化石的碎片或经过搬运的非原地生长的完整化石。它们是在盆地内一定地区生成的，一般移动不远，因而大多数能反映其生活环境。这是碳酸盐岩沉积环境的识别标志之一。

包粒是指外形呈球状或椭球状，内部有核心，围绕核心具同心纹状或放射状包壳的颗粒，粒径 0.25～2 mm 的为鲕粒，粒径大于 2 mm 的为豆粒。

团块是具不规则外形和无内部结构的复合碳酸盐颗粒，内部可包裹小生物、小球粒等，常由蓝藻黏结。

泥晶是在水动力条件较弱的环境中沉积形成的；而亮晶胶结物则是在沉积物沉积以后，水动力条件较强，颗粒间孔隙中的泥晶被冲走，而富含 $CaCO_3$ 的水溶液在成岩期间沉淀于颗粒孔隙中形成的。

（二）生物骨架结构

由原地生长的珊瑚、海绵、苔藓虫、层孔虫及藻类等造礁生物形成的礁灰岩所具有的结构。它是原地生长的群体生物钙质骨骼构成骨架，在其间隙中充填有其他生物或碎屑及化学沉淀物。

（三）晶粒结构（结晶结构）

由结晶的碳酸盐矿物晶粒组成的结构。这是由化学、生物化学等形成的碳酸盐岩石，经过强烈的重结晶作用而形成的结构。

四、碳酸盐岩的分类和命名

（一）碳酸盐岩的矿物成分分类

碳酸盐岩的矿物成分分类是基本的、最常用的分类方法。根据碳酸盐岩中方解石和白云石的相对含量，可将碳酸盐岩分为 6 种类型，如表 3-7 所示。

表 3-7　碳酸盐岩矿物成分分类

岩石名称		方解石 $CaCO_3$ 含量（%）	白云石 $CaMg(CO_3)_2$ 含量（%）	CaO/MgO 比值
石灰岩类	石灰岩	95～100	0～5	>50.1
	含白云质石灰岩	75～95	5～25	9.1～50.1
	白云质石灰岩	50～75	25～50	4.0～9.1
白云岩类	钙质（灰质）白云岩	25～50	50～75	2.2～4.0
	含钙质（灰质）白云岩	5～25	75～95	1.5～2.2
	白云岩	0～5	95～100	1.4～1.5

碳酸盐岩中常混入不少黏土物质，根据方解石或白云石与黏土质的相对含量，可划出一系列的过渡类型，其分类见表 3-8。

表 3-8　石灰岩(或白云岩)与泥质岩的过渡类型岩石

<table>
<tr><th colspan="2">岩石类型</th><th>方解石(或白云石)(%)</th><th>泥质(%)</th></tr>
<tr><td rowspan="3">石灰岩
(或白云岩)</td><td>石灰岩(或白云岩)</td><td>90~100</td><td>0~10</td></tr>
<tr><td>含泥石灰岩(或白云岩)</td><td>75~90</td><td>10~25</td></tr>
<tr><td>泥灰岩(或白云岩)</td><td>50~75</td><td>25~50</td></tr>
<tr><td rowspan="3">泥质岩</td><td>灰质泥岩(或白云质泥岩)</td><td>25~50</td><td>50~75</td></tr>
<tr><td>含灰质泥岩(或白云质泥岩)</td><td>10~25</td><td>75~90</td></tr>
<tr><td>泥质岩</td><td>0~10</td><td>90~100</td></tr>
</table>

(二)石灰岩的结构成因分类

石灰岩的结构成因分类是近代对石灰岩深入研究过程中提出来的,这种分类是目前最流行、最有使用价值的分类方案,如表 3-9 所示。

表 3-9　石灰岩的分类

<table>
<tr><th rowspan="2">介质能量</th><th rowspan="2">颗粒(%)</th><th rowspan="2">泥晶</th><th rowspan="2">亮晶</th><th rowspan="2">①颗粒石灰岩</th><th colspan="5">颗粒</th><th rowspan="2">晶粒</th><th rowspan="2">生物骨架</th></tr>
<tr><th>内碎屑</th><th>生物碎屑</th><th>鲕粒</th><th>球粒</th><th>藻粒</th></tr>
<tr><td rowspan="5">强-弱</td><td rowspan="2">>50</td><td colspan="2">泥晶<亮晶</td><td>亮晶颗粒石灰岩</td><td>亮晶内碎屑石灰岩</td><td>亮晶生物屑石灰岩</td><td>亮晶鲕粒石灰岩</td><td>亮晶球粒石灰岩</td><td>亮晶藻粒石灰岩</td><td rowspan="5">③晶粒石灰岩</td><td rowspan="5">④生物礁石灰岩</td></tr>
<tr><td colspan="2">泥晶>亮晶</td><td>泥晶颗粒石灰岩</td><td>泥晶内碎屑石灰岩</td><td>泥晶生物屑石灰岩</td><td>泥晶鲕粒石灰岩</td><td>泥晶球粒石灰岩</td><td>泥晶藻粒石灰岩</td></tr>
<tr><td>25~50</td><td>50~75</td><td></td><td>颗粒泥晶石灰岩</td><td>内碎屑泥晶石灰岩</td><td>生物屑泥晶石灰岩</td><td>鲕粒泥晶石灰岩</td><td>球粒泥晶石灰岩</td><td>藻粒泥晶石灰岩</td></tr>
<tr><td>10~25</td><td>75~90</td><td></td><td>含颗粒泥晶石灰岩</td><td>含内碎屑泥晶石灰岩</td><td>含生物屑泥晶石灰岩</td><td>含鲕粒泥晶石灰岩</td><td>含球粒泥晶石灰岩</td><td>含藻粒泥晶石灰岩</td></tr>
<tr><td><10</td><td>>90</td><td></td><td colspan="6">②泥晶石灰岩</td></tr>
</table>

首先把石灰岩划分为四大类型:①颗粒石灰岩;②泥晶石灰岩;③晶粒石灰岩;④生物礁石灰岩。根据颗粒与泥晶、亮晶的相对含量,将颗粒石灰岩划分为四种岩石类型:亮晶颗粒石灰岩、泥晶颗粒石灰岩、颗粒泥晶石灰岩和含颗粒泥晶石灰岩。再根据颗粒的类型,细分为内碎屑、生物碎屑、鲕粒、球粒、藻粒等相应的石灰岩。

(三)白云岩的分类

按白云岩的成因分为以下几类:①同生白云岩,在沉积阶段后期形成;②成岩白云岩,为沉积物在固结过程中,由白云岩化作用形成;③后生白云岩,由石灰岩被交代而形成。白云岩根据其结构特征,分为颗粒白云岩、泥晶白云岩及细—粗晶白云岩等。

五、碳酸盐岩的主要类型

(一)石灰岩

岩石主要由方解石组成,常混有白云石、黏土矿物等。颜色多种,如白色、灰色、黑色等,滴稀冷盐酸剧烈起泡。

1. 内碎屑灰岩

内碎屑灰岩由50%以上的内碎屑和充填其间的亮晶或泥晶构成。按粒度,内碎屑灰岩又可分为砾屑灰岩、砂屑灰岩和粉屑灰岩。

砾屑灰岩:我国华北普遍存在的竹叶状灰岩是一种典型的砾屑灰岩。砾屑呈扁圆或椭圆形,切面长条形,似竹叶状。其磨圆度较好,大小不一,自几毫米到几厘米。砾屑成分多为泥晶灰岩、粉屑灰岩和含生物屑泥晶灰岩,表面常有一棕红或紫红色的氧化铁质圈。

砂屑灰岩:砂屑结构。砂屑颗粒磨圆度好,分选性好。亮晶砂屑灰岩常见,泥晶砂屑灰岩一般较少。岩石常具有交错层理、波痕等构造。

2. 生物碎屑灰岩

岩石为生物碎屑结构,生物碎屑含量在50%以上。生物碎屑除某些较坚固的微体生物外,多为离解程度不一的碎片,并经过一定程度的磨圆和分选。填隙物可以是亮晶或泥晶。岩石命名时可用生物名称,如泥晶有孔虫灰岩、亮晶海百合灰岩等。

3. 鲕粒灰岩

鲕粒灰岩是鲕粒含量在50%以上的石灰岩,具鲕粒结构。按胶结物的不同分为亮晶鲕粒灰岩和泥晶鲕粒灰岩。

4. 晶粒灰岩

晶粒灰岩是具晶粒结构的石灰岩。可根据晶粒大小分为粗晶灰岩、中晶灰岩、细晶灰岩、粉晶灰岩及微晶(泥晶)灰岩。

(二)白云岩

岩石主要由白云石组成,但常混有方解石和黏土矿物等。岩石多呈浅灰色、浅黄灰色。粒屑结构、晶粒结构,块状构造。岩石滴稀冷盐酸不起泡,粉末缓慢起泡。

1. 内碎屑白云岩

岩石由内碎屑和亮晶或泥晶构成,成分均为白云石。按内碎屑粒度,可分为砾屑白云岩、砂屑白云岩、粉屑白云岩。

2. 泥晶白云岩

岩石由泥晶白云石组成,可含少量方解石、泥质、铁质等杂质,泥晶结构,块状构造。

3. 细—粗晶白云岩

岩石由细—粗粒的白云石晶粒组成。浅灰至灰色,断口呈砂糖状,是由较强烈的白云石化或重结晶作用形成的白云岩。

(三)泥灰岩

泥灰岩是石灰岩和泥质岩之间的一个过渡类型。其中方解石含量75%～50%,黏土矿物含量25%～50%。泥灰岩呈浅灰、浅黄、浅红、紫红等颜色,泥晶—粉晶结构。风化后表面疏松,加稀冷盐酸强烈起泡,反应后表面出现一层黄色泥质薄膜。泥灰岩多呈薄层状,有时呈透镜体出现于泥质岩中。

第四章　变质岩概论

第一节　变质作用及变质岩

由地球内力作用引起的使原岩发生转化再造的地质作用,称为变质作用。由变质作用所形成的岩石称为变质岩。由岩浆岩经变质作用后形成的变质岩称正变质岩;由沉积岩经变质作用后形成的变质岩称副变质岩。变质岩在我国分布很广,从前寒武纪至新生代都有变质岩形成,但多数分布在古老的结晶地块和构造带中。在我国山东、河北、山西、内蒙古等地,变质岩均有大面积出露。

变质作用的因素,主要包括温度、压力以及具化学活动性的流体。温度是引起岩石变质的主要因素。压力作用可分为静压力和定向压力(应力)二种。静压力是由上覆岩石重量引起的,它随着深度增加而增大,且对岩石的作用各向均等。静压力增大,有利于形成分子体积小、密度较大的新矿物,岩石结构变得致密、坚硬。定向压力是由构造运动或岩浆活动所引起的侧向挤压力。岩石在定向压力的作用下,当超过其弹性限度时可发生变形,压力进一步加大则使岩石产生节理、裂隙或形成片理、线理、流劈理构造,发生破碎、裂变等。

具化学活动性的流体是以 H_2O、CO_2 为主要成分,并包含多种金属和非金属及 F、Cl、B、P 等物质的水溶液,是一种活泼的化学物质。当这些溶液在岩石孔隙中,由于压力差或溶液中活动组分的浓度差而引起流动时,便对周围岩石发生交代作用,产生组分的迁移(带出或带入),形成与原岩性质迥然不同的变质岩石。

第二节　变质作用的类型

一、接触变质作用

接触变质作用发生在岩浆岩侵入体和围岩的接触面附近,主要是由岩浆携带的热量和从岩浆中析出的气水溶液使围岩发生变质的作用。按照引起接触变质的主导因素的不同,可分为下列两种。

(一)热接触变质作用

引起变质的主要因素是温度。岩石受热后发生矿物的重结晶、脱水、脱炭和物质成分的重结晶及重组合的一种变质作用,形成新矿物及变晶结构,但岩石中总的化学成分并无显著的变化。如石灰岩受热变质后,重结晶形成粒度较粗的大理岩。

(二)接触交代变质作用

引起变质的因素除温度以外,从岩浆中分泌的挥发性物质对围岩进行交代作用,故原岩的化学成分有显著的变化，新矿物大量产生，结构、构造也都发生变化。典型的是中酸侵入体与石灰岩的接触带上，由于发生接触交代作用而形成的矽卡岩。

二、气成热液变质作用

气成热液变质作用是由具有较强化学活动性的气体和液体对原岩进行交代而使岩石的矿物成分与化学成分等发生变化的一种变质作用。它既包括岩浆岩的自变作用，也包括各种围岩蚀变作用。

三、动力变质作用

动力变质作用出现在大断裂上或构造运动强烈的地带，多呈狭长的带状分布。在构造运动产生的定向压力作用下，使岩石发生变形破碎，一般温度不高，重结晶作用不强烈。

四、区域变质作用

区域变质作用泛指在大面积区域范围内的一种变质作用。这种变质作用与区域性的岩浆活动、构造运动相互伴生，延续时间长，其变质作用因素比较复杂。它往往是由温度、压力和具化学活动性流体等综合作用的结果。区域变质作用的深度从地下几千米至几万米。化学活动性流体的作用显著而广泛。

由于区域变质作用持续时间长，温度和压力变化大，因此在许多区域变质岩发育的地区，常常出现变质程度不同的岩石，在空间上呈明显的带状分布，称区域变质带。一般将区域变质带分为浅变质带、中变质带和深变质带。

五、混合岩化作用

混合岩化作用是在区域变质作用基础上地壳内部热流继续升高，便产生深部热液及局部重熔熔浆的渗透、交代、贯入等方式使岩石发生变质的作用。它是一种介于深度变质作用和岩浆作用之间的地质作用。

第三节　接触变质岩类

一、热接触变质岩

热接触变质岩主要是由于岩浆体所散发的热能使围岩产生变质而成。因此，温度是变质的主要因素（变质温度范围在 300 ~ 800 ℃之间，有时可高达 1 000 ℃左右）。

由于离炽热的岩浆侵入体愈近，温度愈高；离侵入体愈远，则温度愈低，因此在垂直接触带的剖面上常依次出现变质程度不同的岩石，这些岩石常围绕侵入体呈环状分布，形成热接触变质圈（晕）。常见的热接触变质岩有如下几种（见表 4-1）。

（一）斑点板岩

斑点板岩是指泥质岩受到较弱的接触热变质作用形成的岩石。原岩成分大部分没有重结晶、重组合。岩石总体呈隐晶质，铁质、炭质成小斑点，新生矿物仅见绢云母、绿泥石、黑云母、红柱石、堇青石的雏晶。

(二)角岩

角岩是泥质岩经中到高级接触热变质作用形成的。岩石常呈暗灰至黑色，具角岩结构或基质为角岩结构的斑状变晶结构，块状构造。除变斑晶外，肉眼很难分辨基质的矿物成分。

表4-1　热接触变质岩分类

原岩成分		黏土质岩石	碳酸盐岩石	镁质岩石	铁镁质岩石	长英质岩石
低级变质	岩石名称	斑点板岩、角岩	变质石灰岩、大理岩	角岩、接触片岩	角岩、接触片岩	长英质角岩、石英岩
	矿物组合	绿泥石、绢云母、石英、空晶石、红柱石、堇青石	方解石、白石、透闪石、滑石、石英	绿泥石、蛇纹石、滑石、碳酸盐矿物、透闪石、阳起石	钠长石、绿泥石、绿帘石、阳起石、石英	绿泥石、绢云母、石英、红柱石、钠长石
中级变质	岩石名称	云母角岩、接触片岩	大理岩	镁质角岩、接触片岩	基性角岩、接触片岩	长英质角岩、石英岩
	矿物组合	黑云母、白云母、石英、红柱石、堇青石、石榴子石、角闪石、长石	方解石、透闪石、绿帘石、石英、斜长石、符山石、钙铝榴石	蛇纹石、透闪石、阳起石、尖晶石、碳酸盐矿物	斜长石、绿帘石、阳起石、石英、角闪石、镁铝榴石、铁铝榴石	石英、斜长石、碱性长石、黑云母、白云母、普通角闪石
高级变质	岩石名称	粗粒云母角岩、接触片麻岩	大理岩	镁质角岩	基性角岩、接触片麻岩	长英质角岩、石英岩
	矿物组合	长石、夕线石、石英、堇青石、石榴子石、黑云母、角闪石、辉石、刚玉、尖晶石	硅灰石、方解石、透辉石、钙长石、钙铝榴石	尖晶石、辉石、镁橄榄石、堇青石	斜长石、透辉石、紫苏辉石、橄榄石、镁铝榴石、铁铝榴石	石英、斜长石、碱性长石、黑云母、普通角闪石、辉石

(三)大理岩

大理岩是碳酸盐岩(石灰岩、白云岩)经热接触变质作用形成的，一般呈白色，含杂质时可呈现不同的颜色和花纹。矿物成分主要为方解石、白云石，可含蛇纹石、透闪石、硅灰石、滑石、透辉石等特征变质矿物。常见的有方解石大理岩、白云石大理岩、透闪石大理岩等。

(四)石英岩

石英岩是由石英砂岩或硅质岩受热接触变质形成的。一般呈白色或灰白色，当具有含铁的氧化物时，可呈褐色或红褐色。

二、接触交代变质岩——矽卡岩

矽卡岩是由中酸性岩浆侵入到碳酸盐岩中，岩浆中析出的高温气水热液与围岩发生交代作用(岩浆中的 Si、Al、Fe 等加入围岩,围岩中 Ca、Mg 等进入岩浆),从而在接触带上形成的一种在矿物成分、结构构造都比较特殊的变质岩。形成于岩体边缘的叫内矽卡岩,形成于围岩部分的叫外矽卡岩。根据矿物组合可分为钙质矽卡岩和镁质矽卡岩两类。钙质矽卡岩是由中酸性岩浆与石灰岩、大理岩发生接触交代形成的;镁质矽卡岩是由中酸性岩浆与白云岩、白云质灰岩发生接触交代形成的。矽卡岩的颜色较深,多为红褐色、浅黄色或暗绿色。

第四节　气成热液变质岩类

气成热液变质岩是在热的气液态溶液作用下使原岩发生交代作用所形成的岩石。它可以产生于两种岩石之间或一种岩石本身,通常沿构造破碎带及矿脉边缘发育。气成热液变质岩的主要岩石类型如下。

一、蛇纹岩

蛇纹岩是由镁质超基性岩经气成热液变质作用,原岩中的橄榄石和辉石发生蛇纹石化所形成的。岩石一般呈暗灰绿色、黑绿色或黄绿色,色泽不均匀,有时成斑驳花纹,风化后颜色变浅,可呈灰白色。质软,具滑感。

二、青磐岩

青磐岩是中基性浅成岩、喷出岩和火山碎屑岩在中—低温热液作用下,经交代作用所形成的。由于在安山质火山岩中最为发育,因此又叫变安山岩。一般呈灰绿色至暗绿色。青磐岩分布较广,尤其在活动区常作区域性分布。与青磐岩有关的矿产有铜、铅、锌等多金属硫化物和金、金—银脉状矿床等。

三、云英岩

云英岩是由酸性侵入岩受气成高温热液交代作用蚀变所形成的岩石。云英岩一般颜色浅,呈浅灰、浅绿色。

四、次生石英岩

次生石英岩是中酸性火山岩等在硫质火山喷气和中低温热液的交代作用下蚀变所形成的。次生石英岩一般为浅灰或深灰色,隐晶质至细粒变晶结构,块状构造。主要矿物成分是石英(蛋白质及玉髓)、绢云母、明矾石、高岭石、红柱石、叶蜡石,次要矿物有刚玉、黄玉及金属矿物黄铁矿、赤铁矿等。次生石英岩分布较广,尤其在火山口或附近的火山岩中更为发育,有时见于岩体接触带。与其有关的矿产有非金屑矿产明矾石、高岭石、叶蜡石等以及铜、铅、锌、金、银等多金属矿床。

第五节　动力变质岩类

由动力变质作用形成的岩石,称为动力变质岩。动力变质作用主要与断层及韧性剪切带有关,该类岩石常呈狭长带状分布,并具有一些特征的变形结构和构造。动力变质岩的主要岩石类型如下。

一、构造角砾岩

构造角砾岩是由构造运动(主要为断裂运动)使原岩破碎成角砾,经再胶结而形成的一种岩石。这种岩石具有典型的角砾状结构。岩石主要由大小不等的带棱角的原岩碎块组成,并被成分相同的细碎屑或部分外来物质(如硅质、铁质等)所胶结。本类岩石通常沿断裂带分布,是断裂带的显著标志之一。

二、碎裂岩

碎裂岩是原岩在较强的应力作用下形成的,主要由粒度相对较小的岩石碎屑和矿物碎屑及岩石粉末构成。其胶结物可以是铁质、硅质或碳酸盐质,具碎裂结构或碎斑结构。

三、糜棱岩

这是原岩遭受强烈挤压破碎所形成的具有糜棱结构的岩石。其粒度极细,比较均匀,岩石非常致密;有时因具有一定程度的硅化而比较坚硬;常具有类似流纹的条带状构造。

四、千糜岩

千糜岩是与糜棱岩相似的细粒岩石,它是在强烈挤压应力作用下形成的。其矿物成分和结构、构造与千枚岩相似,岩石特点有:被磨细的矿物已大部分重结晶,形成绢云母、绿泥石、钠长石、绿帘石、石英等新生矿物。其次片理发育,可见一组或几组片理,有时见紧密小褶皱。

第六节　区域变质岩类

区域变质岩是由区域变质作用形成,常呈大面积分布,其面积有的地区可达百万平方千米以上。区域变质岩的分类方法较多,按照原岩类型、变质程度将主要岩石分类如表 4-2 所示。区域变质岩的主要岩石类型如下。

一、板岩

板岩是变质程度很低,具板状构造的区域变质岩(见图 4-1)。原岩的矿物成分基本上没有重结晶。板岩一般由泥质岩、粉砂岩、中酸性凝灰岩经轻微变质而成,通常按其颜色或含杂质的不同加以命名,如黑色炭质板岩、黄绿色粉砂质板岩、灰色凝灰质板岩等。

二、千枚岩

千枚岩是变质程度略高于板岩，具有千枚状构造的区域变质岩（见图 4-2）。原岩的矿物成分基本上已全部重结晶，主要由微小的绢云母、绿泥石、石英、钠长石等新生矿物组成。

表 4-2　常见区域变质岩分类

原岩类型	低级变质岩	中级变质岩	高级变质岩
黏土质岩石	板岩、千枚岩、绢云母片岩	白云母片岩、黑云母片岩	黑云母片岩、片麻岩
长英质岩石	变质砂岩、粉砂岩、砂质板岩、变质流纹岩、英安岩、凝灰岩、千枚岩、绢云片岩、石英岩	变粒岩、黑云母斜长片麻岩、云母石英片岩、长石石英岩、各种浅粒岩	片麻岩及变粒岩（浅色麻粒岩）、黑云母石英片岩及石英岩
碳酸盐岩	大理岩、钙质千枚岩	大理岩、钙质云母片岩	透辉石大理岩、镁橄榄石大理岩、钙质片麻岩、变粒岩
铁镁质岩石	绿泥石片岩、绿帘石片岩、阳起石片岩	斜长角闪岩、角闪片岩	斜长角闪岩、角闪石岩、麻粒岩、榴辉岩
镁质岩石	蛇纹石片岩、滑石片岩、绿泥片岩	（片状）角闪石岩、角闪石片岩	辉石岩、角闪石岩、橄榄石岩

千枚岩一般按颜色和可判别的矿物成分进一步命名，如银灰色千枚岩、绿泥石千枚岩等。

图 4-1　板岩示意图

图 4-2　千枚岩示意图

三、片岩

片岩是具有片状构造的区域变质岩，其分布极为广泛。主要由片状矿物（云母、绿泥石、滑石等）、柱状矿物（阳起石、透闪石、角闪石等）和粒状矿物（长石、石英等）组成。若粒状矿物含量小于50%,则以主要的片状矿物命名,如二云母片岩、绿泥石片岩;也可以主要的柱状矿物命名,如角闪石片岩。若粒状矿物含量大于50%,则以占主导地位的两种矿物命名,如白云母石英片岩。

四、片麻岩

片麻岩是具有片麻状构造的区域变质岩。多为中—粗粒粒状变晶结构。其矿物成分石英和长石的含量大于50%,且长石含量必须大于25%。片状、柱状矿物有云母、角闪石、辉石等。片麻岩可根据所含长石的种类分为钾长片麻岩和斜长片麻岩两类,然后再根据暗色矿物或特征变质矿物进一步分类命名,如角闪斜长片麻岩、黑云钾长片麻岩等。片麻岩分布也很广泛。

五、斜长角闪岩

斜长角闪岩主要由角闪石和斜长石组成。其矿物成分中角闪石等暗色矿物含量大于或等于50%,斜长石含量小于50%,石英很少或无,常见石榴子石、绿帘石、云母和透辉石。

六、变粒岩

变粒岩是一种片理不发育的粒状变晶结构的中等变质程度的区域变质岩,常为细粒粒状变晶结构。矿物成分主要是石英和长石(长石含量>25%),有时含有黑云母、白云母、角闪石,其总量不超过30%。当片状、柱状矿物含量较多时,可具弱片麻状构造。

七、麻粒岩

麻粒岩是一种变质程度很深的变质岩。细粒到中粒花岗变晶结构,片麻状或块状构造。矿物成分以长石为主,可含一定数量的石英。

八、榴辉岩

榴辉岩是主要由辉石和石榴石组成的变质程度很深的区域变质岩。其中的辉石为绿辉石,其特点是呈绿色,石榴子石以镁铝榴石为主,颜色为肉红色。不等粒变晶结构,块状构造,有时也呈斑杂状或片麻状构造。

第五章 地层及地质年代

第一节 地层及地质年代表

一、地层的概念

地层是在一定的地史时期中和一定的地质环境下形成的层状岩石。因而,地层具有一定的层位;它可以是沉积岩或是火山岩或是由它们变质而来的变质岩;它是层状岩石,各地层之间以可见的层面为界;也可以岩性、化石及地质年代等划定的界面为界;它与岩石的区别是,它具有时间和空间概念,而岩石没有。例如灰岩,它只是一种岩石的名称,而由灰岩构成的"凤山组",则是在晚寒武世形成的,分布于华北等地区,有一定厚度的一套岩层,它有明显的生成时间和一定分布空间范围的涵义。

二、地层的划分和对比

地层划分是对某一地区的地层剖面,依据其生成顺序、岩性特征、古生物化石特征等内在规律,将其划分为若干个适当的单位(描述单位或分层单位),并建立这个地区的地层系统的过程。

地层对比是研究和确定不同地区地层剖面的地层特征及其相互的时间关系的过程。

地层划分对比的方法主要有如下几种。

(一)地层层序律法

按岩层形成的原始顺序,先形成的在下、后形成的在上的这种自然规律来判别岩层相对新老关系的方法,称之为地层层序律法。

(二)生物地层学法

利用古生物化石划分、对比地层的方法称为生物地层学方法,常用的有以下几种。

1. 标准化石法

在地层中保存的化石,那些地史分布短,演化迅速,地理分布广,数量多,特征明显,仅出自一定层位的古生物种属化石,叫标准化石。利用标准化石来划分、对比地层的方法称为标准化石法。

2. 生物群组合法

在野外常常可以见到多种不同类型的化石出现在同一层或同一个地层系统之中。如果把所有这些生物化石(即化石组合)进行综合分析来划分、对比地层,就叫生物群组合法。

3. 孢粉分析法

根据地层中所含孢子或花粉的组合特征来划分、对比地层的方法称之为孢粉分析法。

对一些不含大型化石的地层的划分、对比具有重要的意义。由于生物的进化、发展具有阶段性、进步性和不可逆性，因此保存在地层中的化石，在不同时代的不同层位上也就不同。任何一个“种”的化石，只能在某一段地层中存在。另外，同一时期生物界总体面貌具有一致性。这些就是生物地层学方法能够准确地划分、对比地层的依据。

（三）岩石地层学方法

在不同时间和不同沉积环境下，形成的岩石往往具有不同特征。根据岩石的岩性特征来划分和对比地层的方法叫岩石地层学法。主要可分为以下几种。

1. 岩性法

利用岩层的不同岩性特征如颜色、粒度、成分、硬度，原生结构构造及风化特征等来划分、对比地层的方法叫岩性法。这种方法只能适用于较小范围内。如华北蓟县和昌平两个地区的上元古界青白口系，按其岩性可划分为三个部分：下部以页岩为主，称“下马岭组”；中部以砂岩为主，称“长龙山组”；上部主要为砂岩、泥灰岩，称“景儿峪组”。

2. 标志层法

利用岩层中的标志层来划分对比地层的方法称为标志层法。地层剖面中，那些厚度不大、岩性稳定、特征突出、易于识别的岩层称之为标志层。如华北地区下寒武统馒头组顶部有一层鲜红色易碎页岩，厚度不大而且稳定，自辽宁经山东、河北直到河南均有出露。所以这一具有特殊颜色的岩层就可作为划分、对比我国北方下寒武统馒头组顶界的一个很好的标志层。

3. 沉积旋回法

利用岩层中的沉积旋回的材料来划分、对比地层的方法称之为沉积旋回法。

所谓沉积旋回是指地层的岩性粗细在剖面纵向上出现连续的、有规律的更迭，如由砾岩—砂岩—页岩—灰岩，或出现相反的情况。

（四）地层接触关系法

利用地层间的假整合和角度不整合的接触关系来划分、对比地层的方法。假整合和角度不整合面的存在，表明在一定的区域范围内，在一定的地质历史时期中曾有一个明显的沉积间断。新老地层间被一个沉积间断面（剥蚀面）所分开，这是地层中的自然地质界面，因而可利用来划分、对比地层。

三、地层单位和地质年代表

（一）地层单位

由于地层划分的依据不同，也就有多种类型的地层单位，目前国际上一般把地层单位分为岩石地层单位、生物地层单位和年代地层单位三类。这里主要介绍岩石地层单位和年代地层单位。

1. 岩石地层单位

以地层的岩性、岩相特征作为主要依据而划分的地层单位，叫岩石地层单位。这种地层单位主要用来反映一个地区的沉积过程和环境特征，因而只能适用于一定范围。地方性或区域性地层层序主要是由这类单位构成的。它是一般地质工作的基本实用单位。岩石地层单位分为群、组、段、层等四级。

组:是岩石地层单位的基本单位,一个"组"具有岩性、岩相和变质程度的一致性。它可以由一种岩石组成,也可以由两种或更多的岩石互层组成。一个组常用地名加"组"来命名,如凤山组、馒头组。

段:是比"组"低一级的地层单位,是组的再分,代表组内具有明显岩性特征的一段地层。段可用地名加"段"命名,也可以用岩石名称加"段"来命名,如石灰岩段等。

层:最小的岩石地层单位。指组内或段内的一个明显的特殊单位层。通常对能起标志层作用的层才起专名。

群:是级别比"组"高一级的最大岩石地层单位。由两个或两个以上经常伴随在一起而又具有某些统一岩石学特点的组联合构成,如石千峰群,但组不一定归并为群。群也可以是一套厚度巨大没有做过深入研究,但很可能划分为几个组的岩系。一大套厚度巨大、组分复杂,又因受构造干扰致使原始顺序无法重建时,也可以看做一个特殊的群。群的命名是用地名加"群",如泰山群。群与群之间有明显的沉积间断或不整合。

2. 年代地层单位

年代地层单位主要是以地层的形成地质年代为依据而划分的地层单位。年代地层单位和地质年代表中的年代单位有严格的对应关系。年代地层单位的级别,由大到小依次分为宇、界、系、统和阶、时间带等六个不同等级。其中,宇、界、系、统是全世界可以作为对比的统一标准,称为国际性地层单位;阶和时间带一般只适合使用于某一个大区域内,故又称大区域性地层单位。

宇:是最大的年代地层单位。根据生物是稀少、低级还是丰富、高级,把整个地层划分成三个宇:太古宇、元古宇、显生宇。

界:是宇中所划分的次一级地层单位。如显生宇内由老至新划分为古生界、中生界和新生界。界主要是根据生物演化的巨大阶段来划分的。

系:是界内所划分的次一级地层单位。如古生界从下到上依次为寒武系、奥陶系、志留系、泥盆系、石炭系和二叠系。

统:是系内进一步划分的地层单位。一个系可分为几个统。如二叠系下统和二叠系上统。

阶:统内进一步划分的地层单位。一个统可以分为几个阶。如我国上寒武统自下而上分为固山阶、长山阶和凤山阶。

时间带:是在年代地层单位中级别最低的一个正式单位。它是根据生物属、种的延限带建立起来的地层带。延限带是指任一生物分类单位在其整个延续范围之内所代表的地层。

(二)地质年代单位和地质年代表

1. 地质年代单位

不同等级的年代地层单位所对应的地质年代称为地质年代单位。由于同一岩石地层单位的时限在各地不一致,变动较大,其地质年代单位一般笼统地称为"时"、"时代"或"时期"。地层单位和地质年代单位的关系如表5-1所示。

表 5-1　地层单位和地质年代单位的分类及相互关系

地层单位分类	使用范围	地层划分单位	地质年代单位
年代地层单位	国际性的	宇	宙
		界	代
		系	纪
		统	世
	大区域性的	（统）	（世）
		阶	期
		时间带	时
岩石地层单位	地方性的	群 组 段 层	时（时代，时期）

2. 地质年代表

地质年代表是综合了世界的地层划分、对比和生物发展阶段的研究，结合同位素地质年龄资料编制而成的，见表 5-2。

第二节　岩相分析

地层是地质历史遗留下来的最主要的物质记录。根据地层的岩性、结构、构造特征推论其形成环境和条件，从而重塑古地理的研究方法就叫岩相分析。

一、沉积相的概念

沉积岩是在一定的自然地理环境和一定的地质条件下形成的，这些因素就决定了沉积岩的一切原生特征（包括岩石特征和古生物化石特征），这些原生特征反过来又能够反映其形成时的沉积环境。

所谓沉积相，就是沉积岩岩石特征和所含的生物化石特征及它们所反映的沉积环境的总和。例如浅海珊瑚灰岩相，指的是以珊瑚礁为主的礁状灰岩，反映出一种海水清澈温暖的浅海环境。可见，沉积相的概念中包括了沉积环境和物质记录两个方面的内容。

二、沉积相的主要类型及特征

沉积相一般可分为海相、陆相和过渡相三大类型。

海相在正常海中（海水含盐度为 3.5% ~0.2%），根据海底地形和海水深度划分为滨海、浅海、半深海和深海等四个海区。于是海相沉积也相应地分为滨海相、浅海相、半深海相和深海相四种相型。

表 5-2　地质年代表

地质时代(地层系统及代号)				同位素年龄值(Ma)	构造阶段(及构造运动)	生物界		
宙(宇)	代(界)	纪(系)	世(统)			植物	动物	
显生宙(宇 PH)	新生代(界Kz)	第四纪(系)Q	全新世(统Q_h)	0.01	新阿尔卑斯构造阶段(喜马拉雅构造阶段)	被子植物繁盛	出现人类	无脊椎动物继续演化发展
			更新世(统Q_p)	2.5				
		第三纪(系R) 新第三纪(系)N	上新世(统N_2)				哺乳动物与鸟类繁盛	
			中新世(统N_1)	23				
		老第三纪(系)E	渐新世(统E_3)					
			始新世(统E_2)					
			古新世(统E_1)	65				
	中生代(界Mz)	白垩纪(系)K	晚白垩世(统K_2)		新阿尔卑斯构造阶段：燕山构造阶段		爬行动物繁盛	
			早白垩世(统K_1)	135		裸子植物繁盛		
		侏罗纪(系)J	晚侏罗世(统J_3)					
			中侏罗世(统J_2)					
			早侏罗世(统J_1)	205				
		三叠纪(系)T	晚三叠世(统T_3)		新阿尔卑斯构造阶段：印支构造阶段			
			中三叠世(统T_2)					
			早三叠世(统T_1)	250				
	晚古生代(界Pz)	二叠纪(系)P	晚二叠世(统P_2)		(海西)华力西构造阶段	蕨类及原始裸子植物繁盛	两栖动物繁盛	
			早二叠世(统P_1)	290				
		石炭纪(系)C	晚石炭世(统C_2)					
			早石炭世(统C_1)	355				
		泥盆纪(系)D	晚泥盆世(统D_3)					
			中泥盆世(统D_2)			裸蕨植物繁盛	鱼类繁盛	
			早泥盆世(统D_1)	410				
	早古生代(界Pz)	志留纪(系)S	晚志留世(统S_3)		加里东构造阶段	裸蕨植物繁盛	海生无脊椎动物繁盛	
			中志留世(统S_2)					
			早志留世(统S_1)	439		真核生物进化藻类及菌类植物繁盛		
		奥陶纪(系)O	晚奥陶世(统O_3)					
			中奥陶世(统O_2)					
			早奥陶世(统O_1)	510				
		寒武纪(系)∈	晚寒武世(统$\in_3$)					
			中寒武世(统$\in_2$)					
			早寒武世(统$\in_1$)	570				
元古宙(宇PT)	新元古代(界)(Pt_3)	震旦纪(系)Z	晚震旦世(统Z_2)	700		原核生物	裸露无脊椎动物出现	
			早震旦世(统Z_1)	800				
		青白口“纪”(系)Qb		1 000	晋宁运动			
	中元古代(界)(Pt_2)	蓟县“纪”(系)Jx						
		长城“纪”(系)Chc		1 800	吕梁运动			
	古元古代(界)(Pt_1)	滹沱“纪”(系)Ht						
		未　名		2 500	阜平运动			
太古宙(宇AR)	新太古代(界)(Ar_2)			3 100				
	古太古代(界)(Ar_1)			3 850				
冥古宙(宇HD)				4 600	地球形成	生命现象开始出现		

第三节　地史简述

一、前古生代简述

前古生代(AnPz)又称前寒武纪(An €),指的是寒武纪以前的地史时期,也就是指离现在6亿年以前的地史时期。前古生代阶段的划分及时限范围见图5-1。

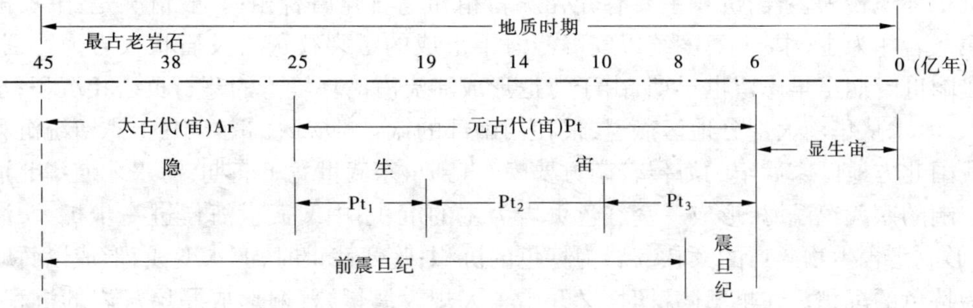

图5-1　前古生代阶段的划分及时限范围

前古生代的生物界与古生代相比,显得十分的原始、低级和贫乏,以水生的菌藻类为主。只是到了这个地史阶段的末期,才出现低级的海生无脊椎动物。前古生代形成的地层叫前古生界(前寒武系)。由于受到多次的地壳运动和岩浆活动的影响,前古生界均受到程度不同的变质作用。

前震旦纪时的地壳运动是十分频繁而强烈的。在我国北方有三次广泛而强烈的地壳运动。阜平运动,发生于前25亿年左右,使我国华北和东北南部地区的太古宇强烈褶皱和变质,随着岩浆的侵入,发生强烈的混合岩化和花岗岩化作用而成为一套深变质岩系。五台运动,发生于前22亿年左右,使五台群及其相当岩层发生褶皱和中等变质作用及受到岩浆侵入,并使下伏的太古宇进一步变质和改造。吕梁运动,发生于前19亿年左右,使滹沱群及其相当岩层发生褶皱和浅变质作用及受到岩浆的侵入。

震旦纪(Z)是一个特殊的地史阶段。"震旦"是古印度对中国的称呼,是德国地质学家李希霍芬把这个词引进到地层学中的。震旦纪时另一个突出特点是出现了冰川活动,说明在震旦纪中期,地球上曾出现了现在已知的地史上第一次大冰期,并且,在大冰期之后,气候转变为干热,从而形成了膏盐沉积。到了震旦纪末期,由于地壳运动的影响,华南许多地区普遍上升,发生海退。

二、古生代简述

早古生代包括寒武纪、奥陶纪和志留纪。开始于距今6亿年,结束于距今4亿年,历时约2亿年。早古生代海侵广泛,海生生物空前繁盛,海相地层广泛分布。

地史一进入寒武纪,海生无脊椎动物飞速发展。出现了大量的、门类众多的海生无脊椎动物,差不多所有的海生无脊椎动物门类都已出现。

奥陶纪是海生无脊椎动物大发展的时代,无论是在数量上还是种类上都超过了寒武纪,几乎所有的海生无脊椎动物门类都已齐全了。志留纪时,海生生物继续发展,但门类有所不同。海生无脊椎动物仍占主要地位,其中以单笔石类特别发育为特征;珊瑚和腕足类也大量地繁育;此外还有介形虫、竹节石、牙形石等;还出现了大型的半淡水生活的节肢动物——板足鲎。

早古生代是个大的海侵时期,其中以早奥陶世的海侵规模最大,因而普遍发育海相沉积。我国南方在早寒武世初,海水首先从西南侵入,因而在滇、黔、川一带下寒武统发育齐全。中、晚寒武世海侵扩大,在长江中下游一带普遍形成一套碳酸盐岩沉积。奥陶纪时,本区沉积环境较为多样,沉积主要有介壳灰岩相和笔石碎屑岩相;一般情况是:下奥陶统以介壳灰岩相为主,中、上奥陶统以安静浅海下形成的龟裂纹灰岩及瘤状灰岩为特征;到了晚奥陶世晚期至早志留世早期,由于海退形成滞流海湾环境下的笔石页岩相沉积;早志留世末,海水从华南大部分地区撤退,仅在西南部的钦县、防城一带有中、上志留统沉积。

我国北方地区寒武纪的海侵较南方要晚,直到早寒武世龙王庙期,海水才使华北成为一个广阔的寒武纪浅海,形成一套红色页岩为主的沉积;中寒武世海侵进一步扩大,海水加深,形成富含生物碎屑的鲕状灰岩为特色的沉积;晚寒武世时,海水变浅,形成以竹叶状灰岩为特色的沉积。在早奥陶世时,又开始了大规模海侵,普遍形成厚层灰岩的沉积;到了中奥陶世末,整个华北地区上升为陆,成为剥蚀区,一直持续到中石炭世初。

早古生代阶段称加里东构造阶段。早古生代时期的地壳运动中最强烈的一次褶皱运动发生在志留纪末期,国际上称为加里东运动。在我国南方称为广西运动,使南岭海槽(湘、桂、奥、赣一带)褶皱上升成为剥蚀区;在我国北方称为祁连运动,使北祁连海槽褶皱升起成为古陆。除此以外,在寒武纪和奥陶纪发生的地壳运动一般表现为升降运动。

晚古生代包括泥盆纪、石炭纪和二叠纪,开始于距今4亿年,结束于距今约2.5亿年,历时约1.5亿年。晚古生代是地球上陆地面积不断扩大的时期,因此这个地史时期中陆生生物空前地发展和繁盛,陆相沉积大量形成,煤系地层广泛发育。在南半球,冰川活动遍及冈瓦纳古陆。

三、中生代简述

中生代包括三叠纪、侏罗纪和白垩纪。开始于距今2.5亿年,结束于距今0.65亿年,历时约1.85亿年。

中生代是裸子植物、爬行动物及菊石类大发展时期,因而分别被称之为"裸子植物的时代"、"爬行动物的时代"和"菊石的时代"。

三叠纪时生物界发生了显著的进化和发展。裸子植物和爬行动物迅速发展与繁盛起来而取代了蕨类植物和两栖类动物,特别是爬行动物中的恐龙类,在三叠纪中期出现以后,很快遍布世界各地。晚三叠世时,原始哺乳动物出现了。

侏罗纪的生物界是由脊椎动物、植物、淡水和海生无脊椎动物等组成,其最突出的特征是恐龙类、菊石类和裸子植物的极度繁盛,显现出了典型的中生代生物群面貌。晚侏罗世时,鸟类出现了,这是生物进化史上一个很重要的事件。

白垩纪时,生物界又经历了一次迅速的演化和发展。裸子植物逐渐衰退,在早白垩世晚期被子植物开始出现,至晚白垩世时取代裸子植物而占据了植物界的主要地位。爬行动物达到极盛，使得白垩纪与侏罗纪一起构成了爬行动物极盛的时代，至白垩纪末，恐龙类绝灭了，只有少数类别的爬行动物延续到新生代。

四、新生代简述

新生代包括第三纪和第四纪，第三纪开始于距今0.65亿年一直至今。第四纪开始于距今0.2亿年。新生代是现代生物形成和人类出现与进化发展的时代，是现代地貌逐渐形成的时代。

由中生代进入新生代，脊椎动物的变化主要表现在爬行动物的衰退，哺乳动物、鸟类和真骨鱼类的极大繁盛，所以新生代是"哺乳动物的时代"。哺乳动物在三叠纪末期已经出现，但中生代期间一直没有很大发展，直到新生代时哺乳动物才随着爬行类的衰亡而兴起，特别是其中的真兽类（有胎盘类）更为繁盛。中生代末期，无脊椎动物中最重要的变化，是中生代海洋中占统治地位的菊石类完全绝灭，箭石类也大为衰退，而新生代兴起的是双壳类、腹足类、有孔虫、六射珊瑚、海胆、苔藓虫及介形类等，新生代是"被子植物的时代"，它们类型多，适应性强，既有木本，又有草本，遍布于热带、亚热带、温带与寒带。由于各地古地理、古气候条件的不同，新生代有着明显的植物分区现象。

第三纪生物发展的基本特征是哺乳动物和被子植物高度发展与繁盛。第三纪陆生脊椎动物发展的突出特点是爬行类的衰退和哺乳动物的迅猛发展，迅速辐射演化，不仅在陆地上，而且向海洋和空中扩展，出现了空中飞翔的蝙蝠类和海洋中生活的鲸类；长鼻类、有蹄类等演化清楚。重要化石有早第三纪的阶齿兽、始祖象、始马；晚第三纪的安琪马等。现代鸟类在第三纪大发展，中新世的山东鸟是重要代表。此外，还有中新蛇、玄武蛙及雅罗鱼等。

第三纪植物以被子植物为主，然后依次是裸子植物、蕨类植物等。常见化石有红杉、樟等。此外藻类也分布普遍，其中轮藻在陆相地层中有重要意义。

第三纪海生无脊椎动物以双壳、腹足类、有孔虫、六射珊瑚最为繁盛。陆生无脊椎动物，除双壳、腹足类繁盛外，介形虫类亦发育，常见化石有扁卷螺、田螺等。

第四纪生物界总面貌与现代已很接近，人类的出现和发展具有特殊意义。哺乳动物继续发展。鱼类、两栖类、鸟类已接近现代类型。无脊椎动物仍以双壳类、腹足类为主。植物的面貌与现代没有多大差别。

我国第三系分布广泛，以陆相沉积为主，海相分布局部。下第三系东部大型盆地中的松辽盆地、华北盆地、江汉盆地和苏北盆地在继中生代沉积之后，早第三纪继续接受沉积，一般为浅湖相弱还原条件下的暗色砂泥质沉积，其中华北盆地的下第三系厚达5 000 m，属干湿气候相间条件下的产物。东部小型盆地中的下第三系，有三种类型：①干燥盆地的红色碎屑岩堆积。该类沉积分布广泛，常见于长江以南与南岭山地南缘以北的区间，如湖南衡阳盆地、广东南雄盆地等，以红色砂、砾岩为主，常夹岩盐和石膏。②湿润盆地区的有机岩堆积。这类堆积分布在东北地区和南岭山地以南的小型盆地中，我国重要煤炭基地的辽宁抚顺煤田，即是湿润区小型断陷盆地堆积之一例，还有南岭山地以南的茂名、百色等盆地，有早第三纪中后期形成的油页岩及含煤沉积。③我国东部在干旱气候带与北部潮湿气候带之间，有一个干湿过渡地带（主要位于华北地区），以厚度大，夹有一些淡水灰岩或泥灰岩为其特征,如山东的官庄组。海相下第三系主要发育于喜马拉雅区及我国台湾省,其中喜马拉雅地区为含货币虫的碳酸盐岩为主夹页岩沉积,我国台湾省的下第三系是海相砂泥质浅变质岩系,代表活动型的海槽沉积,与更老的变质岩系共同组成台湾岛的中央山脉。

上第三系东部大型盆地的泥砂质堆积:松辽、华北、江汉和苏北等盆地中,晚第三纪的沉积范围比早第三纪时广阔。如松辽盆地范围曾扩大到整个松辽平原,以碎屑岩为主,夹薄煤层,代表温暖气候下的稳定大型盆地沉积。中小型盆地中的湖相堆积:典型代表是山东临朐一带的中新统山旺组。由泥岩、硅藻土、油页岩夹玄武岩组成,厚100 m左右,含丰富的动、植物化石为其特征,是典型的静水湖相沉积。海相上第三系:雷州半岛南部、海南岛北部因断裂下沉遭受海浸,故有中新统及上新统的夹玄武岩的海相沉积。

我国第四系陆相沉积分布广泛,兼有海相。第四系一般未胶结,呈松散状态。沉积类型有以下类型:

(1)黄土堆积,第四纪的黄土与黄土状岩石广泛分布于西北的黄土高原、华北平原、东北平原南部,尤以黄河中下游地区最为发育,厚度从数十至百余米不等。

(2)冰川堆积,我国第四纪冰川堆积遍布华南、西南、西北和东北等地。

(3)洞穴堆积,发育于石灰岩地区。

(4)河湖相沉积。

新生代地史基本特征,是在燕山运动后,我国现代地貌的轮廓已基本形成。第三纪时,我国除台湾省、喜马拉雅山一带为海侵区,近海地区有短期海侵以外,其他广大地区全为陆地。贺兰山、龙门山、哀牢山一线以东的东部地区,陆地上有两列大型盆地,西边是四川、陕甘宁盆地,由于地壳上升关系,盆地中第三系不发育;东边为松辽、华北和江汉平原,这是继中生代之后,继续发展的大型凹陷区,盆地中第三系很发育,并在局部地方有海相夹层。

西部地区,第三纪地貌特征,基本上和中生代相似,大型隆起(山脉)与大型盆地交替排列,盆地内不但第三系普遍发育,而且含石油、煤等重要矿产。

第三纪中后期强烈的喜马拉雅运动,不但使喜马拉雅、台湾省等地区褶皱上升,海水退出,而且伴有基性岩浆喷发活动和岩浆侵入。

第四纪的地壳运动以升降作用为主,我国西部地区,因山脉与盆地差异升降关系,促使喜马拉雅山、昆仑山、天山高耸入云,青藏高原跃居为世界屋脊,珠穆朗玛峰成为世界第一高峰,盆地因长期下降结果,第四系大面积覆盖。东部地区,大型凹陷带第四纪时继续下降,因此第四系广泛分布,并在近海地区有短期海相沉积。

第六章 构造地质基础

构造地质学的研究对象是地壳中的地质构造。所谓地质构造,就是主要由构造运动造成的岩层和岩体的变形。变形有宏观的,也有微观的。构造地质学主要研究宏观变形,即肉眼可见的手标本、野外露头乃至更大范围的构造形态,如岩层和岩体的产出状态,以及岩层和岩体中存在的褶皱、断层、节理、劈理、线理等。

第一节 岩层的成层构造及其产状

岩层和岩体是构成地壳地质构造的物质基础,而岩层和岩体的产状是研究地壳构造的形态基础,也是构造地质学研究的基本内容之一。在地壳表层,沉积岩是分布最广的岩石类型,占地球表面71%的海洋,绝大部分被沉积物覆盖,陆地部分据估计也有75%的面积是沉积岩。成层构造是沉积岩中普遍存在的构造现象,在许多变质岩和部分火成岩中(如火山岩和一些重力分异比较明显的深成岩)也可见到。因此,我们研究地质构造首先要研究岩层的成层构造和产状。

一、岩层的成层构造

(一)岩层和地层

岩层,主要指成层的沉积岩,也包括喷出岩和由二者经区域变质作用而成的变质岩。它们是一定地质时期和一定地质作用的产物,大都具有层理或成层特征。因此,也比较清楚地反映了它们原始沉积(堆积)状况和后来构造变形的特征。同时,根据它们的叠覆关系进行岩层的分层和确定其形成顺序。从地壳发展历史的意义来说,有了时代(或层位)概念的岩层也就是地层。

(二)层理及其识别

层是组成层状岩石的最基本单位,它是由上下界面与其他岩石分开的、性质一致的地质体。层与层的界面叫层面,上下层面之间的垂直距离就是层的厚度。层可以很薄,如页岩和千枚岩厚度还不到1 m;也可以相当厚,如一些石灰岩、砂岩厚度可达几米。层状岩石被许多层面分割,由于岩石成分、结构、颜色的交替而显示出来的成层现象,叫做层理。它是层状岩石最重要的原生构造,认识层理,是研究岩石变形的基础。可根据以下几方面来识别层理。

(1)岩石成分、结构上的变化。如岩石组分上或矿物颗粒粗细的变化,出现成层,显示出层理。有时扁平砾石或原生结核排列成带,或云母成面状分布,也能显示出层理。这些都是块状砂岩或粗粒碎屑岩确定层理的良好标志。

(2)在层理隐蔽的岩石中,如看到一层或数层颜色稍有不同的条带或夹层,可作为确定层理的标志,这些条带和夹层必须是岩石的原生颜色,次生风化颜色则不能作为层理识别依据。

(3)一些巨厚层岩石,如碳酸盐岩、砂岩、泥岩、砾岩等,可以从成分上或粒度上不同的夹层或透镜体(如砂岩中夹砾岩层,碳酸盐岩夹泥质岩层,泥岩中夹砂砾岩层),或砾岩中砾石排列等来识别层理。

(4)根据某些原生层面构造,如波痕、泥裂、雨痕等的分布特征和一些生物化石分布、埋藏状态,可以帮助识别层理。

对于火山岩则可从以下几方面来识别层理:

(5)在喷出岩中注意寻找沉积岩或成层明显的火山碎屑岩夹层,利用它们可以识别层理。

(6)中酸性火山岩系中,凝灰岩常与熔岩互层,一般凝灰岩成层比较稳定,可以利用它来识别层理。

(7)熔岩中的扁平或长条形气孔和杏仁体、捕虏体、斑晶等的定向排列以及平行的流纹构造、条带状构造和流面构造,都可以作为识别层理的标志。

(三)岩层层序的确定

在野外观察研究地质构造时,首先要正确判别岩层层序。可以说,岩层层序的确定是观察研究地质构造的前提。因为岩层形成后,经过构造变动,可以保持正常产状,即上层面(顶面)在上方,下层面(底面)在下方;如果出现相反的情况,上层面(顶面)在下方,下层面(底面)在上方,层序颠倒了,即岩层产状发生了倒转。因此,不弄清岩层层序,就会对观察研究地质构造带来困难,甚至做出错误的判断,对找矿勘探和解决某些地质问题造成损失。

二、岩层产状、出露特征及厚度

(一)岩层的产状

所谓产状是指地质体(岩层、岩体、矿体等)在地壳中的空间分布位置和产出状态。在比较广阔而平坦的沉积盆地(海洋、湖泊)中的沉积物,其原始产状一般是水平或近于水平的。但是,由于沉积盆地的古地形影响,岩层的原始产状并不都是水平的。例如,沉积在沉积盆地(海洋、湖泊)边缘、岛屿周围或者在水底隆起等处的沉积岩层,由于原始地形的影响,形成局部倾斜产状,即原始倾斜。至于陆相沉积,如残积、坡积、冰川沉积及风成沉积等大都具有一定的原始倾斜。

岩层形成后,由于受地壳运动的影响,其原始产状发生了不同程度的改变,有的还保持了原来近于水平的产状,形成水平岩层;有些则发生倾斜,形成倾斜岩层;有些发生弯曲,甚至倒转,或者发生破裂错断,形成了各种各样的地质构造。岩层在地壳中的产状是各种各样的,但是基本产状有三种:水平的、倾斜的和直立的,即水平岩层、倾斜岩层和直立岩层。

(二)岩层产状要素及其测定

1. 岩层产状要素

1)走向

岩层面与水平面相交的线称为走向线,走向线两端所指方向即为走向,观测记录时,为了简便，一般只测量、记录靠北一端的方位数值。岩层的走向表示岩层在空间的水平延伸方位。

2）倾向

在岩层面上垂直岩层走向线沿倾斜面向下所引的直线称倾斜线，它在水平面上的投影称倾向线，简称倾向线。倾向线所指岩层倾斜一端的方位即为岩层的倾向，简称倾向。倾向能说明岩层向下延伸的方位。一个测点只有一个倾向，倾向数值加上或减去90°便得出走向值。

3）倾角

岩层倾斜线与倾向线之间的夹角称岩层倾角。在一个测点上，岩层倾角只有一个，出现在与岩层走向相直交的剖面上。

2. 岩层产状要素的测定与表示方法

1）岩层产状要素的测定

测量岩层的产状要素，是地质调查中的一项基础工作。只有掌握岩（矿）层在各个地段的产状要素（见图6-1），才可能正确认识区内的地质构造特征。测定岩层产状要素，可以在野外直接测定，也可利用其他方法间接测定。

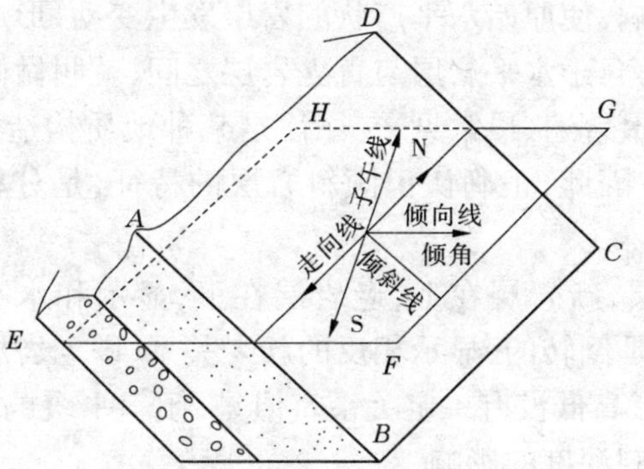

图6-1　岩层产状要素

ABCD—岩层层面；*EFGH*—水平面

（1）直接测定。用地质罗盘直接在岩层层面上测量其倾向、倾角，测量时要注意选择有代表性又便于施测的层面。

（2）间接测定。在不能直接用地质罗盘测量产状的地方，可根据地质调查所得有关资料和数据进行间接测定。

2）岩层产状要素的表示方法

（1）文字表示法。这种方法多用于野外记录、地质报告及剖面素描中，一般采用方位角表示。将方位角分为360°，以正北方为0°（360°）。通常只记倾向和倾角，如岩层倾向205°，倾角25°，记为205°∠25°。

（2）符号表示法。用于地质平面图上，常用表示方法如下：

岩层倾斜，长线表示走向，短线表示倾向，数字为倾角值；

岩层水平，倾角0°～5°；

岩层直立,箭头指向新岩层;

岩层倒转,箭头所指为倒转后倾向,数字为倾角值。

(三)水平岩层的出露特征及厚度

岩层形成以后,虽然经过一次或多次构造运动,仍保持水平状态,即岩层的同一层面上的各点具有相同的海拔高程,这就是水平岩层。所谓水平岩层,其产状也是相对水平,绝对水平是少有的,在实际的地质工作中,一般将倾角在0°~5°范围的岩层就视为水平岩层。

在岩层没有发生倒转的前提下,水平岩层具有下列特征:

(1)老岩层在下,新岩层在上,显示正常的沉积层序。

(2)岩层在地面上出露情况与地形切割程度有密切关系。切割越深,岩层出露越多。老岩层出露在冲沟、河谷等低洼处。

(3)水平岩层顶面与底面的高差,就是岩层的厚度。

(4)水平岩层出露的宽度,决定于岩层厚度与地形。当厚度一定时,地形越平缓出露宽度越大。

(四)倾斜岩层的出露特征及厚度

由于构造运动的影响,使原始水平产状的岩层发生变动,形成在一定地区内岩层大致向一个方向倾斜,其倾角介于水平岩层与直立岩层之间,就叫做倾斜岩层。

倾斜岩层在自然界最普遍、最常见,它往往是某种地质构造的一个组成部分,如为褶曲的一翼,断层的一盘。因此,正确认识倾斜岩层的特征,是分析、认识各种地质构造的基础。

(1)正常的倾斜岩层,新岩层在上,老岩层在下,显示和水平岩层类似的层序关系。但是有一部分倾斜岩层是倒转的,显示相反的新老关系,即老岩层在上,新岩层在下。

(2)岩层新老和地形高低没有一定关系。但是,倾斜平缓的岩层近似水平岩层,老岩层出露与否受到地形切割深度的影响。

(3)倾斜岩层露头线与地形等高线斜交,露头形态取决于倾斜程度和岩层的倾斜方向与地形倾斜方向的关系。一般说来呈波状弯曲。

(4)当岩层厚度一定时,露头宽度受岩层倾角、地形坡度以及岩层的倾斜方向与地形倾斜方向的关系诸因素影响。

(五)直立岩层的出露特征及厚度

岩层产状直立,一般是局部的现象,也可以看做是倾斜岩层的特例。直立岩层的特征是:

(1)不显示上下关系,即不能按一般重叠次序判断岩层新老次序。

(2)直立岩层露头线是一条直线,不受地形切割影响。

(3)当地面水平时,直立岩层露头宽度就是它的厚度。

三、地层的接触关系

由于岩层的形成受控于地壳运动,也由于地壳运动是很复杂的,因而反映在岩层之间的接触关系也有各种类型,但大致可归为整合和不整合两种基本类型。

(一)地层接触关系的类型

1. 整合

当一个地区较长时期处在持续下降的沉积环境下,沉积物一层层连续堆积,这样形成的一套岩层,它们在时代上是连续的,在产状上是平行一致的,这样的一套岩层之间的接触关系称为整合接触。因此,具有整合接触关系的岩层特征是:上下岩层产状平行一致,时代连续、岩性稳定或作有规律的递变。

2. 不整合

如果一个区域在沉积了一套岩层以后上升出水面,沉积作用中断了,并遭受一定程度的剥蚀,然后再次下降又接受沉积。这样一个过程,表现在先后沉积的两套地层之间缺失了一部分地层,上下地层时代是不连续的,也就是在一定的地质时期发生过沉积间断。上下地层之间这种接触关系称为不整合。新老地层之间存在一个沉积间断面,这个沉积间断面称为不整合面,不整合面在地面的出露线为不整合线,它是重要的地质界线之一。不整合面以上的较新地层称为上覆地层,以下较老地层称为下伏地层。

根据不整合面上下地层的产状及所反映的地壳运动特征,不整合一般分为两大类,即平行不整合(假整合)和角度不整合(不整合)。在生产实践中,不整合即指角度不整合,否则应予以说明。

(1)平行不整合。表现为上下两套地层产状彼此平行,但两套地层之间缺失部分地层,说明在它们之间发生过一定时期的沉积间断。其形成过程可以概括地表示为:下降沉积—平缓上升遭受剥蚀(沉积间断)—再下降接受新的沉积。

(2)角度不整合。角度不整合主要表现为不整合面上下两套地层之间既缺失部分地层,彼此的产状又相交,其形成过程可以概括为;下降沉积—隆起、褶皱、断裂并遭受剥蚀(沉积间断)—再下降接受新的沉积。

(二)地层接触关系的确定

不整合是地壳构造运动的产物。构造运动引起地表自然地理环境的变化,从而影响到生物界的演化和沉积岩性的变化。同时,构造运动还与岩层变形、区域变质作用和岩浆活动有着密切的联系。因此,在这许多方面的反映,都可作为确定不整合的直接或间接的标志。

第二节 褶皱构造

褶皱是岩层在构造运动作用下所产生的一系列弯曲,是地壳中广泛发育的地质构造的基本形态之一。

一、褶皱的概念

褶皱的基本单位是褶曲。褶曲是岩层的一个弯曲,两个或两个以上的褶曲组合称为褶皱。

(一)褶曲要素

为了更好地研究和描述褶曲形态及其空间展布特征,首先应该对褶曲要素加以了解。

任何褶曲都具有以下各要素(见图6-2)。

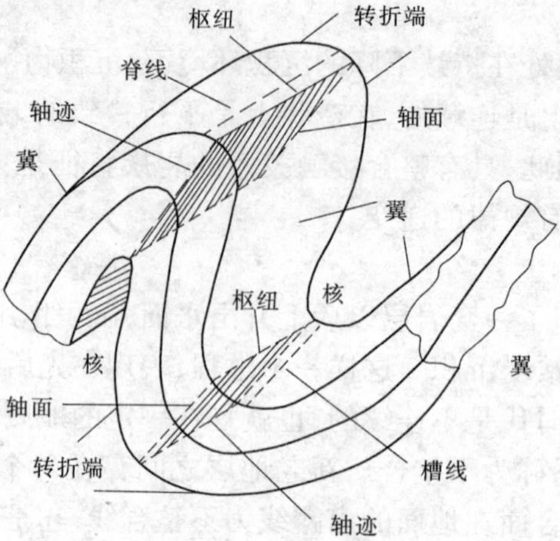

图6-2　褶皱要素示意图

核:褶曲的中心部分。通常只把褶曲出露地表最中心部分的岩层叫核。

翼:指褶曲核部两侧的岩层。一个褶曲具有两翼。两翼的岩层面与水平面的夹角叫翼角。

转折端:褶曲两翼会合部分,即从褶曲的一翼转到另一翼的过渡部分。没有太严格的界线,它可以是一点,也可以是一段曲线。

轴面:平分褶曲两翼的对称面称轴面。它可以是一个简单的平面,也可以是复杂的曲面。轴面产状可以是直立的、倾斜的、水平的。

枢纽:褶曲岩层的层面与轴面交线称枢纽。枢纽可以是水平的、倾斜的、直立的或波状起伏的。它表示褶曲在其延长方向上产状的变化。

轴迹:是指轴面与任何平面的交线。在褶曲的枢纽倾伏较缓的情况下,轴面和地面的交线在地质图上的投影叫轴迹或称褶轴。

脊线和槽线:在背斜构造中,同一个层面各横剖面上的最高点叫脊,它们的连线叫脊线;向斜构造中,同一个层面各横剖面上的最低点叫槽,它们的连线叫槽线。

(二)褶曲的基本形式

自然界岩层弯曲有各种各样的形态,但基本的形式只有两种,即背斜或向斜。

背斜:一般情况下背斜是一向上拱的弯曲,核部地层相对较老,两翼地层相对较新。

向斜:一般情况下向斜是一向下凹的弯曲,核部地层相对较新,两翼地层相对较老。

二、褶皱的主要类型

褶曲在地壳中并非孤立存在,常在空间上作有规律的分布。褶皱形态种类繁多,大体有以下一些形态类型。

(一)复背斜和复向斜

复背斜和复向斜都是由一系列线形褶曲组成。复背斜是一规模巨大的背斜,两翼为与轴向延伸一致的次级褶皱复杂化。复向斜则是两翼为次级褶皱所复杂化的巨大向斜。

平面上看复背斜核部地层较老，两翼次级褶皱核部地层依次变新，复向斜则相反。复背斜、复向斜规模巨大，常常出现在构造运动强烈地区。如我国一些著名的大山脉，昆仑山、祁连山、秦岭等都是这样复杂的褶皱山脉。

（二）隔档式褶皱

平面上一般为线形延伸，背斜和向斜的轴线平行，横剖面上是陡峻的背斜和平缓开阔的向斜相间出现。

（三）隔槽式褶皱

平面上一般为线状延伸，横剖面上是较宽的箱状背斜和狭长的陡峻的向斜相间排列。

（四）紧密褶皱

由紧密的线状背向斜组成，常伴有迭瓦状断层。其规模有大有小，在褶皱带内常见。

（五）同斜褶皱

由一系列倒转褶曲所组成，褶曲轴面和两翼岩层都向同一方向倾斜。

三、褶皱的成因分析

岩层弯曲形成褶皱，其内因是岩性特征和岩石的力学性质，外因是构造运动力的作用方式。因此，可以从这两方面来分析褶皱的成因。

（一）外力作用方式对褶皱变形的影响

造成岩层弯曲的力，一般可分为水平作用力和垂直作用力两种。

(1)水平作用力使岩层发生弯曲变形的外力是水平的，也就是作用力平行水平层理方向，力学上类似杆的纵弯曲，此类褶曲就称纵弯褶曲。自然界绝大多数褶皱形成于这种水平作用力。

(2)垂直作用力使岩层发生弯曲变形的力的方向是垂直的，也就是作用力垂直沉积岩的层理方向，在力学上相当于横梁弯曲情况，此类褶曲就称为横弯褶曲。岩浆底辟和盐丘构造是此类褶曲的典型例子。

（二）岩石力学性质、岩性特征和对褶皱变形的影响

根据野外观察和模拟实验的结果，岩层的弯曲是由于层间彼此滑动或层内物质流动造成的，或者两者兼而有之。可见，层理在褶皱形成中起两种作用：第一，由于层理的存在，在变形过程中相邻岩层沿层面发生相对滑动，易于弯曲而成褶皱；第二，在变形过程中，层面起着限制物质流动的界面作用，岩石沿层面发生塑性流动。如果没有层理，只表现为岩石的缩短，而不会形成规则的弯曲形态。因此，沉积岩的层理构造是产生褶皱的基本条件。

岩石的力学性质直接影响褶皱的形态和类型。当力学性质不同的两组岩层（厚度相同）一起褶皱时，往往出现下述鲜明对比：一组岩层形成平行褶皱，另一组形成相似褶皱；一组岩层形成平缓开阔褶皱，另一组岩层形成紧密褶皱。

第三节　节　理

一、节理及其分类

节理是指岩石中的破裂,这种破裂以两侧岩石未发生明显的相对位移为特征。节理的长度、密度往往相差悬殊,有的节理仅几厘米长,有的几米、几十米;节理之间的距离也不等。它们在坚硬的岩石中往往有规律地成群出现。在同一地段,同一露头上可以看到许多产状不同、性质不同的节理。凡是同一时期、同一成因条件下形成的性质相同而且互相平行的节理称节理组;同一作用力形成的彼此有规律结合的两组或两组以上的节理组,称节理系。节理与断层、褶皱往往是伴生的,它们是在统一构造作用力的条件下形成的,通过节理分析,可以帮助解决有关褶皱和断层的构造成因问题。

据节理走向与岩层走向平行、正交或斜交,分为走向节理、倾向节理、斜交节理;据节理走向与褶曲轴向平行、正交或斜交,分为纵节理、横节理、斜节理等,如图 6-3 所示。

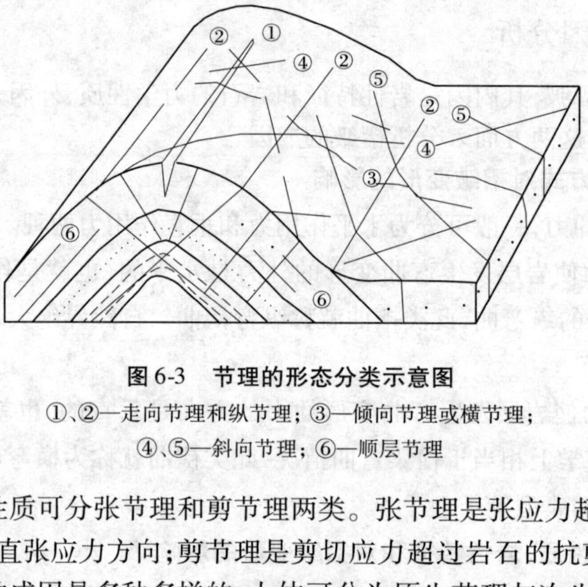

图 6-3　节理的形态分类示意图

①、②—走向节理和纵节理;③—倾向节理或横节理;

④、⑤—斜向节理;⑥—顺层节理

根据节理力学性质可分张节理和剪节理两类。张节理是张应力超过岩石的抗张强度所形成的,节理面垂直张应力方向;剪节理是剪切应力超过岩石的抗剪强度所形成的,往往成对出现。节理的成因是多种多样的,大体可分为原生节理与次生节理两大类。原生节理是指岩石形成过程中产生的节理,如玄武岩中常见的柱状节理。次生节理指岩石形成以后产生的节理,它又可分为构造节理和非构造节理,前者是由于地壳运动产生的,后者是由于风化、滑坡、崩塌等原因生成的。

二、节理的特征及其与褶皱、断层的关系

张节理的特征是节理多为开口,呈楔状;裂隙面粗糙不平,常无擦痕,在砾岩中绕砾石而过;延伸不深不远,沿走向和倾斜都尖灭很快;常成群出现,往往排列成雁行状或羽状;不同地段频度不同,疏密不均。

剪节理的特征是节理面平直,裂口窄;延长、延深较大而变化较小;可切穿砾石、结核

等;节理面上常见擦痕或摩擦镜面;疏密有规律,常等间距出现。

当岩层受弯曲形成褶皱的过程中,相应地产生下列节理:岩层弯曲前,形成平面上的共轭剪节理系,节理面与层理大致垂直,剪节理走向与随后生成的褶曲轴向斜交。随后,在岩层弯曲时,形成横剖面上的一对共轭剪节理系,节理面与层理面斜交,剪节理走向与褶曲轴向平行。

由于断层主要是剪切作用,在作用过程中,紧靠断层两侧可以伴生或振生相应的张节理和剪节理。根据断层作用派生的节理与断层面的交角关系,可以推断断层两盘位移方向和断层性质。正断层和逆断层在剖面上判断,平移断层在平面上判断。张节理与断层面所夹锐角方向为本盘相对运动方向;剪节理多成对出现构成共轭节理系,其中一组与断层交角极小,其锐角也指向本盘运动方向,另一组与断层交角较大,其锐角所指方向为对盘运动方向。

第四节　断　层

一、断层的概念

岩石受力达到一定强度,破坏了它的连续完整性,发生断裂,并且沿着断裂面(带)两侧的岩层发生显著的位移,称为断层。所以断层包括断裂和位移两重意义,断层是构造运动中所产生的一种很广泛的构造形态,其规模大小不等,从小于一米、数百米,到数百、数千千米。

(一)断层要素

断层基本组成部分称断层要素,断层要素包括以下方面(见图6-4)。

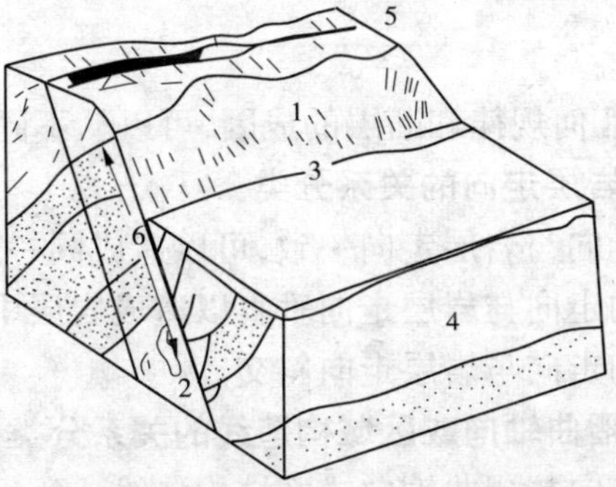

图6-4　断层的几何要素示意图

1—断层面;2—破碎带;3—断层线;4—上盘;5—下盘;6—倾斜滑距

1. 断层面和破碎带

把岩层或岩体断开,并发生错动位移的破裂面叫做断层面。它可以是平面,也可以是弯曲或波状起伏的面;它可以是直立的,但大多数是倾斜的。确定断层面的产状,用走向、倾向和倾角来表示。大规模的断层不是沿着一个简单的面发生,而往往是沿着一个错动带发生，带内岩石发生各种破碎（破碎类型与断层性质有关），称为断层破碎带，其宽度从数厘米到数十米，甚至更宽。

2. 断层线

断层面与地面的交线称断层线。

断层线表示断层的延伸方向。断层线的形状决定于断层面的产状和地面起伏形状。

3. 断盘

断层面两边的、发生相对位移的岩块叫做断盘。当断层面是倾斜的，那么位于断层面以上的岩块叫上盘，断层面以下的岩块叫下盘。如果断层面是直立的，则往往以方向来说明，如断层的东盘或西盘，左盘或右盘等。断盘又可以根据两盘的相对运动方向分别称为上升盘与下降盘。

（二）断距

断层两盘相对移动开的距离叫断距。假定在错开前有一原点，错开后分为两点，分别在上下两盘上，其间的距离是总断距；断层上下两盘顺断层面走向的移动量叫走向断距；顺断层面倾斜方向的移动量叫倾斜断距；上下两盘在水平方向的移动量叫水平断距；在铅直方向的移动量叫铅直断距。这些断距都是总断距在不同方向上的分量。

但是，在自然界要找到总断距是很困难的。所以实际上在野外或地质图上所求得的断距是根据某一标准层的错开程度量得的。其中经常采用的是在垂直岩层走向的剖面上测量断距，计有下列各种：

（1）视断距。断层两盘上同一岩层的同一层面错开后的位移量。

（2）地层断距。断层两盘同一岩层的同一层面间垂直距离。

（3）铅直地层断距。断层两盘同一岩层的同一层面在铅直方向上的距离。

（4）水平错开。断层两盘上同岩层的同一层面在水平方向上的距离。

二、断层的分类

为了认识断层存在的几何规律和断层的成因，可以从不同角度对断层分类。

（一）根据断层走向与岩层走向的关系分类

（1）走向断层。断层走向与岩层走向一致，可以造成同一岩层的重复或缺失。

（2）倾向断层。断层的走向与岩层走向垂直以造成岩层中断或走向不连续。

（3）斜交断层。断层的走向与岩层走向斜交。

（二）根据断层走向与褶曲轴向或区域构造线的关系分类

（1）纵断层。断层的走向与褶曲轴向或区域构造线一致。

（2）横断层。断层的走向与褶曲轴向或区域构造线垂直。

（3）斜断层。断层的走向与褶曲轴向或区域构造线斜交。

（三）按断层两盘相对运动分类

根据断层两盘的相对运动，可分为三种类型（见图 6-5）。需要指出的是，自然界断层的相对运动是复杂的，有些断层既有水平运动，又有上下运动，这里只介绍下面三种基本类型：

（1）正断层。断层上盘相对下盘向下滑动的断层。

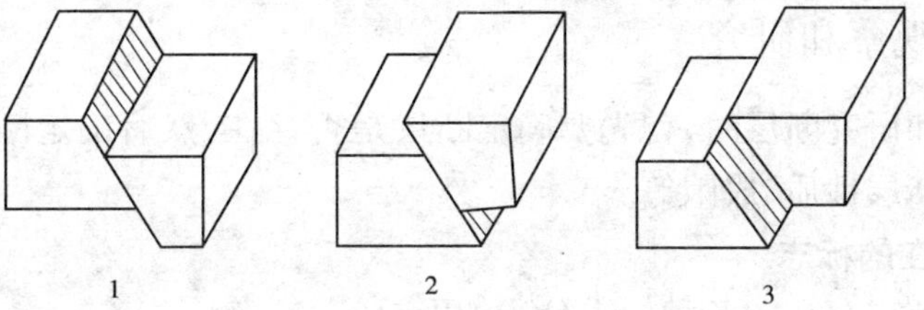

图 6-5　断层两盘相对运动示意图

1—正断层;2—逆断层;3—平移断层

(2)逆断层。断层上盘相对下盘向上滑动的断层。

(3)平移断层。断层两盘顺断层面走向相对滑动的断层。

三、常见断层一般特征

(一)正断层

1. 正断层的基本特征

上盘相对下降,下盘相对上升,断层面倾角较陡,通常在 45°以上。主要由于地块受到水平引张而拉伸,一般认为正断层是地壳岩块受水平张应力和重力作用而形成的。正断层的规模有大有小,两盘相对位移可以小到不足 1 m,大到上千米,在地面延伸由数十米至几百千米,甚至上千千米。正断层由于倾角陡直,故在地面多呈直线延伸。

2. 正断层的组合类型

阶梯状断层:由若干条产状大致相同的正断层组成,它们各自的上盘相对在一个方向呈阶梯状下降。

地堑和地垒:两条或两组大致平行,断层面相向倾斜,中间岩块相对下降,两边岩块相对上升的正断层组合称地堑;与地堑相反,断层面相背倾斜,中间岩块相对上升,两边岩块相对下降的正断层组合称地垒。

地堑和地垒常常共生。两个地堑之间必为地垒;同样,两个地垒之间必为地堑。大规模的地堑和地垒构造多与区域性的隆起和陷落有关。

(二)逆断层

逆断层的基本特征是上盘相对上升,下盘相对下降,断面倾角变化较大,一般把大于 45°的称冲断层;小于 45°的称逆掩断层;小于 25°称辗掩断层。主要由于地块水平挤压而压缩,一般认为逆断层是岩块受到水平挤压作用形成的。

(三)平移断层

1. 平移断层的基本特征

断层产状陡直,两侧岩块沿断层走向方向发生错断,是地块受到挤压、拉伸和剪切等方式的变形而沿直立的共轭剪切面形成的。又可按两盘平移方向分为左推(左旋)和右推(右旋)两种。观察者视线垂直于断层走向,断层线对侧的断盘相对向左位移者为左推(左旋)平移断层;相对向右位移者为右推(右旋)平移断层。

2. 平移断层组合类型

平移断层在平面上组合形式常呈平行式或斜列式。

四、断层的观察和研究

在野外观察和研究断层时，首先要确定断层是否存在，然后确定断层面的产状，两盘相对位移方向和断层性质、成因等。

(一)断层存在的标志

现在把判断断层存在的各种标志分述如下。

1. 构造不连续

岩层、矿层、岩墙、岩脉、变质岩相带和侵入体相带以及褶曲、断层等，在正常情况下，它们各自按产状和形态有一定的延伸展布规律。当我们发现某些岩层、岩体等地质体或其他地质界线在平面或剖面上突然中断或错开，这是断层存在的直接标志。

2. 地层的重复和缺失

在横穿岩层走向的路线观察或钻孔剖面中，按照这个地区的正常的地层层序，如发现某些地层按顺序重复出现；或者按区内正常地层层序应该存在的某些地层，发现它突然缺失，这是断层存在的一个重要标志。

3. 断层的伴生构造

在断层形成过程中，由于断盘相互挤压、错动和搓碎，常使断层面上、断裂带中或附近产生一些错动痕迹和伴生构造，这是认识断层的直接标志。

1)擦痕和阶步

擦痕是断层两盘沿断层面错动摩擦在断层面上留下的滑动痕迹，常成平行的比较均匀的线条状，擦痕方向平行断盘相对运动方向。在断层滑动面上常有与擦痕同时存在而与擦痕线条相垂直的小阶坎，称为阶步。阶步的陡坎指示对盘运动方向。

2)断裂带和构造岩

在断层发生过程中，两盘岩块相互挤压、错动，常使主断面附近的岩石发生破碎，形成与断层面大致平行的断层破碎带。断层破碎带的宽度(厚度)有的只有几厘米，有的达几百米，甚至几千米。在断层带中的岩石受构造力的作用，使原来的岩石、矿物发生破碎、变形而形成构造岩。构造岩是断层存在的直接标志之一。较常见的构造岩有以下几种：

(1)构造角砾岩。在断层错动过程中，使岩石发生碎块，碎块之间则为压碎研磨成的细粒和粉末填充胶结。正断层中发育的构造角砾岩，其角砾多呈棱角状；逆断层和平移断层的构造角砾岩，其角砾多呈磨圆状和压扁的透镜状。

(2)糜棱岩。岩石及其组成矿物几乎都被压碎成微粒，碎粒和残留的碎斑均呈明显的定向排列，形成糜棱结构。此类构造岩也是产生在逆断层和平移断层中，一般不发生在正断层中。

(3)断层泥。断层两侧的岩石性质较软而磨成细粉者称断层泥。

3)断层旁侧牵引构造

断层形成过程中，常使断层面旁侧岩层发生明显的弯曲，这种弯曲称为牵引褶曲或拖曳褶曲。牵引褶曲除了作为断层标志外，其弯曲突出的方向还被认为代表本盘的位移方向。

4）地形、水文和植被上的标志

（1）断层崖、断层三角面。断层上升盘可以露出地表形成悬崖，称断层崖。断层崖因受垂直于断层面的流水侵蚀而形成V形谷，谷与谷之间形成三角面，称做断层三角面。假如沿山前有一系列三角面存在，则很可能有断层存在。

（2）山脉错开或中断。当平行排列的山脊彼此错开或截然与平原相接触，也可推测断层的存在。

（3）断层谷、断层泉。顺断层线或地堑构造常形成断层谷，或者一系列湖泊、湿地或泉水出现。

（4）植被变化。植物分布的特点有时也可以作为分析断层存在的一种标志。例如有时沿着断裂带两侧因岩性不同而生长着不同的植物群落，有时在断层带因水分充足，生长着喜湿的高大植物等。

（二）确定断层产状和两盘位移方向

确定断层存在以后，应进一步测量断层产状，然后再确定断层两盘相对位移方向。确定断层两盘相对位移方向的方法可以归纳为以下几点：

（1）根据断层两盘岩石的新老判断。倾斜岩层中的走向断层，一般情况下是较老地层出露的一盘为上升盘，较新地层的一盘为下降盘。

（2）根据褶曲核部宽窄变化或错开方向判断。切过褶曲的横断层或斜断层，在背斜中一般是上升盘一侧的核部比下降盘的核部宽；向斜则相反。如两盘核部宽度并无突变，只是核部和轴线错开，这是平移断层的表现。

（3）根据牵引褶曲判断。柔性较大的岩石断开时，断层两侧岩层常发生小型牵引褶曲。断层一盘的牵引弯曲末端指向另一盘滑动方向。

（4）根据断层擦痕阶步。

（三）判断断层的性质和形成时期

如果已经查明断层的产状和两盘位移方向，则断层的性质（正断层、逆断层和平移断层）就很容易判断了。

断层总是在被它切错的地层的时代之后形成的。如果被断层切断的一套地层之上被另一套较新的地层以角度不整合所覆盖。那么，我们可以确定该断层的形成时期是在不整合面以下一套地层中最新地层时代之后，而在不整合面以上一套地层中的最老一层时代之前。即其时代下限为下伏地层最新时代，其上限为上覆地层最老地层时代。

如果断层切错早期侵入岩体，后被晚期侵入体充填或吞蚀。那么，该断层时代下限为早期侵入体形成时代，其上限为晚期侵入体形成时代，即形成于早期侵入体之后、晚期侵入体之前。如果一组断层被另一组断层错断，被错断的断层产生在前。两组断层互相错断，一般可认为是同期形成。

第五节　劈理和线理

劈理和线理是地壳上特别是变质岩区和强烈构造变形地带最常见的构造形态之一，是构造地质研究的重要对象。

劈理是岩石沿着一定方向平行排列的、密集的，能劈开成薄板或薄片的一种构造形态。劈理在强烈褶皱岩层、断层两侧和变质岩中较发育。劈理发育在岩石变形过程中的塑性变形到断裂变形的过渡阶段，它通常未破坏岩石的连续完整性，因而劈理不能简单理解为岩石的破裂变形；实际上，各种劈理都表现出不同程度的塑性变形的特征。

劈理面之间的岩石窄片叫做微劈石，劈理面之间的距离叫间距。劈理大多数是很密集的，间距多为 1 ~ 2 mm 至几厘米，不足 1 mm 的也很常见，劈理密集程度也可以用频度表示，如每毫米或每厘米多少条。

线理是岩层中的小型和微型的相互平行的线状构造形态。例如岩石中的角闪石、蓝晶石或红柱石晶体的长柱作平行定向排列，就构成了线理。广义的线理包括沉积岩、岩浆岩和变质岩中所有的线状构造。

第七章　地下水的赋存

第一节　岩石中的空隙和水分

一、岩石中的空隙

地壳表层十余千米范围内,都或多或少存在着空隙,特别是深部1~2 km以内,空隙分布较为普遍,这就为地下水的赋存提供了必要的空间条件。地壳表层就好像是饱含着水的海绵。

岩石空隙是地下水储存场所和运动通道。空隙的多少、大小、形状和连通情况、分布规律,对地下水的分布和运动具有重要影响。

将岩石空隙作为地下水储存场所和运动通道研究时,可分为三类,即松散岩石中的孔隙、坚硬岩石中的裂隙和可溶岩石中的溶洞。

(1)孔隙。松散岩石是由大小不等的颗粒组成的。颗粒或颗粒集合体之间的空隙,称为孔隙。岩石中孔隙体积的多少是影响其储容地下水能力大小的重要因素。孔隙体积的多少可用孔隙度表示。孔隙度是指某一体积岩石(包括孔隙在内)中孔隙体积所占的比例。

若以n表示岩石的孔隙度,V表示包括孔隙在内的岩石体积,V_n表示岩石中孔隙的体积,则:

$$n = V_n/V \quad 或 \quad n = (V_n/V) \times 100\%$$

孔隙度是一个比值,可用小数或百分数表示。

孔隙度的大小主要取决于分选程度及颗粒排列情况,另外颗粒形状及胶结充填情况也影响孔隙度。对于黏性土,结构及次生孔隙常是影响孔隙度的重要因素。

自然界中并不存在完全等粒的松散岩石。分选程度愈差,颗粒大小愈悬殊的松散岩石,孔隙度便愈小。细小颗粒充填于粗大颗粒之间的孔隙中,自然会大大降低孔隙度。当某种岩石由两种大小不等的颗粒组成,且粗大颗粒之间的孔隙完全为细小颗粒所充填时,则此岩石的孔隙度等于由粗粒和细粒单独组成时的岩石的孔隙度的乘积。

自然界中岩石的颗粒形状多是不规则的。组成岩石的颗粒形状愈不规则,棱角愈明显,通常排列就愈松散,孔隙度也愈大。

黏土的孔隙度往往可以超过上述理论上最大孔隙度值。这是因为黏土颗粒表面常带有电荷,在沉积过程中黏粒聚合,构成颗粒集合体,可形成直径比颗粒还大的结构孔隙。此外,黏性土中往往还发育有虫孔、根孔、干裂缝等次生空隙。表7-1列出自然界中主要松散岩石孔隙的参考数值。

表 7-1　松散岩石孔隙度参考数值

岩石名称	砾 石	砂	粉 砂	黏 土
孔隙度变化区间(%)	25 ~ 40	25 ~ 50	35 ~ 50	40 ~ 70

(2)裂隙。固结的坚硬岩石,包括沉积岩、岩浆岩和变质岩,一般不存在或只保留一部分颗粒之间的孔隙,而主要发育各种应力作用下岩石破裂变形产生的裂隙。按裂隙的成因可分为成岩裂隙、构造裂隙和风化裂隙。

成岩裂隙是岩石在成岩过程中由于冷凝收缩(岩浆岩)或固结干缩(沉积岩)而产生的。岩浆岩中成岩裂隙比较发育,尤以玄武岩中柱状节理最有意义。构造裂隙是岩石在构造变动中受力而产生的。这种裂隙具有方向性,大小悬殊(由隐蔽的节理到大断层),分布不均一。风化裂隙是风化营力作用下,岩石破坏产生的裂隙,主要分布在地表附近。

裂隙的多少以裂隙率表示。裂隙率(K_r)是裂隙体积(V_r)与包括裂隙在内的岩石体积(V)的比值,即

$$K_r = V_r/V \quad 或 \quad K_r = (V_r/V) \times 100\%$$

除了这种体积裂隙率,还可用面裂隙率或线裂隙率说明裂隙的多少。野外研究裂隙时,应注意测定裂隙的方向、宽度、延伸长度和充填情况等,因为这些都对水的运动具有重要影响。

(3)溶洞。可溶的沉积岩,如岩盐、石膏、石灰岩和白云岩等,在地下水溶蚀下会产生空洞,这种空隙称为溶洞(隙)。溶洞的体积(V_k)与包括溶洞在内的岩石体积(V)的比值即为岩溶率(K_k),即

$$K_k = V_k/V \quad 或 \quad K_k = (V_k/V) \times 100\%$$

溶洞的规模十分悬殊,大的溶洞可宽达数十米,高数十米乃至百余米,长达几千米至几十千米,而小的溶孔直径仅几毫米。岩溶发育带岩溶率可达百分之几十,而其附近岩石的岩溶率几乎为零。

自然界岩石中空隙的发育状况远较上面所说的复杂。例如,松散岩石固然以孔隙为主,但某些黏土干缩后可产生裂隙,而这些裂隙的水文地质意义,甚至远远超过其原有的孔隙。固结程度不高的沉积岩,往往既有孔隙,又有裂隙。可溶岩石,由于蚀溶不均一,有的部分发育为溶洞,而有的部分则为裂隙,有时还可保留原生的孔隙与裂缝。因此,在研究岩石空隙时,必须注意观察、收集实际资料,在事实的基础上分析空隙的形成原因及控制因素,查明其发育规律。

岩石中的空隙,必须以一定方式连接起来构成空隙网络,才能成为地下水有效的储容空间和运移通道。松散岩、坚硬基岩和可溶岩石中的空隙网络具有不同的特点。

松散岩石中的孔隙分布于颗粒之间,连通良好,分布均匀,在不同方向上,孔隙通道的大小和多少都很接近。赋存于其中的地下水分布与流动都比较均匀。

坚硬基岩的裂隙是宽窄不等、长度有限的线状缝隙,往往具有一定的方向性。只有当不同方向的裂隙相互穿切连通时,才在某一范围内构成彼此连通的裂隙网格。裂隙的连通性远较孔隙为差,因此,赋存于基岩裂隙中的地下水相互联系较差,分布与流动往往是不均匀的。

可溶岩石的溶洞是一部分原有裂隙与原生孔缝溶蚀扩大而成的,空隙大小悬殊且分布极不均匀。因此,赋存于可溶岩石中的地下水分布与流动通常极不均匀。

赋存于不同岩层中的地下水,由于其含水介质特征不同,具有不同的分布与运动特点。因此,按岩层的空隙类型区分为三种类型地下水——孔隙水、裂隙水和岩溶水。

二、岩石中水的存在形式

地壳岩石中水的存在形式如图 7-1 所示。

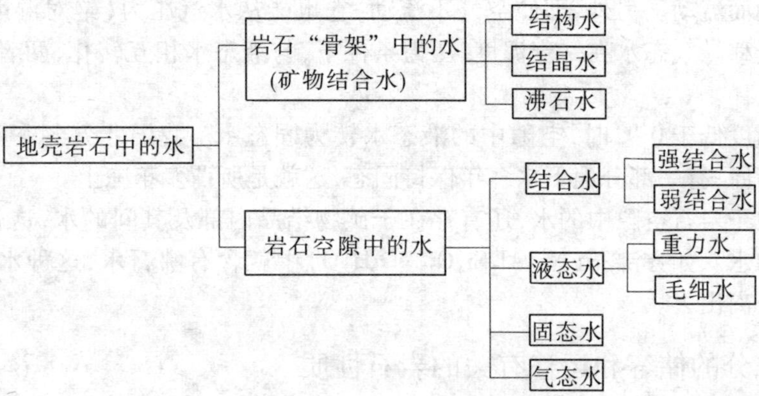

图 7-1　地壳岩石中水的存在形式

水文地质学重点研究的对象是岩石空隙中的水。

(1)结合水。松散岩石的颗粒表面及坚硬岩石空隙壁面均带有电荷。水分子又是偶极体,由于静电吸引,固相表面具有吸附水分子的能力。根据库仑定律,电场强度与距离平方成反比。因此,离固相表面很近的水分子受到的静电引力很大;随着距离增大,吸引力减弱,而水分子受自身重力的影响就愈显著。受固相表面的引力大于水分子自身重力的那部分水,称为结合水。此部分水束缚于固相表面,不能在自身重力影响下运动。

由于固相表面对水分子的吸引力自内向外逐渐减弱,结合水的物理性质也随之发生变化。因此,将最接近固相表面的结合水称为强结合水,其外层称为弱结合水。

结合水区别于普通液态水的最大特征是具有抗剪强度,即必须施加一定的力方能使其发生变形。结合水的抗剪强度由内层向外层减弱。当施加的外力超过其抗剪强度时,外层结合水发生流动,施加的外力愈大,发生流动的水层厚度也愈大。

(2)重力水。距离固体表面更远的那部分水分子,重力对它的影响大于固体表面对它的吸引力,因而能在自身重力影响下运动,这部分水就是重力水。

重力水中靠近固体表面的那一部分,仍然受到固体引力的影响,水分子的排列较为整齐。这部分水在流动时呈层流状态,而不作紊流运动。远离固体表面的重力水,不受固体引力的影响,只受重力控制。这部分水在流速较大时容易转为紊流运动。

岩土空隙中的重力水能够自由流动。井泉取用的地下水,都属重力水,是水文地质研究的主要对象。

(3)毛细水。将一根玻璃毛细管插入水中,毛细管内的水面即会上升到一定高度,这便是发生在固、液、气三相界面上的毛细现象。

松散岩石中细小的孔隙通道构成毛细管，因此在地下水面以上的包气带中广泛存在毛细水。由于毛细力的作用，水从地下水面沿着小孔隙上升到一定高度，形成一个毛细水带，此带中的毛细水下部有地下水面支持，因此称为支持毛细水。

细粒层次与粗粒层次交互成层时，在一定条件下，由于上下弯液面毛细力的作用，在细土层中会保留与地下水面不相连接的毛细水，这种毛细水称为悬挂毛细水。

(4)气态水、固态水及矿物中的水。在未饱和水的空隙中存在着气态水。气态水可以随空气流动而流动。另外，即使空气不流动，它也能从水汽压力（绝对湿度）大的地方向小的地方迁移。气态水在一定温度、压力条件下，与液态水相互转化，两者之间保持动平衡。

岩石的温度低于0 ℃时，空隙中的液态水转为固态水。我国北方冬季常形成冻土。东北及青藏高原，有一部分地下水多年保持固态，这就是所谓多年冻土。

除了存在于岩石空隙中的水，还有存在于矿物结晶内部及其间的水，这就是沸石水、结晶水及结构水。如方沸石（$Na_2Al_2Si_4O_{12} \cdot nH_2O$）中就含有沸石水，这种水在加热时可以从矿物中分离出去。

三、与水分的储容和运移有关的岩石性质

岩石空隙的大小和多少与水分的储容和运移有密切关系。特别是空隙的大小具有决定意义。在一个足够大的空隙中，从空隙壁面向外，依次分布着强结合水、弱结合水和重力水。空隙愈大，重力水占的比例愈大；反之，结合水占的比例就愈大；当空隙直径小于结合水层厚度的2倍时，空隙中全部充满结合水，而不存在重力水了。例如，黏土的微细孔隙中或基岩的闭合裂隙中，几乎全部充满着结合水，而砂砾石和具有宽大裂隙或溶洞的岩层中，重力水所占的比例很大，结合水的数量则微不足道。因此，空隙大小和数量不同的岩石，容纳、保持、释出及透过水的能力有所不同。

（一）容水度

容水度是指岩石完全饱水时所能容纳的最大的水体积与岩石总体积的比值。可用小数或百分数表示。一般说来，容水度在数值上与孔隙度（裂隙率、岩溶率）相当。但是对于具有膨胀性的黏土，充水后体积扩大，容水度可大于孔隙度。

（二）含水量

松散岩石的包气带中通常滞留较多的水分，为了说明其实际含水状况，可用含水量表示。

松散岩石孔隙中所含水的重量（G_w）与干燥岩石重量（G_s）的比值，称为重量含水量（W_g），即

$$W_g = (G_w/G_s) \times 100\%$$

含水的体积（V_ω）与包括孔隙在内的岩石体积（V）的比值，称为体积含水量（W_V），即

$$W_V = (V_\omega/V) \times 100\%$$

当水的比重为1，岩石的干容重（单位体积干土的重量）为 γ_a 时，重量含水量与体积含水量的关系为：

$$W_V = W_g \cdot \gamma_a$$

岩石的容水度和体积含水量之间的差值称为饱和差。体积含水量与容水度之比称为饱和度。

(三)持水度

饱水岩石在重力作用下释水后,岩石中保持的水的体积与岩石体积之比,称为持水度。这部分滞留在岩石空隙中不能自由释出的水包括结合水及孔角毛细水,有时也可能包括一部分悬挂毛细水。

松散岩石的持水度与颗粒大小有密切关系。例如,颗粒细小的黏土比表面积(单位体积中固相表面面积)大,结合水含量大,持水度也大,有时可与容水度相等,在重力影响下完全不释水。砂的持水度较小,而砾石和具有宽大裂隙或溶洞的岩石,持水度微不足道。

(四)给水度

地下水面下降时,水位变动范围原先饱水岩石及毛细水带中的水,将因重力作用而下移,并部分释出。地下水位下降一个单位深度,单位水平面积岩石柱体,在重力作用下释放的水的体积,称为给水度(μ)。给水度以小数或百分数表示。例如,当水位下降 2 m 时,1 m^2 水平面积岩石柱体,在重力作用下释出的水的体积为 0.2 m^3(换算为水柱高度为 0.2 m),则给水度为 0.1 或 10%。

岩性对给水度的影响包括空隙多少及空隙大小,空隙大小的影响尤为显著。对于粗粒松散岩石及具有比较宽大裂隙与溶洞的坚硬岩石,重力释水时,滞留于岩石空隙中的结合水与孔角毛细水很少,给水度在数值上很接近容水度,即接近于孔隙度;颗粒细小的黏性土,给水度往往仅为百分之几。

对于均质的松散岩石,给水度的大小还与地下水位埋藏深度及水位下降速率有关。当初始地下水位埋深小于最大毛细保持高度时,水位下降后,将有一部分重力水转入毛细水带,释出水量减少,给水度便偏小。观测表明,当地下水位下降速率大时,给水度也偏小,这点对于细粒松散岩石尤为明显。原因是:重力释水并非瞬时完成,而往往滞后于水位下降;此外,大小不同的孔道释水不同步,大的孔道优先释水,可能在小孔道中形成一部分悬挂毛细水而不再释出。

总之,对于均质的松散岩石,只有当初始水位埋深足够大,水位下降速率十分缓慢时,才能达到其理论最大给水度。此时除了结合水与孔角毛细水,其余的水全都在重力影响下释出。

粗细粒层次相间分布的层状非均质松散岩石,地下水位下降时,细粒层次中会大量滞留悬挂毛细水,给水度就更小于理论最大值了。

(五)透水性

岩石的透水性是指岩石允许水透过的能力。表征岩石透水性的定量指标是渗透系数。

第二节　包气带和饱水带

地表以下一定深度上存在着地下水面。地下水面以上,称为包气带;地下水面以下,称为饱水带。

在包气带中,空隙壁面吸附有结合水,在细小的空隙中保持着毛细水,空隙未被液态水占据的部分包含空气及气态水。空隙中的水超过吸附力和毛细力所能支持的量时,剩余的水便以重力水形式下渗。所有上述的水统称为包气带水。

自上而下包气带可分为三部分：土壤水带、中间带及毛细水带。包气带顶部植被根系活动带通常发育土壤层，其中所含的水称为土壤水。土壤富含有机质，具有团粒结构，能以毛细水形式大量保持水分，维持植物生长。由地下水面上升的支持毛细水，在包气带底部构成毛细水带，毛细水带的下部有时也是饱水的（毛细饱和带），但由于毛细力呈现负压，压强小于大气压强，故这部分水仍不能进入井中。

包气带水对土壤作用及植物生长具有重要意义，而包气带又是饱水带与大气圈、地表水圈联系的通道。饱水带通过包气带获得大气降水和地表水的补给，又通过包气带蒸发排泄。因此，研究包气带水的形成及运动规律对阐明地下水的形成具有重要意义。

饱水带岩石空隙全部为液态水所充满，既有重力水，也有结合水。由于饱水带中的地下水连续分布，能够传递静水压力，在水头差的作用下，可以发生连续运动。饱水带中的重力水是开发利用或排除的主要对象，也是水文地质学研究的重点。

第三节　含水层和隔水层

饱水带岩层按其透过和给出水的能力，可划分为含水层和隔水层。

含水层是指能够透过并给出相当数量水的岩层。隔水层则是不能透过并给出水，或透过和给出水的数量微不足道的岩层。划分含水层与隔水层的标志并不在于岩层是否含水。因为，自然界中完全不含水的岩层实际上是不存在的，关键在于所含的水的性质。空隙细小的岩层（如致密黏土、裂隙闭合的页岩），含的几乎全是结合水，结合水在寻常条件下是不能移动的，这类岩层实际上起着阻隔水透过的作用，所以是隔水层。而空隙较大的岩层（如砂砾石、发育溶洞的可溶岩），主要含有重力水，在重力作用下，能透过和给出水，就构成了含水层。

在实际工作中划分含水层与隔水层时，不仅要根据岩层是否能透过并给出水，而且要考虑它所给出的水的数量是否具有实际价值，也就是说能否满足开采利用的实际需要，或者是否对工程设施构成危害。以供水为例，某一能够透过并给出某一数量水的岩层，在水源丰沛、需水量很大的地区，由于远不能满足供水需要，而被视做隔水层；而在水源匮乏，需水量又不大的地区，同一岩层能够在一定程度上满足，甚至充分满足实际需要，那么，这一岩层就可视为含水层，甚至是良好含水层了。

含水层和隔水层的划分是相对的，并不存在截然的界限或绝对的定量标志。从某种意义上讲，含水层和隔水层是相比较而存在的。例如，粗砂层中的泥质粉砂夹层，由于粗砂的透水和给水能力比泥质粉砂强得多，相对说来，后者就可视为隔水层。同样的泥质粉砂夹在黏土层中，由于其透水和给水能力均比黏土强，就应当做含水层了。由此可见，同一岩层在不同条件下可能具有不同的水文地质意义。

含水层和隔水层可在一定条件下转化。例如，致密黏土主要含有结合水，透水和给水能力都很弱，通常是隔水层。但在较大的水头差作用下，部分结合水发生运动，也能透过和给出一定数量的水，在这种情况下再将其称为隔水层就不恰当了。实际上，黏土层往往在水力条件发生不大变化时，就可以由隔水层转变为透水层，这种转化实际上是相当普遍的。对这种兼具隔水和透水性能的岩层,我们可称之为半含水—半隔水层。

自然界岩层的透水性往往还具有各向异性的特征,即沿不同的方向岩层的透水性具有明显的差异。例如,薄层页岩和石灰岩互层的沉积岩,页岩中裂隙闭合,而灰岩中裂隙张开,因而具有顺层透水、垂直层面隔水的特征。

含水层这一名称对松散岩石是适合的。因为松散岩石多呈层状,同一岩性单元中地下水连续而均匀地成层分布。对于裂隙基岩,当某一岩层裂隙发育良好且连通时,地下水连续均匀分布,称为裂隙含水层也是合适的。但当裂隙发育受局部构造因素控制时,例如一条较大的张断裂穿越岩性不同的地层,断裂带中水的分布连续且较均匀,这时称之为含水带更为合适。可溶岩层的岩溶发育往往极不均一,实际上地下水并非连续地遍布于整个岩层。因此,对于岩溶化岩层,所谓含水层只是说明在某一岩层的某些部位可能含水而已,并不意味着整个岩层都含有水,将它称之为岩溶含水系统可能更为恰当。

第四节　地下水分类

一、地下水的分类

地下水这一名词有广义和狭义的两种概念。广义的地下水(Underground Water)是指赋存于地面以下岩石空隙中的水;包气带及饱水带中所有含于空隙中的水均属之。狭义的地下水仅指赋存于饱水带岩石空隙中的水。

地下水的赋存特征对其水量、水质时空分布等有决定意义,其中最重要的是埋藏条件与含水介质类型。

所谓地下水的埋藏条件,是指含水岩层在地质剖面中所处的部位及受隔水层限制的情况。据此可将地下水分为包气带水、潜水及承压水。按含水介质类型,可将地下水区分为孔隙水、裂隙水及岩溶水。将两者组合可分为九类地下水(见图7-2、表7-2)。

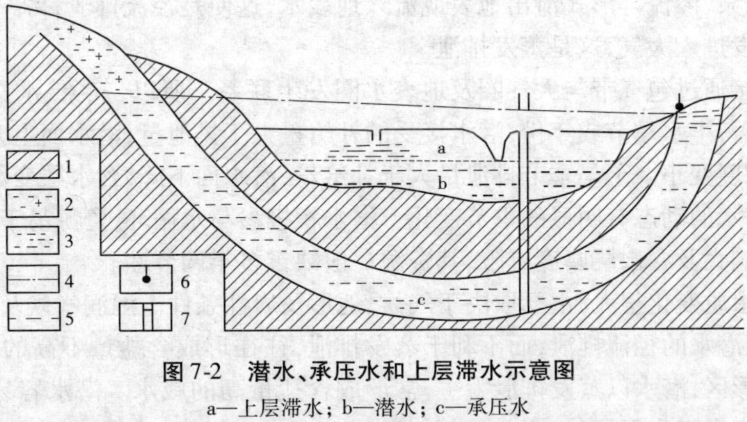

图7-2　潜水、承压水和上层滞水示意图

a—上层滞水;b—潜水;c—承压水

1—隔水层;2—透水层;3—饱水部分;4—潜水位;5—承压水侧压水位;6—上升泉;7—水井

应用上述分类分析问题时必须注意:任何分类都不可能不带有某些人为性,因而不可能完全概括纷繁复杂的自然现象。削足适履,力图将一切客观事物套到简单的分类中去,是不足取的。

表7-2 地下水分类

埋藏条件	含水介质类型		
	孔隙水	裂隙水	岩溶水
包气带水	土壤水 局部黏性土隔水层上季节性存在的重力水(上层滞水),过路及悬留毛细水和重力水	裂隙岩层浅部季节性存在的重力水及毛细水	裸露岩溶化岩层上部岩溶通道中季节性存在的重力水
潜水	各类松散沉积物浅部的水	裸露于地表的各类裂隙岩层中的水	裸露于地表的岩溶化岩层中的水
承压水	山间盆地及平原松散沉积物深部的水	组成构造盆地、向斜构造或单斜断块的被掩覆的各类裂隙岩层中的水	组成构造盆地、向斜构造或单斜断块的被掩覆的岩溶化岩层中的水

二、潜水

饱水带中第一个具有自由表面的含水层中的水称做潜水。潜水没有隔水顶板,或只有局部的隔水顶板。潜水的水面为自由水面,称做潜水面。从潜水面到隔水底板的距离为潜水含水层厚度。潜水面到地面的距离为潜水埋藏深度。

由于潜水含水层上面不存在隔水层,直接与包气带相接,所以潜水在其全部分布范围内都可以通过包气带接受大气降水、地表水或凝结水的补给。潜水面不承压,通常在重力作用下由水位高的地方向水位低的地方径流。潜水的排泄方式有两种:一种是径流到适当地形处,以泉、渗流等形式泄出地表或流入地表水,这便是径流排泄;另一种是通过包气带或植物蒸发进入大气,这是蒸发排泄。

潜水直接通过包气带与大气圈及地表水圈发生联系。所以,气象、水文因素的变动,对它影响显著,丰水季节或年份,潜水接受的补给量大于排泄量,潜水面上升,含水层厚度增大,埋藏深度变小。干旱季节排泄量大于补给量,潜水面下降,含水层变薄,埋藏深度加大。因此,潜水的动态有明显的季节变化。潜水积极参与水循环,资源易于补充恢复。由于受气候影响大及含水层厚度有限,其资源一般缺乏多年调节性。

潜水的水质变化很大,主要取决于气候、地形及岩性条件。湿润气候及地形切割强烈的地区,利于潜水的径流排泄,而不利于蒸发排泄,往往形成含盐量不高的淡水。干旱气候及低平地形区,潜水以蒸发排泄为主,常形成含盐量高的咸水。潜水容易受到污染,对潜水水源应注意卫生保护。

一般情况下,潜水面不是水平的,而是向排泄区倾斜的曲面,起伏大体与地形一致,但常较地形起伏缓和。潜水面上各点的高程称做潜水位。将潜水位相等的各点连线,即得潜水等水位线图。相邻两等水位线间作一垂直连线,即此范围内潜水的流向。用此垂线长度去除两端的水位差,即得潜水水力梯度。根据等水位线可以判断潜水与地表水的相互补给关系。

综上所述,潜水的基本特点是与大气圈及地表水圈联系密切,积极参与水循环。产生此特点的根本原因是其埋藏特征——位置浅,上无连续隔水层。

三、承压水

充满于两个隔水层之间的含水层中的水,叫做承压水。承压水含水层上部的隔水层称做隔水顶板,或叫限制层。下部的隔水层叫做隔水底板。顶底板之间的距离为含水层厚度。

承压性是承压水的一个重要特征。如一个基岩向斜盆地,含水层中心部分埋没于隔水层之下,两端出露于地表。含水层从出露位置较高的补给区获得补给,向另一侧排泄区排泄,中间是承压区。补给区位置较高,水由补给区进入承压区,受到隔水顶底板的限制,含水层充满水,水自身承受压力,并以一定压力作用于隔水顶板。要证实水的承压性并不难,用钻孔揭露含水层,水位将上升到含水层顶板以上一定高度才静止下来。静止水位高出含水层顶板的距离便是承压水头。井中静止水位的高程就是含水层在该点的测压水位。测压水位高于地表时,钻孔能够自喷出水。

承压水受到隔水层的限制,与大气圈、地表水圈的联系较弱。当顶底板隔水性能良好时,它主要通过含水层出露地表的补给区(这里的水实际上已转为潜水)获得补给,并通过范围有限的排泄区排泄。当顶底板为半隔水层时,它还可通过半隔水层,从上部或下部的含水层获得补给,或向上部或下部含水层排泄。无论在哪一种情况下,承压水参与水循环都不如潜水那样积极。因此,气候、水文因素的变化对承压水的影响较小,承压水动态比较稳定。

承压水在很大程度上和潜水一样,来源于现代渗入水(大气降水、地表水的入渗)。但是,由于承压水的埋藏条件使其与外界的联系受到限制,在一定条件下,在含水层中可以保留年代很古老的水,有时甚至保留沉积物沉积时的水(例如,在海相沉积物中保留下当时的海水,在湖相沉积物中保留当时的湖水)。总的说来,承压水资源不像潜水资源那样容易补充、恢复,但由于其含水层厚度一般较大,往往具有良好的多年调节性能。

将某一承压含水层测压水位相等的各点连线,即得等水压线(等测压水位线)。在图上根据钻孔水位资料绘出等水压线,便得到等水压线图。和潜水等水位线图一样,根据等水压线可以确定承压水的流向和水力梯度。对于潜水,等水位线既表示地下水面,又代表含水层的顶面。而承压水的测压水位,只有当井孔穿透上覆隔水层达到含水层顶面时,才会在井孔中出现。在测压水位高度上,并不存在实际的地下水面,等测压水位面是一个虚构的面,钻孔打到这个高度是取不到水的,必须打到含水层的顶面才能见水。因此,等水压线图通常要附以含水层顶板等高线。

仅仅根据等水压线图,无法判断承压含水层和其他水体的补给关系。任一承压含水层接受其他水体的补给,必须同时具备两个条件,缺一不可:第一,水体(地表水、潜水或其他承压含水层)的水位必须高出此承压含水层的测压水位;第二,水体与该含水层之间必须有联系通道。同样,在排泄时也应具备这两个条件,只不过承压含水层的测压水位必须高于其他水体的水位罢了。承压含水层在地形适宜处露出地表时，可以泉或溢流形式排向地表或地表水体，也可以通过导水断裂带向地表或其他含水层排泄。当承压含水层的顶底板为半隔水层时，只要有足够的水头差，也可以通过半隔水层与其上下的水体发生水力联系。

在接受补给或进行排泄时，承压含水层对水量增减的反应与潜水含水层不同。潜水获得补给时，随着水量增加，潜水位抬高，含水层厚度加大；进行排泄时，水量减少，水位下降，含水层厚度变薄。对于潜水来说，含水层中的水，不承受除大气压力以外的任何压力。承压含水层则不同，由于隔水顶底板的限制，水充满于含水层中呈承压状态，上覆岩层的压力是由含水层骨架与含水层中的水共同承受的，上覆岩层的压力方向向下，含水层骨架的承载力及含水层中水的浮托力方向向上，方向相反的力彼此相等，保持平衡。当承压含水层接受补给时，水量增加，静水压力加大，含水层中的水对上覆岩层的浮托力随之增大。此时，上覆岩层的压力并未改变，为了达到新的平衡，含水层空隙扩大，将含水层骨架原来所承受的一部分上覆岩层的压力转移给水来承受，从而测压水位上升，承压水头加大。由此可见，承压含水层在接受补给时，主要表现为测压水位上升，而含水层的厚度加大很不明显。增加的水量通过水的压密及空隙的扩大而储容于含水层之中。当然，如果承压含水层的顶底板为半隔水层，测压水位上升时，一部分水量将由含水层转到相邻的半隔水层中去。

因排泄而减少水量时，承压含水层的测压水位降低。这时，上覆岩层的压力并无改变，为了恢复平衡，含水层空隙必须作相应的收缩，将水少承受的那部分压力转移给含水层骨架承受。与此同时，由于减压，水的体积膨胀。当顶底板为半隔水层时，还将有一部分水由半隔水层转移到含水层中。

上面的说法并不仅仅是理论上的解释，完全可以从实际现象中得到证实。例如，铁道旁边的承压水井，在火车通过时可以看到井中水位上升，火车通过后，水位又恢复正常。这说明，由于火车的重量加大了对含水层的压力，含水层骨架压缩，从而使水承受了更多的压力。承压水的水质变化很大，从淡水到含盐量很高的卤水都有。承压水的补给、径流、排泄条件愈好，参加水循环愈是积极，水质就愈接近入渗的大气降水及地表水，为含盐量低的淡水。补给、径流、排泄条件愈差，水循环愈是缓慢，水与含水岩层接触时间愈长，从岩层中溶解得到的盐类愈多，水的含盐量就愈高。有的承压水含水层，与外界几乎不发生联系，保留着经过浓缩的古海水，含盐量可以达到数百克每升。

承压水一般不易受到污染，但一旦污染后很难使其净化，因此在开发利用承压水时应注意水源的卫生防护。

四、上层滞水

当包气带存在局部隔水层时，在局部隔水层上积聚具有自由水面的重力水，这便是上层滞水。上层滞水分布最接近地表，接受大气降水的补给，以蒸发形式或向隔水底板边缘排泄。雨季获得补充，积存一定水量，旱季水量逐渐耗失。当分布范围较小而补给不很经常时，不能终年保持有水。由于其一般水量不大，动态变化显著，只能在缺水地区才能成为有意义的小型水源或暂时性供水水源。利用上层滞水作为饮用水源时，应特别注意其污染情况，因为水从地表补给上层滞水的途径很短，极易受污染。

第八章　地下水的补给、排泄与径流

第一节　地下水的补给

含水层或含水系统从外界获得水量的作用过程称为补给。补给的研究包括补给来源、补给条件及补给量。补给来源有大气降水、凝结水和其他含水层的水，以及由于各种人类活动而产生的人工补给来源，如水库水、灌溉水等；此外，专门为改善地下水资源条件而采取的人工补给地下水的措施，近年来发展很快。

一、大气降水对地下水的补给

（一）大气降水入渗补给含水层的机制

我们以松散沉积物组成的包气带为例进行讨论。一般情况下，入渗补给含水层的水量仅占降水量的20% ~50%，其余的水量通过各种途径耗失了。落到地面的降水，部分转为地表径流，其余部分渗入包气带。入渗的水量，一部分滞留于包气带中，一部分在雨后蒸发返回大气圈，剩余的才是补给含水层的水量。

降水入渗速率，即地面吸收降水的能力，是随着降雨过程延续而降低的。雨季以前，表土含水量很低，毛细负压大，降雨时，重力及强大的毛细力使水分迅速渗入地面。继续降雨，包气带水分渐趋饱和，当地表形成一极薄水层时，均质包气带自地表向下可分为以下各部分：

（1）完全饱和带。地表下数厘米深度内出现水分完全饱和的薄层；

（2）传输带。此带并不完全饱和，含水量大致相当于饱和含水量的80%，而不再增加，不断由地表接受水分并向下传输；

（3）湿润带。此带位于传输带以下，此带含水量自上而下逐渐降低；

（4）湿锋面。湿锋面是湿润带的前缘，与下部之间含水量突变，在毛细力作用下向下推进。

随着降雨延续，传输带变厚，湿锋面下移。当 t 时刻，湿锋面推进到距地表深度为 z 处，其毛细压力水头为 h_c，则某一时刻的入渗速率 V_t 为：

$$V_t = K[(z + h_c)/z]$$

或

$$V_t = K(1 + h_c/z)$$

随着降雨时间延续，z 值变大，降水入渗速率变小，直至趋于某一定值（$V = K$）。当降水强度（单位时间的降水量）大于降水入渗速率（即地面吸收水分能力）时，地面来不及吸收的那部分降水量便转化为地面径流。

降雨后包气带水的下渗方式，一般认为有活塞式（piston type）及捷径式（short—circuit type）两种。所谓活塞式下渗是指上部新的入渗水推动下部较老的水作面状下移。此类下渗主要发生于比较均质的孔隙大小差别不大的砂层中。前面的讨论实际上都是建立在活塞式下渗基础之上的。作捷径式下渗时，水流不作面状推进，而沿着某些通路优先下渗。例如在黏性土中下渗水往往沿着某些大孔道——根孔、虫孔及裂隙移动。我国黄土高原地区，潜水面最深可达二三百米，但仍可获得降水补给，捷径式下渗很可能起着主要作用。

(二)影响大气降水补给地下水的因素

降水特征、蒸发强度、包气带的岩性与厚度，地形、植被等都影响大气降水对含水层的补给。显而易见，年降水量是影响降水补给地下水的决定因素之一，降水量的相当一部分要用于补充旱季包气带蒸发造成的水分亏缺。因此，年降水量小于某一数值时，对地下水实际上无补给作用；年降水量愈大，则入渗补给含水层的比值也愈大。

降水强度过大而超过地面入渗速率时，将产生地表径流。一次降雨量较小且各次降雨时间间隔较长，则每次降雨量仅足以湿润表层，雨后蒸发消耗。上述两种情况均不利于地下水获得补给。绵绵细雨对地下水补给很有利。

包气带渗透性好，有利于吸收降水。包气带厚度(潜水埋藏深度)愈大，滞留的水量便愈多，不利于补给地下水。但是如果潜水埋深过浅，毛细饱和带离地表很近，会使降水的入渗速率降低而大量转为地表径流，也不利于补给地下水。

在降水强度过大产生地表径流时，地形会影响降水对地下水的补给。地形坡度大则地面坡流迅速流走，而平缓的地形与局部洼地则滞积坡流，增加降水入渗的份额。

森林可滞蓄降水而减少地表径流。林下土壤有机质多，根系发育，树冠及落叶可保护表土结构，从而有利于降水下渗。森林还可增加局部地区的降水量而利于地下水获得更多的补给。

上述各种影响因素是相互制约、互为条件的，不能孤立地加以分析。例如，强烈岩溶化岩层分布的山区，虽然地形陡峻，地下水位埋深达数百米，但由于岩层渗透性很好，即使是连续暴雨也能完全吸收，降水补给地下水的份额可高达70%～90%。

二、地表水对地下水的补给

河流与地下水的补给关系沿着河流纵断面而有所变化。一般说来，山区河谷深切，河水位常年低于地下水位，起排泄地下水的作用。山前，由于河流的堆积作用，河床处于高位，河水常年补给地下水。冲积平原与盆地的某些部位，河水位与地下水位的关系，随季节而变。而在某些冲积平原中，河床因强烈的堆积作用而形成所谓“地上河”，河水经常补给地下水。

干旱地区的山间盆地降水稀少，它对地下水的补给微不足道。发源于山区，依靠高山冰雪融水或降水供给水量的河流，往往成为地下水主要的甚至唯一的补给来源。例如，河西走廊中段，降水只占地下水补给量的4%，其余均属河水补给。

就其水源而言，地表水是由大气降水转化而来的，即使对于干旱山间盆地，作为地下水主要补给来源的河水，仍然来源于山区降水，或以冰雪形式积累起来的高山降水。因此，从总体上说，降水量的多寡决定着一个地区地下水的丰富程度。那种认为降水稀少的干旱地区也可能存在相当丰富的地下水资源的说法，是缺乏根据的。

潜水和承压水含水层接受降水及地表水补给的条件不同。潜水在整个含水层分布面积上都能直接接受补给，而承压水仅在含水层出露于地表，或与地表连通处方能获得补给。因此，地质构造与地形的配合关系，对承压含水层的补给影响极大。含水层出露于地形高处，充其量只能得到出露范围（补给区）大气降水的补给；出露于低处，则整个汇水范围内的降水都有可能汇集补充。切穿承压含水层隔水顶板的导水断层，在有利的地形条件下，也能将大范围内的降水引入含水层，汇水区的大小也影响潜水含水层接受补给。

三、大气降水及河水补给地下水水量的确定

在此仅介绍某些常用的方法。

（一）平原区大气降水入渗补给量的确定

大气降水入渗补给地下水的量通常可用下式确定：

$$Q = X \cdot \alpha \cdot F \cdot 1\,000$$

式中　Q——大气降水入渗补给地下水量，m^3/a；

X——年降水量，mm；

α——入渗系数；

F——补给区面积，km^2。

入渗系数 α 是年降水入渗量（q_x）与年降水量（X）的比值，由于 q_x 与 X 均用水柱高度毫米数表示，故 α 值是无名小数。

（二）山区大气降水及河水入渗量的确定

基岩山区大气降水、地表水与地下水相互转换很复杂，单独求算大气降水入渗补给量很困难。由于山区地下水属于渗入—径流型循环，地下水蒸发排泄量微小，可予忽略。因此，山区大气降水与河水对地下水的补给量跟地下水排泄量相当，可通过测定排泄量反求补给量。山区地下水以集中的大泉或泉群形式排泄时，可通过定期测定泉流量求得全年排泄量；排泄分散时，则可通过分割河水流量过程线求全年排泄量。若山区地下水有一部分以地下径流形式排入邻接的平原或盆地，利用排泄量反推补给量就比较困难了。

通常山区的入渗系数，是全年降水及河水入渗补给地下水总量与年降水量的比值：

$$\alpha = Q/(F \cdot X \cdot 1\,000)$$

式中　Q——年大气降水及河水入渗补给量，相当于全年泉水涌出量或（及）地下水流量，m^3/a；

F——汇水区面积，km^2；

X——年降水量，mm。

为了减轻工作量，可选择典型地段，测得相应的 Q、F、X 值，利用上式求 α 值，然后再用此 α 值推求大区域的 Q 值。

四、含水层之间的补给

两个含水层之间存在水头差且有联系的通路，则水头较高的含水层便补给水头较低者。隔水层分布不稳定时，在其缺失部位的相邻的含水层便通过“天窗”发生水力联系。松散沉积物及基岩都有可能存在透水的“天窗”，但通常基岩中隔水层分布比较稳定，因

此切穿隔水层的导水断层往往成为基岩含水层之间的联系通路。穿越数个含水层的钻孔或止水不良的分层钻孔,都将人为地构成水由高水头含水层流入低水头含水层的通道。

含水层之间另一种联系方式是越流,松散物含水层之间的黏性土层,并不完全隔水而具微弱透水性。具有一定水头差的相邻含水层,通过此类半隔水层发生的渗透,称为越流。根据达西定律可知,相邻含水层之间水头差愈大,半隔水层厚度(渗透半径)愈小而垂向渗透性愈好,单位面积上的越流量便愈大。尽管半隔水层的垂向渗透系数相当小,单位面积越流量通过不大,但是,由于越流是在隔水层分布的整个范围内发生的,过水断面非常大,因此总的越流补给(排泄)量往往很可观。

五、地下水的其他补给来源

建设水库、修建灌溉工程以及排放工业与生活废水等人类活动,都会使地下水获得新的补给。近些年来,为了补充地下水资源,广泛采用地面、河渠、坑池蓄水渗补及井孔灌注等方式,专门进行地下水人工补给。

利用地表水灌溉时,灌溉渠道及田面渗漏常使浅层地下水获得大量补给。渠道对地下水的补给与地表水补给相似,只是灌渠密度大,且有时采用半挖半填的地上渠形式,故渗漏量相当大。大型地表水灌溉系统输水损失将近50%,除蒸发与湿润包气带外,相当一部分水量补给了地下水。田面渗漏与大气降水补给的特点相近,但其对地下水补给的多少在很大程度上决定于灌水方式与灌水定额(每次每公顷灌水若干立方米)。喷灌公顷次用水不到300 m^3,灌溉水几乎全部保留于耕作层而不下渗补给地下水。在不平整的田面上进行淹灌,灌水定额最高可接近1 500 m^3/hm^2,下渗补给地下水的有时可达20%~30%。习惯上将渗漏补给地下水的那部分灌溉水称做灌溉回归水。

第二节　地下水的排泄

地下水通过泉(点状排泄)、向河流泄流(线状排泄)及蒸发(面状排泄)等形式向外界排泄。此外,一个含水层中的水可向另一个含水层排泄。此时,对后者来说,即是从前者获得补给。用井孔抽汲地下水,或用钻孔、渠道排除地下水,均属地下水的人工排泄。蒸发排泄耗失水量时,盐分仍留在地下水中。其他种类的排泄,盐分随同水分同时排走,属于径流排泄。

一、泉

泉是地下水的天然露头,在地形面与含水层或含水通道相交点地下水出露成泉。山区及丘陵的沟谷与坡脚,常可见泉,而在平原地区很少有。

根据补给泉的含水层的性质,可将泉分为上升泉及下降泉两大类。上升泉由承压含水层补给,下降泉由潜水或上层滞水补给。仅仅根据泉口的水是否冒涌来判断是上升泉或下降泉,那是不合适的,下降泉泉口的水流也可显示上升运动,反之,通过松散覆盖物出露的上升泉,泉口附近的水流也可能呈下降运动。

根据出露原因,下降泉可分为侵蚀泉、接触泉与溢流泉。沟谷切割揭露潜水含水层时，形成侵蚀（下降）泉。地形切割达到含水层隔水底板时，地下水被迫从两层接触处出露成泉，这便是接触泉。大的滑坡体前缘常有泉出露。这是由于滑坡体破碎、透水性良好，而滑坡床相对隔水，实质上这也是一种接触泉。潜水流前方透水性急剧变弱，或隔水底板隆起，潜水流动受阻而涌溢于地表成泉，这便是溢流泉。

在地形、地质、水文地质条件十分巧妙地配合下，可出现成群的大泉。举世闻名的泉城——济南，在 2.6 km^2 范围内出露 106 个泉，其总涌水量最大时达到 5 m^3/s。济南市以南为寒武 - 奥陶系构成的单斜山区，地形与岩层均向济南市区倾落，市区北侧为闪长岩及辉长岩侵入体，奥陶纪灰岩呈舌状为闪长岩及辉长岩所包围（见图 8-1、图 8-2）。透水性良好的灰岩接受大范围降水的补给，丰富的地下水汇流于济南市的东南，受到岩浆岩组成的口袋状“地下堤坝”的阻挡，被迫出露，造成“家家泉水”的奇观。

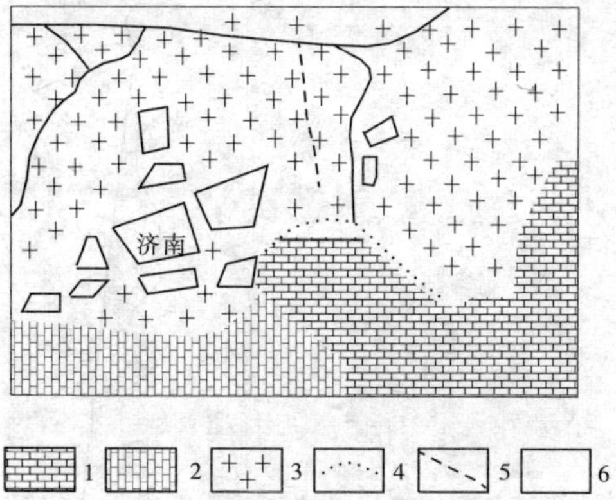

图 8-1　济南泉水成因地质示意图

1—白云质灰岩（O_1）；2—灰岩（O_2）；3—岩浆岩；4—基岩地层界线；5—断层；6—泉群

确定岩层含水性，是水文地质调查的一项基本任务。通过研究泉在地层中的出露情况及其涌水量，可以很好地说明问题。

二、泄流

地下水有时也集中排泄于河底、湖底或海底，这类水下泉与一般泉的区别是出露于水下而不在地面。

更多的情况下，地下水是分散排入地表水体的。当河流切割含水层时，地下水沿河呈线状排泄。常年有水的河流，枯水季节河水流量全由地下水泄流供给，汛期主要由流域内降水汇聚形成，同时也可能包含地下水泄流水量。

三、蒸发

地下水的蒸发排泄包括土面蒸发及叶面蒸发两者。

（一）土面蒸发

地下水沿毛细孔隙上升，在潜水面之上形成一个毛细水带。当潜水埋藏不深，毛细水带上缘离地面较近，大气相对湿度较低时，毛细弯液面上的水不断由液态转为气态，逸入大气。潜水则源源不断通过毛细作用上升补给，使蒸发不断进行。水分蒸发的结果，使盐分滞留浓集于毛细带的上缘。降雨时，部分盐分淋溶重新进入潜水。因此，强烈的蒸发排泄将使土壤及地下水不断盐化。

影响土面蒸发的主要因素是气候、潜水埋藏深度及包气带岩性。气候愈干燥，相对湿度愈小，土面蒸发便愈强烈。

包气带岩性主要通过其对毛细上升高度与速度的控制而影响潜水蒸发。粗粒的砂最

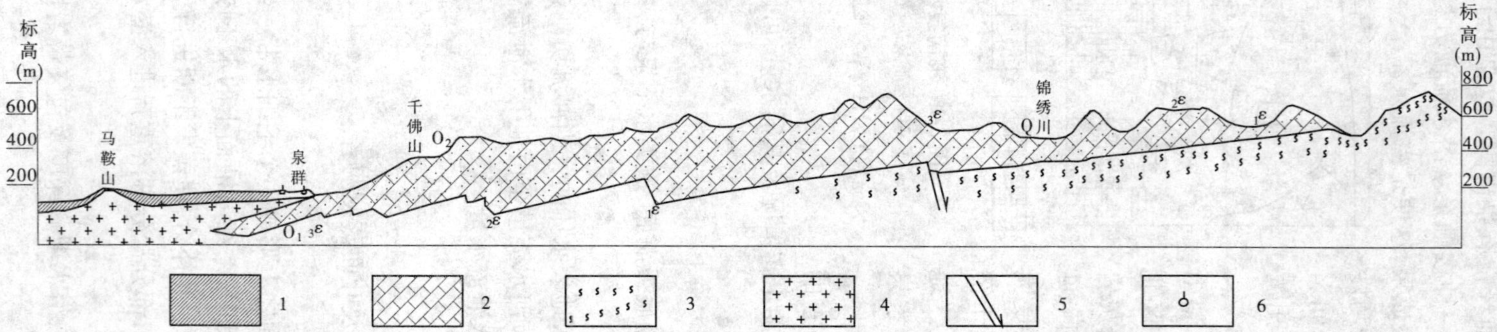

图 8-2　济南泉水成因地质剖面图

1—第四系;2—灰岩(O_2);3—前震旦纪变质岩;4—岩浆岩;5—断层;6—泉群

大毛细上升高度小,亚黏土、黏土中毛细上升速度慢,都不利于土面蒸发;亚砂土、粉土等组成包气带时,由于最大毛细上升高度大,可产生较大的水力梯度,而其渗透系数又有一定数值,故土面蒸发最为强烈。

(二)叶面蒸发

植物在生长过程中,经由根系吸收水分,并通过叶面蒸发逸失。叶面蒸发也称做蒸腾。

叶面蒸发只消耗水分而不带走盐类。植物吸收水分时,也吸收一部分溶解盐类,但是,只有喜盐植物才能吸收较大量的盐分。成年树木的耗水能力相当大,一棵15年的柳树每年可消耗90 m^3 以上的水。

第三节　地下水的径流

地下水由补给处流向排泄处的作用过程称做径流。除了某些构造封闭的盆地外,地下水经常处于不断径流之中。径流是连结补给与排泄的中间环节,将地下水的水量与盐量由补给处传输到排泄处,从而影响含水层或含水系统水量与水质的时空分布。研究地下水径流包括径流方向、径流强度、径流条件及径流量等。

一、地下水径流方向与径流系统

地下水的排泄区总是分布于地形相对低下的地方。因此,从总体上说,地下水的径流受地形控制,由高处流向低处。

在很长一个时期中,一直把地下水的径流,尤其是潜水的径流看成平面流动,认为垂直方向的运动是可以忽略的。绘制潜水等水位线图或承压水等测压水位线图,实际上都是以地下水作平面流动这一假定为前提的。但是,在实际工作中,用平面流动分析水文地质现象,往往遇到一些无法解释的矛盾。

实际上,地下水径流是相当复杂的,以我国华北平原为例,在总的地势控制下,由山前向滨海地下水作纵向流动,同时,山前下降的地下水流在平原中某些部位上升。在局部地形的控制下,浅层地下水由地上河及地上河古河道下降,越流补给深层水,而在河间洼地则由深部向浅部作上升越流运动。

在大规模开采与排除地下水等人类活动影响下,含水系统的水头重新分布,径流方向随之改变,形成新的径流系统,原先的补给区与排泄区甚至也会相互易位。

地下水径流系统(地下水流动系统)实质上是以流面为边界的具有统一补给、径流与排泄的地下水单元。另一种地下水单元是地下水含水系统,它是具有隔水或相对隔水边界的沉积单元或构造单元,其中包含的地下水具有不同程度的水力联系。上述两者的区别在于,前者具有的是可变动的水力零通量边界,而后者的零通量边界是固定的地质边界。一个大的含水系统可能包含若干个地下径流系统,在人类活动影响下,径流系统的数目、方向都可能发生变化,但不能越出含水系统的边界。

二、地下水径流强度与水质

地下水的径流强度可用单位时间通过单位断面的流量来表征,即以渗透流速表征。

因此，径流强度与含水层的透水性、补给区到排泄区间的水头差成正比，而与流动距离成反比。

对于潜水来说，含水层透水性愈好，地形切割愈强烈且相对高差愈大，补给愈丰富，则地下径流愈发育。湿润山区的潜水为典型的渗入—径流型循环，入渗补给的水，在径流过程中溶滤岩土，最终水盐共同在排泄区排出。长期循环，使整个含水层的水不断趋于淡化。浅部，侵蚀基准面以上径流最为强烈，水的矿化度很低；向深部，随着循环途径增长，径流变弱，矿化度增大。

承压水均属于渗入—径流型循环。对于基岩地区的承压水来说，赋存水的地质构造规模愈小，后期的构造与侵蚀破坏愈强烈，补给愈丰富，含水层透水性愈好，则径流愈强烈，水的矿化度愈低。

断块构造盆地中的承压含水层，其径流条件在很大程度上取决于断层的导水性。当断层带导水良好时，构成排泄通路，地下水由含水层出露地表部分的补给区，流向断层带排泄区。断层带阻水时，排泄区位于含水层出露的地形最低点，与补给区相邻，承压区则在另一侧。地下水沿含水层底侧向下流动，到一定深度后，再反向而上。此时，浅部径流强度大，向深部变弱，水的矿化度相应向深处变高。

三、地下径流模数

地下径流模数(M_c)表示1 km^2 含水层分布面积上地下水径流量。年平均地下径流模数可用下式求算：

$$M_c = (Q \times 10^3)/(F \times 365 \times 86\,400) \quad (\mathrm{L/(s \cdot km^2)})$$

式中 F——含水层分布面积，km^2；

Q——地下水流量，m^3/a。

地下径流模数也称做地下径流率，它说明一个地区以地下径流形式存在的地下水量的大小。

第九章　不同介质中的地下水

第一节　孔隙水

孔隙水主要赋存于松散沉积物颗粒之间，是沉积物的组成部分。下面我们首先按沉积物的成因类型讨论孔隙水，以潜水为主，兼及承压水。

一、洪积物中的地下水

洪积物是集中的洪流出山口堆积形成的，分布于山与平原交接部位，或山间盆地的周缘，地貌上表现为山口为顶点的扇形或锥形，扇锥之间形成洼地。此类扇、锥盆愈近山口坡度愈陡，向外逐渐趋平而没入平原之中，因此称为冲出锥或洪积扇。

洪积物的地貌反映了它的沉积特征。被狭窄而陡急的河床束缚的集中水流，出山口后分散，流速顿缓，并由山口向外递次变慢，水流挟带的物质，随地势与流速的变化而依次堆积。扇的顶部，多为砾石、卵石、漂砾等。沉积物不显层理，或仅在其间所夹细粒层中显示层理，向外，过渡为砾及砂为主，开始出现黏性土夹层，层理明显，没及平原的部分，则为砂与黏粒土的互层，流速的陡变决定了洪积物分选不良，即使在卵砾石为主的扇顶，也常出现砂和黏性土的夹层或团块，甚至出现黏性土与砾石的混杂沉积物。向下分选变好。

洪积扇上部，粗大的颗粒直接出露地表，或仅覆盖薄土层，十分有利吸收降水及山区汇流的地表水，是主要补给区，此带地势高。潜水埋藏深（水位埋深十余米乃至数十米）。岩层透水性好，地形坡降大，地下径流强烈。蒸发微弱而溶滤强烈，故形成低矿化水（数十毫克/升到数百毫克/升）。此带属潜水深埋带或盐分深滤带。向下，随着地形变缓、颗粒变细，透水性变差，地下径流受阻，潜水壅水而水位接近地表，形成泉与沼泽。径流途径加长。蒸发加强，水的矿化度增高。此带为溢出带，或称盐分过路带。现代洪积扇的前缘即止于此带。向下即没入平原之中。此带向下，由于地表水的排泄及蒸发，潜水埋深又略增大，岩性变细，地势变平。潜水埋深不大，蒸发成为主要排泄方式而水的矿化度显著增大，在干旱地带土壤常发生盐渍化，此带称为潜水下沉带或盐分堆积带。

在我国干旱的山间盆地，洪积扇地下水的分带性最为典型，水型常由上带的重碳酸盐水，经中带硫酸盐水，转为下带的氯化物水。在半干旱的华北地区，虽然水型仍有变化，但溢出带往往不够典型。到我国南方，则连矿化度的变化也不显著了。

大致由溢出带向下，黏性土与砂砾相间成层，深部出现承压水，并顺着含水层（含水砂层的成因类型由洪积转为冲积或湖积）流向下游，最终上升泄入河、湖或海。

大的洪积扇多分布于常年性山区河流的出口处，扇的形成，不仅与洪流有关，也是常年性河流堆积的结果，故可称为冲洪扇。由于含水层厚大且经常获得河水补给，故常构成良好的城市洪水水源，石家庄的滹沱河中的冲积扇及北京永定河冲洪积扇，即是如此。

二、冲积物中的地下水

冲积物是经常性水流形成的沉积物。河流的上、中、下游沉积特征不同。在山区河流的上游,卵砾石等粗粒物质及上覆的黏性土层构成阶地,赋存潜水。山区河流切割阶地,雨季河水位常高于潜水而补给后者,雨后潜水泄入河流。枯水期河水流量,实际上是地下水的排泄量。

平原河流下游,坡降变缓,流速变小,河流以堆积作用为主,河床淤浅,洪水泛滥溢出河床后流速变缓,在河床两侧堆积形成"自然堤"。随着河床不断淤积与自然堤不断抬高,结果河床高出周围地面,成为"地上河"。我国的黄河是典型的地上河,天然淤堆与历史上为防止黄河泛滥修筑的人工堤互为因果,使黄河成为华北平原的一个"分水岭"。占据高位的地上河,经常冲决自然堤与人工堤而游动改道,形成许多掩埋及暴露的古河道,河床中多沉积粉细砂,向外,地势渐低,依次堆积亚砂土、亚黏土、黏土等。

山区河道由于河道袭夺改道,原有古河道中留下沿谷条状分布的砂砾含水层。平原及盆地中被掩埋于深处的古河道,构成承压含水层。冲积物中的含水层,实际上是舌状分布的粗粒条带,沿水流方向延伸很远,宽度及厚度有限,在剖面中多呈延伸不远的透镜体。

同一时期的冲积物,由于河流往复摆动改道,形成黏性土中一系列舌状砂带,各个舌状砂带间通过隔水性能差的部位,保持着千丝万缕的水力联系。从这一角度讲,仍可以看做一个统一的含水层。冲积物中的承压含水层接受来自山前洪积扇补给区潜水的补给,最终排入地势低处的潜水或地表水体。

三、湖积物中的地下水

湖积物属于静水沉积,颗粒分选良好,层理细密,岸边沉积粗粒,向湖心逐渐过渡为黏性土,构成含水层的粗粒物质,展布较广,厚度最大可达上百米,剖面上多呈层状或延伸相当远的透镜体,随地形、气候、湖盆规律等条件,湖积物含水层的规模及透水性不同。

潮湿气候下的湖泊,当没有河流穿越湖泊时,波浪力是唯一的分选营力。波浪反复摆动,将粗粒推向岸边,细粒沉于湖心。当湖泊距山较远时,只要组成湖岸的物质中没有粗粒成分,往往从湖岸一开始就堆积粉细砂,向中心过渡为黏土。干旱气候下,平原湖泊在强烈蒸发下,可能在湖滨地带形成泥灰岩,向湖心过渡为石灰岩、石膏、岩盐等化学沉积。

丘陵山区的湖泊沉积,颗粒较为粗大,边缘地带为卵砾石或砂砾石,向湖心过渡为砂及黏性土。有时,洪积扇直接伸入湖泊之中,湖边为洪积物,向内渐变为分选较好的粗粒湖积物,这两种条件有利于形成粗粒含水层。

河流穿过不大的湖泊时,后者实际上构成河道中宽广的地段,流水条件下形成的沉积物与冲积物很少有区别;河流注入规模大的湖泊,沉积物由流水分选转为静水分选,在入湖处形成三角洲沉积。近山河流注入湖泊形成的三角洲沉积,常可形成良好的含水层。

四、滨海三角洲沉积物中的地下水

河流注入海洋,水流进入静止水体后的流速顿然变慢,且因脱离河道束缚而流散,随着流速远离河口而降低,沉积物的粒度也变细。

进入海中的水流仍有一定流速,水流两侧流速缓慢处形成自然堤,从而在开阔的海洋中建立起河道,河道堆积到一定高度,水流冲决自然堤而往复摆动,并不断向海中延伸,终于形成酷似洪积扇的三角洲。实际上,三角洲与洪积扇的沉积机理颇为相似,因此后者也称做旱三角洲。

三角洲的形态结构可划分为三个部分,河口附近主要是砂,堆积物直达水面,表面坡度平缓,为三角洲平台。向外渐变为坡度较大的三角洲斜坡,主要由粉细砂组成。再向外为原始三角洲,其中沉积淤泥黏土。滨海三角洲沉积一般均属半咸水沉积,虽然其中包含有含水层,但若未经过淡水长期淋洗,矿化度过高,不能用于供水。此外,开发利用此类含水层时,要预防水位下降后海水入侵,以及淤泥质含量高容易发生地面沉降等问题。

五、黄土中的地下水

我国西北及华北广泛分布的黄土,具有风成、洪积、冲积、湖积等多种原因。

中更新世周口店黄土及上更新世马兰黄土的岩性、结构及透水性均有差别。周口店黄土一般呈暗黄或棕黄色,有的地区微显红色,厚度为数十米,最厚时达 200 m。多为粉土质亚黏土,其中常夹十余层深棕至棕黑色古土壤层,古土壤层下约 2 m 处分布有钙质结核层。垂直节理发育。多虫孔、根孔等大孔隙。节理及大孔隙是透水的主要通道,主要沿垂向发育,故黄土的垂向渗透系数常比水平方向大几倍。本层黄土固结程度较高,随着深度加大,空隙减少,渗透性变差。黄土地区总的比较缺水,这是气候、岩性、地貌综合影响的结果。

此外,在大的河谷中还可见到黄土中夹有砂砾层或透镜体,其中含较丰富的地下水。位于黄土层底部的砂砾层,有的已属于下更新世的沉积。黄土中含溶盐多,分布区降水较稀少,因此黄土中的地下水矿化度普遍较高。在最干旱的北部,黄土含可溶盐 0.5% ~ 0.8%,地下水一般为矿化度 3 ~ 10 g/L 的硫酸盐 - 氯化物水,相对湿润的南部,黄土含可溶盐少于 0.3%,地下水多为矿化度小于 1 g/L 的重碳酸盐水,在同一地区,水的矿化度随径流途径增长而显著增高。

六、冰碛物及冰川沉积物中的地下水

冰碛的特点是大小混杂,分选极差,粗粒物质棱角分明,大的漂砾直径达几米、几十米,与细粒的黏土混杂存在。大小石块随冰川移动,帮助冰川挖掘两侧及底部被节理切割的岩块,并磨蚀凸出的岩石,黏土便是磨蚀的产物。冰碛物分选不良,含有大量黏土,一般不能构成含水层。

冰川消融后,融冰水以各种方式将冰碛物重新搬运分选,形成冰水沉积。融冰水汇成洪流、河流或湖泊,相应地可形成洪积物、冲积物及湖积物中的含水层。

第二节 裂隙水

一、成岩裂隙水

成岩裂隙是岩石在成岩过程中受到内部应力作用而产生的原生裂隙。沉积岩固结脱水、岩浆冷凝收缩等均可产生成岩裂隙。沉积岩及火成岩浆岩的成岩裂隙通常多是闭合的,含水意义不大。

陆地喷溢的玄武岩成岩裂隙最为发育,岩浆冷凝收缩时,由于内部张力作用产生垂直于冷凝面的六方桩状节理及层面节理,此成岩裂隙大多张开且密集均匀,连通良好,常构成贮水丰富、导水通畅的层状裂隙含水系统。

玄武岩浆因成分不同及冷凝环境的差异,使玄武岩成岩裂隙发育程度很不相同,如我国内蒙古一带的第三纪玄武岩,致密块状的与气孔发育的交互成层,前者柱状节理发育而透水,后者则构成隔水层。

岩脉及侵入岩接触带,由于冷凝收缩,以及冷凝较晚的岩浆运动产生应力,张开裂隙发育,常形成近乎垂直的带状裂隙含水系统。

熔岩流冷凝时,留下喷气孔道,或当表层凝固,下部未冷凝的熔岩流走而形成熔岩孔洞或管道。这类孔道洞穴最大直径可达数米,钻孔遇到时会出现掉钻、泥浆大量漏失等,往往可以获得可观的水量。

二、风化裂隙水

暴露于地表的岩石,在温度变化和水、空气、生物等风化营力作用下,形成风化裂隙。风化裂隙常在成岩裂隙与构造裂隙的基础上进一步发育,形成密集均匀、相互连通的裂隙网络。风力营力决定着风化裂隙呈壳状包裹于地面,一般厚数米到数十米,未风化的母岩构成隔水底板,故风化裂隙水一般为潜水。被后期沉积物覆盖的古风化壳,可赋存承压水(见图9-1)。风化裂隙的发育受岩性、气候及地形的控制。单一稳定矿物组成的岩层(如石英岩)风化裂隙很难发育,泥质岩石虽易风化,但裂隙易被土状风化产物充填而不导水。由多种矿物组成的粗粒结晶岩(花岗岩、片麻岩等),不同矿物热胀冷缩不一,风化裂隙发育,风化裂隙水主要发育于此类岩石中。

气候干燥而温差大的地区,岩石热胀冷缩及水的冻胀等物理风化作用强烈,有利于形成导水的风化裂隙。湿热气候区以化学风化为主,泥质次生矿物及化学沉淀常充填裂隙而降低其导水性。这类地区上部强风化带的透水性反而不如下部半风化带。

地形比较平缓,剥蚀及堆积作用都微弱的地区,有利于风化壳的发育与保存。如果地形条件也利于汇集降水,则可能形成规模稍大,常年能提供一定水量的风化裂隙含水量。通常情况下,风化壳厚度及规模相当有限,风化裂隙含水层水量不大,就地补给,就地排泄,旱季泉流量变小或干涸。

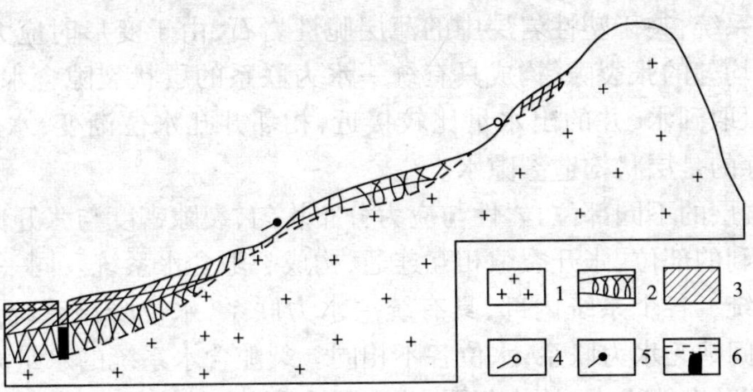

图 9-1　风化裂隙水示意图

1—母岩;2—风化带;3—黏土;4—季节性泉;5—常年性泉;6—井及地下水位

三、构造裂隙水

(一)构造裂隙发育规律与岩层透水性

构造裂隙是岩石在构造运动中受力产生的,在岩石性质(内因)和构造应力(外因)的控制下,裂隙的张开性、密度、方向性及连续性均有显著区别。

根据力学性质,可将岩石区分为塑性的及脆性的两大类,塑性岩石以页岩、泥岩、凝灰岩、千枚岩等为代表,受力后发生塑性形变,破坏以剪断为主,常形成闭合的乃至隐蔽的裂隙。这类岩石裂隙密度较大,但是张开性差,延伸不远,缺少对地下水贮存和运动有意义的"有效裂隙",多构成隔水层。

块状致密石灰岩可作为脆性岩石的代表。此类岩石主要呈现弹性形变,破坏时以拉断为主,裂隙虽较稀疏,但张开性好,延伸远,导水能力好。

粗粒碎屑岩的裂隙发育取决于粒度及胶结物成分,钙质胶结者显示脆性岩石特征,泥质及硅质胶结的与塑性岩石相近。粗颗粒的砂砾岩,裂隙张开性优于细粒的粉砂岩。

应力对于裂隙性质有控制作用,与主要构造线方向一致的纵节理,以及垂直主要构造线的横节理,是张应力作用下形成的,一般张开性好,为导水裂隙;剪应力造成扭节理,节理面比较平整封闭,多半不导水。扭张裂隙的张开性介于上述两者之间,层面滑动造成的层面裂隙,往往延伸很远,并具一定张开性。

应力集中的部位,裂隙常较发育,岩层透水性也好。在同一裂隙含水层中,背斜轴部常较两翼富水,倾斜岩层较平缓岩层富水,断层带附近往往格外富水。

夹于塑性岩层中的薄层脆性岩层,往往发育密集而均匀的张开裂隙。褶皱时,塑性岩层沿层面方向流展,对夹于其间的脆性岩层施加一个顺层的拉张力,脆性岩层被拉断而形成张裂隙。脆性岩层的夹层越薄,抗拉能力愈小,张开裂隙就越密集。这样的夹层常是山区找水的理想布井层位。

随着深度加大,围压增加,地温上升,岩石的塑性加强,易于发生流变剪切,而裂隙张开性变差,因此裂隙岩层的透水性通常随深度增大而减弱。

(二)裂隙含水系统

由于岩性变化和构造应力分布的不均匀,通常很难在整个岩石中形成分布均匀、相互连通的张开裂隙系统，夹于塑性岩层中的薄层脆性岩石，由于变形时应力分布均匀，整个岩层中形成密集均匀的张裂隙，构成具有统一水力联系的层状裂隙含水系统。在其中打井，几乎到处可以取到水，井的出水量比较接近，相邻井孔水位渐变，水质与动态比较一致。这时，所赋存的是层状构造裂隙水。

通常，同一岩层的不同部位，岩性与应力分布均匀，裂隙密度与张开性也有差别，在应力集中或岩性有利的部位，张开裂隙相互连通，构成裂隙含水系统。同一岩层中可包含若干个裂隙含水系统。各个系统内部，具有统一水力联系，水位受该系统最低出露点的控制。各个系统之间缺乏水力联系，水位各不相同。裂隙含水系统的水量大小，取决于其规模，规模大的系统贮容能力大，补给范围广，水量丰富，泉的流量动态比较稳定，此类裂隙含水系统可作为较好的供水水源。规模小的系统贮容与补给能力小，泉流量小而不稳定，被井孔或坑道揭露时，初期水压较高，水量较大，随着时间延续，水位与水量便迅速下降。

裂隙含水系统，实际上多由不同级次的裂隙组合而成，层状岩石一般可出现以下各级裂隙：①大裂隙，多为纵张裂隙或横张裂隙，间距为数十或数百米，宽度较大，可穿切多个层次；②层面裂隙，褶皱轴部，尤其是背斜轴的岩层，由于伸张而沿层面脱开形成层面张裂隙，两翼岩层沿层面滑动形成层面扭裂隙，不平整的层面经过滑动，凸出部分密接承力，其余部分在广大范围内张开连通（见图9-2）；③小裂隙，延伸主要限于某一岩性层次的各个裂隙组。

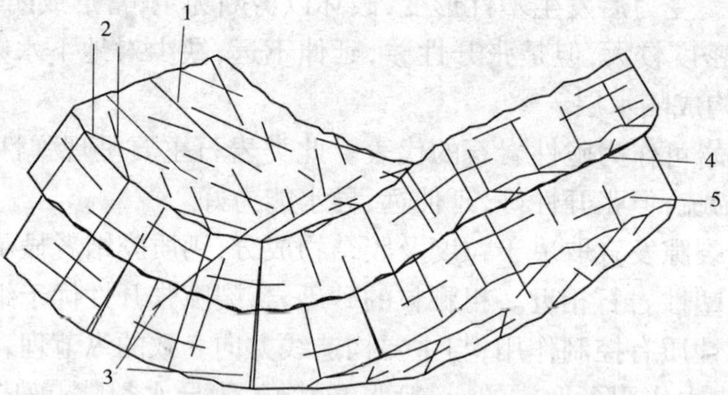

图9-2　层状岩石构造裂隙示意图

1—横裂隙；2—斜裂隙；3—纵裂隙；4—层面裂隙；5—顺层裂隙

各级裂隙并不当然地构成统一含水网络。在应力集中的部位，不但大裂隙发育，层面裂隙也因强烈滑动而扩张，并带动层面之间的剪切裂隙扭张，不同级次的裂隙普遍扩容、连通，便在一定范围内构成含水裂隙网络，如同由毛渠到干渠的各线渠道连成的一个渠系。

钻孔或坑道揭露此含水裂隙网络的主干裂隙，就像在干渠中取水一般，通过延伸广阔、连通良好的层面裂隙（次级渠道），广大范围内小裂隙（末级渠道）中的水，汇集于主干裂隙，从而出现相当大的水量。如果存在更高级次的导水裂隙（如各级断层），将若干个主干裂隙串通，则可形成更大规模的含水裂隙网络，汇集更多的水量。钻孔或坑道如未揭露系统中的主干裂隙，由于次一级裂隙的集水能力有限，水量便将小得多；只揭露小裂隙，便基本无水。在同一裂隙岩层中打井或开挖坑道时，水量之所以相差悬殊，就是因为一个裂隙含水系统本身是不同级次裂隙的集合体,而同一岩层中可能包含着若干个规模不同的互不联系的裂隙含水系统。

有时,岩层中可能存在大量微细裂隙孔隙,导水能力差而贮水空间大的细小空隙,跟贮水能力有限而导水能力强的较大裂隙相结合,构成多级次裂隙－孔隙含水系统,可以提供持续而稳定的水量。

(三)构造裂隙水的某些其他特点

发育构造裂隙的岩层,透水性常显示各向异性,某些方向上的裂隙张开性好,另一些方向上的裂隙张开性差,甚至闭合。

构造裂隙水可以是潜水,也可以是承压水,然而,即使是构造裂隙潜水,只要不是裂隙发育十分密集均匀,往往显示局部的承压性,井孔揭露含水裂隙时,水位将上升到一定高度,有时井孔还可自喷。构造裂隙水是在位置与方向均受到限制的空间上运动的,因此其局部流向往往与整体流向不一致,迂回绕行,有时甚至与整体流向正好相反,在平面及剖面上,局部流向多不垂直于等水头线,与孔隙水的流动明显不同。

(四)断层带的水文地质意义

断层带是应力集中释放造成的破裂形变,大的断面延伸数十千米至数百千米,断层带宽达数百米,穿切不同岩层,常构成有特殊意义的水文地质体。

断层破碎带的导水性,取决于两盘岩性及断层力学性质。发育于脆性岩层中的张性断裂,中心部分多为疏松多孔的构造角砾岩,两侧一定范围内则为张开度及裂隙率都增大的裂隙增强带,常具良好的导水能力。发育于含泥质较多的塑性岩层中的张性断裂,构造岩夹有大量泥质,两侧的裂隙增强也不如脆性岩层中明显,往往导水不良甚至隔水。压性断裂的破坏程度最大,在塑性岩层中,中心部分为致密不透水的糜棱岩、断层泥等,两侧多发育张开性差的扭节理,通常是隔水的。在脆性岩层中,压性断裂中心部分的构造岩细碎紧密,透水性很差,但断层面两侧多发育的开张性较好的扭张裂隙,成为导水带。尤其当断层面比较平缓时,上盘的扭张裂隙更为发育,导水性好,扭性断裂的导水性介于张性断裂与压性断裂之间。

同一条断层,由于两盘岩性以及力学性质的变化,不同部位的导水性可以很不相同,例如,浅部两盘都是脆性岩层,断层导水,深部两盘为塑性岩层,就变成隔水的了。此外,原来导水的断层带可因后期的胶结作用而降低导水性,也可出于后期的溶滤作用而增强导水性,因此对于断层的导水性应结合实际资料具体分析。

导水断层带是有特殊水文地质意义的水文地质体,它可以起到贮水空间、集水廊道与水通道的作用。当围岩本身裂隙不发育而仅断层带局部破碎时(如细、粉砂岩),断层角砾层(空隙度可达百分之几十)及裂隙增强带(裂隙率可较围岩大1~2个数量级,达到百分之几到百分之十几),构成局部的带状贮水空间,钻孔或坑道揭露此类断层时,初期涌水量及水压可能较大,但迅即衰减,以至干涸。

发育于透水围岩中的导水断层,不仅是贮水空间,还兼具集水廊道的功能。钻孔或坑道揭露断层带的某一部位时,水位下降迅速波及导水畅通的整个断层带,形成延展相当长的水位低槽,断层带就像集水廊道似的,汇集广大范围围岩裂隙中的水,因此涌水量较大且稳定。

导水断层沟通若干个含水层或地表水体时，断层带兼具贮水空间、集水廊道与导水通道的功能，钻孔揭露此类断层时断层带将各个水源的巨大的贮存水量，源源不断地导入，涌水量极大且长期保持稳定。

当断层的断距较大且断层带隔水时，原有统一的含水层错位，切割成互相隔离的块段。由于这种含水块体与外界的水力联系减弱，故有利于矿井排水而不利于供水，在地下水位深埋的缺水山区，由于断层阻水可使地下水局部滞流汇集，而有利于山区找水。

第三节　岩溶水

水（主要是地下水）对可溶岩石进行化学溶解，并伴随以冲蚀作用及重力崩坍，在地下形成大小不等的空洞，在地表造成各种独特的地貌现象以及特殊的水文现象；上述作用及由此产生的各种现象，称为岩溶（喀斯特）。赋存并运移于岩溶化岩层中的水称为岩溶水（喀斯特水）。岩溶水不断改造着自己的赋存与运动的环境，通过差异性溶蚀作用，力求使可溶岩中原有的空隙"管道化"，将尽可能大范围内的水汇集成为一个完整的地下河系。水量丰富的岩溶含水系统，是理想的大型供水水源。我国可溶岩分布约占全国面积的1/3，岩溶及岩溶水的研究，具有很大的实际意义。

一、岩溶发育的基本条件与种类

岩溶发育必须具备下列四个基本条件：可溶岩层的存在；可溶岩必须是透水的；具有侵蚀能力的水；水是流动的。

可溶性岩层是发生溶蚀作用的必要前提，它必须具有一定透水性，使水能进入岩层内部进行溶蚀。纯水对钙、镁碳酸盐的溶解能力很弱，含有 CO_2 及其他酸类时，侵蚀能力才显著提高。具有侵蚀能力的水在碳酸盐岩中停滞而不交替，很快成为饱和溶液而丧失其侵蚀性，因此水的流动是保持溶蚀作用持续进行的必要条件。

可溶性岩主要是指碳酸盐岩类，如石灰岩、白云岩、大理岩等。碳酸盐岩的成分与结构都影响其溶蚀强度。碳酸盐岩由不同比例的方解石和白云石组成，并含有泥质、硅质等杂质。实验表明，纯方解石的溶解速度约为纯白云石的2倍，故纯灰岩的岩溶最为发育，白云岩次之，硅质与泥质灰岩最难溶蚀。碳酸盐岩多是浅海沉积，其沉积模式与碎屑岩相似。结构不同的碳酸盐岩，以生物礁岩最易溶蚀，它主要由生物碎屑组成，孔隙大且多。泥晶粒屑碳酸盐岩及泥晶碳酸盐岩次之。亮晶碳酸盐岩，尤其是经过重结晶作用的亮晶碳酸盐岩，孔隙度小，最不易溶蚀。经受白云岩化的白云质灰岩、灰质白云岩等，虽然增加了较难溶的白云石，但是，由于方解石白云岩化后体积变小，孔隙度增大，有利于发育分布均匀的溶蚀小孔，多形成岩溶中等发育的均一含水层。

厚层质纯的灰岩，构造裂隙发育很不均匀，各部分初始透水性差别很大，溶蚀作用集中于水易于进入与流动的裂隙发育部位，这是其岩溶发育不均匀的一个重要原因。

薄层的碳酸盐岩，通常裂隙发育比较均匀，连通性好的层面裂隙尤其发育。由于其层厚限制了水的流动，且一般含杂质较多，故岩溶发育比较均匀而不强烈，主要表现为溶蚀裂隙。

泥质灰岩的构造裂隙张开性差，不溶的泥质充填裂隙会阻碍水的循环流动，它的透水性与岩性成分，都不利于溶蚀作用。

总之，可溶岩经受构造变动并发育构造裂隙是岩溶发育的一个必要条件。

岩溶发育的一个绝对必要的条件是水的流动。在水流停滞的条件下，随着 CO_2 不断消耗，达到化学平衡状态，水成为饱和溶液而完全丧失其侵蚀能力，溶蚀作用便告终止。只有当地下水不断流动，富含 CO_2 的渗入水不断补充更新，水才能经常保持侵蚀性，溶蚀作用才能持续进行。

由此可以得出一个非常重要的结论，地下水的径流条件是控制岩溶发育最活跃、最关键的因素。地下径流愈强烈，地下水的侵蚀性愈强，通过的水量愈多，水流溶解带走的 $CaCO_3$ 也愈多，在可溶岩中留下的空洞的总体积就愈大。从这个意义上说，可溶岩中的溶洞乃是水流的"化石印模"，它保存着地质历史时期地下水径流方向、强度以至持续时间的信息。

二、岩溶含水介质的特征

岩溶水在局部上联系很差，在大范围上却具有统一的水力联系。由此认识到，岩溶水在总体上并非孤立的管道流，而是裂隙—管道水流系统。由于大泉都从溶洞流出，钻孔与坑道只是在揭露溶洞时才有比较可观的水量。因此，人们一直认为，溶洞是含水介质的主要部分，管道流是岩溶水的主要存在形式。近年来对岩溶泉动态的深入研究，人们发现，较大的洞溶只占含水空间的百分之几到百分之十几，比较微细的裂隙与孔隙才是主要的含水空间。

岩溶含水介质是多级次的空隙系统，在最典型的情况下，包含下列尺寸不等的空隙：①岩溶管道，通常直径数十米、数百米到数米，其中还可能包括体积十分巨大的溶洞；②各级构造裂隙，宽大者溶蚀显著，细小者溶蚀微弱；③成岩过程中形成的各种原生孔隙与缝隙，包括粒间孔隙、生物体腔孔、干缩缝、晶间孔隙以及在成岩过程中与淡水接触，发育的各种溶蚀孔道；④充填溶洞的松散沉积物的空隙。

三、岩溶水的运动特征

在尺寸大小悬殊的空隙中流动的岩溶水，运动状态相当复杂。裂隙网络与较小的溶蚀管道中的水作层流运动。巨大的干流通道中洪水期流速高达每昼夜数公里，呈紊流运动。

岩溶水可以是潜水，也可以是承压水。然而，即使赋存于裸露的巨厚纯质碳酸盐岩块中的岩溶液潜水，也与松散沉积物中典型的潜水不同；岩溶管道断面沿流程变化很大，部分管道往往完全充水而局部承压。

岩溶管道与周围裂隙网络中的水流并不是同步运动的。雨季，通过地表的落水洞、溶斗，岩溶管道迅速大量地吸收降水及地表水，水位抬升快，在向下游流动的同时，还向周围裂隙网络散流。枯水期，管道中形成水位凹槽，而周围裂隙网络保持高水位，沿着垂直于管道流的方向向其汇流。

四、岩溶水的补给、排泄与动态

我国南方的岩溶区,降水入渗常达降水量的80%以上,北方一般为40% ~50%,个别也可达80%以上。在岩溶地区,降水通过落水洞、溶斗等直接流入或灌入,在短时间内,通过顺畅的途径,迅速补给岩溶水。流入岩溶地区的河流,往往全部转入地下。地下河系化的结果,成百甚至成千千米范围内的岩溶水,集中地通过一个大泉或泉群排泄。

岩溶山区往往是地下水位深达百米或数百米的严重缺水区,这是因为岩溶水集中排泄,广大范围内地下水面坡向一致,而地下水面的坡度远小于地形坡度。

灌入式的补给,畅通的径流及集中排泄,决定着岩溶水水位动态变化十分强烈,远离排泄区的地段,地下水位年变化幅度可达数十米乃至数百米,变化迅速而缺乏滞后。

我国南、北方岩溶泉的动态有明显区别。南方的岩溶泉对降水的反应灵敏,流量季节变化大,最大流量常比最小流量大上百倍。雨季与旱季分明时,可以参照水文分割法,将泉流量分割为"洪峰"及"基流"两部分,后者是含水裂隙网络汇集贮水空间中的水"补给"地下河的"基流"。

北方岩溶大泉动态稳定可能与岩溶含水介质特性有关。我国北方气候温凉少雨,山区植被土壤不甚发育,碳酸盐岩多被非可溶岩覆盖,岩溶发育强度远不如南方,含水介质以溶蚀裂隙为主,大的岩溶通道较少且有充填,因此水流受滞而呈现良好的调节性。

第四节　地下热水

一、地壳的地温分布

地壳表层有两个热能来源:一方面来自太阳的辐射;另一方面来自地球内部的热流。根据受热源影响的程度,地壳表层可分为三带:变温带、常温带及增温带。

变温带是受太阳辐射影响的地壳表面。由于太阳辐射能的周期变化,本带出现地温的昼夜变化和季节变化,变化辐度随深度加大而迅速变小。地表以下1~2 m深处,地温的昼夜变化便已觉察不到。变温带下限深度一般为15~30 m,此深度上,地温年变化已小于0.1 ℃,为年常温带。

年常温带实际上厚度极小,地温一般比当地年平均气温高出1~2 ℃。在概略计算时,可将当地的多年平均气温作为常温带地温。

常温带以下,地温受地球内热影响,通常随深度加大而有规律地升高,这便是增温带。增温带中地温变化常用地温梯度(地热梯度)表示。地温梯度是指每增加单位深度时地温增加的数值,通常以℃/100 m为单位。

地下水的温度一般受其赋存、循环场所的地温控制,处于变温带中的浅层地下水,往往显示水温的季节变化,由于地温变化幅度小于气温,地下水往往给人以"冬暖夏凉"的感觉。常温带的地下水水温与当地年平均气温相近。增温带地下水的温度则常随其赋存的深度增大而升高。

已知年平均气温(t)、年常温带深度(h)、地温梯度(r)时,可概略计算某一深度(H)

的地下水水温(T),即

$$T = t + (H - h)r$$

不同地区的地温梯度变化范围为(0.6 ~10)℃/100 m。个别新火山活动区可高达100 ℃/100 m。常见值为(1.5 ~4)℃/100 m。

二、地球结构、地热来源与传输

由表及里,地球分为地壳、地幔及地核三部分。地壳与地幔以莫霍面分界。莫霍面的深度大陆区平均为35 km,洋区在洋底以下约5 km。大陆区的地壳自上而下可分为三层:沉积层、花岗质层和玄武质层。大洋地壳仅有沉积层及玄武岩层。地幔以超基性的橄榄岩为主。约2 900 km深度以下为地核,包括液态的外地核与固态的内地核。

目前普遍认为,地球内热来源于地壳放射性元素衰变产生的热及地幔的热。组成大陆地壳的花岗岩层含有较多放射性元素,提供了2/3到1/3的热量,其他热量来自地幔。大洋地壳由放射性元素含量很少的玄武岩组成,大部分热量来自地幔。

地球表部的热状况主要受固体岩石的传导热流、载流体(包括岩浆)的对流所控制。尽管对流传输地热在某些地区(如火山、温泉分布区)有很大意义,但就整体而言,传导是地球外层地热传输最重要、最普遍的方式。

三、地热异常

热流值高于区域平均值的地区可以看做地热异常区。

区域性的地热异常还与近期岩浆侵入有关。时代愈新、规模愈大的岩浆侵入,保留的余热愈多,形成的地热异常也愈强烈。著名的意大利拉德瑞罗高温蒸汽地热田,面积估计可能达到250 km^2,附近并没有近期火山活动,推测其热源是近期侵入岩。我国西藏的地热异常,可能也与近期岩浆侵入有关。

由于深循环地下水引起的地热异常,往往是局部性的。在有利的地质构造条件下,大气降水渗入地下深处加热,然后在对流及静水压力作用下上升,常可将相当大的热量带到浅部,造成局部的地热异常。

表部及基底构造形态也会影响地温场的分布。正向构造(背斜、基底凸起)的地温与地温梯度往往比相邻的负向构造(向斜、基底凹陷)为高,据认为这是深部比较均一的热流在地表再分配所引起的差异。另外,岩石热导率的变化也会影响地温场的分布。

第十章　山丘地区基岩地下水寻找方法

寻找基岩地下水方法很多,如地质学方法、地形地貌法、地球物理勘探方法等。本章重点介绍地质学方法,如能配合物探方法,找水效果更好。

第一节　山区基岩找水要领

作为一个地下水源地,从水文地质学方面,一般必须具备两个基本条件:第一要有一个蓄水构造;第二要有适当的补给水源。蓄水构造就像一个装水的容器,没有容器不能装水,也就是说没有蓄水构造就不能蓄存地下水;如果只有蓄水构造而没有适当的补给来源,这个蓄水构造不是没有地下水就是地下水有限,不能形成有价值的水源地。这两个基本条件必须同时具备,缺一不可,而基本条件是多方面因素共同构成的。因此,找水时应围绕两个基本条件,掌握与其有关的几个要领。

一、地质地貌调查

(一)地层岩性

对找水范围内出露的地层岩性、厚度、裂隙(或岩溶)发育程度、含水层与隔水层等情况,要做认真调查分析。

(二)褶曲

一般大的褶曲不易观察到全貌,而是通过测绘地层岩性逐渐认识分析出来的;小的褶曲常在野外可直接观察。观察的主要内容是:褶曲形态、核部与翼部的地层、岩性特征、褶曲轴的产状,断层、岩层裂隙(或溶隙)发育程度以及它们所处在褶曲的部位。

(三)断层及岩脉

测量断层宽度、断距、产状,描述破碎的特征,充填物成分、结构、胶结程度,以及两盘岩性和裂隙发育程度等。

测量岩脉的厚度、延伸长度,了解岩脉性质及与围岩的接触关系、接触与脉壁裂隙发育程度等。

(四)地貌

首先要了解找水范围所处大的地貌单元,然后观察有无河流通过。若有河流存在,应注意河床高度、阶面宽度、阶地类型,松散岩层岩性、结构、厚度等。没有河流要注意沟谷情况,了解排泄基准面以及地层岩性、地质构造与地貌的关系。

二、寻找蓄水构造

寻找基岩地下水,必须找蓄水构造。找到蓄水构造,实际上就等于找到了地下水。为此要对找水范围内进行详细的地质地貌调查研究和鉴别,观察是否起蓄存地下水的作用,特别是对组成蓄水构造的三个基本要素，要详细研究。

在不同岩石分布区，由于地质地貌条件不同常常形成不同的蓄水构造类型，现将各种岩石分布区可能找到的蓄水构造类型列于表10-1。

表10-1　不同岩石分布区可能找到的蓄水构造类型表

蓄水构造类型		花岗岩、闪长岩	片麻岩	砂页岩、泥岩	石英岩	火山溶岩	火山碎屑岩	石灰岩补给区	石灰岩径流排泄区
阻水型构造	大型岩体阻水								○
	岩墙阻水								○
	断层阻水								○
	地层阻水								○
断裂层构造	断层蓄水构造	○	○	○	○	○	○		○
	断块蓄水构造				△			○	○
褶皱型构造	向斜蓄水构造			○			△		△
	背斜蓄水构造			○			△		△
	单斜蓄水构造		○	○			△		
接触型构造	侵入接触带蓄水构造	△		△					
	岩脉蓄水构造	○	○	○		△	○		
	不整合接触蓄水构造					○			
滞水型构造	不层滞水			△		△		○	
	台地滞水			△		○		△	
风化型构造		○	○	△	△	△	△		
岩溶型构造	岩溶径流带							○	
	岩溶地下河							○	

注：○表示找到的可能性很大；△表示找到的可能性较大。

三、调查研究补给来源

找到了蓄水构造后，还要调查补给来源。为了查明补给来源，必须了解水文地质单元的范围和边界条件。补给区、径流区、排泄区的位置、补给来源和补给途径方式等。特别是对蓄水构造的补给条件要做详细的调查研究。在弱透水岩层分布区，要注意了解控水地形；在强透水岩层分布地区要注意了解控水构造，根据控水地形和控水构造来认识基岩地下水的来龙去脉。找水时，如果忽视补给来源，有时就会得不到预期的效果，如某县在透水性较强的中寒武统张夏组灰岩中打井，井位选在断层上盘，为张夏组上部，穿透张夏灰岩后，打入徐庄组终孔。井深300多米，岩心破碎、岩溶发育，钻进时漏水严重，有良好的蓄水空间条件，但成井抽水时，水位下降很快，长期不能回水，出水量很少，查明原因是在井位上游方向分布有泰山群的片麻岩、混合岩、花岗岩等弱透水岩层，补给来源很差，该井效果不好。所以找水时，要仔细研究补给条件。

四、井泉调查

在找水范围内的井泉都要进行调查，对于井要了解井深、井径、水位埋深、水量水位的变化情况等;对于正在施工的大口井,要仔细观察岩石的产状、岩性、裂隙或岩溶发育程度等;对于泉要了解泉水出露条件,分析形成的原因。

五、综合分析、确定井位

上述各项工作调查,特别是地质调查,必须配合物理工作,互相校验。将获得的地质、水文地质、物理曲线等资料进行认真仔细的分析整理和周密的思索,去粗取精,去伪存真,确定出当地的相对含水层、相对隔水层,分析它们的组合关系及补给条件,选择富水地段,最后确定井位和井型。

第二节　山区基岩找水的主要经验

在山区找水打井实践中积累了丰富的经验,但集中到一点就是"阻中找透,透中找阻"。根据这个指导思想并考虑岩性、构造、地形地貌等因素,大致可归纳为以下几点经验。

一、在透水岩层中找不透水层、在不透水层岩层中找透水层

(1)在大面积强透水岩层分布地区,因为岩石透水性强,浅部又缺少隔水层,地下水很容易散失或深处渗流,地下水位埋藏太深。这就是强透水岩石分布区缺水的根本原因。所以在这样的地区寻找地下水就要在浅层找到隔水层或隔水体,有了隔水层就能阻止地下水的散失,形成蓄水构造。可分为两种情况:一是浅层埋藏有水平或近水平的隔水层,使地下水不能向深处渗漏,形成埋藏较浅的上层水;另一种是在地下水流的下游存有横截地下水流的阻水体,形成阻水型蓄水构造。

(2)在大面积不透水岩层和弱透水层分布地区,缺水原因是缺少强透水岩层,即缺少蓄水空间条件,而隔水条件一般都具备。在这种情况下,就要寻找相对的强透水层,在适当的水位条件下,一般都有地下水。

二、软中找硬、硬中找软

软中找硬、硬中找软也称柔中找脆、脆中找柔,这是一个利用岩性找水的经验,但必须考虑地形地貌、地质构造是否有利于补给。所谓"软"或"柔"是指柔塑性岩石,裂隙不发育;所谓"硬"或"脆"是指硬脆性岩石,裂隙比较发育。

(一)软中找硬

在大面积柔软塑性岩石,如泥岩、页岩、凝灰岩等岩石分布地区,主要是寻找硬脆性质的岩石,如砾岩、砂砾岩及各种硬脆性的岩脉等。由于硬脆性岩石裂隙发育,具备含水的空间条件;而柔塑性岩石,裂隙闭合且不发育,构成相对隔水层。双方配合就可形成蓄水构造。

(二)硬中找软

在大面积硬脆性岩石分布地区,由于硬脆性岩石裂隙发育,具备了含水的空间条件,若无隔水层,地下水也不能蓄存。因此,要寻找裂隙不发育的、性质柔软的岩层作为隔水

层,双方配合形成蓄水构造。

三、可溶岩中找不溶岩、不溶岩中找可溶岩

可溶岩是指碳酸盐类地层,一般透水性很强;不溶岩是指不具可溶性质的其他岩层,它们的透水性比可溶岩弱。在两者接触面上,岩溶往往很发育,具备很好的含水空间条件。其下若是不溶岩层,双方组合构成蓄水构造。所以,在大面积可溶岩层分布地区,要寻找不溶岩层,其道理与在透水岩层中找不透水岩经验相同;在大面积不溶岩层分布地区,就要寻找可溶岩层,这与不透水岩层中找透水岩层的道理相同。

四、整中找碎、碎中找整

所谓"整"是指蓄水构造中的隔水层或隔水围岩,岩石比较完整,裂隙不发育,透水性弱;"碎"是指蓄水构造中的含水层,岩石裂隙(或岩溶)和断层破碎带发育,含水层破碎,透水性强,一般是指断层破碎带。

(一)整中找碎

整中找碎就是在比较完整无裂隙的岩层中,寻找裂隙发育带或断层破碎带。"整"的含义是隔水条件普遍具备,关键是找"碎",找含水的空间形态,即断层破碎带或裂隙带。使双方配合并在适当的补给条件下,可形成蓄水构造。

(二)碎中找整

碎中找整就是在破碎岩石中寻找不破碎较完整的岩层,也就是说含水空间条件普遍具备,关键是找到比较完整的岩石来阻挡地下水才能形成蓄水构造。

五、背斜找谷、向斜找轴

背斜构造形态不利于地下水汇集,但大多数的背斜顶部的岩石被侵蚀、剥蚀掉,而且沿着轴部发育成背斜谷。背斜谷有两个特点,一是岩石的张裂隙发育,具备良好的含水的空间条件;二是两个翼部出露面积一般较大,地形又是谷地,有利于汇水和补给,地下水补给来源较为充沛。所以,在背斜构造中找水要找背斜谷。

向斜构造形态有利于地下水汇集,一般在向斜的轴部是汇集的中心,在适宜条件下,可有承压水。若有适当的地质条件配合,其含水条件更优。如向斜底部若是胶结不很好的砾岩、砂砾岩等组成,这种岩层即使在轴部埋藏很深,其含水空隙依然发育,可以蓄存地下水,所以在向斜找水要注意轴部。

六、畅通中找拥塞、分散中找集中

地下水在含水层中流动,如果流动的通道越来越好,则地下水容易排泄,不易蓄存;如果径流通道越来越不通畅,则岩层中的地下水就会拥塞而蓄积起来,抬高水位,埋深变浅。拥塞的原因可能是岩石裂隙发育程度减弱,也可能有阻水岩体存在或者过水断面减小等。所以,在地下水流由通畅到不通畅的地方,都能产生地下水的拥塞现象,只要有拥塞就能积存富集地下水。

分散之中找集中,就是在地下水埋藏分布比较分散的地区,寻找比较集中的地方。山

丘地区地下水分布很不均匀，它像地表水一样，在一定的条件下，分散的小水流可汇成较大的集中水流。寻找地下水就是要寻找地下水流集中的部位。一般说来，地下水流集中部位，可在地形、岩溶、地质构造等方面反映出来。如各种蓄水构造是地下水流集中的地方，汇水地形的低洼处是地下水集中的地方等。

上述的基本经验，就是根据地下水运动在岩石中的透阻关系并结合地质构造、地形地貌、补给与排泄及其相关的因素，对地下水可能富集的基本条件做了具体分析，并指出找水方向及研究的重点，这对我们实际工作将有很大的帮助。各地情况不同，经验也很多，可不断充实、完善、提高，以指导生产。

第三节　碎屑沉积岩地区地下水寻找方法

一、碎屑沉积岩地区地下水寻找方向

（一）含水层分布

碎屑沉积岩包括砂岩、砾岩、页岩、泥岩等。这些岩石在我国及山东省分布比较广泛，碎屑沉积岩最大的特征是具有典型的层状构造，地下水主要赋存在层状透水的岩石中。如砾岩、砂岩等粗粒碎屑岩，一般都是含水层；而页岩、泥岩等细粒碎屑都是隔水层。大体可分为以下几种情况：

（1）在页岩、泥岩岩层中夹有砾岩、砂岩等粗粒碎屑岩，则砾岩、砂岩一般可成为层间含水层。

（2）在页岩、泥岩、砂岩（砂岩是过滤性岩石，具有相对隔水和相对含水性）岩层中夹有石灰岩、泥灰岩及硬脆性岩层顺层间侵入的岩床等。一般可把页岩、泥岩、砂岩看做隔水层，而石灰岩、泥灰岩及硬脆性岩床看做层间含水层。

（3）在含水的粗粒碎屑中，如成岩时代较晚，结构疏松的砾岩、砂岩，不但成岩裂隙发育，而且粒间孔隙也极发育，因而可成为裂隙－孔隙含水层。

（4）在含水的粗粒碎屑岩中，如成岩硬结作用较强的砾岩和砂岩，其粒间空隙很小，并多被充填胶结，但成岩构造裂隙发育。因而，可形成裂隙水含水层；如果粒间孔隙和成岩构造裂隙均被充填胶结，结构紧密，就不能形成含水层。

（二）找水方向

碎屑沉积岩中地下水埋藏分布除受地层岩性和岩层组合控制外，还受地质构造控制以及地形地貌、补给与排泄等因素影响，使地下水的情况更加复杂，但也不是杂乱无章，它们总是有一定的内在联系，存有一定规律。我们重点从岩层组合与地质构造两大方面，并考虑地形地貌、补给与排泄的影响，来分析地下水运移和富集规律。发现地下水总是蓄存在一定条件下的“岩层组合”或适当的蓄水构造之中。所以，在碎屑沉积岩中，寻找地下水的方向主要有以下几个方面：

（1）寻找褶皱型蓄水构造，尤其是向斜与单斜蓄水构造。在向斜或单斜蓄水构造中，有很多实例就是一定条件下的岩层组合富水。

（2）寻找断裂型蓄水构造，即寻找断层破碎带的地下水。

(3)寻找岩脉蓄水。

(4)寻找侵入接触型蓄水构造。

(5)寻找风化型蓄水构造。

为了查明碎屑沉积岩地区的蓄水构造及富水部位情况。在找水时,必须重点研究以下四点:①正确鉴别含水层和隔水层;②查明岩层褶皱形态和断裂构造性质;③了解地形与岩层地质构造之间的组合关系;④了解补给区大小及补给来源。

二、砂页岩地区地下水的寻找方法

碎屑沉积岩种类很多,但以砂页岩分布较广,因此选择砂页岩地区为代表,利用上述蓄水构造来说明碎屑沉积中地下水富集规律和找水方法。

山东省的砂页岩分布比较普遍,主要是前震旦系、中下寒武系、石灰系、二叠系、侏罗系、白垩系、第三系等不同时代的地层。这些砂页岩中常夹有薄层石灰岩、泥灰岩、砾岩等夹层。由于它们的成岩时代不同,又经过不同时期的各种构造变动作用,则各种岩石的成岩裂隙、构造裂隙和风化裂隙的发育程度及性质,也存在很大的关系。就是同一种岩石,在同一构造变动作用下,岩石所处的构造部位不同,其裂隙发育程度差别也很大。所以,砂页岩地区地下水埋藏分布是多种多样的,归纳起来有以下几种寻找方法。

(一)寻找风化裂隙水

在砂岩、页岩、泥岩分布区,页岩和泥岩风化带透水性很弱,而砂页岩风化带透水性相对要好。当地形和补给条件有利时,可以找到风化裂隙水。

(1)当砂岩、砾岩直接出露于地表,风化带中的裂隙水可在低洼的沟谷、掌心地、簸箕地打井。

(2)当砂岩页岩层平缓的地区,含水层多被沟谷切穿,风化裂隙水的排泄条件较好,在排泄基准面以上的砂岩、砾岩就不能蓄水。在这种情况下,只有排泄基准面以下的砂岩、砾岩才能含水蓄水。因此,要寻找沟谷底部砂砾岩层,并在砂砾岩风化带中打井。

(3)当砂页岩层走向垂直于沟谷,岩层倾向沟谷的上游时,页岩可能起阻水作用,井位可选在砂岩中,但打井不能打穿页岩岩层,否则漏水;如岩层倾向下游,则岩层倾角大于地面坡角时,页岩也可起阻水作用,可在砂页岩交界处打井。

在砂页岩地区风化带打井,一是要注意补给区大小,这一点很重要;二是井径要大些,目的是为了取得较大的蓄水容积。一般垂直地下水流方向一边应长,平行地下水流向的一边应短,这样可以最大限度地截取地下水的来水量。

(二)寻找层间裂隙水

在砂岩、页岩、泥岩分布地区,常夹有砂岩、砾岩,在构造运动作用下,柔软性质的页岩、泥岩产生连续的柔性变形,裂隙闭合不发育;而硬脆性较强的砂岩、砾岩,就易产生裂隙并且较为发育,可成为相对含水层。但并非砂岩、砾岩的含水性都一样,在一些部位是不含水的,只有在裂隙发育地方才含水。因此,寻找层间水时,一是要找粗粒硬脆性的砂岩、砾岩;二是要找到裂隙构造发育的部位。一般说来,岩层褶曲转折端及岩层弯曲率最大的地方,裂隙发育,导水构造裂隙发育。

不同时代的页岩、砂岩地层分布区中,夹有数层较薄的石灰岩、泥灰岩层。如在徐庄组、崮山组及石炭系地层中都有薄层石灰岩,由于岩性不同,常在石灰岩层面上形成溶蚀裂隙而且比较发育,具备了蓄水空间,而不透水的页岩作为隔水层。因此,可利用软中找硬、硬中找软的经验选井。

(三)寻找单斜蓄水构造

在红色砂页岩分布区,常有泥灰岩、砂砾岩的夹层。在一般情况下,泥灰岩、钙质砂岩,经地下水的溶蚀作用后,常具有蜂窝状结构,透水性较强,可看做含水层。砂砾岩胶结程度弱,结构疏松,孔隙比较发育,透水性能较强,也可看做含水层,这种含水层是在红色砂页岩地区找水的标志。

(四)寻找岩脉蓄水构造

火成岩是在砂页岩形成后沿裂隙侵入到砂页岩中的,岩脉与砂页岩的接触面附近可形成较多的含水裂隙,同时由于岩脉宽度较小,岩脉两侧的脉壁容易风化破碎,其本身也具有较大的透水性。

由于宽度很小的岩脉一般稳定性不好,延伸较短,含水较少,因此打平塘时应横切岩脉。岩脉长应不小于200 m为宜,宽度一般应在5~10 m以上,把岩脉两侧两个接触带都打开,这种平塘的出水量一般都在每昼夜1 000 m^3 以上。

除此之外,还有沿层面近水平侵入的岩床对其上覆透水岩层可起阻水作用,只要不打穿岩床也可成井。

(五)寻找与大型火成岩侵入体的接触带

侵入体的宽度较大,两侧的两个接触带不能同时在一个平塘内打到的,我们把它叫做大型侵入体。在大型侵入体内部岩石一般完整,含水少,但在接触带附近裂隙发育,可能为地下水富集带,特别接触带在水平方向较平直地段的中心部位水量更大。接触带的产状有直立,也有倾斜的,其倾向有时不易查明,平塘可以从接触带上开始打,逐渐向倾斜方向扩展。

(六)寻找与断层有关的地下水

在砂页岩地区断层很多,其断层破碎带多被泥质充填,结构较为紧密,孔隙很少,因而不易含水富水;但发生在硬脆性较强、厚度较大的砂岩与砾岩中的断层,特别是张性断层破碎带的裂隙孔隙都很发育,且充填物较少,裂隙又能沟通砂砾岩中的孔隙。如果断层的一侧为弱透水层,则可起阻水作用,更有利于地下水的富集。

第四节 火成岩地区地下水寻找方法

岩浆岩(火成岩)的种类很多,通常分为侵入岩和喷出岩(火山岩)两大类。侵入体穿插于古老的变质岩系地层中,其与火山岩的结构构造特点是不同的。因此,它们与围岩的接触关系、含水特征也有很大的差距。为了便于叙述了解,我们把火成岩地区找水,分为侵入岩和火山岩两部分,侵入岩中分布最广、面积最大的主要是花岗岩类,而其他的侵入岩分布范围很小,零星出露,不能构成一个独立的系统。故以花岗岩类地区为例,来说明侵入岩地区找水方法。

一、花岗岩地区寻找地下水的方法

各类花岗岩都具有块状构造,结构致密,性质均一,岩石十分完整,本身不具备含水条件。但它们受到风化营力的改造和构造运动的破坏,便产生裂隙,相应成为一定透水性岩石。但由于风化作用只能达到一定的深度,因而深部花岗岩风化程度微弱,风化裂隙不发育,仅有一些受构造影响而产生的构造裂隙,所以深部花岗岩含水很少,甚至不含水。

(一)寻找风化带裂隙水

花岗岩地区风化带厚度各地不完全一样,一般不超过40~50 m。只有在地质构造作用所造成的破裂带的地方,风化作用强烈,风化深度可增大。所以风化壳有一定厚度,这个厚度就是含水的空间条件,它所蓄存的地下水类型基本上是风化裂隙水。这种地下水在花岗岩地区广泛分布,埋藏较浅,水量变化很大。含水多少主要取决于岩石性质、风化程度、风化壳厚度、地下水补给来源的大小及地表汇水等因素。一般来说,风化壳内的地下水都向洼地汇集,所以在花岗岩地区选井,一般要寻找汇水面积大、补给来源充足、风化壳较厚的低洼地方定井。

在风化壳内找水要注意两点:第一,要取半风化带内的水,一般可将风化壳自上而下划分为全风化带、半风化带和弱风化带。全风化带靠近地表,风化营力作用条件好,岩石风化破碎严重,甚至原岩也能风化成砂粒或风化土,风化裂隙虽多且发育,但裂隙多被次生黏土充填,故蓄水性相对较差;半风化带内裂隙发育且充填物较少,具有较大的蓄水空间,故透水性强,富水性好;弱风化带内裂隙闭合且不发育,岩石比较新鲜,透水性弱,故富水性差。第二,在寻找花岗岩风化壳中的孔隙裂隙水时,地形地貌条件非常重要。因为它不仅决定风化壳中地下水的汇水范围大小,而且在一定程度上控制着风化壳厚薄的变化,风化壳的厚度又决定了蓄水多少,因此地形地貌条件占有特殊的地位。在一般情况下,风化壳中的地下水都向洼地汇集,所以找水时要注意汇水地形,常在群山环抱洼地的中心、平缓沟谷的谷底及冲沟的交汇部位,地下水比较丰富,适宜打井。

(二)寻找岩脉构造裂隙水

岩脉是一种小型的岩浆侵入体,当它侵入到围岩中产生挤压、烘烤、冷缩作用,便在岩脉与围岩的接触带附近产生了密集的裂隙,具备了含水的空间条件,形成了地下水富集带。富水性的大小主要取决于岩脉延伸的长短与稳定性、岩脉的宽窄、岩性及侵入时期。一般说来,岩脉延伸长的较稳定,比延伸短的富水性强。

(1)酸性岩脉。石英岩脉、石英正长斑岩脉、花岗岩脉等酸性岩脉,抗风化能力较强,在长期风化剥蚀作用下,往往突出地表,这种酸性岩脉具有良好的导水性能,其脉体边缘多有裂隙泉出露。

(2)基性岩脉。辉绿岩脉、煌斑岩脉、角闪岩脉等基性岩脉,含铁镁矿物成分较多,易于风化,裂隙往往被风化后的黏土充填,其富水性相对差,在没有构造情况下,这种基性岩脉的裂隙水比较少。利用基性岩脉选井,应尽量在有断层等构造与之配合的条件下,效果较好。

(三)寻找断层破碎带裂隙水

花岗岩地区的断层破碎带,一般具有含水性,但这种裂隙水多沿断层方向呈条带状分布或断续分布。其富水程度取决于断裂带本身的宽度与延伸的长度、断层的力学性质、断盘的岩性等因素。就是同一条断层,在同一地质构造变动作用下,其断层各个部位富水性也不同。因此,找水时要特别注意断层性质和富水部位。

(1)张性或张扭性断裂带富水性,一般比压性或压扭性断裂富水性强。

(2)压性和压扭性断层破碎带的中心部位,往往形成断层泥或糜棱岩,富水性差;而位于断层两侧的影响带,岩石破碎,裂隙发育,富水性强。所以井位要选在能够打到断层影响带的地方。

(四)侵入岩接触带蓄水构造

不同侵入期的花岗岩,其结构、构造和岩性上都存在着差异。早期形成的花岗岩,在后期岩浆侵入的烘烤与挤压作用下,由于接触带两侧岩性的不同,而沿接触面可产生移动,使岩石破碎,产生新的裂隙,形成富水带。

二、火山岩地区地下水寻找方法

火山岩种类很多,由于岩性和本身的结构构造特征的差异,岩石透水性也不同。如气孔、柱状节理发育的玄武岩,结晶粗大含钙质晶屑的凝灰岩,结构疏松孔隙较多的火山角砾岩等都利于含水,一般都是含水层;而如斑脱岩、凝灰质页岩等柔性岩层,不利含水,一般作为隔水层。但大多数火山熔岩及火山碎屑岩是属于弱透水或中等透水的岩石。

火山岩具有层状特征,但不如沉积岩层状构造那样明显和稳定。不论是火山熔岩,还是火山碎屑岩,其岩相和厚度都不稳定。这种层状特征,控制着火山岩含水空隙分布规律,使地下水埋藏和分布往往也具有成层性。火山岩蓄存地下水的空间条件有以下几种。

成岩裂隙:主要分布在玄武岩中,以及凝灰质弱胶结的粗粒火山碎屑岩、火山角砾岩、晶屑凝灰砂岩等。此外,在中基性火山熔岩中往往有成岩气孔构造,如蜂窝状气孔玄武岩、熔渣状气孔玄武岩等。这一类岩石经过构造变动或风化作用改造,产生构造裂隙或风化裂隙。这些新生裂隙可沟通气孔或孔隙,使含水和透水性变好。

构造裂隙:主要分布在硬脆性火山岩中,由于火山岩的构造裂隙是在原岩成岩裂隙基础上进一步发育,使裂隙的含水和导水能力增强。

风化裂隙:现代风化壳的风化裂隙主要分在地表附近,有些地方还有新生代以来因火山喷发间歇期较长而形成的古风化壳,被后期深埋于地下,在古风化壳内也存在有风化裂隙。

火山岩地区地下水分布极不均匀,地下集水带多呈点状、线状分布。火山岩地区缺水原因很多,火山熔岩分布区主要是缺少隔水层,凝灰质页岩分布区则缺少透水层;也有的因补给来源不足而缺水。所以在火山岩地区找水,一是要寻找含水的空间条件,也就是说要根据火成岩的岩性、岩层本身的结构构造特征去寻找相对含水层;二是要找蓄存地下水的条件,即寻找有利的富水部位(包括隔水条件在内);三是要看地形地貌条件,是否有充足的补给来源,具备上述三条就可以找到地下水。火山岩地区的找水方向如下。

(一)寻找成岩裂隙水

在火山熔岩中常发育有成岩裂隙,其中以玄武岩冷缩成岩裂隙最发育,尤其是在厚度不超过 15 m 的致密块状玄武岩中,柱状节理裂隙宽大,连通性强,透水性大,当其下伏有隔水层时或夹在两个不透水岩层之间，可以蓄存比较丰富的地下水。

（二）寻找风化带中的裂隙水

火山岩地区风化带中的地下水，一般都向低洼处汇集。找这种类型水，要特别注意岩性和地貌两大因素。岩性对裂隙发育起着控制作用，如气孔状玄武岩、粗粒凝灰质玄武岩，风化和成岩裂隙发育，含水富水性好；在有利的地形地貌条件下，如山间洼地、平原谷地下，成井率很高。

（三）寻找成岩孔隙裂隙水

当胶结物质为火山灰的火山碎屑岩，如凝灰岩、凝灰砂岩、粗粒晶屑凝灰岩等，其成岩作用较弱时，则成岩孔隙、裂隙发育，特别是经风化营力改造后，孔隙与裂隙连通性变好，其透水性增强。在适当的地貌条件下，可以富集地下水。

（四）寻找构造裂隙水

安山岩、粗面岩、致密的玄武岩等性质硬脆的岩石，受地质构造作用后裂隙较发育。凝灰岩、凝灰质页岩等柔软岩石裂隙不发育，当它们互层组合时，可以富存地下水。

（五）寻找断层破碎带

和其他岩石中的断层破碎带一样，如果是硬脆性岩石的破碎带、张性断层破碎带、没有充填胶结的活断层破碎带，常常都是含水的，尤其是在断层交叉部位含水更丰富；而柔软塑性岩石分布地区的断层破碎一般较晚，破碎充填物很少且尚未胶结，一般都含水。

第五节　变质岩地区地下水寻找方法

一、变质岩的分类

变质岩在山东省山丘地区分布很广泛，主要出露的岩石为各种片麻岩、片岩、混合岩、石英岩、大理岩、变粒岩等。这些岩石都是经历了不同程度的变质作用而产生的。按变质程度及原岩简略列于表10-2。

表10-2　变质岩分类

变质程度	原来岩石			
	砂岩	页岩	石灰岩	火成岩
	变质岩			
浅	石英岩	板岩 千枚岩 绢云母片岩	大理岩 蛇纹岩 滑石片岩	千枚片麻岩 绢云母片麻岩 绿泥石片岩
中	云母石英岩 石英岩	云母片岩 角页岩	大理岩	云母片岩 角闪片岩
深	片麻石英岩	副片麻岩	各种大理岩	正片麻岩 辉石片麻岩 翡翠岩
	副片麻岩类			正片麻岩类

二、变质岩的蓄水构造特征

古老的变质岩地区,都是经历了多次地壳构造变动作用,产生了各种地质构造及密集的裂隙带。蓄存地下水的空间条件大体有以下几种:

(1)古老变质岩是在高温条件下变质而成,其结晶颗粒粗大,矿物成分复杂。当出露地表或埋藏不深时极易风化,风化带比较发育,在适当的条件下,可形成风化带蓄水构造。

(2)变质岩中经常夹有透镜体状或比较稳定的层状大理岩夹层。这种夹层在地表环境条件下,溶蚀裂隙或溶洞比较发育。常与其他相对不透水的岩层组合为单斜蓄水构造。

(3)变质岩地区古老的断层破碎带,大多数被泥质等物充填胶结,结构结实,不含水或含水很少。但经后期地壳运动影响或断层复活,可使原来断层破碎带内的物质变得疏松,这样也可成为含水带;晚期断裂构造,多数还没有完全充填胶结,断裂带内结构比较疏松。因此,可以含水透水,构成断层蓄水构造。

(4)变质岩地区火成岩脉侵入很多,如果岩脉与围岩的力学性质差别很大,可在岩脉及脉壁附近的围岩产生很多裂隙,形成岩脉蓄水构造或阻水型岩脉蓄水构造。

(5)变质岩中常夹有石英岩夹层,石英岩属脆性岩石,经后期构造变动影响易产生密集的裂隙带,可与其他相对不透水的变质岩配合,构成富水带。

新鲜的片麻岩类岩石,如果没有断层或岩脉侵入,其透水性很微弱,一般作为隔水层。风化带接受降雨补给的地下水,也不易向深处渗漏,而是沿着风化带内的裂隙向附近的低洼沟谷汇集和排泄。泉水露头很普遍,但水量不大。风化裂隙潜水面往往与地形一致,具有“山多高,水多高”的特点。泰山顶上的泉水就是一个典型的代表,但主要还是集中在汇水地形的低洼处。

三、变质岩地区寻找地下水的方向

(一)寻找风化裂隙水

风化裂隙水蓄存在风化壳内,水量多少主要取决于风化裂隙密度、风化壳的厚度、补给区及所在地区地形地貌条件。这种水一般说来水量不大,其原因是变质岩中含有云母、长石等矿物成分,这种矿物极易风化成黏土,使得靠近地表的裂隙充填,减弱了透水性。而只有在半风化带内,黏土充填相对较少,富水性相对比较好。其次风化深度一般不大,如泰山一带风化壳厚度一般在15~25 m,胶东地区也不超过40 m。因此,含水空间有限,水量不大。

寻找风化裂隙水时,主要考虑地形地貌与补给条件,选择泄水地形。如群山环抱的洼地、几条沟谷的交汇处、簸箕地的排泄口、河谷地带、山体拐弯内侧、大山体的坡角下等地方,利于风化裂隙水的汇集。从岩性上看,含石英多的硬脆性变质岩,裂隙较多,透水性较强,而含云母较多的变质岩,其透水性差。所以,在同一泄水地形低洼处选井时,应把井位选在硬脆性变质岩中。

利用风化裂隙水,要特别注意两点,一是井位选在汇水地形并有一定的补给面积;二是井径应大些,井深最好见到新鲜基岩。

（二）寻找岩脉地下水

在变质岩地区，火成岩脉很多，岩脉可起汇水、导水、阻水作用。如果岩脉比围岩裂隙发育，则岩脉起汇水和导水作用；如果围岩比岩脉裂隙发育，则岩脉起阻水作用；如果岩脉与围岩裂隙均不发育，则不具备含水条件。在一般情况下，岩脉与围岩的接触带裂隙是比较发育的，同时，风化营力作用，又可沿着这个接触面侵入，向地下深处发展，使原来的各种裂隙加深、加宽，延长沟通，透水性能变好。而地下水总是由高位能向低位能流动，由于岩脉有汇水、导水、阻水作用，在适当条件下，便可蓄存富集。利用岩脉阻导作用选井，出水量大，效果好。

（三）寻找断层破碎带内的地下水

变质岩地区断层较多，一般大断层形成时期较早，其断裂带多被充填固结，甚至愈合，但也有些断层尚未固结。这些年代较老的断层破碎带，含水性相对差些。但经后期构造变动影响或风化作用改造后，一般含水性能变好。

断裂带富水性大小，主要取决于断层规模，断裂带内的成分、结构构造、胶结情况、裂隙发育程度、两侧断盘岩性和后期构造运动及风化改造程度等。因此，变质岩地区的断层，不一定都是含水的。找水时要对断层的含水性进行全面分析研究。如果断裂带已经完全硬结愈合，这样的断层就不含水；而含水的断层一般是尚未完全充填胶结的老断层破碎带、时代较新的断层破碎带、复活断层破碎带、受风化改造后而又重新破碎的老断层破碎带、有泉水出露的断层破碎带、具有方解石脉或碳酸盐岩块的断层破碎带等。这些断层破碎带内，地下水较为丰富。

（四）寻找大理岩层中地下水

大理岩是由石灰岩变质而成，因此岩溶比较发育，透水性很强。在变质岩地层分布区常夹有大理岩夹层。它常与其他不透水的变质岩层组合成单斜蓄水构造，成为最有开采价值的水源地。

第十一章 石灰岩地区岩溶裂隙水寻找方法

石灰岩属于沉积岩类，它的分布面积很广，开发利用岩溶裂隙水占有特殊重要地位，因此，将其列为一章单独叙述。

第一节 岩溶裂隙水的基本特征及其寻找方向

一、岩溶裂隙富水性的不均一性

岩溶裂隙含水层的富水性总的说是较强的，但由于溶蚀裂隙和溶洞分布的不均匀性，决定了岩溶裂隙水分布也是不均一的。所以，在同一个岩溶裂隙含水层，在同一高程范围内，或者是同一地段，甚至在几十米至几米范围内，其富水性差异也很大。利用钻机打井，遇到溶隙、溶洞时，水量很大；没有溶隙或溶洞，则水量很小，甚至无水；就是在同一井内，不同深度上裂隙、溶洞发育多少的不同，其涌入井内的水量多少也不相同；或者利用同一含水层、同一深度的两相距较近的机井，出水量多少也不一样。这些现象在打井过程中经常遇到，充分说明了岩溶裂隙水分布的不均匀性和各向异性。

二、岩溶水渗漏能力强、持水能力弱

石灰岩等碳酸盐类岩石，由于溶隙发育，连通性好，透水性强，因而降雨和地表水体渗漏量很大。在岩溶发育地区，渗漏的水量可达到降雨量的80%；一般石灰岩地区，也能达到40%～50%；有些河流流经石灰岩地区后，全部转入地下水，使地表水断流，形成干谷。石灰岩地区有着巨大的蓄水空间，是一个特大的地下水库，它蓄存埋藏着丰富的地下水。正因为地下库容巨大，岩石透水性又强，若没有隔水层存在，补给地下水的水量将一直渗漏到埋藏很深的区域水位。所以，在石灰岩裸露的山区，常出现干旱缺水的景象。

三、具有统一的水位和一定的水力联系

由于石灰岩属于强透水性岩石，持水能力弱，泄水能力强。如果侧方或下伏岩层没有隔水层或岩体阻挡，地下水就会大量快速地排泄，造成地下水位下降，一直到有一个大致的区域地下水位为止。这个水面只受区域性地貌轮廓影响，而受微地形地貌影响不大。所以，在同一个蓄水构造内，如果是同一个含水层，一般都有统一的地下水位。或者在有构造连通的条件下，几个含水层或多个蓄水构造中的地下水，也有一定的水力联系，出现一个统一的地下水位。

四、岩溶水具有垂直和水平的富水分带规律

岩溶裂隙含水层的富水性，虽然具有不均性的特征，但在不均匀中也有相对均一的富水地段。岩溶裂隙发育具有垂直和水平分带规律，因而岩溶裂隙水亦有垂直和水平方向富水带分布规律。在垂直剖面上，浅部岩溶裂隙发育强烈，富水性强，一般称为强含水带；深部岩溶裂隙发育弱，一般富水性亦小，称为弱含水带；在水平方向上，岩溶发育程度从补给区到排泄区是由弱到强，其岩溶裂隙含水层的富水情况也是由少到多。一般在径流排泄区，富水情况较好；富水带一般也受构造方向控制，常沿断层破碎带褶曲的轴部和可溶岩与不溶岩接触带上，呈条带状、脉状分布，并沿着条带、脉状以管道的方式流动。

根据岩溶发育规律和岩溶水的特征，寻找岩溶水的方向是：

(1)寻找岩溶性蓄水构造。在北方石灰岩大面积分布区，工作的重点应在径流区和排泄区，寻找岩溶径流带及排泄的溢水地带；在南方主要寻找地下暗河。

(2)寻找被隔水层或隔水岩体阻挡的阻水型蓄水构造。

(3)寻找石灰岩地区的上层滞水。

第二节　上层滞水(悬挂水)寻找方法

岩溶悬挂水是石灰岩地区的一种上层滞水。在强透水的石灰岩岩层下面，若有页岩、泥灰岩、砂岩等存在时，降雨顺石灰岩的裂隙溶洞向下渗漏，遇到隔水层后，便在它的顶面集聚并沿岩层倾向缓慢流动。因此，寻找上层滞水的关键是找相对的隔水层，并要求隔水层的底板不能被沟谷切穿。隔水层分布面积越大，越有利于上层滞水的蓄存。上层滞水的开采方式，以人工大口井为宜，一般不打机井。打井时，不能打穿隔水层，以免造成上层滞水的渗漏。

寻找上层滞水的主要方法如下。

一、寻找泥灰岩或页岩夹层的上层滞水

在石灰岩岩层中，尤其是一个沉积旋回的底部，如中奥陶统马家沟灰岩底部，常夹有泥灰岩夹层，厚1～20 m。较厚的泥灰岩夹层，透水性较差，为相对的隔水层，在其上面可以蓄存上层滞水。

二、寻找砂岩中的上层滞水

中奥陶统石灰岩分布地区，在一些小型向斜构造的轴部或地堑陷落地块里，往往残留有石炭系的砂页岩，可以滞留一部分地下水。这种上层滞水，水位埋藏不深，便于开采利用。

三、寻找火成岩岩床、岩盘的上层滞水

在石灰岩中有顺层侵入的火成岩岩床和岩盘，如果倾角不大，又有足够的厚度和分布面积，可以形成上层滞水。

四、寻找阻水岩脉的上层滞水

在石灰岩地区，如果有平行于岩层走向的岩脉存在，可以阻挡地下水向下游排泄，使地下水汇集富存，形成上层滞水。

五、寻找断层阻水的上层滞水

在石灰岩地区，如果有平行于岩层走向的阻水断层存在，可以阻挡地下水，使之在断层的上游汇集蓄存，形成上层滞水。

六、寻找向斜构造的上层滞水

向斜构造有利于汇水，其轴部纵张裂隙发育，并有溶蚀裂隙，但发育深度受到限制，在该深度以上，可以形成上层滞水。

第三节　区域岩溶裂隙水寻找方法

区域岩溶水就是在厚层石灰岩类广泛分布地区，在没有隔水层或构造阻隔时，区域内岩溶裂隙彼此连通，各点之间地下水水力联系密切，构成一个巨大的含水整体。在重力作用下具有一个大致的统一水位。埋藏在这个水位以下的地下水，称为区域岩溶裂隙水，它包括岩溶潜水和岩溶承压水。

一、区域岩溶裂隙水的形成条件

在灰岩地层中奥陶系、下奥陶系和寒武系等地层中，都埋藏着丰富的区域岩溶水。区域岩溶水的形成主要受地质构造、地层岩性和地形地貌等因素影响。由于地层岩性的分布、地形地貌的发育以及断层和褶曲等构造的生成，均为区域大地构造所控制，它们在不同部位具有各自的特点，相应地决定了该部位岩溶裂隙区域水的形成条件。以鲁中南山区为例，首先，在一条条自东而西向北弯曲的弧形大断裂带控制下，形成断块的南部隆起和北部凹陷。作为盖层一部分的中寒武系、上寒武系上部和奥陶系的石灰岩亦随之从老到新一致向北倾斜。在基底地层北侧平行弧形大断裂走向成扇状分布，其前缘常为石炭系页岩覆盖，或因断层所致与其他隔水岩层或岩体接触。其次，在弧形大断裂带控制下，各断块的地形亦主要为东西走向，地势南高北低，渐次为山地、丘陵和平原。显然，在弧形大断裂带控制下，各断块上地层岩性的分布与地形地貌的发育有密切的关系，其一，地层以老到新，地形从高到低，岩性以由南向北为序，表现为中、上寒武系地层多分布在山地和丘陵，奥陶系地层多分布在丘陵和山前平原。其二，地层倾向与地形坡向一致，由南向北倾斜，区域岩溶裂隙水主要在岩层倾向控制下流动，由山地经丘陵流向平原。综合上述，区域岩溶裂隙水的补给区一般分布在山地和丘陵，含水层以中、上寒武系地层为主，丘陵区和山前平原既是补给区，也是径流区，含水层以奥陶系地层为主，山前地带，石灰岩与隔水岩层或岩体接触处，岩溶水溢出成泉，是主要的排泄形式。

在鲁中南山区，对区域岩溶裂隙水形成有重要影响的还有断层，它们之中多数受弧形大断裂带控制,其产状也相应地与岩石成一定的关系。

第一种断层的走向与弧形大断裂带垂直,与岩层倾向则平行,这种断层的影响带内石灰岩岩溶裂隙发育,并且与地下水流向一致,使区域岩溶水径流和排泄条件得到改善。由于这种断层的破碎带,多数透水性比一般石灰岩层强,或者由于断层两侧为石灰岩与其他隔水岩层相邻,使断层两侧的岩溶水常具有不同的地下水位,被划分为不同的水文地质单元。如莱芜弧北侧广大的石灰岩层被分为长清、济南、章丘和淄博四个区域。

第二种断层的走向与弧形大断裂带一致,且与岩层走向平行。由于这种断层的破碎带透水性较弱,或者由于断层两侧为石灰岩与其他隔水岩层相邻,往往使上游地下水流受阻而产生回水,抬高了水位,同时切断了下游地下水的补给来源,而水位一般较低,从而形成了岩溶水的阶梯状水位。

二、区域岩溶裂隙水含水层岩溶裂隙发育条件

区域岩溶裂隙水的富水性在各地差异很大,除与补给、排泄条件有关外,还决定于岩溶的发育程度,这是一项最基本的条件。

(一)地层岩性

中奥陶系石灰岩质纯,较其他石灰岩岩溶裂隙发育,但是其中各段石灰岩因质地不同,岩溶发育程度亦有差别。第一组第二段和第三组第四段石灰岩质地纯,一般岩溶发育强,是富水性很强的含水层;第二组第四段石灰岩质地不纯,仅在断层或褶曲附近岩溶发育。中奥陶系地层各组的下段均为泥灰岩,它们与石灰岩的按触面附近,无论石灰岩或泥灰岩都存在着大量的溶孔、溶洞,成为岩溶发育地段。“青石厚、黄石薄,见了黄石出水多”,就是说的这一地段含水比较丰富。下奥陶系白云质石灰岩岩溶裂隙一般发育在上部,尤其是顶部与中奥陶系泥灰岩接触面附近岩溶裂隙发育很强。在水位以下,揭露到白云质石灰岩时,成功率很高。

寒武系地层中,张夏厚层石灰岩较凤山组薄层石灰岩岩溶稍为发育,但许多井孔资料表明,它们仅在埋藏深度不大时,岩溶较为发育,而埋藏深度过大一般不发育。一般来讲,张夏组厚层石灰岩其顶部和底部较为发育,中部次之。

胶东丘陵区区域岩溶裂隙水主要埋藏在大理岩中,一般以粗粒的或含暗色矿物(角闪石)较多的大理岩岩溶发育,在大理岩与片麻岩或片岩的接触带上,裂隙、溶隙发育,溶洞多见,有利于地下水富集。

(二)地形地貌

在区域大地构造控制下,地形变化与岩层产状有密切关系,表现为地势从高到低与岩层倾向一致,区域岩溶水的运动,亦与岩层产状有关,其主要流向与岩层倾向一致。显然,区域岩溶裂隙水的流动与地形变化的趋向是一致的。鲁中南山区的区域岩溶水的流动,正是顺着单斜岩层的倾向,从山地经丘陵流向平原。相比之下,不同地貌单元石灰岩中循环交替强度不一,以平原区石灰岩层中水循环交替最为频繁,丘陵的次之,山地的最差。岩溶的发育与水的交替循环密切相关,相应地关系到岩层的富水性,水位埋藏深,富水性弱;丘陵和山前平原的区域岩溶裂隙水水位埋藏浅,富水性增强,常被作为大型水源地。

（三）地质构造

地下深部岩溶裂隙发育程度主要取决于地质构造变动情况，构造变动剧烈的地带，岩层裂隙发育，有利于水流活动，加速了岩溶作用；而在构造变动微弱的地带，深部岩层裂隙不发育，岩溶作用迟缓。

三、区域岩溶裂隙水寻找方法

（一）寻找断层破碎带地下水

石灰岩地区断层破碎带的地下水，水量大，成井率高，实践证明，强岩溶径流带常常沿着断层破碎带发育，因而硬脆性的石灰岩中的断层易富水，张性断层易富水，活动断层易富水，破碎带内充填胶结微弱、结构疏松的易富水。

对可能富水的断裂带及富水部位，可以归纳为以下一般情况，作为选井地段和井位。

张性断层（正断层的一部分）、张扭性断层（平移正断层）是比较富水的，这类断层破碎带和两侧断层的影响带均可能富水。

在通常情况下，压性断层（逆断层）、压扭性断层（平移逆断层）破碎带内透水性差，常形成阻水断层。但这类断层的上下盘影响带裂隙发育，富水性明显增强，井位可选在距断层一定的距离，而井深要能够打到断盘影响带内。

较大断裂（断距大、断裂带宽）、较深断裂（切穿岩层多）、较新断裂、活动断裂、充填物少、胶结微弱和结构疏松的断裂，以及连通较大含水层或地表水体的断裂等，富水性较强，是找水选井的主要利用构造。

两条断层或多条断层交叉、交会、复合部位，以及主干断层与分支断层的交会复合部位，一般富水性很好，井位宜选在交会带或共同影响范围内。

由两条或多条张断层构成的地堑或地垒构造是一种富水构造，在地堑或地垒边缘的断层带适宜布井。

较大断裂的转折处或者断裂两端，常是富水部位，宜于选井。

各种断裂的上盘影响带，一般比下盘影响带岩石破碎，裂隙发育。因此，利用断层找水时，一般把上盘影响带作为主要选井的地段之一。

各种断层的上盘或下盘影响带，位于地下水流上游一侧，补给条件好，宜于选井。尤其是位于压性断层或其他阻水断层上游一侧的上盘或下盘影响带，富水条件更好，井位可直接选在迎水盘上；有时也可选在背盘上，通过背水盘打到迎水盘上。

断层两盘岩石性质不同，若柔性的页岩、泥岩组成的一盘位于地下水流下游一侧，而石灰岩组成的断盘位于上游一侧，对打井十分有利，井位宜定在石灰岩盘上；若定于页岩盘上，应通过页岩打到石灰岩盘上。

在紧密褶曲的轴部和陡翼，常伴生有断层和大量裂隙，使岩层透水性、含水性明显增加，所以，在褶曲轴部、陡翼或褶曲与其他断层的复合交接部位，常常是富水带，宜于选井。

一般说来，利用断层找水定井，常常获得成功，但也有下列情况的断层无水，不宜选井：

压性和压扭性断层破碎带的中心部位，不宜选井。因为这类断层受到强烈挤压作用，断层破碎带内的物质多为断层泥、糜棱岩等细粒粉末状物质组成，结构致密，裂隙不发育，透水性很差，富水情况不好。

各种断层破碎带内，如果含断层泥、糜棱岩、片状岩较多，或有完整岩脉侵入，或有很多次生黏土物质充填等。这些情况都说明断层破碎带内结构致密，孔隙裂隙很少，含水能力微弱，一般都起阻水作用，不宜选井。

压性断层和其他阻水断层的上盘或下盘，如果位于地下水流的下游一侧，富水条件差，一般不宜选井。

断层两盘岩性不同，若柔性的页岩等一盘位于地下水流上游一侧，而石灰岩一盘位于下游，则富水条件不好，一般不宜选井。

断层两盘岩层倾向与山形坡向相反（即与山体岩层倾向相反），因补给汇水条件太差，所以在断层附近不宜选井。

两条或多条相距较近的压性断层，或其他阻水断层之间比较封闭，如地堑、地垒构造的中心部位，或者将补给面切割为若干个较小的补给地块，一般不宜选井。

综上所述，利用断层选井，对断层一定要有全面的认识，不能一见到断层就定井。一定要做到具体问题具体分析，选择具备多种有利因素地段来确定井位。

应该指出的是，有时井位选在背水盘一侧，通过背水盘而取迎水盘一侧的地下水，成功的例子也不少，但在这种情况下选定井位，一定要仔细慎重，这是因为有些断层出露部分有限，断层面产状难以摸准，或者断层面在深部发生了变化，或对地层层位厚度变化掌握不准，或在地下水深部出现紧密褶曲，造成某一层位过厚的现象等，都容易造成分析有误，使井孔设计深度达不到迎水盘，选井不能成功。

（二）寻找阻水岩脉的地下水

石灰岩、白云岩等碳酸盐岩层中的火成岩脉，一般是阻水岩脉。脉体两侧附近裂隙及岩溶裂隙均发育，透水能力好。当脉体垂直地下水流向，或者成大角度相交时，则构成岩脉阻水型蓄水构造。在岩脉的上游选井，常获成功。

（三）寻找可溶岩与非溶岩的接触带地下水

可溶岩与非可溶岩的接触带上，岩溶裂隙发育，再加非可溶岩的阻水作用，地下水就更容易蓄存富集。如济南七十二泉，就是石灰岩与大型火成岩体的接触带溢出成泉。

（四）寻找背斜张裂带地下水

石灰岩地区与褶皱有关的富水带，常常分布在背斜轴部、背斜倾没端及褶曲转折端等张应力集中部位。当这些部位处在有利的泄水地形条件下，往往此褶曲构造比其他部位富水性强。

（五）寻找向斜构造岩溶裂隙水

当岩溶裂隙含水层组成向斜构造，同时向斜轴部又是低洼的谷地形时，这种组合称为向斜谷地。向斜两翼出露面积越大，接受降雨补给量越多，有利于地下水向轴部汇集、富存。

（六）寻找纯石灰岩层岩溶裂隙水

在厚层石灰岩分布地区，岩溶裂隙发育，往往可以找到比较丰富的地下水。在无构造的情况下，地下水完全富存在厚层石灰岩中，可利用岩性打井，出水量亦较大。

第十二章　确定井位、井深及开采方式

第一节　井位的确定

井位一般应根据地形、地质及其构造情况，进行确定。

(1)倾斜脉状蓄水构造。这类蓄水构造是指断层、岩脉、接触带、透水夹层等脉状地质体，或因阻水作用而形成的脉状阻水型等构造。在这一类蓄水构造上确定井位时，应考虑如下几个问题。

首先，要认真查明强含水的透水裂隙主要分布在构造界面的哪一侧，哪一面上。对脉状阻水蓄水构造，在其地下水流的上游一侧蓄水富水；脉状透水蓄水构造、透水汇水的脉体本身裂隙宽度大、空隙度高，是地下水最能富集之处；对断层或岩脉而言，常在低序次、低级别构造（断裂、褶曲、裂隙）发育的地方；在若干断层交汇、斜接、反接和截接关系的交接部位；在干构造的突然转折、尖灭、收敛的部位；裂隙或岩溶发育带等部位，都是地下水富集蓄存的空间场所，这是确定井位时，首先要考虑的地方。

其次，脉状蓄水构造及其强含水裂隙发育带的产状，一般都是倾斜的，对其走向、倾向、倾角的测量与判断非常重要，常常直接关系着井孔的成败，要根据富水脉体的形态和产状具体确定井位。

(2)对于开采厚度不大的含水层（带）或脉体，要求把井位定在含水层（带），脉体倾斜方向，即上盘上，距下隔水边界（底板）一定距离的地方。当其厚度越小、倾斜角越缓，则要求井位与含水层（带）底板间的距离越大，但距离过大并不好，这是由于含水层（带）埋藏过深，裂隙发育程度减弱，深部岩石的富水性也随之减弱。所定井位应在岩石、可溶岩、裂隙发育带、岩溶发育带等富水地层穿过蓄水构造。

对于厚度较大或产状陡斜的含水层（带），除少数直立的可在其中间布井外，一般均应靠近顶板（即倾向方向）一侧布井。此外，对某些高度的逆冲压性断裂，布井时应尽量争取使井孔穿过倾斜较缓的相对张应力作用区，其富水性较好。

(3)在扭性、张扭性或压扭性断层拐弯的地方定井时，要考虑断层相互扭动的方向，寻找张性区定井，张应力作用区范围内，是相对富水地方，成井条件好。

(4)在弱透水地层中的岩脉、断裂和透水夹层等形成脉状透水汇水蓄水构造上定井时，应尽量找比较大的、比较宽的、由宽变窄、有其他构造横切或斜切的地方，自行尖灭和地形低洼处定井。如果透水脉体不太宽，可切穿脉体。

(5)在地堑、地垒蓄水构造中定井时，主要考虑两条断层的距离，其次是断块的岩性。若组成的蓄水构造的两条断层相距较远，可与单一地层分析方法相同，一般都在断层附近选井；而地堑、地垒构造的中部一般不富水，不宜定井。若构成地堑的两条断层相距很近，使两条断层的影响带重合或部分重合，这些地方可以布井。

(6)如果工作区分布有若干条规模不同的断裂或岩脉,在地层岩性、地形地貌、补给条件相似情况下,如果在透水地层中,构造规模大的,富水条件比较好,可把井位选在大构造的富水部位上,如果发生在弱透水地层中的构造,要特别注意构造之间的组合与补给条件的关系,分析是切割缩小补给面积,还是扩大补给面积。在这种情况下,井位宜选在补给条件好的构造迎水面一侧。但也有时因地层岩性、地形地貌、补给条件及各个构造力学性质和展布方向不同,而出现小的构造比大构造成井条件好。

在一般情况下,需要根据某一蓄水构造的已知条件(如井孔穿过较多、较厚、较好的含水层的合理预计深度作为已知条件),经计算,才能确定选定的井位距某一蓄水构造的平面位置。

第二节　地下水水位的确定方法

实践证明,许多定井工作的失败,是由于未能正确了解、推断工作区的地下水位埋藏深度所致,应在找水定井工作中引起充分重视。因而,正确判断地下水位是做好找水定井工作的前提。

一、上层滞水水位确定

上层滞水水位,一般稍高于隔水层顶板。其高出数值大小,主要取决于含水层排泄基准面的高程、隔水层产状、含水层厚度和分布面积大小等条件。

(1)若隔水层产状水平、含水层较厚且分布面积较大时,则上层滞水水位中间高而向四周渐低。中间部分水力坡度较缓,水位高出隔水层顶板数值大些;而靠近四周水力坡度变陡,水位高出隔水层顶板的数值小些。

(2)若隔水层倾斜,但倾角不大时,则上层滞水上游水位比较平缓,下游水位较陡。上层滞水从高处向低处流动排泄,遇到干旱季节时上游渐渐被疏干,上游水位边界逐渐向下游退缩。

(3)若隔水层为盆形或向斜构造,则盆底或向斜轴部的上层滞水水位高出隔水层顶板数值大些,而盆四周或向斜部水位高出数值小些。

这三种隔水层产状不同,则上层滞水不同部位的水位埋深也不相同。因此,布井时要以隔水层顶板计算比较可靠。一般情况下,井深要打穿含水层,再打入隔水层中一定深度终孔(可考虑1~5 m范围),但不能打穿隔水层,否则会使井水漏失。

二、区域水位确定方法

(一)区域水位概念

在一个较厚的含水层且分布面积较大,或一个独立的水文地质单元中,地下水有一个大体连续统一的水面,这个水面不受微地形地貌影响,主要受地质构造控制,这个水面称为区域水位。

区域水位有两个含意:其一是独立性,即指一个区域或水文地质单元内的地下水位与邻区水文地质单元的水位不一致、不连续、不统一,一般都有隔水边界限制;其二是统一性，即指一个区域或水文地质单元内的水位是连续的、统一的、无隔水边界限制。

区域水位还要有含水层概念。一个区域内，可以埋藏一个含水层，也可埋藏几个含水层，其中间有隔水层分开。不同含水层的补给范围、补给区高度与排泄区高度都不一样。所以它们的水位一般也不一致。这可以从深井钻进，穿过不同深度、不同含水层时，水位有明显的升降得到证实。因此，区域水位必须说明是哪一个含水层的区域水位，一般在强透水岩层中表现得比较明显。

（二）区域水位确定方法

1. 根据已有机井水位推算

位于强透水岩层中的已有机井水位，一般能代表区域水位。

2. 利用泉水或河流推算

泉是地下水的天然露头，可以利用泉推算同一水文地质区，同一含水层的水位埋深。一般从强透水岩层流出的常年有水的泉推算时比较可靠；但须注意上升泉作为区域水位时一般偏低，下降泉偏高，应适当修正。

若区域内河流与含水层有水力联系可利用其推算区域水位，以流经透水岩层常年不干的河流代表区域水位比较可靠。

3. 石灰岩单斜构造区

在强透水岩层之上覆有页岩、泥灰岩时可利用强透水岩层与页岩、泥灰岩的接触面的最低标高，减去风化破碎带厚度就是该区的区域水位。推算水位时，首先要查明含水层与隔水层之界面的最低点标高，这个最低标高与打井地点标高之差，就是该井的地下水埋深。如果在石灰岩含水层与隔水层接触带上有泉出露，应以泉水面为推算标准。

4. 利用阻水断层、岩脉、侵入体等推算小区内水位

利用阻水断层、岩脉、侵入体等阻水体的最低点标高，减去风化破碎带的厚度，可代表阻水体上游小区的地下水位。

5. 根据季节性井泉动态资料推算区域水位

根据季节性泉水出露标高（H_0）和区域地下水位年变幅值（ΔH），推算预定井位的年最枯水位值高程（H）。按经验公式计算：

$$H = H_0 - \Delta H$$

在北方岩溶分布区，若无地下水动态观测资料时，ΔH 可采用下列经验数值：区域地下径流的补给区 $\Delta H = 20 \sim 60$ m；径流区（或补给径流区）$\Delta H = 10 \sim 20$ m；排泄区附近或山前地区 $\Delta H = 2 \sim 10$ m，若季节性泉水断流时间较短，ΔH 采用较小值，断流时间较长，ΔH 采用较大值。

6. 根据已知点地下水位推算预定井的水位

在找水地区内，对所有的地下水点进行全面调查之后，可以大致推算预测井的水位，可分下列几种情况：

（1）当找水区内有许多地下水露头，在那些出露位置较低，多年来未干涸的水点，如较大的泉水、多年使用的民井、较深钻孔水位等，一般可以代表区域性地下水位的海拔高程。把上述水点高程联系起来，作为区域地下水位大致高程面。然后根据找水地点的地形高程与上述地下水位高程之差，就可以推算出当地地下水位埋藏深度。

(2)当找水区位于山区与大河流之间,区内天然露头水点较少,但可把少量的泉或深井水位同大河流枯水季节的水面高程联系起来,作为区域地下水面的大致高程。再根据找水地点地形高程,推算出当地地下水位埋深。

(3)当找水区位于大河拐弯处,或两条河之间的河间地块,区内没有天然地下水点出露,这时可以把两条大河枯水期水位面中间略微向上凸起的曲线联系起来,作为区域地下水面大致高程,再根据找水地点地形高程,推算出当地地下水位埋深。

(4)当找水区内已有两个以上水位高程,可用内插法直接推算出找水点的地下水位。

(5)当找水区的外围有一个地下水点,可用下式计算:

$$H = H_0 + L \cdot J \cdot \cos\alpha$$

式中　H——预定井水位,m;

H_0——已知水点(泉)水位,m;

J——预定井附近的区域地下水力坡度(当预定井位于已知水点上游时 J 为正,位于下游时 J 为负);

L——预定井位与已知水点的水平距离;

α——计算剖面和区域地下水流向之间的夹角。

在无水力坡度值时,北方岩溶水分布区的 J 值可采用下列经验数值:地下径流良好的山前排泄区附近,$J = 0.5‰ \sim 1.0‰$;径流条件中等的丘陵山区,$J = 1‰ \sim 5‰$,径流条件较差的补给区以及某些下降泉附近,$J = 5‰ \sim 10‰$。

在推算区域地下水位时应注意以下几点:

第一,不同水文地质单元内,地下水位相差很大,不能互相推算。

第二,在同一水文地质单元内不同含水层,可能有不同的地下水位,不能互推水位。

第三,阻水断层、岩脉等脉状阻水体的上下游水位相差很大,不能互推水位,更不能把上层滞水水位误认为区域水位。

第三节　井深的确定方法

井孔深度的确定,在不同的地层、不同类型的蓄水构造和不同的地下水类型有不同的方法。主要考虑以下几个条件:①地下水位埋深;②含水层厚度和底板埋深;③蓄水构造富水深度(例如断层在强透水石灰岩中穿过的深度等);④现有打井设备最大钻进深度。

(1)在上层滞水蓄水构造中打井,井深应打穿含水层,再打入隔水岩层一定深度,一般可考虑 1 ~5 m。但一定不能打穿隔水岩层,否则就会造成井水漏失,总井深为含水层厚度,加水位埋深,再加打入隔水层的深度,即

$$H = H_1 + H_2 + H_3$$

式中　H——井的总深度;

H_1——上层滞水水位埋深;

H_2——上层滞水含水层厚度;

H_3——打入隔水岩层的深度。

(2)在潜水含水层或各种蓄水构造中打井,井深的确定,可用井口地面高程减去附近

区域水位高程,即是地下水埋深,也就是井的见水深度。见水后的深度,火成岩、变质岩地区要看裂隙发育的深度和发育程度。一般要求把裂隙发育带打穿,并打入弱风化岩石或新鲜基岩中一定深度终孔。从山东省目前情况看,人工大口井成井深度多在 10 ~ 30 m,少部分井深小于 10 m 或大于 30 m,机井一般在 60 ~ 150 m 之间。

在石英岩分布区确定井深,可根据地下水位埋深,预想利用含水层(带)的埋藏深度和井孔在水位以下穿过断层、岩脉的富水部位等具体条件来确定,如在单斜蓄水构造中,人工大口井见水后,一般再打 5 ~ 20 m,机井见水后再打 80 ~ 120 m。如果含水层不足 80 m,可打穿含水层,并打入隔水层中 5 ~ 20 m 终孔(做沉淀管用);若根据断层、岩脉、接触带等透水蓄水构造定井,一般要求井孔在区域水位以下 80 ~ 120 m 穿过富水构造部位,此基础上再加深 5 ~ 20 m 即可终孔。若属阻水断层或岩脉,则打到阻水体或打入阻水体一定深度即可终孔,不可将阻水体打穿。

在火成岩、变质岩地区,因深部风化裂隙不发育,一般情况下井深不宜过大,视情况在 80 ~ 150 m 深度区间选取。

(3)承压水地区井深的确定,首先应确定区域地下水位,然后根据含水层埋藏深度或断层、岩脉穿过含水层的深度来确定。若含水层很薄时,可打穿一个或多个含水层至隔水层一定深度(5 ~ 20 m);若含水层很厚,可以不打穿含水层;若利用透水断层或岩脉的富水构造,可以将它打穿,争取两侧进水;若是阻水断层或岩脉,则不能打穿。

在沉积岩地区,尤其是灰岩地层,井深应尽量大些,井孔应尽可能多地穿透若干个区域地下水位以下的含水层,这是提高成井率的重要因素之一。在此类地层上打井,因定井过浅而导致失败的例子较多。

对于倾斜脉状蓄水构造(断层、岩脉、接触带、透水夹层等脉状地质体),确定井深时应根据倾斜蓄水构造的倾角,充分考虑到井孔应在区域地下水位以下适当深度且岩溶裂隙发育带等富水地层穿过该倾斜脉状蓄水构造。

第四节　地下水的开采方式

一、机井

机井也叫做管井,适用于地下水埋藏较深、水量大、透水性强的坚硬基岩地区,特别是在石灰岩及大理岩分布地区更为适宜。

二、大口井

在地下水埋藏比较浅的火成岩、变质岩、砂页岩分布地区,常在风化带及蓄水构造上,采用人工开挖直径在 20 ~ 30 m,深 10 ~ 25 m 的大口井比较多,最大者直径或边长可达 100 m。大口井有圆形、方形、长方形、椭圆形等各种各样的形状,一般要求长轴方向垂直于断层、岩脉等构造线或地下水流向,目的是在井中多揭露出水范围,以增大出水量;而平行蓄水构造走向或地下水流向要短些,目的是在不影响出水量的前提下,可减少工程量和投资。

这种大口井是在地下水埋藏不深和地下水源不足的条件下，实行采蓄结合或日采夜蓄，充分利用地下水的一种很好的方法。大口井施工方法比较简单，安全易行，适合于群众自办。

三、筒井

筒井也叫竖井或大口深井，是人工开挖深度比较大的深井，井深一般在20～40 m，最深者可达百米，井径一般在10～15 m，有方形、圆形、长方形、椭圆形等。筒井是适合于埋藏不太深的强透水岩层和弱透水岩层以及比较复杂的含水带的一种开采方式。

四、平塘

在地下水埋藏较浅的弱透水岩层分布区，常在有利于地下水和地表水汇集的低洼地带，人工开挖长50～100 m、宽40～60 m、深4～8 m的蓄水积水的坑塘，称为平塘。

平塘揭露面积比较大，出水较多，既可存水又可汇集地表水，再加上施工简单方便，可在花岗岩、片麻岩、片岩地区采用，其效果较好。

五、斜井

斜井是人工开凿的一种倾斜取水工程。与地面交角常呈30°～40°开挖，高2 m，宽1.5～1.8 m，上拱下方的倾斜隧硐，斜长50～200 m，垂直深度一般小于100 m。

斜井不受地下水位埋深、水量大小的严格限制，它适用于埋深较大、水源比较丰富的地区。如山前石灰岩分布区的岩溶水、产状较陡的脉状含水层带都可采用斜井。

六、地下廊道取水

在竖井底部开凿水平廊道的取水工程，称为地下廊道。这种办法多用在含水较少的弱透水地层分布区，以能穿过较多的含水层（带），扩大揭露面积，相应地增加出水量。地下廊道工程可大可小，可根据技术条件与经济条件量力而行。

七、其他开采方式

除上述一些开采方式外，还有群井汇流、扩泉井、联合井、截潜流、集水廊道、蓄水池等开发利用地下水的形式，每一种形式都有其适用范围和较优的井径、井型，因此必须根据实际条件，因地制宜，合理选择使用。

第五节　提高成井率的其他因素

一眼井的有水或无水，水大或水小，不应单从找水定井一个方面进行考虑，应把它作为一个系统工程来对待。这包括三个方面的因素：一是找水定井先行；二是成孔结构和工艺；三是成孔的后处理工作。认真做好这三个方面的工作，对于提高成井率具有重要意义。

（1）从成孔结构上，应考虑井孔在揭穿地下水位后的适当深度内，保持一定的孔径，孔径不应过小。

(2)从成孔工艺上，对于一些弱含水地层，应注意钻进时的浆液浓度控制，尽量避免岩粉堵塞基岩裂隙。

(3)应根据施工实际地层变化情况，进行井孔的孔径、孔深的及时变更，如适当加大设计深度等。

(4)成孔后应视抽水试验结果、地层情况等，确定是否进行井孔处理，以及选取何种井孔处理措施，如采用化学洗井、拉活塞和爆破等进行井孔处理，尽可能地提高出水量，避免造成经济损失。对于石灰岩地层的井孔，一般采用化学酸洗井的方法，效果较为显著。

第二卷　电测找水技术

第十三章　电法勘探的基础知识

第一节　电法勘探概述

不同的岩石具有不同的物理性质,例如导电性、磁性、弹性、密度等。在地面通过一定的仪器测出地下岩石的某一物理性质,根据物理性质的差异推断出地下的岩石性质和地质构造,达到找矿或找水的目的。这些方法统称地球物理勘探(简称物探)。

物探方法主要有电法勘探(利用岩石电性差别)、重力勘探(利用岩石的密度差别)、磁力勘探(利用岩石的磁性差别)、地震勘探(利用岩石的弹性差别)等。此外,还有在钻孔或井中利用仪器测定岩石各种物理性质来了解地质情况的方法,称为地球物理测井(简称测井)。

电法勘探根据引起电场的原因可分为两大类:一类属于人工电场法,即人工将电流通入地下形成电场来研究地下地质情况;另一类属于自然电场法,即利用地下天然存在的电场来研究地下地质情况。

人工电场法又分为直流电场法和交流电场法。由于直流电场场源可以人为地产生和控制,所以使我们有可能根据研究地质任务的不同,而制定出不同的方法。目前,在实际找水工作中得到较多应用的有如下几种主要方法。

一、人工电场法

(1)电阻率法:①电测深法;②电剖面法;③中间梯度法。

(2)激发极化法:可应用上述电阻率法中的各种方法。

(3)充电法。

二、自然电场法

实践证明,只要正确掌握直流电法勘探的理论和方法,因地制宜地加以运用,就能收到明显的找水效果,并能解决以下问题:

(1)在平原地区松散地层能查明古河道的分布,寻找砂砾石含水层,圈定咸、淡水的范围,推断咸、淡水的界面,分析地下水的矿化度。

(2)在山丘地区确定地质构造、岩溶、裂隙带的位置、走向、倾向和范围,以及基岩深部裂隙发育状况。

(3)电测井可在钻孔或人工井中确定含水层的部位、厚度,更准确地划分咸、淡水界面和地下水矿化度。

第二节　电阻率与各种因素的关系

岩层导电性的差异是电法勘探工作的物理前提。电阻率法就是借研究岩层电阻率值的差异,来解决有关地质问题,达到找矿、找水的目的。因此,研究岩层在自然条件下的电阻率及其影响因素,是一个首要问题。在电法勘探中,通常用 ρ 来代表地层电阻率,其关系式为:

$$R=\rho\frac{L}{S} \tag{13-1}$$

式中　L——岩石的长度,m;

S——岩石的截面积,m^2;

R——岩石的电阻,Ω。

当 R 以欧姆为单位,长度 L 以米(m)为单位,截面积 S 以平方米(m^2)为单位时,ρ 就表示电流通过长度为 1 m,截面积为 1 m^2 的岩层时所受的阻力,单位为欧姆·米(Ω·m),影响岩层电阻率大小的主要因素有以下几个方面。

一、电阻率与矿物成分及组成结构的关系

构成岩层的主要矿物的电阻率如表 13-1 所示。从表中可以看出,除了少数金属硫化矿物和某些金属氧化物及石墨等属于低电阻率以外,几乎全部最重要的造岩矿物如石英、长石、云母、方解石等的电阻率都很高。这是由于结晶体的电离作用很小,没有足够数量的自由电子。

表 13-1　岩层主要矿物的电阻率

矿物名称	电阻率(Ω·m)	矿物名称	电阻率(Ω·m)
云母	$10^{14}\sim10^{15}$	黄铁矿	$10^{-4}\sim10^{-3}$
石英	$10^{12}\sim10^{14}$	黄铜矿	$10^{-3}\sim10^{-1}$
长石	$10^{11}\sim10^{12}$	磁铁矿	$10^{-4}\sim10^{-2}$
白云母	$10^{10}\sim10^{12}$	软锰矿	$1\sim10$
方解石	$10^{7}\sim10^{12}$	煤	$10^{2}\sim10^{5}$
硬石膏	$10^{7}\sim10^{10}$	无烟煤	$10^{-4}\sim10^{-2}$
褐铁矿	$10^{6}\sim10^{8}$	方铅矿	$10^{-5}\sim10^{-2}$
赤铁矿	$10^{4}\sim10^{6}$	石墨	$10^{-6}\sim10^{-4}$
菱铁矿	$10^{1}\sim10^{3}$		

岩石含有导电矿物时,电阻率不仅与导电矿物的含量有关,而且受结构的影响。当导电矿物呈团状、浸染状或被不导电的颗粒包围时,即使在岩石中所含的百分比很大,但岩石电阻率仍很少受其影响,若导电矿物颗粒在岩石中呈互相连接构成细脉时,即使在岩石中含量不多,也能使电阻率大大降低。在电测找水中常遇到的沉积岩和部分火成岩、变质

岩都是由高电阻率的造岩矿物所组成。故多数岩层的电阻率与矿物成分关系不大,而主要取决于岩层的孔隙度和其中充填强导电性的水分的多少。只有在岩层中含有很多石墨及炭化程度很高的煤时,才会影响到岩层的电阻率。

二、岩层电阻率与湿度和地下水矿化度的关系

绝大多数岩层,都是由电阻率高达 10^6 Ω·m 以上的造岩矿物所组成。因此,岩层处于干燥状况时,电阻率都很高。但岩层一般都具有一定的孔隙或裂隙,并含有或多或少的水分,因而使其电阻率降低。在地下水面以下,岩层的孔隙几乎充满了水。地下水都溶有一定的盐分,其电阻率都比较低(见表13-2)。由于盐类离子导电作用,岩层电阻率变低。因此,含水量的多少,便成为影响岩层电阻率大小的主导因素(见表13-3)。

表13-2　几种水的电阻率

名称	雨水	河水	地下淡水	地下咸水	海水	矿井水
电阻率(Ω·m)	>100	$10\sim10^2$	<100	$10^{-1}\sim1$	$10^{-1}\sim10$	1~10

表13-3　几种岩石的电阻率

名称		电阻率(Ω·m)	名称		电阻率(Ω·m)
饱和咸水的	砂砾石	9~60	饱和淡水的	砂砾石	45~150
	中粗砂	4~15		中粗砂	20~75
	粉细砂	3~8		粉细砂	15~40
	黏土	2.5~5		黏土	10~20

单位体积的水中所含盐类的总量,叫做水的矿化度,以克/升(g/L)为单位。水的矿化度越大,含水地层的电阻率越小。在平原地区,水质对电阻率的影响比岩层种类的影响要大得多。例如含淡水的中、细、粉砂的电阻率一般为15~60 Ω·m,含咸水的中、细、粉砂的电阻率一般为3~15 Ω·m。如果水质相同,粉砂的电阻率仅比细砂的电阻率小30%左右。可见水质对电阻率的影响是第一位的。

岩层的含水状况,与其孔隙度、裂隙率、可溶性岩石的岩溶发育程度有关。如岩溶裂隙在地下水面以下,则岩层电阻率降低,出现相对低阻反映;如在地下水面以上,其电阻率呈相对高阻反映。根据上述情况,可以用电阻率法来研究岩溶、裂隙发育状况,推断岩层中的裂隙带或断裂带的位置,达到寻找基岩裂隙水的目的。一般说来,孔隙度小的岩石电阻率较高,例如火成岩、深变质岩、化学沉积岩及致密砂岩等岩石,电阻率一般达数百欧姆·米或更高。孔隙度大而透水性小的岩石电阻率较低,例如黏性土及泥质岩石的电阻率一般为几欧姆·米至几十欧姆·米。含淡水的第四系黏土,电阻率一般为8~20 Ω·m;第三系黏土及泥岩,电阻率一般为5~15 Ω·m;中生代和上古代以页岩为主的岩石,电阻率一般为30~50 Ω·m;以砂岩为主或夹灰岩薄层时,电阻率达50~300 Ω·m。

孔隙度大而透水性也大的岩石，电阻率变化较大。受水质的影响较为显著。

三、岩层电阻率与温度的关系

温度升高，岩层水分离子活动加强，导致岩层电阻率下降。根据试验，温度增加 1 ℃，能使电阻率降低百分之几。深度在一二百米以内的地层，温度变化较小；深度越大温度越高。根据一般规律，深度每增加 100 m，地温增加 3 ℃。电测找水勘探深度较浅，所以就不必考虑温度对电阻率的影响。

四、岩层电阻率与层理的关系

大多数沉积岩具有明显的层状构造。这种层状构造的岩石，具有明显的各向异性，即电流沿层理方向流动时电阻率 ρ_t 小于沿垂直层理方向流动时的电阻率 ρ_n。

层状构造的岩石的各向异性，一般用各向异性系数 λ 表示。

$$\lambda = \sqrt{\frac{\rho_n}{\rho_t}} \tag{13-2}$$

各种沉积岩的经验系数值如表 13-4 所示。电测找水在野外测量及资料分析时都要重视 λ 的变化。

表 13-4　几种沉积岩的经验系数值

岩石名称	λ	ρ_n/ρ_t
层理不明显的黏土	1.02 ~ 1.05	1.04 ~ 1.10
具有砂夹层的黏土	1.05 ~ 1.15	1.10 ~ 1.32
成层砂岩	1.10 ~ 1.29	1.20 ~ 1.65
泥板岩	1.10 ~ 1.58	1.20 ~ 2.50
泥质砂岩	1.41 ~ 2.24	2.00 ~ 5.00
烟煤	1.73 ~ 2.55	5.00 ~ 6.50
无烟煤	2.00 ~ 2.55	4.00 ~ 6.50
石墨页岩及碳质页岩	2.00 ~ 2.74	4.00 ~ 7.50

实际分析岩层电阻率时，要有机地联系起来，综观各个因素，抓住不同条件下的主要因素。自然界中的岩层、岩石及其成分、结构、构造十分复杂，所处环境又在不断地变化，所以，不可能肯定某种岩层、岩石的固定电阻率值，但是某种岩石电阻率大体有个变化范围，如表 13-5 所列。

表 13-5　几种常见岩石电阻率变化范围

名称	电阻率（Ω · m）	名称	电阻率（Ω · m）
片麻岩	$2\times10^2 \sim 3.4\times10^4$	泥灰岩	$0.5 \sim 10$
花岗岩	$3\times10^2 \sim 10^4$	泥岩	$4\times10^{-4} \sim 6\times10^2$
石英岩	$10 \sim 2\times10^5$	碳岩	$2.5\times10 \sim 1.15\times10^4$
大理岩	$10 \sim 10^5$	砂岩	$1 \sim 5\times10^7$
石灰岩	$6\times10 \sim 5\times10^5$	板岩	$10 \sim 10^3$

综上所述，有以下几点规律：

第一，岩层电阻率主要取决于含水状况和地下水矿化度的大小，干燥时电阻率高，反之则低；矿化度高电阻率低，矿化度低则电阻率高。

第二，火成岩电阻率一般高于沉积岩，而沉积岩中水化学沉积岩石，如岩盐、石膏等的电阻率最大；致密完整岩层的电阻率高于松散或破碎且含水的岩层。

第三，平原地区黏土的电阻率低于砂、砾石层的电阻率；一般说来在第四系沉积层中，砂、砾石颗粒越粗，孔隙越大，电阻率就越高。

由于自然界的复杂性，在分析具体地区岩层电阻率时，一定要结合本地的水文地质条件，综合研究，才能得到比较符合实际的电阻率值。

第三节 视电阻率的概念

实际地面以下地层不止一层，而是由不同岩性的各种地层组成的。所以，我们勘探的对象很少是均匀的，不仅垂直方向各地层电阻率有很大差异，而且在水平方向上也有很大的变化。所以，研究非均匀介质中的电阻率测定，更有实际意义。

在自然条件下测量时，电极就不可能布置在同一介质上，或虽在同一介质上，但电流经过的范围已涉及不同的介质，仍然按理想均匀地层导出的公式计算，所得出的电阻率亦不是某一层的 ρ 值，而是作用范围内各种地层综合作用的结果。如图 13-1 所示，在测量所涉及的范围内，覆盖层以下还有两种不同电阻率的岩层，因而测出的 ρ 值，便是 ρ_1、ρ_2 和 ρ_3 综合作用的结果，这个电阻率称为"视电阻率"。为了与每一岩层的真电阻率相区别，则以 ρ_S 表示。视电阻率与地层真电阻率在概念上有本质的不同。视电阻率与下面因素有关：

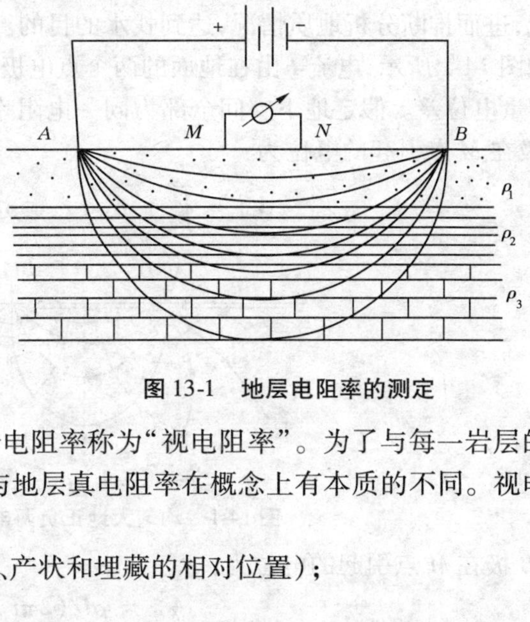

图 13-1 地层电阻率的测定

(1)地层的分布状况(各层的厚薄、产状和埋藏的相对位置)；

(2)各地层的真电阻率；

(3)供电电极与测量电极的相互位置；

(4)工作装置相对于地质体的位置。

实际测得的视电阻率 ρ_S，不仅与客观因素(地层的电阻率及其分布情况)有关，而且还与主观因素(电极排列形式、位置、大小)有关。所以，在不同情况下视电阻率有时接近这一层岩石的电阻率，有时又接近那一层岩石的电阻率。因此，根据测区各个测点上观测的视电阻率变化规律，便可以解释地下各种不均匀体的分布状况，从而达到找水的目的。

第十四章　电阻率法找水的方法原理

电阻率法是电法之中找水应用历史较长、理论研究较为完善、应用最为广泛的一种方法。我国在 20 世纪 60 年代初期开始运用此方法在山丘和平原地区进行电测找水工作，取得了众多成功的找水经验与实例。

第一节　电阻率法找水的基本原理

一、均匀地层电阻率的测定

电阻率法野外观测时一般是由正、负两个电极向地下送入电流，地下的电流场受不同电阻率岩层的影响而有不同分布规律。因此，在地表观测电位，就能推知地下电阻率的分布情况，进而推断分析地质情况，达到找水的目的。

如图 14-1 所示，电流 I 由在地面的两个点电极 A、B 送入地下，并在另外两点电极 M、N 处测量电位差。假定地下空间全部为同一电阻率 ρ 的均匀介质，则根据电学的高斯定理，A 极在 M 点引起的电位为：

$$V_M^A = \int_{r_{AM}}^{\infty} E_M \mathrm{d}r = \rho I/(2\pi r_{AM}) \tag{14-1}$$

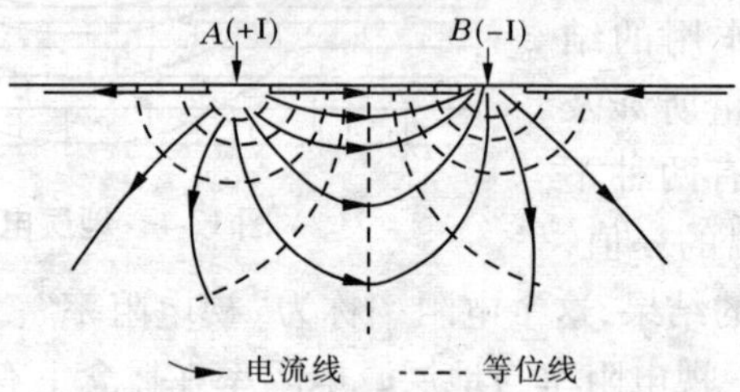

图 14-1　均匀大地正负两电极的电流场

同理 B 极在 M 点引起的电位为：

$$V_M^B = \rho I/(2\pi r_{BM}) \tag{14-2}$$

式中　r_{AM}、r_{BM}——M 点至 A、B 电极的距离；

I——电流强度。

则 M 点电位为：

$$V_M = V_M^A + V_M^B = (\rho I/2\pi)(1/r_{AM} + 1/r_{BM}) \tag{14-3}$$

同样在 N 点有：

$$V_N = V_N^A + V_N^B = (\rho I/2\pi)(1/r_{AN} + 1/r_{BN}) \tag{14-4}$$

因此 M、N 两点的电位差为：

$$\Delta V = V_M - V_N = (\rho I/2\pi)(1/r_{AM} + 1/r_{BM} - 1/r_{AN} - 1/r_{BN}) \tag{14-5}$$

故电阻率 ρ 为：

$$\rho = 2\pi(\Delta V/I)/(1/r_{AM} + 1/r_{BM} - 1/r_{AN} - 1/r_{BN}) = K \cdot \Delta V/I \tag{14-6}$$

装置系数 K 值为：

$$K = 2\pi/(1/r_{AM} + 1/r_{BM} - 1/r_{AN} - 1/r_{BN}) \tag{14-7}$$

在电测找水中，常使用四极对称装置，此时的 $r_{AM} = r_{BN}$，$r_{AN} = r_{BM}$，装置系数 K 值简化为：

$$K = \pi \cdot AM \cdot AN/MN \tag{14-8}$$

根据式(14-6)及式(14-8)，就可计算出四极装置测定地下半空间均匀地层的电阻率 ρ。

二、人工电场的分布

通过 A、B 电极向地下供电形成的人工电流场，其地下分布有以下几条规律：

(1)从电源正极流出的电流，最后全部回到负极，电力线总数保持不变；

(2)电力线有尽可能使经过的路程为最短的特性；

(3)各电力线之间存在着相互排斥的作用。

依据第一条规律，电力线将大部分靠近地表面，但由于第三条的存在，将有一部分电力线被排斥到地下深处。假定地表面的电流密度为 J_o，供电电极 A、B 中垂线上任意一点的埋藏深度为 h，则该点的电流密度为 J_h 与 h 的关系为：

$$J_h/J_o = 1/(1 + h^2/L^2)^{3/2} \tag{14-9}$$

式中 $L = AB/2$，关系曲线见图 14-2。由图中可见，要勘探埋藏较深的地质体，须采用增大供电电极的办法，使电场的分布范围更深、更广，使得地质体处的电流密度足够大。从理论上研究，只有当地质体的埋深小于 0.71AB 时，才有可能引起仪器观测到的电位变化。在野外实际工作中，当条件比较好时，最大勘探深度一般只能达到 $AB/2$。上面谈的是均匀地层中电力线的分布规律，在非均匀地层中，电力线还有尽可能通过良导电层的特性，利用这些规律，便可以在地面上观测地下不同深度的各种地层的电阻率，达到找水的目的。

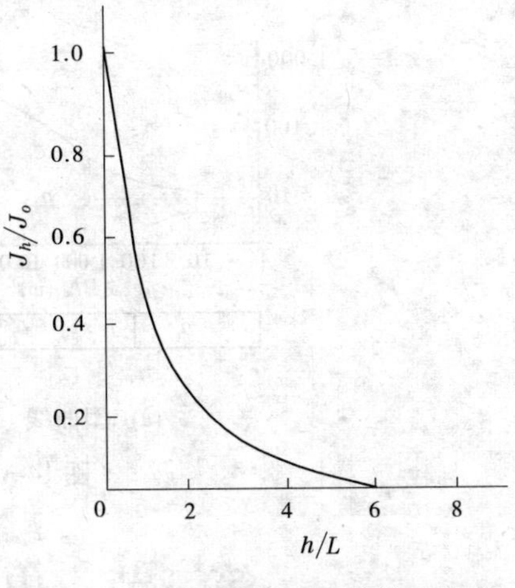

图 14-2　电流密度与深度的关系曲线

第二节　电测深法的方法原理

电测深法是用中心位置不变而逐渐加大供电电极距的方法，测出一系列 ρ_S 值，从而了解某一点从浅到深沿垂直方向的地质条件。

在图 14-3 中，当供电电极 A、B 位于 A_1、B_1 位置时，电力线大部集中于 $A_1C_1B_1$ 的半球内，因而测出的 ρ_S 主要受该半球内岩层电阻率的影响。当 A、B 改变到 A_2、B_2 位置时，半球体变为 $A_2C_2B_2$，测出的 ρ_S 不仅受到 $A_2C_2B_2$ 半球内岩层电阻率的影响，而且受到 C_1 ~ C_2 深度内的岩层电阻率的影响。当 A、B 距离继续增大时，电力线的深度也就逐渐增大，

ρ_S 值也就受到深度更大的岩层电阻率的影响。如果以 $AB/2$ 为横坐标，以算出的 ρ_S 值为纵坐标，将测量结果点绘到双对数纸（模数为 6. 25 cm）上，就得出了电测深曲线图（见图 14-4）。

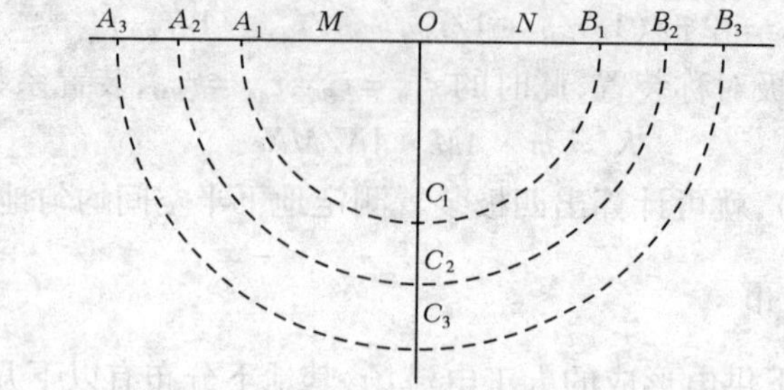

图 14-3　测量深度随 AB 变化示意图

在电测深曲线中，上升的曲线段反映了地下高阻岩层的存在，如图 14-4（a）所示；下降的曲线段反映了低阻岩层的存在，如图 14-4（b）所示。

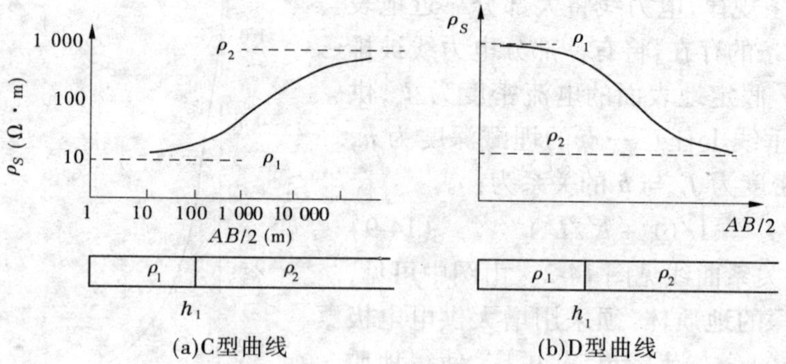

图 14-4　电测深 ρ_S 曲线示意图

第三节　电剖面测量的方法原理

电剖面法按供电电极和测量电极之间的排列关系，可分为联合剖面、梯度剖面、四极对称剖面、偶极剖面等多种形式，其基本原理是一致的。就其电场的分布特点和找水效果而言，联合剖面法更能满足山区电测找水的特点。因而，下面仅就联合剖面法的方法原理进行介绍。

联合剖面是电阻率剖面测量的一种变种，从其物理实质及电场分布特点分析，该方法受体积勘探效应影响较小，可以提高电阻率剖面测量对直立电阻率接触面或含水构造等所引起视电阻率异常的分辨率。这也是我们在山区找水中将该方法列为主要电测找水方法依据的原因。

它的电极装置是由两个三极装置 AMN 和 MNB 所组成，三个极之间的距离固定，另有在测线垂直方向的 AB 中点很远的电极 C，用以接通电流，如图 14-5 所示。

假定 C 极对产生 M、N 点之间的电位差不起作用。当移动整个装置逐点测量，接通 AC 两电极时，测得视电阻 ρ_S^A。再接通 BC 两电极时，测得视电阻率 ρ_S^B，两者的平均值应等于以四极对称装置测得的视电阻率 ρ_S 值。

联合剖面把四极对称视电阻率剖面分裂为两支，如图 14-6 所示。两支曲线在接触面或构造破碎带处的 ρ_S^A、ρ_S^B 值变化，应比其平均值明显，至少是其中一支变化明显。此外，两支曲线常出现交叉点，从交点性质及两曲线不对称情况可以了解地下地质体属低阻还是高阻以及其产状，或者可以了解接触面两边电阻率的变化，这是联合剖面法的优点，也是其不同于其他剖面测量的地方。

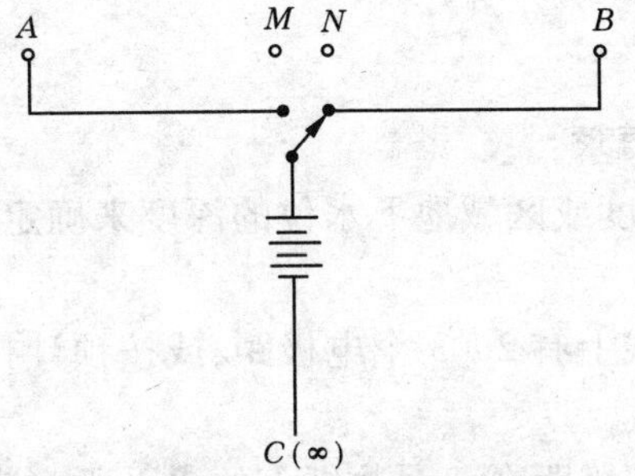

图 14-5　联合剖面测量的电极排列

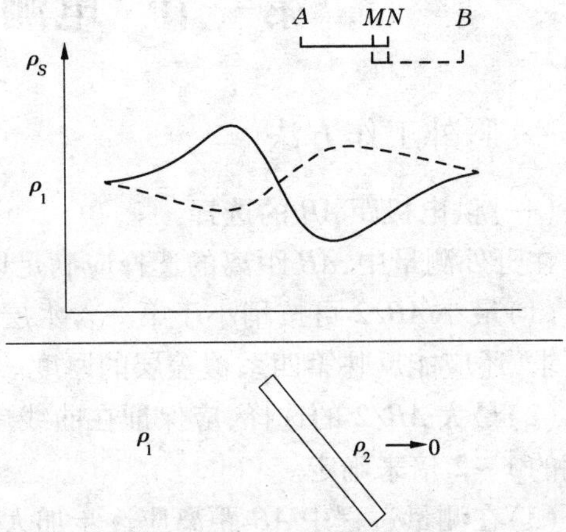

图 14-6　联合剖面视电阻率曲线 ρ_S^A、ρ_S^B

另外，因导体倾斜一侧为极大值出现的方向，采用此法测量还可确定构造的倾斜方向，通过不同极距的电剖面测量还可断定其倾角，故此方法在找水中应用较广。

第十五章　电阻率法找水的技术方法

第一节　电测深法的技术方法

一、野外工作方法

(一)供电极距 AB 的选择

在野外测量中,AB 距离的选择应满足以下三点要求:

(1)最小 AB/2 可按稍小于第一含水层的埋藏深度或区域地下水位的深度来确定,如有要求,还应能反映第四系覆盖层的厚度。

(2)最大 AB/2 的选择,应保证在曲线尾段渐近线上有 2~3 个电极距,或按预计打井深度的 1~2 倍来确定。

(3)在测量过程中 AB 距离应逐步加大,两个相邻极距在双对数纸上的水平距离应在 0.5~2 cm 的范围内,通常取:

$$(AB/2)_{i+1}/(AB/2)_i = 1.2 \sim 1.5 \tag{15-1}$$

根据我们的经验,建议按表 15-1 中所列的极距进行选取。

表 15-1　八分之一等比装置电测探极距

序号	1	2	3	4	5	6	7	8	9	10	11
AB/2(m)	2.5	4	6	9	12	16	20	25	32	40	50
MN/2(m)	0.31	0.5	0.75	1.13	1.5	2	2.5	3.13	4	5	6.25
序号	12	13	14	15	16	17	18	19	20	21	22
AB/2(m)	60	74	90	110	135	170	210	260	320	400	500
MN/2(m)	7.5	9.25	11.25	13.75	16.89	21.25	26.25	32.5	40	50	62.3

(二)测量极距 MN 的选择

MN 的选择一般分等比装置和固定装置两种方式。等比装置一般选用八分之一装置,即 MN=AB/8。如信号较弱时,也可适当加大 MN 的距离,如选取五分之一或三分之一装置,应根据地电条件灵活运用。

随着测试仪器智能化的发展,测量精度的提高,固定装置亦普遍运用。该装置所用人力少,受不良地质体干扰的影响小,效果较好。

(三)布线方向的选择

在山丘地区,布线应选择地形较平坦的、与可能的构造走向垂直的方向布极,避免穿越较深的沟谷和陡崖,造成地形影响误差。

在平原地区,地层分布较为均匀,一般以布线方便为原则,可不考虑布线方向。

二、电测深曲线解释分析方法

电测深曲线解释的主要任务,是通过对各电性层曲线的分析计算,依据岩性及测量结果,辨认含水层,解释界面深度,推断地下含水层的性质、部位、厚度等情况,指导我们选定井位。它是电测深工作中极其关键的一项工作,必须仔细认真地进行。

(一)电性层电阻率及界面深度的解释方法

电测深曲线的解释工作,以能满足电测找水为目的。根据我们长期生产经验,通过研究分析与总结,认为简易拐点切线法和经验系数法较为切实可行,具有快速、准确和易于掌握的特点,符合平原和山区找水的工作要求。

1. 简易拐点切线法

以往用拐点切线法分析电测深曲线,是从曲线的第一层开始,逐层往下分析。经过我们的工作实践,证明在多层曲线中,可以只选取某一层(目的层)曲线进行解释,称为简易拐点切线法,其解释步骤如下:

第一步,作出与目的层曲线段重合最长的拐点切线 P_1,及其上部相邻电性层的拐点切线 P_2。P_1、P_2 两切线的交点为 O_1 点,O_1 点的纵坐标为 ρ_0,横坐标为上界面深度(上部浅层为第四系覆盖时,即为基岩埋深);对于深层含水层顶界面,应为 P_1 及 P_3 之交点 O_2 的横坐标乘以深度校正系数,见图 15-1。

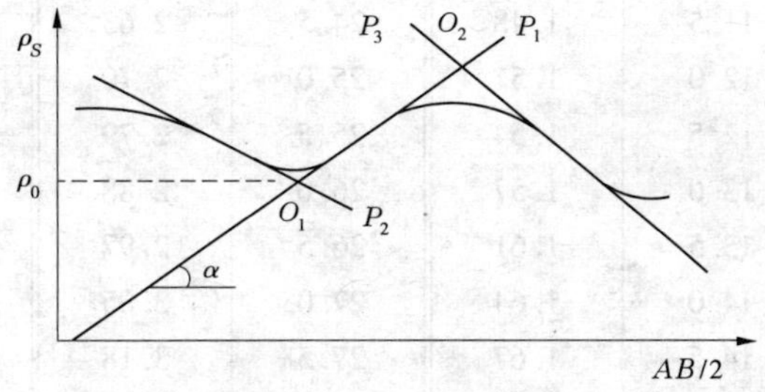

图 15-1　简易拐点切线法

第二步,用量角器量出切线 P_1 与横坐标的夹角(锐角),该角为 α 角。如果曲线段为上升段,为正角;反之则变为负角。根据 α 值,从 α—μ 关系相关表(见表 15-2)中查出 μ 值,则目的层的电阻率 $\rho=\mu\cdot\rho_0$。由此计算出的电阻率 ρ,便是该电性层的解释电阻率值。

2. 经验系数法

岩层分界面的实际深度与曲线转折点的横坐标(即电性层起始点的 $AB/2$ 值)有一定的关系。一般规律是岩层界面深度小于或等于曲线转折点的横坐标。实际深度与曲线转折点的 $AB/2$ 值的比值,叫做深度修正系数。表 15-3 是我们在山丘基岩地区找水中不断改进和总结的研究成果,利用它解释的埋藏深度,一般可满足找水定井的要求。

(二)含水层的分析与辨认

高阻岩层地区,包括石灰岩、大理岩、脆性砂岩、花岗岩等,凡是相对富水的构造破碎带、岩溶裂隙发育带,在测深曲线上通常呈相对低阻反映。根据多年的测深定井实践,可主要总结归纳为缓(缓升)、平(水平)、降(下降)三种变异特征,9 种曲线表现形态,作为辨认含水层进行定性解释的依据。

1. 缓升变异

测深曲线上由于缓升变异段的埋深不同,分为三种表现形态。

表 15-2　α—μ 相关表

α	μ	α	μ	α	μ	α	μ
0.0	1.00	18.0	1.91	31.0	4.00	−5.0	0.83
4.0	1.10	18.5	1.96	31.5	4.20	−10.0	0.71
6.0	1.20	19.0	2.00	32.0	4.40	−15.0	0.61
6.5	1.23	19.5	2.05	32.5	4.60	−20.0	0.52
7.0	1.25	20.0	2.10	33.0	4.80	−25.0	0.45
7.5	1.28	20.5	2.15	33.5	5.04	−30.0	0.38
8.0	1.30	21.0	2.20	34.0	5.27	−35.0	0.33
8.5	1.33	21.5	2.25	34.5	4.54	−40.0	0.28
9.0	1.35	22.0	2.30	35.0	5.80	−45.0	0.23
9.5	1.38	22.5	2.36	35.5	6.25	−50.0	0.18
10.0	1.40	23.0	2.40	36.0	6.70	−55.0	0.14
10.5	1.43	23.5	2.48	36.5	7.15	−60.0	0.10
11.0	1.45	24.0	2.55	37.0	7.60	−65.0	0.07
11.5	1.48	24.5	2.63	37.5	8.30	−70.0	0.04
12.0	1.51	25.0	2.70	38.0	9.00	−75.0	0.02
12.5	1.54	25.5	2.79	38.5	9.90		
13.0	1.57	26.0	2.88	39.0	10.80		
13.5	1.61	26.5	2.97	39.5	11.90		
14.0	1.64	27.0	3.05	40.0	13.00		
14.5	1.67	27.5	3.18	40.5	14.65		
15.0	1.70	28.0	3.30	41.0	16.30		
15.5	1.74	28.5	3.40	41.5	18.55		
16.0	1.77	29.0	3.50	42.0	20.80		
16.5	1.81	29.5	3.63	42.5	24.15		
17.0	1.84	30.0	3.75	43.0	27.50		
17.5	1.88	30.5	3.88	43.5	32.75		

注：α 为"切线与横坐标的夹角(锐)，以度(°)表示。上升段 α 为正角，下降段 α 为负角。

表 15-3　基岩地区深度修正系数

AB/2(m)	修正系数	
	转点前曲线上升角 <25°	转点前曲线上升角 >25°
<50	1	0.95 ~ 1
50 ~ 150	0.85 ~ 0.95	0.75 − 0.85
150 ~ 500	0.65 ~ 0.75	0.50 ~ 0.65

注：曲线下降有最低点时，该点的修正系数为 1。

(1)急剧上升段后的缓升段，可视为含水层。在石灰岩、大理岩、脆性砂岩地区，当含水层埋藏较深，而且较薄，厚度达不到前一层的 20 多倍时，上升曲线出现渐近线比较困难，往往在急剧上升段后出现缓升段。图 15-2 为泰安某地农业供水井的测深曲线，25 m

以上为土层(底部有砂砾石),下伏石灰岩和白云质灰岩,前段以40多度上升,显示了灰岩完整的特征,90 m开始变缓,110 m后成一缓升电性层。经钻探验证,98.2 m以后白云质灰岩破碎,岩溶裂隙发育,140 m终孔,降深30 m每小时涌水量56 t。

(2)夹在两个急剧上升段之间的缓升段,一般是较好的含水层。图15-3是历城某供水井的电测深曲线,13 m以上为黏土,下伏中奥陶石灰岩。曲线在24 m以前、135 m以后分别以40°、45°上升,是完整灰岩的反映,中间段只有32°,是相对富水反映。实打情况是60~121 m岩心破碎,159 m终孔,降深3.5 m时涌水量每小时62 t。

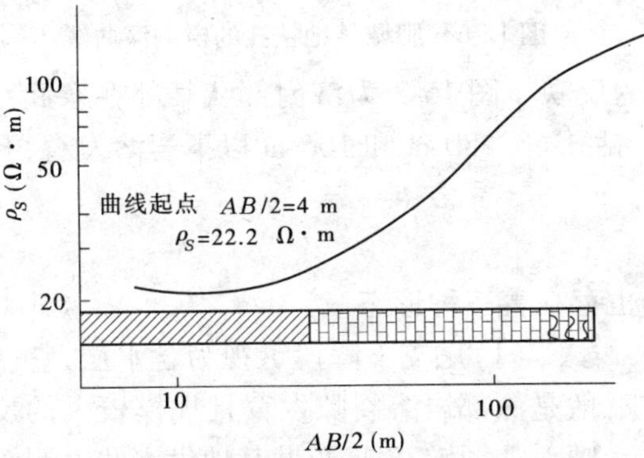

图15-2　泰安某地农业供水井的测深曲线

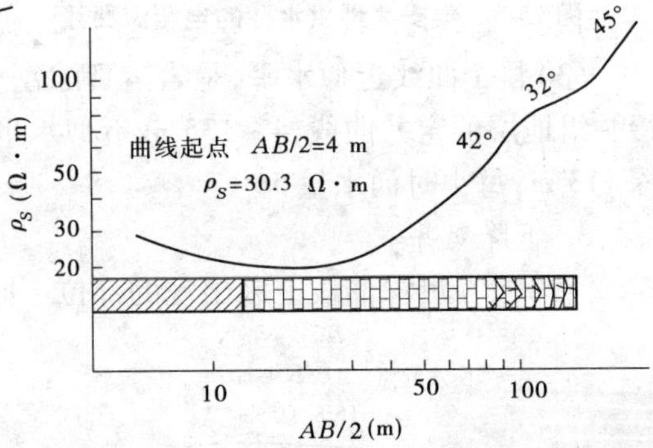

图15-3　历城某供水井的电测深曲线

(3)急剧上升段前边的缓升是比较可靠的含水层。这类曲线反映基岩上部岩溶裂隙发育。如图15-4所示曲线,15 m以上为黏土,下伏白云质灰岩,曲线前端呈31°缓升,尾支则转为42°。该地区地下水位仅24 m,经实打验证,水位以下岩心破碎,64 m终孔,每小时涌水量为80 t。

2. 水平变异

水平段在测深曲线上出现的部位不同,也有三种表现形态。

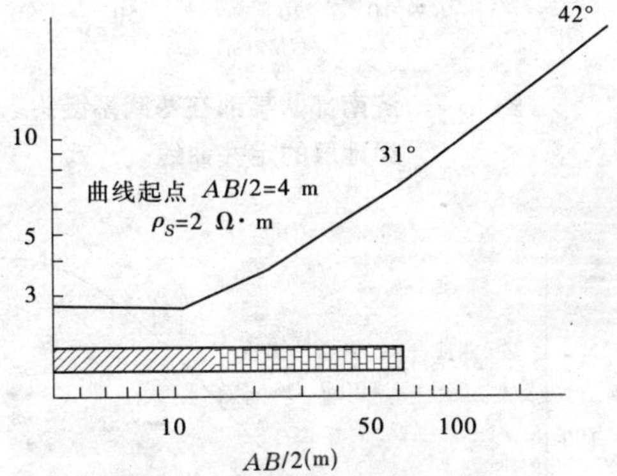

图15-4　某供水井电测深曲线

(1)尾支变平的水平段是含水层的反映。根据岩性分析,在没有低阻岩层的干扰且不是前段的渐近线时,是岩溶裂隙发育深度大、范围宽的表现。图15-5是泰安某地供水井的电测深曲线,4 m以下见寒武系馒头组石灰岩,曲线自135 m以后变平,经钻孔证实,自110 m后岩心破碎,裂隙发育,148.18 m终孔,降深25 m时每小时出水量56 t。

(2)两个上升段之间水平段可视为含水层。这类曲线前支反映上部基岩完整,拐曲的水平段是岩溶裂隙破碎带的反映,尾支上升则为基岩相对完整。图15-6是肥城某地钻孔的电测深曲线,26 m以上为土层,底部含有砾石,下伏中奥陶石灰岩。实打验证,39~72 m岩心破碎,150 m终孔,每小时出水量50 t。

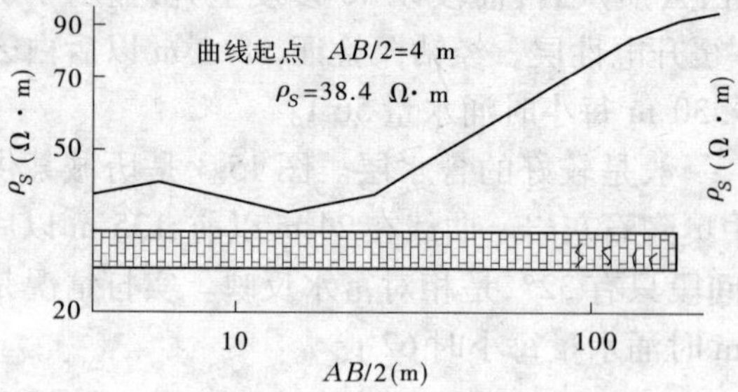

图 15-5　泰安某地供水井的电测深曲线

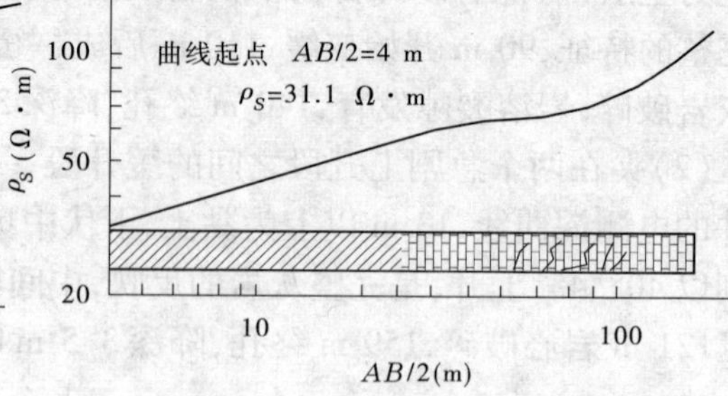

图 15-6　肥城某地钻孔的电测深曲线

(3)整个曲线近似水平，是岩溶裂隙富水的反映。图 15-7 为济南部队某部在寒武系馒头组地层的定井曲线，4～135 m 近似水平。钻孔 60～80 m 和 106 m 以下岩溶发育，孔深 113 m，每小时涌水量 56 t。

3. 下降变异

下降段在测深曲线上因出现的部位不同，也存在着三种形态。

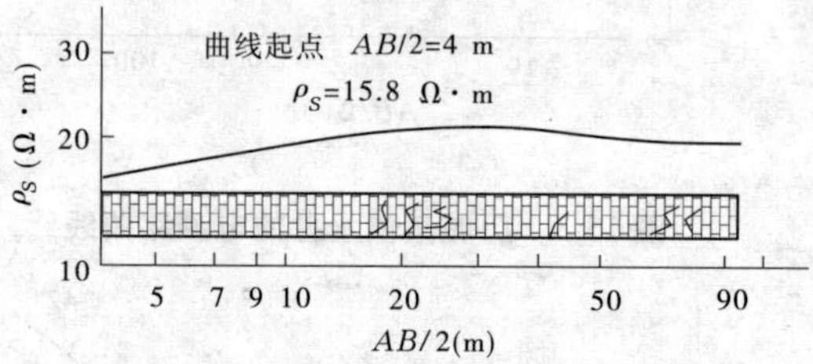

图 15-7　济南部队某部在寒武系馒头组地层的定井曲线

(1)尾支下降段可视为含水层，它一般是深部岩溶裂隙发育且规模较大的反映。如图 15-8 是历城某地供水井电测深曲线，7 m 以上为土层，下伏中奥陶石灰岩。曲线接触基岩以后以 45°上升，表明基岩完整，170 m 开始变缓逐渐下降。经钻孔证实，165 m 以后岩心开始破碎，194 m 终孔（实际刚进入含水层），每小时出水量为 40 t。

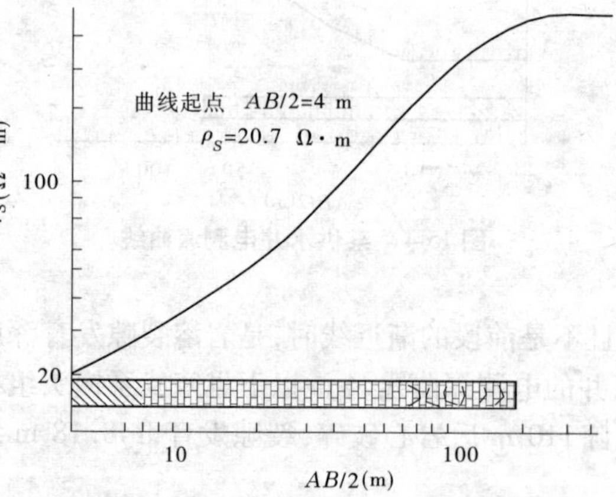

图 15-8　历城某地供水井电测深曲线

(2)两个急剧上升段之间的下降段可视为含水层。如图 15-9 所示，为历城某地钻孔电测深曲线，11.6 m 以前为黏土，下伏中奥陶灰岩，曲线前后两支大角度上升是岩性完整的反映，中间下降段为岩溶裂隙的反映。实打验证，63 m 岩心开始破碎，116 m 泥灰岩破碎严重，167 m 终孔，每小时出水量 56 t。

(3)只有尾支急剧上升，前段下降的曲线，下降段是中、上部岩溶裂隙发育相对富水的反映。如图 15-10 是长清某地供水井电测深曲线，开孔岩性为中奥陶底部石灰岩，以下为泥灰岩和下奥陶白云质石灰岩。井深 100 m 终孔，自 20～96 m 岩溶发育，每小时出水量 56 t。

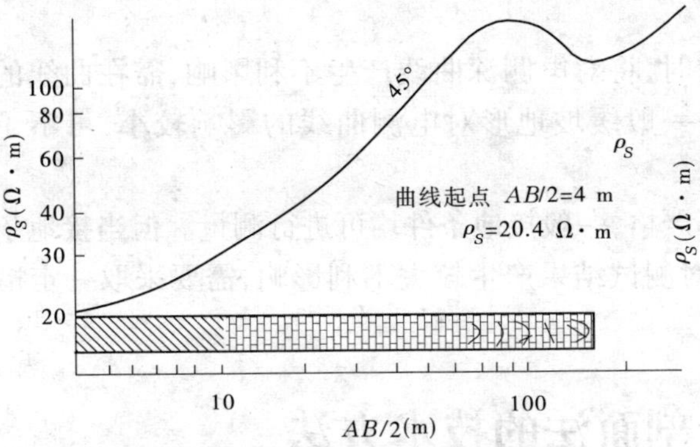

图 15-9　历城某地钻孔电测深曲线

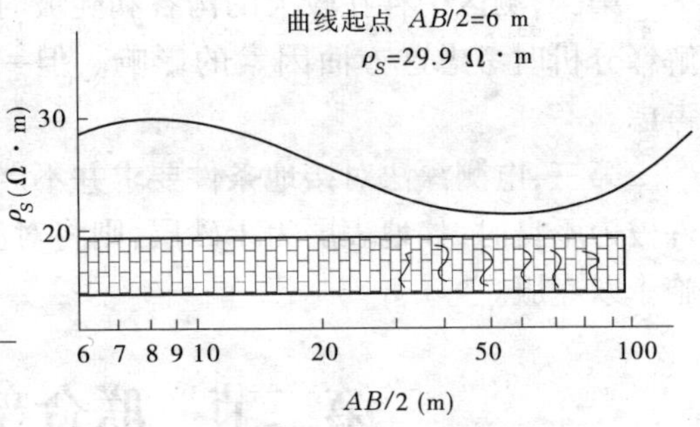

图 15-10　长清某地供水井电测深曲线

(三)应用含水层的解释电阻率进行找水定井

在分析辨认含水层的基础上,运用由简易拐点切线法计算得出的解释电阻率的大小,可进一步推断含水层的富水状况,作为找水定井的指标。

在长期实践中,我们通过大量的井旁测深,特别是96眼验证井的实打资料,统计了各种石灰岩、大理岩和部分脆性砂岩地层、岩溶裂隙或构造相对富水的解释电阻率范围,作为找水定井的参考,见表15-4。据统计,采用此方法定井成井率达到90%以上。

表 15-4　主要岩层破碎富水的解释电阻率范围

时代		石灰岩、大理石、脆性砂岩岩溶裂隙破碎带(充水)解释电阻率(Ω·m) 一般值	最大值	备注
中石炭系	草埠沟、徐家庄组	100~250	300	石灰岩
中奥陶系	马家沟组	300~500	600	
下奥陶系	冶里—亮甲山组	200~300	400	
上寒武系	凤山、长山组	<300	300	
中寒武系	张夏组	200~300	400	
下寒武系	馒头组	200~300	400	
白垩、侏罗、二叠、石炭系		<200	300	脆性砂岩为主

有关白垩系、侏罗系、二叠系等以柔性砂页岩为主的地层,已知孔较少,还统计不出确切的范围,今后需进一步加以研究。

三、影响电测深效果的地电条件分析

根据我们的找水实践,影响电测深找水效果的地电条件主要表现在以下三个方面,需在找水工作中加以注意。

第一,电测深法是一种体积勘探,因而要求被测目的层要有一定规模。目的层埋藏越深,要求其厚度越大,当含水层厚度较薄或构造破碎带规模较小时,在电测深曲线上一般较难反映出来。

第二,测区中存在较大的沟谷和陡坡时,将对电测深曲线产生不利影响,需在曲线的解释分析时考虑这方面因素的影响。但一般缓坡地形对电测曲线的影响较小,可不予考虑。

第三,电测深法对接地条件要求并不严格,一般接地条件均可进行测量。但当接地条件极为不良时,如地表层为干砂层,则将对测试结果产生较大不利影响,需要采取一定措施予以克服。

第二节　联合剖面法的技术方法

一、野外工作方法

(一)供电极距的选择

供电极距 AB 相对于测点中心 O 对称布置,即 $AO=BO$,AO 的大小应根据覆盖层的厚度或地下水的埋深(H)来确定,一般应大于 $3H\sim5H$。如果 AO 选择得过小,测量结果受覆盖层或地下水位以上岩层影响太大,无法真实反映地下含水层的情况。

无穷远极 OC 的距离应选择大于 AO 的 5 倍,使 C 极所形成的电场与 A、B 极所形成的电场相比而言可忽略不计。

(二)测量极距 UN 的选择

山区找水实质上是寻找构造破碎带,一般断层破碎带的宽度不很大,如果 MN 过大,则断层反映不明显,过小则信号较弱且易受地形条件的干扰。根据我们的实践,$MN/2$ 的距离取 10 m,测点距离取其与 $MN/2$ 的距离相等,工作起来既方便效果也较好。

(三)测线方向的选择

测线方向即为布极方向,其方向的选取应尽量垂直或斜交于预计的断层破碎带的走向。

联剖测量的 A、B 两个电极中,沿测线前进方向的前方一个为 B 极,另一个为 A 极。为了减小工作量,尽快地找到断层位置,当第一个测点测毕后,看一下哪一边的 ρ 值小,将 ρ 值小的作为 ρ_S^B,即作为前进方向,另一个作为 ρ_S^A。改变测点时,仪器可以随 A、M、N、B 逐点移动,也可以仪器不动只移动 A、M、N、B。在测线长度不是很大时,无穷远极 C 一般固定不动。

二、联剖曲线解释分析方法

(一)确定断层破碎带的位置

在方格坐标纸上,以横坐标代表某一测线上的测点距离,以纵坐标代表 ρ_S 值,将 ρ_S^A、ρ_S^B 点绘在同一图上,将各点的 ρ_S^A、ρ_S^B 分别连接起来,即得到 ρ_S^A、ρ_S^B 曲线图,如图 15-11 所示。ρ_S^A、ρ_S^B 二曲线的交点有的为矿交点,有的为非矿交点。矿交点又叫低阻交点,非矿交点又称做高阻交点。

矿交点的位置即为断层破碎带的位置。其在曲线上的特征是，在交点的左侧 $\rho_S^A > \rho_S^B$，在交点的右侧 $\rho_S^A < \rho_S^B$。

非矿交点依据岩性判别，在低阻岩层中有的是高阻含水岩脉，有的则可能是局部岩体较为完整，在找水中一般依据围岩性质进行分析确定是否采用。若围岩为低阻岩层则可采用，反之不宜采用。在石灰岩地区，低阻交点的位置往往所反映的是岩溶裂隙发育带。但也经常遇到一直 $\rho_S^A > \rho_S^B$ 的曲线，未形成矿交点，但同步下降呈低阻凹斗异常，如图 15-12所示。经找水实践证明，此类明显的凹斗异常，多是基岩裂隙发育富水的反映，找水定井成井率较高，可以采用。

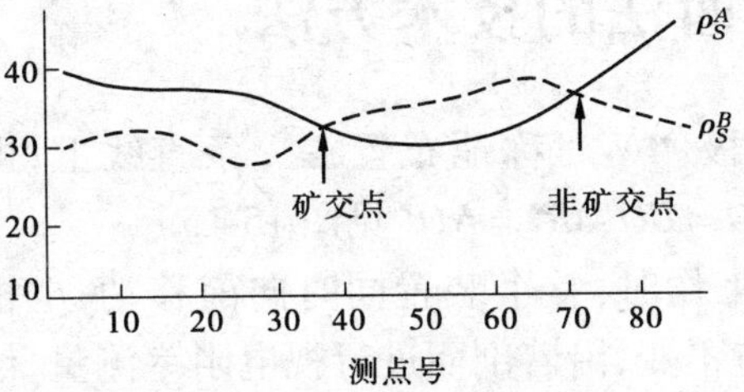

图 15-11　ρ_S^A、ρ_S^B 曲线

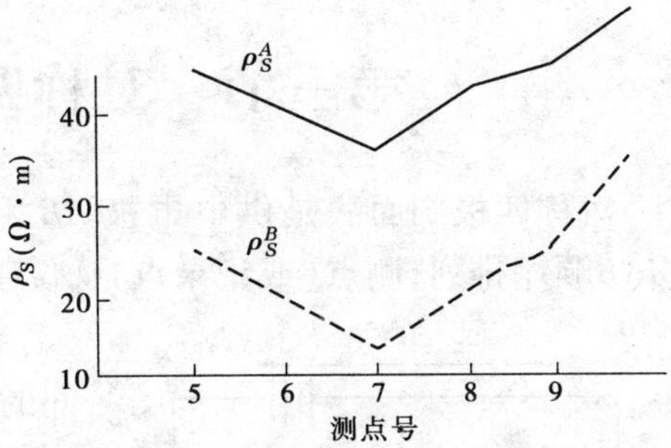

图 15-12　未形成矿交点的 ρ_S^A、ρ_S^B 曲线

（二）确定断层带的走向

将同一测区平行的各测线的测试曲线按一定的比例尺绘在平面图上，找出各条测线的矿交点，这些矿交点的连线就代表了断层破碎带的走向，如图 15-13 所示。

（三）确定断层面的倾向

在实际工作中，可以用两个不同极距的联合剖面装置，同时在一条测线上进行测量。大极距可以确定断层在深部的位置，小极距则反映断层在浅部的位置。如果大极距与小极距在曲线上矿交点的位置一致，则说明断层倾角较大，近于直立；不一致则说明断层是倾斜的。根据两个矿交点的位置，就可以确定出断层面的倾向，如图 15-14 所示。

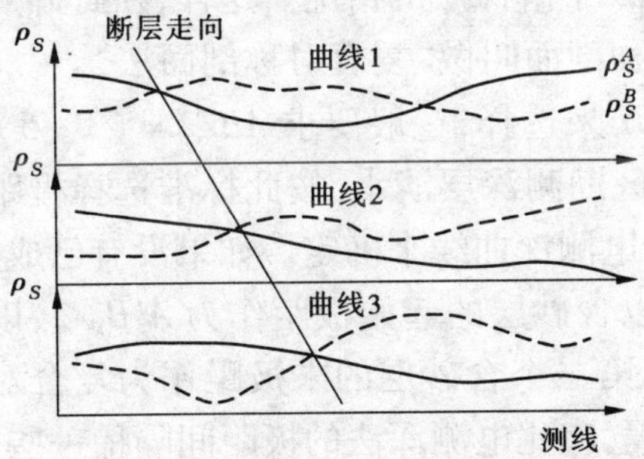

图 15-13　确定断层带的走向

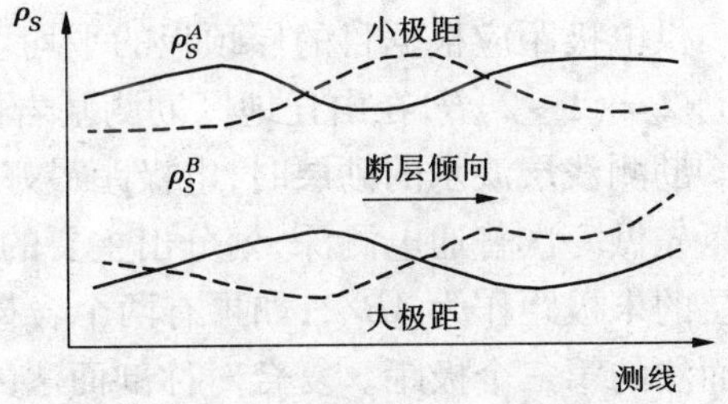

图 15-14　确定断层面的倾向

三、适用性分析

应用联合剖面法寻找基岩裂隙水，当地电条件较相适应时，其找水效果是相当显著的。根据我们的找水实践与体会，其适用条件大致包括以下几个方面：

(1)地形平缓、地域开阔,测区内不存在较大的沟谷和陡坡,电极接地条件较好时,则适宜于该方法的开展,测试结果才能充分可靠。

(2)该方法适宜于在高阻岩层地区,如石灰岩、大理岩、花岗岩等进行找水定井工作,此类地层构造裂隙富水带与围岩电性差异明显,从物理上讲也可以较充分地满足联合剖面法找水的方法原理和物理实质。

(3)第四系覆盖层的厚度不宜过大。当其厚度超过 30 ~ 50 m 时,由于土层的电阻率较小,导电性强,从而导致断层破碎带的异常减弱或淹没。此外,覆盖层厚度的变化如较大,也会产生一些假象,干扰资料的解释与判断,影响其找水效果。

第三节　对称四极剖面法的技术方法

对称四极剖面法是供电电极 AB 和测量电极 MN 对称地布置在一条直线上,即按 $AMNB$ 顺序排列,测点(或记录点)O 位于中心,$AO = BO$,$MO = NO$(见图 15-15)。

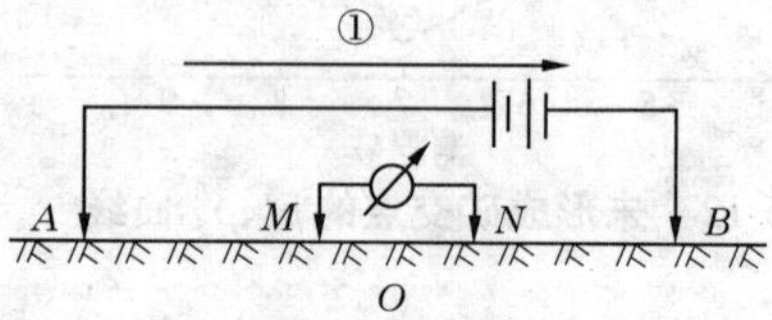

图 15-15　四极对称剖面装置示意图

在野外工作时,整个装置同时向前移动,电极之间的距离保持不变,沿着剖面进行视电阻率测量,绘出一条随测点位置而变化的视电阻率曲线。

对称四极剖面法在平原地区主要用来寻找砂层和寻找淡水,在山丘地区可以了解土层厚度的变化规律和查明基岩破碎带及不同岩石接触面的位置。当然,这些问题也可以用电测深法来解决。由于对称四极剖面法速度快,测点可以增多,工作可以做得更细,也就可以从更多的测点中选出最好的井位来。

一、野外工作方法

在实际工作中,为了便于分析对比,经常采用对称于 MN 布置两组供电电极 $A'B'$ 和 AB。用较小的 $A'B'$ 了解浅层地质情况;用较大的 AB 了解深层的情况。这样,在野外观测中对应于两组供电电极测得 ρ'_S 和 ρ_S 两条曲线,这种剖面叫做"复合对称剖面法"。

供电极距应根据目的层顶板的平均埋藏深度 H 来选择,一般要求 $AB/2 = (3 \sim 5)H$,$A'B'/2 = (1 \sim 2)H$,在山丘地区勘测基岩及平原地区勘测深层淡水,按此标准选择极距较好。勘测浅层淡水的砂层时,电极距最好根据井旁电测深曲线来确定。如果没有已成井,可以先做一次普通电测深,划分出主要的含砂层,以含砂层的起始极距作为 $A'B'/2$,以含砂层的末极距作为 $AB/2$;如果有两个含砂层,则以第二个含砂层的末极距作为复合对称剖面法的第三个极距。复合对称剖面法的极距间隔,应比电测深法的极距间隔稀一些,两个相邻极距在双对数纸上的水平距离,可以选用 1.5 ~ 2 cm。这样不仅控制的深度大一些,也不致过多地增加工作量,且 ρ_S 值的变化较为明显,反映出的砂层较可靠。测量极距可以用固定装置,K 值的计算方法及 ρ_S 值的计算方法,与电测深法相同。

MN 的中间即是测点,测点的布置,可沿一定的方向构成勘探线;也可以不按勘探线,结合在勘测过程中掌握的地质条件的变化规律灵活布置。

二、曲线的解释分析方法

结合找水工作的特点，复合对称剖面法的测量结果可以绘制成以下几种图件进行分析：

(1)简易电测深曲线图。和绘制电测深曲线一样，在双对数坐标纸上，以 $AB/2$ 为横坐标，以 ρ_S 值为纵坐标，每个测点都绘制一条简单的曲线。

如前所述，在平原地区电性层的电阻率越大说明水质越好。在水质基本一致的前提下，电阻率越大则砂层越好。电性层电阻率的大小可从两个方面显示出来：①ρ_S 值的大小；②曲线下降的快慢。某一段末极距的 ρ_S 值越大，曲线下降越慢(或上升快)，说明该段电阻率越大，即水质或砂层越好。

(2)ρ_S 值变换曲线图。为了使砂层在图上表现得更明显，在方格坐标纸上，以横坐标表示某一测线上各测点，以一定比例尺表示出各测点的间距，以纵坐标表示各测点的 ρ_S 变换值，即 $2\rho_S^2-\rho_S^1$。ρ_S^2 为第二个极距的 ρ_S 值，ρ_S^1 为第一个极距的 ρ_S 值。将各测点的 ρ_S 变换值($2\rho_S^2-\rho_S^1$)都点在图上，连成曲线。如果每个测点有 3 个极距，则以 $2\rho_S^3-\rho_S^2$ 为纵坐标连成另一个曲线。ρ_S 变换值的大小，能间接地反映出含砂层真电阻率的大小。ρ_S 变换值越大者，水质越好。在水质基本一致的前提下，ρ_S 变换值越大砂层越好。

(3)ρ_S 剖面图。在方格坐标纸上，以横坐标表示各测线上的测点，以纵坐标表示 ρ_S 值，将各测点的 ρ_S 值点在图上，极距相同者连成曲线。小极距的曲线主要反映目的层以上岩层电性的变化，大极距的曲线既受目的层的影响，又受上覆岩层电性的影响。对于大极距曲线上的异常，应首先根据小极距曲线考虑该异常是否由上覆岩层电性的变化引起，排除这个因素之后才能得出目的层有所变化的结论。例如为了查明某地基岩的起伏情况，采用复合对称剖面法，初步了解该地基岩大致的埋藏深度为 20～40 m。选取 $A'B'/2=20$ m，$AB/2=90$ m。在小极距曲线上只有一个高阻地段，显然它是由于覆盖层岩性的变化引起的，不说明基岩的起伏。在大极距曲线上有 3 个高阻地段，中间一个与小极距曲线上的异常相对应，仍为上层的影响，其他两个高阻地段则主要反映了基岩表面的隆起。

(4)等 ρ_S 平面图。在平面图上，标出各测点的位置，在测点旁边注上某一个极距的 ρ_S 值，然后像绘制地形等高线一样，用内插法画出 ρ_S 相等数值的连线，就得出了等 ρ_S 平面图。这种图可以作为解释的辅助图，对了解大面积的地质构造有一定帮助，小范围内找水可在低阻区选择测深点，即用电剖面法初选井位，再用电测深法进行复测，按照电测深法分析确定井位。

三、对称四极剖面与联合剖面法的比较

对称四极剖面法是两个点电源，而联合剖面法是一个点电源，从电场的分布规律来分析，是有一定内在联系的。对于同一个良导体来说，两种方法引起的异常是不同的。因为良导体引起异常大小的特点是：依靠沿着良导脉的延展方向导走电流而产生异常，即靠“纵向电导”，那么电场的方向与良导脉走向有很大关系。

当良导脉与电流线垂直时引起异常最小，而斜交时引起异常较大，在平行时引起异常

最大,由此说明,直立良导体用联合剖面法效果较好,而对称四极剖面法较差,水平成层良导体用对称四极剖面效果好。这点是对称四极剖面与联合剖面法的本质区别,也是效果不同的原因。所以,在选择工作方法时,要注意这个问题。

第四节 常用技术方法的视电阻率计算公式

(1)四极对称电测深法:

$$\rho_S = K \cdot \Delta V / I \tag{15-2}$$

$$K = \pi \cdot AM \cdot AN / MN$$

(2)三极电测深法:

$$\rho_S = K \cdot \Delta V / I \tag{15-3}$$

$$K = 2\pi \cdot AM \cdot AN / MN$$

(3)四极对称剖面法:

$$\rho_S = K \cdot \Delta V / I \tag{15-4}$$

$$K = \pi \cdot AM \cdot AN / MN$$

(4)三极剖面法:

$$\rho_S = K \cdot \Delta V / I \tag{15-5}$$

$$K = 2\pi \cdot AM \cdot AN / MN$$

(5)联合剖面法:

$$\rho_S = K \cdot \Delta V / I \tag{15-6}$$

$$K = 2\pi \cdot AM \cdot AN / MN$$

(6)一般计算公式:

$$\rho_S = K \cdot \Delta V / I \tag{15-7}$$

$$K = 2\pi / (1/r_{AM} + 1/r_{BM} - 1/r_{AN} - 1/r_{BN})$$

从以上各式可以看出,三极的各种方法,包括联合剖面法,其视电阻率的装置系数和计算公式是相同的,四极的各种方法亦是此规律。此外,三极的装置系数 K 值,是四极的装置系数的 2 倍。

第十六章 电阻率法山区找水的应用

第一节 电阻率法山区找水的合理工作程序

基岩裂隙含水带是复杂不规则的,没有固定的模式,其含水带完全受各种裂隙发育程度的控制,电阻率法的使用只是寻找与基岩裂隙水有关的断裂破碎带、岩溶裂隙发育带、接触带等构造或地质体,属于一种间接的找水物探方法。同时,在一定的地质条件下,能否有效地利用物探手段来寻找地下水源,并非单受地电条件的限制,还取决于是否正确地运用这种方法。因而,应用电阻率法找水,依据基岩裂隙水的地质—地球物理特征和实际地电条件,选取适当的物探工作方法,制定一种合理的工作程序,对于提高其勘测基岩裂隙水的地质经济效果,是非常必要的。经过长期的找水实践和技术研究,我们认为其合理的工作程序应主要包括以下几个方面。

首先,在测试工作部署前应充分地进行水文地质踏勘工作。通过地质踏勘,对测区地质地貌、地层岩性、构造和补给条件等有一个全面了解,推断出区域地下水位埋深等。从而初步确定拟采用的供水含水层和布井范围,为布署下一步的电测工作打好基础,做到心中有数。

其次,选取适宜的物探方法和工作部署。电阻率法的技术方法种类较多,在山区找水中应合理地选取和综合,这种合理性的要求是既能取得地质效果,又要符合经济原则。根据找水实践及探测效果来看,电测深和联合剖面这两种方法对于寻找基岩裂隙水最为有效,可以将这两种方法确定为基本山区找水探测手段。在具体的工作部署中,它们二者又可分为下面几种不同的运用方法。

(1)在地层岩性好、岩溶裂隙发育的地区,如中奥陶灰岩地层,一般单纯选用电测深法即可确定井位。

(2)当基岩埋深较浅、露头多,构造明显分布的地区,亦可直接选用电测深法布孔。

(3)在浅覆盖层地区,岩性条件尚好,如上寒武系地层,水位埋深又不太大时,用联合剖面法也可直接定井。

(4)在覆盖层地区,地质条件又较为复杂时,应两种方法综合运用。首先采用联合剖面法圈定出构造裂隙发育带的具体位置、走向及范围。然后,再采用电测深法了解地层不同深度的裂隙发育富水状况,两种方法相互验证,提高布孔成井率。

最后,对测试资料进行解释分析和计算,确定出地层岩石富水异常反映。与此同时,还应结合踏勘情况分析是否受到不良地电条件的影响和干扰,评价异常的可靠程度。最终,依据取得的物探成果,结合当地含水层和区域水位埋深,确定定井位置和打井深度,提出具体的布孔建议。

另外,在联剖和测深两种方法的综合运用中,会出现曲线反映不相一致的情况,如常会遇到联剖曲线上呈现异常反映,而电测深曲线则并不存在异常反映。在这种情况下,一般应以联剖结果作为主要定井依据。出现此种情况的原因是,电阻率法虽然是一种体积勘探,但在寻找隐伏构造破碎带方面,从两种方法的测试原理和工作机制上分析,联剖曲线受体积效应的影响要比测深曲线小得多。这样,在破碎带规模较小时,测深曲线就可能反映不出来地质体的实际状况。

第二节　找水应用实例

(1)肥城市仪阳乡某村庄长期缺水,连人畜用水亦是从邻近村庄调入,极大地制约着该村群众生活的改善和经济的发展。我们应用电测深法确定井位,在该村东部打深井一眼,解决了该村的用水问题。该处土层仅数米,下伏下奥陶石灰岩的厚度约 60 m,以下是寒武系的凤山、长山、崮山和张夏组灰岩,区域地下水位埋深约 70 m。图 16-1 是该孔的电测深曲线,曲线前端呈 42°上升,表明基岩较完整,中部曲线的平缓段,经分析认为是前端的渐近线,曲线后端呈 -40°斜率下降。经分析计算认为,上部岩层的电阻率约为 500 Ω · m,表明基岩较完整,240 m 以后的岩层的解释电阻率仅约 140 Ω · m,应为岩溶裂隙发育的反映,且规模较大,为一可靠的供水含水层组。实打的情况是,中上部岩石较完整,钻进过程中不漏水。260 m 以后岩心开始破碎,岩溶裂隙发育。钻孔 290 m 深终孔后,经抽水试验,水量大于 50 m^3/h,与电测分析结果吻合的较好。

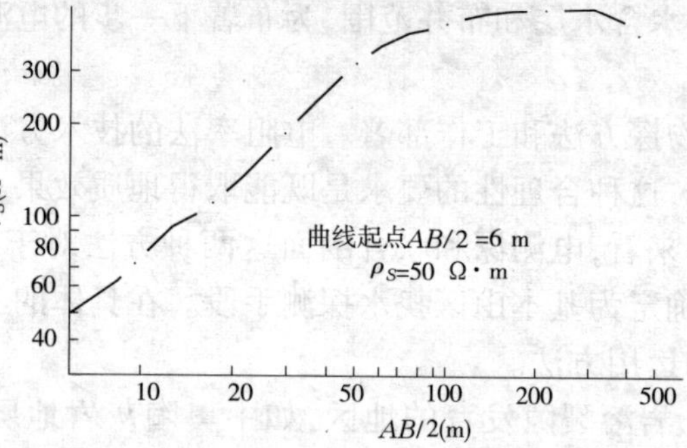

图 16-1　肥城市仪阳乡某村钻孔电测深曲线

(2)济南军区某部地处山前平原过渡带,地层为中奥陶石灰岩,区域地下水位 20 余米。图 16-2 是该钻孔的电测深定井曲线,曲线前端呈缓升;中段呈现下降变异,且负角达 30 余度;曲线后部又呈上升曲线。经分析计算,认为地层 35 ~130 m 区段其解释电阻率仅 150 Ω · m 左右,应是岩溶裂隙发育的反映,为一可靠的含水层,成井条件较好。实打结果,该孔裂隙发育,其中 25 ~40 m 裂隙发育强烈,85 ~90 m 岩石破碎,岩溶裂隙极为发育,为强富水层段;100 m 以后岩石开始完整,117.7 m 钻孔终孔。经抽水试验,降深 1.90 m 时,出水量为 60 m^3/h,取得了令人满意的定井效果。

(3)青岛某地欲开发当地的矿泉水资源,前期虽投入数百万元资金勘探打井,未获成功。后与山东省水利科学研究院合作,找水打井 6 眼,满足了日需水 500 t 的要求。图 16-3是其中 2 号井的电测深定井曲线,上部土层约 2 m 厚,下伏燕山期的崂山花岗岩。

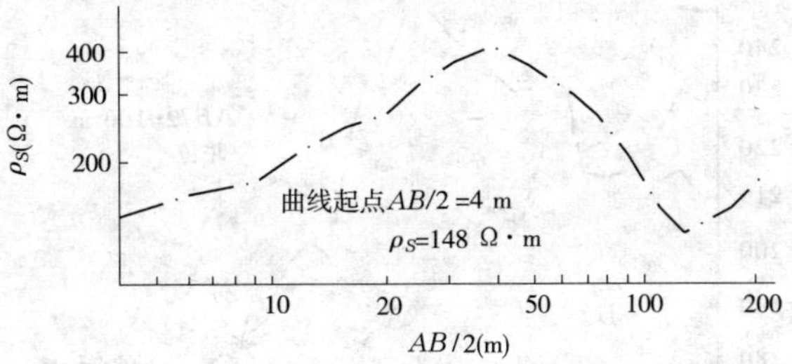

图 16-2　济南军区某部钻孔电测深曲线

从电测深曲线分析,上部岩石风化层较厚,自 31 m 以上风化裂隙较发育。此外,在 60 ~ 74 m 区间出现一缓升变异,分析认为可能是构造破碎带的反映。该孔实打的情况是,2 ~ 7 m 为强风化层,7 ~ 33 m 岩石裂隙发育,33 ~ 60 m 岩石局部破碎,80 ~ 103 m 岩心完整。经抽水试验,该孔水量大于 4 m^3/h。在崂山花岗岩地层属水量甚丰的矿泉水井。

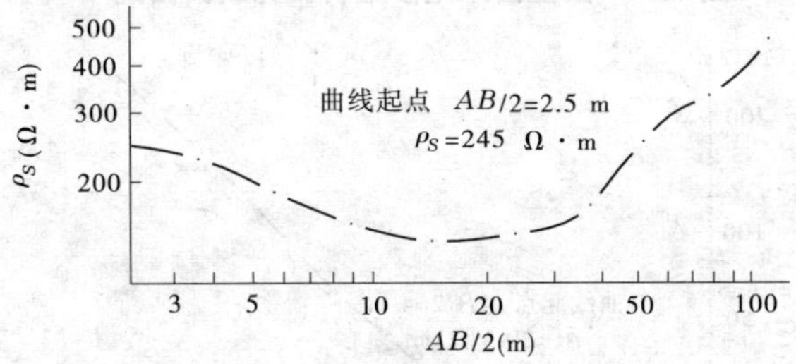

图 16-3　青岛某地 2 号井电测深曲线

(4)汶上县军屯乡某村经济条件较好,这些年来共打井 12 眼,仅成井 2 眼,造成了很大的经济损失。该村地处山前平原,属大汶河流域,为隐伏灰岩地区,土层厚 6 ~ 10 m,隐伏基岩为寒武系凤山组,区域地下水位埋深约 15 m。为确定孔位,首先进行了 $AB/2$ = 100 m 的联合剖面法测量,如图 16-4 所示,曲线在 54 ~ 55 号测点之间出现矿交点,从而初步确定了断层破碎带的位置。然后,又改变 $AB/2$ = 130 m,在该点附近进行了测量,矿交点出现在 57 ~ 58 号之间,从而进一步推断该断层面南倾,断层角度较缓。为慎重起见,在该点处又选择多处进行了电测深法测量,但曲线类型均雷同,如图 16-5 所示,曲线呈现大角度上升,未见任何富水反映,经分析后认为,可能是断层规模较小,受体积效应影响,电测深法分辨率较低所致,遂决定以联合剖面的测量结果为主要依据定井。该孔实打深度 150 m,降深 7 m 时,出水量为 80 m^3/h,取得了良好的效果。

(5)长清县孝里镇某村庄地处山前冲积平原,上覆土层厚度约 6 m,下伏奥陶系下统白云质灰岩厚度约 60 m,以下为寒武系地层,区域地下水位 15 m 左右。图 16-6 是钻井井位的联剖曲线,曲线在 12 ~ 13 号测点之间出现矿交点,13 号点则为该处凹斗异常的最低点,初步考虑井位选在 13 号点。图 16-7 是该点处的电测深曲线图,曲线前端呈小角度缓升,32 m 以后呈大角度爬升,说明基岩上部较破碎,下部完整。综合分析后认为,该 13 号点成井条件较好,可以确定为井位。实打验证地层在 20 ~ 40 m 和 60 ~ 70 m 这两段区间岩石破碎含水, 钻孔 165 m 终孔,水量为 80 m^3/h。

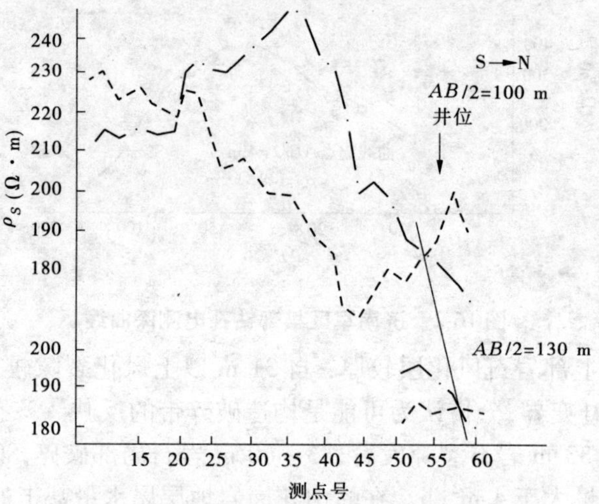

图 16-4　汶上县军屯乡某村钻孔联剖曲线

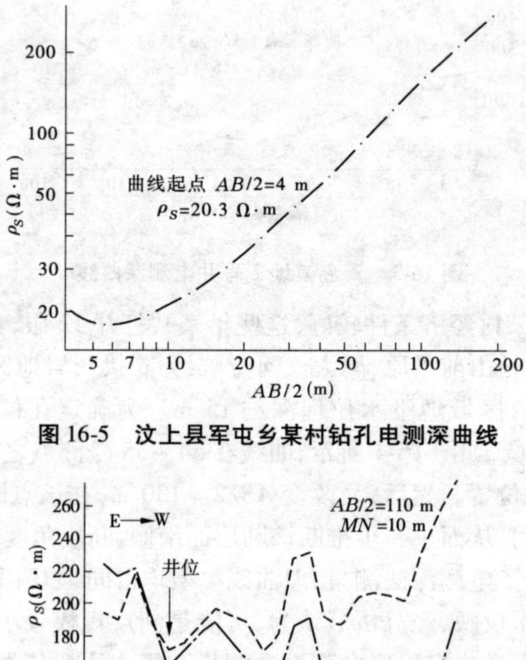

图 16-5　汶上县军屯乡某村钻孔电测深曲线

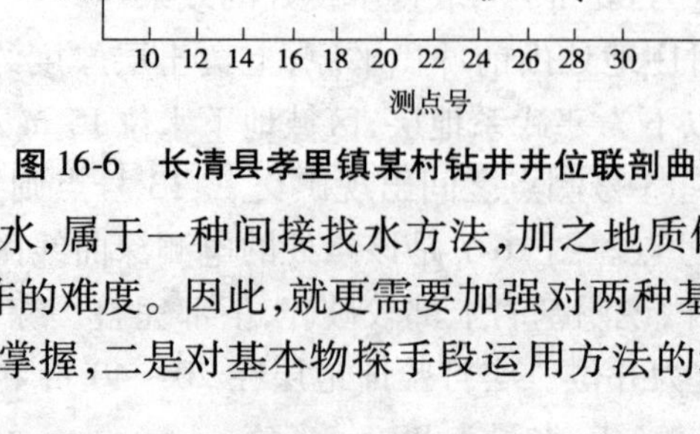

图 16-6　长清县孝里镇某村钻井井位联剖曲线

应用电阻率方法找水，属于一种间接找水方法，加之地质体和地形条件的复杂多变性，就更增加了找水工作的难度。因此，就更需要加强对两种基本方法的掌握，一是对基本水文地质分析方法的掌握，二是对基本物探手段运用方法的掌握，两者相得益彰，不可偏废。

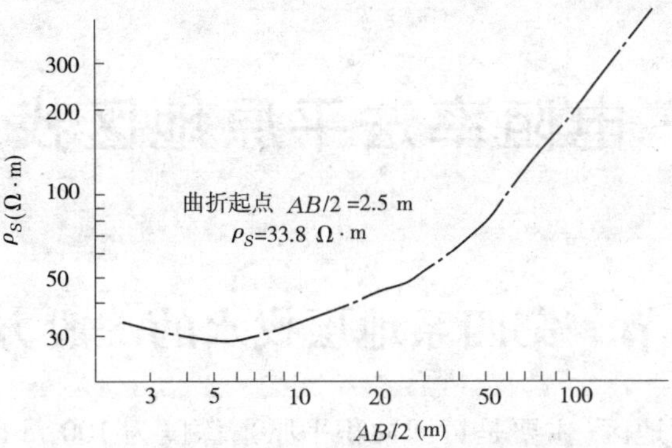

图 16-7　长清县孝里镇某村 13 号点电测深曲线

电阻率法作为一种基本找水方法之一,在山区物探找水中发挥着重要作用,但任何方法都存在其一定的适用条件。电阻率法是一种体积勘探方法,在含水构造规模较小、地电条件不利时,其找水效果就会受到很大的影响。今后,山区找水的难度将会愈来愈大,在一些找水难度大的地区,还要采用其他一些先进的技术和方法,充分发挥综合物探的优势,进一步提高找水成井率,使山区找水技术为社会经济的发展做出更大贡献。

第十七章 电阻率法平原地区找水的应用

第一节 第四系地层找水的一般方法

本节着重讲述平原地区（主要是黄河冲积平原），深度为 100 m 以内的地面电测曲线分析方法、预测水质和砂层、确定适宜打井深度等问题。

一、平原地区影响电测效果的主要地电条件

（1）含砂层与非含砂层电阻率的差异。其差异越明显，含砂层表现得就越清楚。如果没有差异或差异很小，就失去了电测的应用前提。例如细砂与流砂，或与含有大量砾石的黏土，其电阻率差异很小，这就很难用电测把它们区分开来。有的淡水土层和含咸水的砂层电阻率差异甚小，但这两种情况却有一个共同的结论，就是不适于打机井。所以，从生产角度考虑，也就没有必要进一步分析了。

（2）含砂层的厚度。含砂层必须具有足够的厚度，才能用电测寻找出来。但需要的最小厚度究竟多大呢？这不是一个定数，它与以下几个条件有关：①含砂层的埋藏深度越大，需要的最小厚度越大。②含砂层与顶、底板的电阻率差异越小，需要的厚度越大。③含砂层顶板的电阻率越高，需要的厚度越大。例如，当砂层顶板的电阻率低于含砂层的电阻率时，较薄的砂层容易反映出来，当砂层顶板电阻率高于含砂层电阻率时，较薄的砂层就不易反映出来；当砂层顶板电阻率比不含砂层的电阻率高很多时，曲线急剧下降，较厚的砂层也不易反映出来。

（3）屏蔽层存在。屏蔽层是指位于含砂层上方，分布很广，电阻率极高或极低的电性层，它能严重地阻碍电流向下穿透。在实际工作中，典型的屏蔽层是罕见的，但经常遇到一些含砂层上方电阻率较高或较低的电性层，对电法勘探也是不利的。当含砂层以上存在电阻率较大的高阻层时，含砂层往往被曲线的急剧下降所掩盖而反映不明显。当含砂层以上存在电阻率较小的低阻层时，有时砂层很少或没有，曲线也会急剧上升，造成假象。

（4）各电性层，特别是含砂层的厚度及电阻率在水平方向的稳定性，当其在水平方向变化较大时会增加定量分析的误差。

（5）地电断面的复杂程度。电性层数越多，分析的误差越大。

除上述地电条件外，还有一些人为的条件也直接影响着电测的效果。如观测技术是否熟练，极距选择是否合理，分析判断能力等。此外，对当地水文地质条件的了解程度也是很重要的。因为遵循从已知到未知是合理使用电法勘探的一个基本原则，如果当地从来没有打过井或钻孔，对水文地质条件缺乏了解，就很难对电测曲线做出正确、合理的分析。

二、电测深曲线的分析

分析电测深曲线的主要任务，就是通过对各电性层的研究，用一定的方法预测出测点的水质及砂层总厚度的变化范围，根据砂层厚度与出水量的一般关系（黄河冲积平原一般每米砂层每小时出水量 3 ~ 4 m^3）及对水质的要求，判断该地点是否可以成井，并确定出打井的适宜深度，达到选井和预测两个目的。

（一）辨认含淡水砂层的五条原则

（1）砂层必须是具有一定埋藏深度的相对高阻层。

（2）曲线中的上升段是否为砂层，应按以下情况考虑：

第一，夹在两个急剧上升段之间的缓慢上升段不作为砂层；

第二，曲线中的上升段可一律作为砂层。

（3）曲线中的水平段：

第一，阶梯式曲线中的水平段可作为砂层；

第二，平顶式曲线中的水平段，当砂层电阻率 $\rho/\rho_S \geqslant 0.7$ 时，可作为砂层，当 $\rho/\rho_S < 0.7$ 时，则不是砂层；

第三，平直式曲线可从 $AB/2$ 的 15 ~ 20 m 往后全部作为不可靠含砂层。

（4）曲线中的明显缓慢下降段：

第一，阶梯式曲线中的明显缓慢下降段，可作为砂层；

第二，斜底式曲线中的明显缓慢下降段，不作为砂层；

第三，斜底式及逐降式曲线中的明显缓慢下降段，当 $\rho/\rho_S \geqslant 0.7$ 时，可作为砂层，当 $\rho/\rho_S < 0.7$ 时，作为非含砂层反映。

（5）夹在两个上升段之间，或两个水平段之间，或一个上升段一个水平段之间的下降段，不论其下降快慢，一律不作为砂层。

必须指出，曲线的升、降、陡、缓，只是客观事物反映出来的一种表面现象，根据曲线特征判断出来的砂层，仅仅是有可能包含砂层的电性层，它是否真有砂层以及砂层多少，还需要进一步分析计算。砂层上下界面点的 $AB/2$，也只是上下界面的表现深度，不一定是见砂深度和断砂深度。

（二）砂层电阻率的解释

解释电性层电阻率的方法，有辅助量板法、组合量板法和图解法等。这些方法都需要从第一层开始逐层进行解释，用起来很麻烦。另外，在平原地区的电测深曲线中往往包含着许多较薄的电性层，这就给这些方法的应用带来了更多的困难。如前所述，即使正确地使用了这些方法，解释出来的电性层电阻率也只是它的近似值。因此，在工作中主要使用简易拐点切线法进行解释。

三、地下水水质的分析方法

在平原地区，地下水的水质比较复杂。正确地分析判断地下水的水质，是电法勘探的一个重要任务。

(一)地下水水质沿垂直方向的变化规律

平原地区地下水水质沿垂直方向的变化规律,常见的有以下几种类型:

(1)淡水型。从地面向下全部为淡水,主要分布于山前冲积平原。

(2)淡—咸—淡型。上层为淡水,厚度一般为数十米,下面有一层较厚的咸水层,再向下又变为淡水,厚度更大,一般在500 m的深度内遇不到更深的咸水层,主要分布于黄河冲积平原的淡水地区及山前冲积平原的全淡水型分布区的下游边缘。

(3)咸—淡型。上部为咸水,厚度数十米至数百米,向下变为淡水,厚度一般较大,仅在滨海个别地区,该层淡水只有数十米,下部又变为咸水,这种类型分布于滨海平原及内陆平原的咸水地区。

(4)全咸水型。在500 m或更大的深度内无淡水,主要分布于滨海地区深层淡水下游尖灭线以外;在滨海地区的咸水层内,个别地方夹有局部的淡水透镜体,在找水时应加以注意。

根据电法勘探的性质,我们把上面无咸水层覆盖的淡水层叫做“浅层淡水”,把咸水层之下的淡水叫做“深层淡水”。

在咸水层与淡水层之间,两种不同水质的接触关系有两种类型。一种是突变,即咸水与淡水之间的过渡层较薄。这种类型主要分布于与山前平原接壤的咸水边缘地区。另一种是渐变,即在咸水与淡水之间有一层较厚的(几十米或一二百米)过渡层,水质由咸逐渐变淡,在黄河冲积平原的下游一般属此种类型。

(二)咸水层在电测深曲线上的特征

咸水层在电测深曲线上表现为低阻层。在平原地区,根据下述特征之一,即可以很容易将咸水层辨认出来。

(1)曲线中ρ_S极小值小于10的下降段,其真电阻率必然也不会大于10,不用解释真电阻率便可以确定该段为咸水层;

(2)曲线中ρ_S极小值大于10的下降段,如果解释出该段的真电阻率仍小于10,该段也是咸水层;

(3)曲线中ρ_S值小于10的水平段,一般也是咸水层。

咸水层所反映出来的下降段一般较长,曲线较圆滑。在浅层淡水内,出现在两个含砂层之间的较短的下降段,一般不代表咸水层,而是岩性的变化,例如黏土。

当浅层有高阻层时,曲线一开始ρ_S很大,然后急剧下降,再逐渐变平,呈现阶段式曲线。如果经过分析,确定水平段是淡水,那么前面的急剧下降段也必然是淡水。

(三)浅层淡水的分析

浅层淡水的水质一般是根据含砂层的真电阻率ρ来确定,而不考虑非含砂层的电阻率。当$\rho>15$时,一般为淡水;当$\rho<10$时,一般为咸水;当$10\leqslant\rho\leqslant15$时,水的矿化度一般大于1.5 g/L。

影响含砂层电阻率的主要因素是水质,同时也与砂层厚度有关。解释出的电阻率也只是一个近似值。因此,只能根据ρ值预测出水的矿化度的一个大概范围。含砂层电阻率(ρ)与水的矿化度(C)的关系如表17-1所示。

表 17-1　含砂层电阻率与矿化度的关系

含砂层电阻率 ρ ($\Omega\cdot m$)	矿化度 C(g/L)	
	一般值	最大值
10	2.5～3.5	5
12	1.9～2.8	4
14	1.6～2.4	3.3
16	1.4～2.0	2.8
18	1.2～1.8	2.5
20	1.0～1.5	2.2
22	0.9～1.4	1.9
24	0.8～1.2	1.7
26	0.75～1.1	1.5
28	0.7～1.0	1.4
30	0.6～0.9	1.3
34	0.5～0.8	≤1

下面以图 17-1 中的曲线为例来进行说明。根据拐点切线法，该曲线 $AB/2$ 值从 50 m 至 260 m 为咸水层。50 m 以前为浅层淡水，有两个含砂层，即 20～25 m 和 40～50 m，第一层解释出 $\rho=45\ \Omega\cdot m$，第二层 $\rho=21\ \Omega\cdot m$。按第一层查表 17-1，水的矿化度小于 1 g/L；按第二层查得水的矿化度的一般值为 0.95～1.45 g/L。如果该层全部是砂层，矿化度最高为 2 g/L 左右。深度修正系数按 0.9～1 考虑，确定打井深度为 45～50 m，打井时以打透砂层为限(不能超过 50 m)。

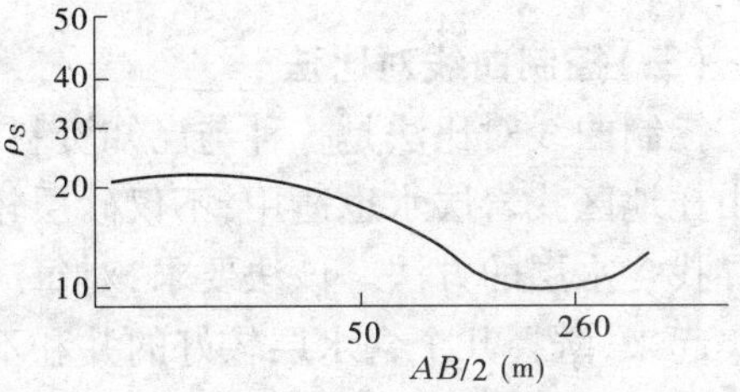

图 17-1　电测深曲线

四、砂层的分析方法

水质和砂层厚度是电测深曲线中的一对主要矛盾，水质是矛盾的主要方面，电阻率的大小主要由水质的好坏决定。当水质基本稳定时，砂层厚度就是矛盾的主要方面，而电阻率的大小主要是由砂层厚度所决定。只要深刻地把握这一主要矛盾，电测是可以解决砂层问题的。当然，不是所有的曲线都能定量地计算出砂层厚度。例如，对于那些砂层层数多、厚度小、含砂层表现不明显的曲线，就不宜进行定量分析，只可定性地做一些比较。

(一)含砂层在电测深曲线上的特征

在分析含砂层之前，一定要通过调查，基本上了解以下两个问题：

(1)当地第一层主要砂层的埋藏深度。对于该深度以上的曲线段一律不分析含砂层。例如某地第一层砂层的埋藏深度一般在 30 m 以下，因此 30 m 以前的曲线段不分析含砂层。

(2)在山丘地区基岩埋藏较浅，由于基岩的电阻率变化很大，有些岩石(例如风化玄武岩、砂岩、页岩、黏土岩等)的电阻率与覆盖层相差很小，不容易从曲线上区分开，而基岩以下一般是不会有砂层的，所以该深度以后的曲线段也不分析含砂层。

(二)含砂层在电测深曲线上常见的几种形式

(1)曲线中较短的上升段一般都是砂层的反映，很长而且较圆滑的上升段，有时是水质的变化造成的，有时是含大量砾石的黏土，在砂层较多的地区往往是很厚的砂层。

(2)阶梯式曲线中的水平段或缓降段，大部分是砂层的反映，但在水质很好而 ρ_S 值却不很大的地区，应慎重考虑。

(3)平顶式曲线中的水平段，当 ρ_S 值较大，或者其后面的低阻层 ρ_S 值下降较快时，往往是砂层的反映，当 ρ_S 值不很大，或者曲线较平缓时，应做进一步分析。

(4)斜顶式曲线及逐降式曲线中的缓降段，当 ρ_S 值较大，或者其后面的低阻层 ρ_S 值下降较快时，往往是砂层的反映，当 ρ_S 值不很大，或者曲线较平缓时，应做进一步分析。

(5)夹在两个高阻层之间的低阻层，一般不是砂层的反映；但在山丘地区，如果后一个高阻层代表高阻岩石，而前一个高阻层又在砂层的埋藏深度之上，有砂层的曲线比无砂层的曲线 ρ_S 值下降更慢一些。

当含砂层的曲线段较短时，一定要反复校核，确定排除测量误差，为分析判断提供可靠的资料。

(三)控制曲线对比法

控制曲线对比法是一种与已知资料比较的方法。该法不仅在平原地区找砂层适用，在山丘地区找岩层水也适用；不仅砂层较厚时适用，砂层较薄时也适用。这是一种较可靠的寻找含水层的方法。该法要求，对每一个新的工作区，首先要尽可能多的把打井的资料收集起来，选择几个含水层较好的井和不好的井，分别进行井旁电测深分析这些电测深曲线的特点，分析较好的井和不好的井在曲线上的差异，以这些井旁电测深曲线作为控制曲线与未知曲线进行对比，便可对其进行半定量的解释。

五、确定打井深度的方法

解释电性层界面深度的方法是很多的，如各种量板法和图解法等。在理论上，最大勘探深度为 *AB*/2 的 1.42 倍，但在实际上还要比该深度小得多。由于各种复杂的原因，无论用哪种方法对界面深度都很难解释准确，这是地面电测与电测井相比最大的缺点之一。

适宜打井深度主要是根据在开采深度以内的含淡水的最末一个砂层的下界面确定。根据实践经验，实际界面深度一般小于(即提前)或等于界面点的 *AB*/2 值。

假设实际界面深度与界面点 *AB*/2 的比值为 *S*，这个比值我们称之为“深度修正系数”。*S* 值的大小与曲线类型有关。不同的曲线类型，*S* 值的影响因素也不完全相同。现将几类主要曲线 *S* 值的经验数值及其主要影响因素分述如下：

(1)尖顶式及阶梯式曲线的下界面点。含砂层末极距的视电阻率 ρ_S 越接近于砂的电阻率，*S* 值越大；反之，*S* 值越小。如前所述，砂的电阻率与水质有关，在利用表 17-2 选取 *S*

值时，还应注意到以下因素：①多层砂组成的含砂层，S 值比单层砂组成的大；②砂越细 S 值越大；③含砂层之后的低阻层视电阻率下降越快，S 值越大，见表 17-2。

(2)平顶式、斜顶式、逐降式、逐升式、平底式、斜底式曲线的下界面点，S 值一般为 0.9～1，界面点前后两层的电阻率相差越大，S 值越大。

(3)平顶式、平底式、斜底式曲线的上界面点，S 值一般为 0.9～1，但界面点前后两层的电阻率相差越大，S 值越小。

根据在开采深度以内的含淡水的最末一个含砂层所属的曲线类型，查出 S 值的最大值和最小值，分别乘以该含砂层下界面点的 $AB/2$，即可得到最大和最小适宜打井深度。也可以选择出一个较合理的 S 值，具体算出适宜打井深度。

表 17-2　S 与 ρ_S(末极距)及 C 的关系

矿化度 C(g/L)	$\rho_S(\Omega\cdot m)$		
	$S=1$ 左右	$S=0.9\sim1$	$S=0.8\sim0.9$
0.6	≥42	32～42	<32
0.8	≥36	27～30	<27
1.0	≥30	23～30	<23
1.3	≥26	19～26	<19
1.6	≥22	17～22	<17
2.0	≥19	15～19	<15
2.5	≥17	13～17	<13
3.0	≥15	11～15	<11
4.0	≥12	9～12	<9
5.0	≥10	8～10	<8

由于电测对较薄的砂层不易反映出来，在砂层较薄而下部又没有咸水的地方，井深必须严格控制。如果在最大和最小宜井深度之间已无砂层，则坚决不再深打，以防止打穿隔水层。如果到最大宜井深度以下还有砂层，可能是淡水砂层在测深曲线上拖后，也可能是咸淡水砂层之间的黏性土隔层太薄未被发现，也不宜再打。最好用电测井法做进一步判断。

电测找水要善于做调查研究，特别在不利的地电条件下更应该注重调查研究，摸清当地的地质特点和地质条件的变化规律，结合电法勘探做出切合实际的分析判断。

第二节　黄泛平原深层淡水电测曲线的解释方法

黄泛平原地下水的水质较为复杂，在垂直方向上，浅部大都有一层厚薄不等的淡水，其下一般有一层厚度较大的咸水层，在咸水层的下面广泛分布着承压淡水。500 m 内水质在水平方向上的变化规律基本由西南向东北(黄河南是由南向北)浅层淡水逐渐变薄，咸水层相应加厚,深层淡水的埋藏深度逐渐增大。只有近海一带深层淡水尖灭,黄河新淤地带,500 m 或更深地层不见淡水。

一、电测深曲线的特征及解释方法

一般用“切线法”解释深层淡水界面深度,多数误差可控制在10%的范围以内。根据现有的资料,用这种方法分析出的咸、淡水分界面以下的深层淡水,其矿化度一般不大于2 g/L。

将井旁测深资料与钻孔实际资料对照分析看出,深层淡水上部覆盖的咸水层越厚、水质越咸,极小值(测深曲线最小电阻率)也越小。在鲁北平原,随着咸水层厚度由西南向东北逐渐增加,水质矿化度也由 2 ~ 4 g/L 增加到数十克每升,ρ_S 极小值也由大于10 Ω · m减小到小于1 Ω · m。咸、淡水之间系第四系松散隔水岩层(黏土、亚黏土),其隔水性能较差。由于咸水的渗透扩散作用,水质从咸到淡有一个渐变的过渡段。随着咸水层的加厚,该段逐渐变长,成为界于咸、淡水之间独立的地层,测深曲线也相应地出现了代表这一地层的电性层。因此,在不同的测深曲线上咸、淡水界面的位置,随着 ρ_S 极小值变小,过渡段增长,而逐渐向曲线后段推移。运用这个规律,可根据 ρ_S 极小值和线型划分解释类别,并结合当地水文地质条件,初步判断咸、淡水界面在测深曲线上的位置,这是解释的第一步,称“定性解释”。第二步是“切线法”作定量解释,在测深曲线上先作深层淡水段电性层的切线 P_1,再作其上部相邻电性层的切线 P_2(见图15-1),两切线的交点 O_1 称为界面点。O_1 点横坐标 $AB/2$ 值为深层咸、淡水界面的解释深度。O_1 点纵坐标视电阻率值为 ρ_0,切线 P_1 与横轴的夹角为 α,从 α—μ 相关表查出 μ 值,$\mu \cdot \rho_0 = \rho$ 代表深层淡水电性层的解释电阻率。

根据现有资料统计,按 ρ_S 极小值的大小暂分为 >9、5 ~ 9、1 ~ 5(Ω · m)三级,分别叙述解释方法如下。

(1)ρ_S 极小值大于9 Ω · m,这种测深曲线有的是全淡水(无明显的下降段),有的是深层淡水,上部有一层不很咸的水层(矿化度一般在2 ~ 4 g/L)。由于深层淡水上部的咸水层与深层淡水水质相差不大,测深曲线在咸水层急剧下降后稍有变缓,即进入淡水层,由咸变淡的过程测深曲线线型表现有两种基本类型:

一是测深曲线在急剧下降后有两个以上极距的缓降段,再转入水平或微升。这种类型,咸、淡水界面在急降与缓降的转点稍前,定量解释时作急剧下降段和缓慢下降段的切线 P_1、P_2,两切线相交于 O 点,即为界面点,该点横坐标 $AB/2$ 值,即为咸、淡水界面在转平(或上升)的起点附近,定量解释时作下降段和水平段(或上升段)的切线 P_1、P_2,两切线交点的横坐标 $AB/2$ 值,即为该点咸、淡水界面的解释深度。

二是测深曲线基本上按一个斜率下降,然后变平或上升,这种类型的咸、淡水面在转平或上升的起点附近。

(2)ρ_S 极小值在5 ~ 9 Ω · m,这种测深曲线表明,深层淡水上部均有咸水层覆盖。水质由咸变淡,曲线也由下降转为上升。因咸水层厚薄和隔水层性能的不同,变化的过程在测深曲线上有“突变”、“渐变”两种基本形式。

突变:这类线型的地区,咸、淡水之间一般有一层较好的隔水层,水质过渡段较小

(1~2极距),测深曲线下降后随即上升,呈对称的尖底状。咸、淡水界面在尖底的中间,定量解释时作下降段和上升段的切线,两切线交点的横坐标 $AB/2$ 值,即为咸、淡水界面的解释深度。

渐变:测深曲线在急剧下降后,先趋于水平(或微升),然后上升成为一个电性层。水平段(或微升段)一般在两个极距以上。ρ_S 极小值越接近于 5 Ω·m,代表水质过渡的水平段(或微升段)越长。这种类型咸、淡水界面在上升段的起点稍前,定量解释时水平段(或微升段)和上升段的切线,两切线交点的横坐标 $AB/2$ 值,即为咸、淡水界面的解释深度。

(3)ρ_S 极小值在 1~5 Ω·m 之间,这种情况表明,深层淡水上部覆盖的咸水层很咸。因第四系松散的黏土或亚黏土隔水性能较差,咸水在垂直方向上有一定的渗透扩散,咸、淡水之间的过渡段更长。反映在测深曲线上,相应的水平段(或微升段普遍较长,其后部又多出现缓升段,然后急剧上升成为一个电性层。咸、淡水界面在缓升段的末端。根据缓升段的长短,可分为 3 种基本类型:

一是缓升段只有一个极距的曲线,咸淡水界面在该段的中间,定量解释时作水平段(或微升段)和急剧上升段的切线,两切线交点的横坐标 $AB/2$ 值,即为咸、淡水界面的解释深度。

二是缓升段有两个极距,然后急剧上升成为一个电性层,咸、淡水界面在缓升段的末尾。定量解释时作急剧上升段的切线和缓升段及前边水平段末尾一个极距点的平均切线。两切线的交点即为分界面点。界面点的横坐标 $AB/2$ 值,即为咸、淡水界面的解释深度。

三是缓升段有两个以上极距,成为一个独立的电性层(有 3 个以上极距点,在一条直线上,即划为一个电性层),然后急剧上升,咸、淡水界面在缓升变急升的转点附近。这种形式 ρ_S 极小值多在 1~2 Ω·m 之间。定量解释时作缓慢上升段和急剧上升段的切线。两切线的交点即为界面点,界面点的横坐标 $AB/2$ 值,即为咸、淡水界面的解释深度。

在山东小清河以南山前平原的末尾,如博兴、寿光、潍县北部和广饶县中部等地,咸、淡水之间有一层较好的隔水黏土,水质过渡段小,ρ_S 极小值虽在 1~5 Ω·m 之间,但测深曲线多为对称尖底状的突变形式。咸、淡水的界面深度可按 ρ_S 极小值在 5~9 Ω·m 的突变类型进行解释。

在山东沿海地区,上层水质很咸,ρ_S 极小值小于 1 Ω·m,咸、淡水之间的过渡层更厚,曲线线型绝大部分与 ρ_S 极小值在 1~5 Ω·m 的情况类似,其定性定量解释方法也基本相同。只是在无棣县和河北海兴沿海地区,测深曲线下降后很快急剧上升(上升角在 30°左右),然后转为缓慢上升,咸、淡水界面在急升变缓升的转点附近。定量解释时作急升段和后边缓升段的切线。两切线交点即为界面点。界面点的横坐标 $AB/2$ 值,即为咸、淡水界面的解释深度。

在视电阻率曲线下降段与上升段之间,有时出现缓降到缓升的曲线段,一个极距呈现一个斜率,不能作相应的切线。为更适宜野外选井工作,及时判断界面深度,我们还对转点经验系数法解释咸、淡水界面作了对比统计。方法是将上述定性分析所判断的深层淡水电性层起点(转点)的横坐标 $AB/2$ 值,乘以经验系数 0.9~0.95,作为咸、淡水界面解释深度。方法直观简便,绝大部分误差在 10% 以内,少数达 10% ~15% ,个别误差较大。

以上解释方法,采用测量极距与供电极距保持一定比值,且同时外移的活动装置,其比值在聊城、德州两地区使用 1/8 或 1/5,惠民地区为 1/3。在极距不同的情况下,上述解释成果可能稍有变化。

二、深层淡水水质的预测方法

根据深层淡水段的解释电阻率 ρ_0 值,可采用经验法粗略地对水质的矿化度进行预测,经验公式为:

$$C = \frac{A}{\rho_0 \mu^{0.25}} \tag{17-1}$$

式中　C——淡水矿化度,g/L;

A——常数。

根据 ρ_0 值的大小,A 可分为 4 种情况进行选用:

当 $\rho_0 = 1 \sim 2\ \Omega \cdot m$ 时,$A = 1.5 \sim 2.0$;

当 $\rho_0 = 2 \sim 4\ \Omega \cdot m$ 时,$A = 3.0 \sim 4.5$;

当 $\rho_0 = 4 \sim 6\ \Omega \cdot m$ 时,$A = 7.0 \sim 9.0$;

当 $\rho_0 > 6\ \Omega \cdot m$ 时,$A = 11.0 \sim 14.0$。

预测水质时,先用“拐点切线法”在实测曲线上解释出 ρ_0 和 μ 值,然后根据 ρ_0 的大小代入相应的经验公式计算。对于山前平原的末尾深层淡水水质好,上层无很咸的水,ρ_0 值大于 6 Ω · m 的应降一级,用 $\rho_0 = 4 \sim 6\ \Omega \cdot m$ 的 A 值代入经验公式计算较接近。对于近海少数地区(如无棣县)深层淡水水质较坏,上层水质太咸,ρ_0 值在 2 ~4 Ω · m 的范围内,应升一级用 $\rho_0 = 4 \sim 6\ \Omega \cdot m$ 的 A 值代入经验公式计算。

第十八章　激发极化法基岩找水技术

激发极化法简称为激电法，它是通过观测、研究地质体的激发极化特性及其在外电流场作用下产生的二次电场的变化规律，达到找水、找矿和研究有关地质问题的目的。激电法最早是用于找矿，在寻找金属矿床的效能方面具有一些独特的优点，目前已成为我国金属矿床勘探中的一种重要方法。应用激电法进行找水的研究，国外从20世纪50年代就已经开始，但大都处于室内研究阶段，并未大量推广应用。在国内，陕西省第一物探队从1969年开始试验，提出了应用“激化极化衰减时法”寻找地下水源的方法。山西省于20世纪70年代初期亦开展了此方法的研究，并研制开发了激电法找水的专门仪器。在70年代中期，山东省水利科学研究院在山东省内率先开展了激电法找水应用的研究，针对山东省找水的特点，研制了SDJ型激电法找水专门仪器，进行了大量的试验研究和应用推广工作。

第一节　激电法测试参数的选择

激发极化效应的特征，目前都从两个方面研究，一是二次场的强度，二是二次场的衰减特征，即衰减速度。场强一般均以极化率这个参数表示，即

$$\eta = \Delta v_2 / \Delta v_1 \tag{18-1}$$

式中　η——极化率，%；

Δv_1——供电时一次场电位差；

Δv_2——停止供电时二次场电位差。

极化率 η 是原苏联地区和我国在寻找金属矿床时所常用的激电参数。

测量二次场衰减特征的参数，目前尚不统一。国外常用的参数，有充电率、衰减速度和衰减常数、半衰时、激发比等。

所谓充电率，是指某一时间域内二次场电位差衰减曲线下面的面积与一次场电位差之比，用 M 表示，其单位是毫秒（ms）。充电率是西欧和北美常用的参数。

关于二次场的衰减速度，国外常用某两个时刻二次场电位差之比。但在具体时间的选择上尚不一致，如下面所列举若干例子。

Й·Й·洛克伊田斯基：　$\Delta v_2(0.25\ \mathrm{s}) / \Delta v_2(2\ \mathrm{s})$　(18-2)

V·瓦格尔：　$\Delta v_2(5\ \mathrm{s}) / \Delta v_2(20\ \mathrm{s})$　(18-3)

з·H·库兹明娜：　$\Delta v_2(1\ \mathrm{s}) / \Delta v_2(5\ \mathrm{s})$　(18-4)

J·R·维特：　$[\Delta v_2(0.1\ \mathrm{s}) - \Delta v_2(1\ \mathrm{s})] / \Delta v_2(0.3\ \mathrm{s})$　(18-5)

F·舒米基于区分矿物种类，提出了衰减常数 D 这一参数，国内目前在表示二次场衰减速度的参数也不统一。陕西省地质局第一物探队选用的参数为半衰时 $S_{0.5}$，它是 Δv_2 从断电后0.25 s时的数值衰减到此值时的一半所用的时间，单位是秒（s）。

山西省水利系统选用的参数为极化率 η、衰减度 D 和激发比 J：

$$D = \Delta v_2{}'/\Delta v_2 \tag{18-6}$$

$$J = \Delta v_2{}'/\Delta v_1 = \eta \cdot D \tag{18-7}$$

式中　$\Delta v_2'$——停止供电后 0.25 s 时的二次场电位差；

Δv_2——停止供电后 0.25 s 至 5.25 s 之间 5 s 内二次场电位差的平均值；

D、J——衰减度、激发比，%。

以上所罗列的激电参数的选取，各个研究者之间有所不同，这一方面是因为研究对象的不同而有所偏重；另一方面也受测试仪器性能的一定限制，习惯使然。但其实质与目的都是一样的，即利用地质体的激电特性，达到找水、找矿的目的。

山东省水利科学研究院选用的参数，主要为充电率 M、半衰时 $S_{0.5}$、衰减度 D、极化率 η，即

$$M = \Delta v_{2-1}/\Delta v_1 \tag{18-8}$$

$$\eta = \Delta v_2/\Delta v_1 \tag{18-9}$$

$$D_1 = \Delta v_{2-2}/\Delta v_{2-1} \tag{18-10}$$

或

$$D_2 = \Delta v_{2-3}/\Delta v_{2-1} \tag{18-11}$$

$$D_3 = \Delta v_{2-4}/\Delta v_{2-1} \tag{18-12}$$

可根据不同情况选用。

半衰时 $S_{0.5}$ 是利用仪器所给出的 4 块积分面积的平均值所描绘的衰减曲线，由曲线中量取的，也可通过电算程序进行计算。Δv_{2-1}、Δv_{2-2}、Δv_{2-3}、Δv_{2-4} 为停止供电后 0.1 ~ 0.6 s、0.6 ~ 1.6 s、1.6 ~ 2.6 s、2.6 ~ 3.6 s 的 4 个时段积分面积的平均值。

就山东地层情况来讲，我们认为半衰时 $S_{0.5}$ 和衰减度 D 对含水层反映较为明显，是激电法找水中比较好的参数。极化率 η 是检查异常排除矿体干扰的应用值。

第二节　激电法的野外工作方法

一、测量电极的选择

由于二次电位差 Δv_2 的数值一般仅几毫伏，要准确地测量它的大小和随时间衰减的规律，除了要有精度较高的仪器外，还要求测量电极极化电位差小而稳定，所以测量电极的极化电位必须使用不极化电极，其极差应小于或等于 ±2 mV。目前常用的是瓷瓶不极化电极，其结构如图 18-1 所示。瓷瓶的上部内外都是上釉部分，其下部是没上釉的素瓷，具有适当的孔隙度和渗透率，允许导电离子的通过。瓶内装满饱和的硫酸铜溶液，并插入紫铜棒。这样，在测量时紫铜棒就可以通过硫酸铜溶液与土壤接触，从而保证了极差小而稳定。

二、测量极距 MN 的选取

与电阻率法不同的是，激电法测试中测量极距 MN 的距离一般选取得比较大。这一方面是为了取得较强的信号强度；另一方面根据有关研究成果，激电法二次电场的等位线

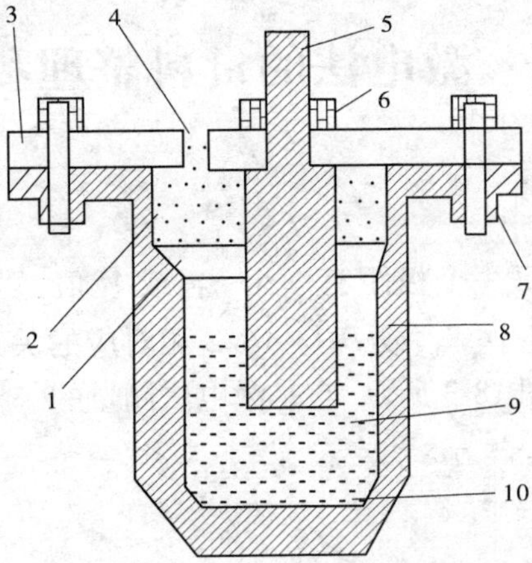

图 18-1　瓷瓶不极化电极结构

1—胶木隔板;2—蜡;3—胶木盖板;4—注蜡孔;
5—紫铜棒;6—铜螺母;7—瓷釉;8—素烧瓷缸;
9—硫酸铜溶液;10—未溶解的硫酸铜

向外的发散程度较大,如图 18-2 所示,即使 *MN* 值较大,也同样能够较准确地反映出二次场的情况。根据实际情况,*MN*/*AB* 之间比值,可在 1/5 ~ 1/3 ~ 2/3 区间选取。

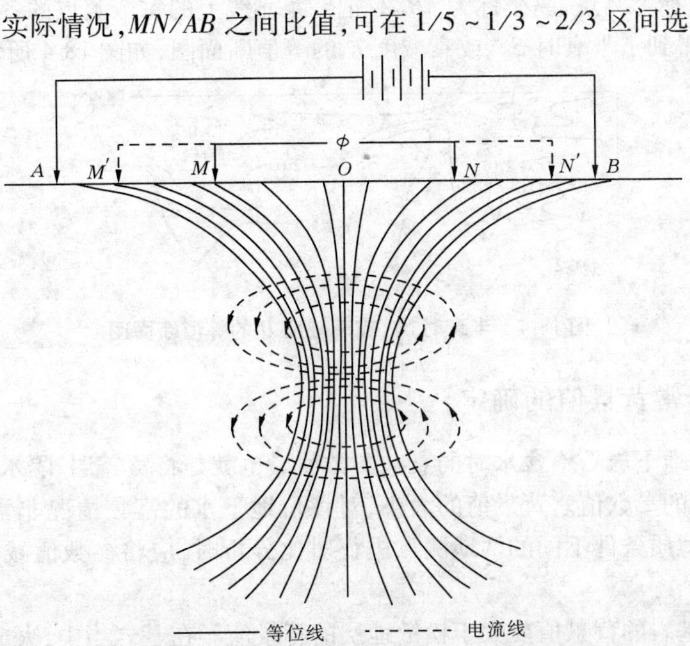

图 18-2　二次场电流线与等位线形态示意图

三、提高讯号干扰比的措施

提高讯号干扰比的措施,可从如下三个方面入手。一是降低电极的极化电位差,如精心制作不极化电极,保证电极与土壤的良好接触;二是加大供电电流,如加大供电电压,减小供电电极的接地电阻和加粗供电导线等措施,来加强、提高测量讯号;三是减小装置系数,*MN*/*AB* 选取较大的比值。

第三节　激电法的资料整理和解释

一、成果图件的绘制

在一个测深点上，对应每一个极距有一个 $S_{0.5}$ 或 D 值，以 $S_{0.5}$ 或 D 值为纵坐标，以 $AB/2$ 为横坐标，在单对数纸上作 $S_{0.5}$ 或 D 与 $AB/2$ 相对应的关系曲线，即为半衰时 $S_{0.5}$ 或衰减度 D 的测深曲线图，如图 18-3 所示，它是激电法测量的一种主要图件。

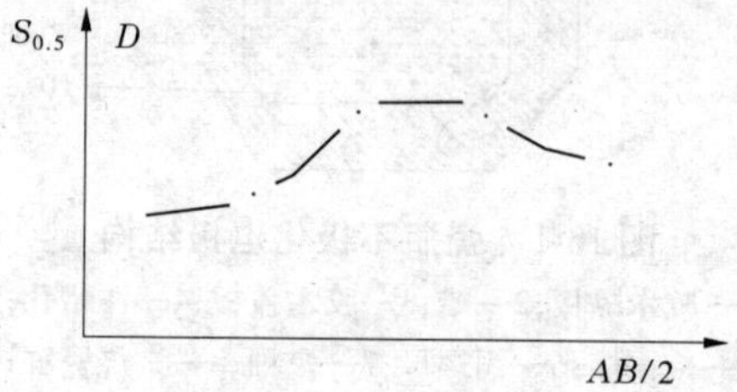

图 18-3　半衰时 $S_{0.5}$ 或衰减度 D 的测深曲线

如果以横坐标为测点，纵坐标为 $AB/2$，把一条测线上的每个测点的各个极距的 $S_{0.5}$ 或 D 值画出，则就得到了半衰时 $S_{0.5}$ 或衰减度 D 的等值断面图，如图 18-4 所示。

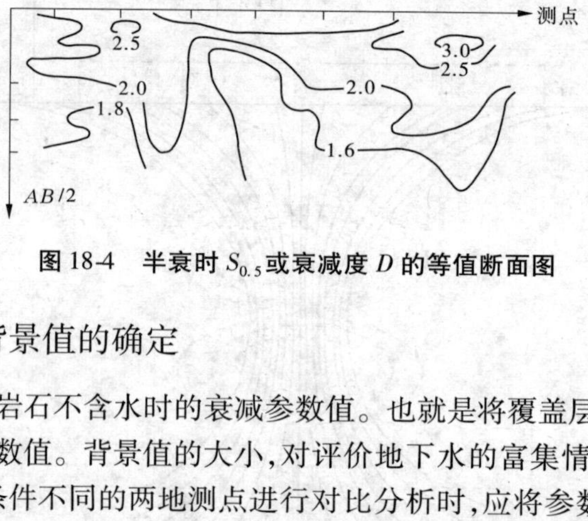

图 18-4　半衰时 $S_{0.5}$ 或衰减度 D 的等值断面图

二、含水异常背景值的确定

背景值是指地下岩石不含水时的衰减参数值。也就是将覆盖层、隔水层、弱含水层综合在一起所测得的参数值。背景值的大小，对评价地下水的富集情况非常重要。在对比分析时，特别是地质条件不同的两地测点进行对比分析时，应将参数值减去背景值，即为含水异常值。

一般来讲，基岩的背景值要大于松散地层的背景值。在基岩当中，火成岩的背景值比沉积岩高些；粗颗粒岩层背景值要大于细颗粒岩层的背景值。岩石中电子导体含量的增多将导致背景值的抬高。在一个测区中，背景值应是相对稳定的，但由于地质条件的复杂多变，应考虑背景值的不均匀性。目前对背景值的确定主要有三种方法。

(1)在已知干孔上做井旁激电测深，从绘制出的 $S_{0.5}$ 或 D 的曲线上求出其大致的平均数，就是该地区的 $S_{0.5}$ 或 D 的背景值。

(2)在未知孔的地区，可利用无水段所测得的参数近似地当做背景值。

(3)将激电测深曲线数值较小的相对平直段作为参数平均值，这也是野外工作常用的方法之一。

三、含水异常的确定

一般地说，超出背景值的部分都可称为异常。但当异常幅度较低时，则不能称为富水异常。我们这些年来通过100多个井旁测深和打井验证资料，分析了异常极大值与正常场值的比值η的大小和富水状况的关系，按单井出水量大于30～50 m^3/h，统计了多种地层η值的范围，如表18-1所示，可作为山区找水定井的技术参考指标。

表18-1　各种地层η值的范围

岩层性质	深度不同的η		备注
	<100 m	100～150 m	
变质岩地层	≥1.5	≥1.8	
碎屑岩地层	≥1.7	≥2.0	
石灰岩地层 （包括大理岩）	≥2.0	≥2.3	高值异常
	≥1.5	≥2.0	低值异常

四、含水段埋藏深度的确定

在激电法测深曲线中，以基岩裂隙为主的含水段在半衰时曲线上的起止$AB/2$值，基本上与异常的起始点、极值点对应。根据此种曲线反映，可试用半幅值法解释含水段的厚度和位置，曲线异常起始点、极值点对应的$AB/2$，即为含水层顶、底板的埋深，但必须依电测深曲线类型作适当修正。

第四节　影响激电法找水效果的因素分析

激电法作为综合物探的一种手段，在山区找水中发挥了一定作用，但由于该方法本身所接收的二次场强较弱，一般仅数毫伏量级，有时甚至于低于1 mV，易受各种地电的干扰，是该方法的一个很大的弱点。影响该方法找水效果的因素主要包括以下几个方面：

（1）大地电流的干扰。在地球内不断流通着微弱而变化的电流，它们的流向也可以变化，但一般平行于地面，浅部有高频成分，随深度而衰减。不规则的大地电流常常是因为外空因素导致地磁场微小变化感应而引起的。北半球大地电流场在冬季及夜间比较平静微弱，夏季和正午时较强烈。此外，还有人为的电流干扰，如在城市和工矿区附近，用电设备较多，常出现较强的低频游散电流场。这些都将对激电法的观测造成不同程度的干扰。

（2）极化电位的干扰。极化电位虽采用了不极化式电极，但仍存在着一定的极化电位。尤其是当极化电极制作不良时，更会产生较大的极化电位。此外，当接地条件较差时，如表层土壤较干燥或为粗砂砾石时，就会产生较大的极化电位差，对测量产生严重干扰。

(3)矿体的干扰。低阻矿体一般存在较强的激发极化效应,要在资料解释中正确地加以区分。从各地的资料看,离子导体极化率 η 值较低,一般不大于 5%。当 η 值过大,超过了 5%,就应结合地质分析的方法,判断有无矿体的存在。

(4)在第四系覆盖层较厚的地区,如大于 20 ~ 30 m 时,受低阻土层的强烈吸收和衰减,造成二次场信号的严重降低,使该方法在这类地区极不易实施。

(5)仪器性能的影响。目前此类测量仪器较多,直接影响找水效果。性能精度不同,稳定性和重复性也不同。另外还有测量精度的差异等因素。

第五节　激电法找水效果及应用实例

激电法在找水工作中,既可以单独实施,也可以配合其他物探方法综合使用。如与联合剖面法相结合,以联合剖面曲线图圈定出构造的范围和走向,再施以激电测深确定井位,两种方法相互验证,综合分析,取长补短,从而获得较好的找水效果。在实际工作中,应视具体情况灵活掌握。

下面分不同地层与岩性,进行激电法找水的探测效果及应用实例分析。

一、石灰岩地层

石灰岩地区岩溶裂隙发育,含水条件较好。但在补给区却山高水深,历来是群众吃水最困难的地区;而在径流排泄区又是工农业供水的主要含水层,所以石灰岩一般是找水工作的重点。

图 18-5 是临沂城关附近两个钻孔的孔旁测深对比曲线。该处地势平坦,土层厚度 3 ~8 m,下伏中奥陶灰岩,裂隙发育,地下水埋深仅 3 m,成井条件较好。该处化肥厂 3 号井 117 m 终孔,单井出水量大于 100 m^3/h;而由于裂隙发育不均,相隔不远的七里沟村却打了一个深 150 m、单井出水量为 5 m^3/h 的废孔。从试验结果分析,两孔的电阻率曲线均基本呈 45°上升,显示不出任何差别,而激电法的 $S_{0.5}$ 和 D 曲线的异常反映却十分明显。富水孔的 $S_{0.5}$ 和 D 这二次场参数从 40 m 开始上升,90 m 时出现极大值,分别为正常场值的 3.1 倍和 1.4 倍,而废孔曲线平直无明显异常。从这个实例可以看出,激电参数 $S_{0.5}$ 和 D 对石灰岩地区的基岩裂隙水呈现较好的探测效果。

二、碎屑岩地层

这种地层在山东省分布较广泛,岩性主要有砾岩、砂岩、粉土岩、页岩等,且多为砂、页岩互层,富水条件极不均匀。由于此种地层岩性变化大、电性不均,贮水构造与围岩电性差异不大,电阻率法找水极为困难。如图 18-6 所示为在白垩系王氏组砂岩上进行的两个孔旁测深对比曲线,有水无水电阻率测深曲线差别不明显,但半衰时异常十分显著。干孔 $S_{0.5}$ 最大值在 1.4 s 左右;成孔出水量 80 m^3/h,含水部位 $S_{0.5}$ 都在 2 s 以上,极大值 3.3 s,为干孔的 2.36 倍。

三、变质岩地层

这类地层在山东省有泰山群、胶东群和粉子山群。由于地层较老,历受地壳运动影

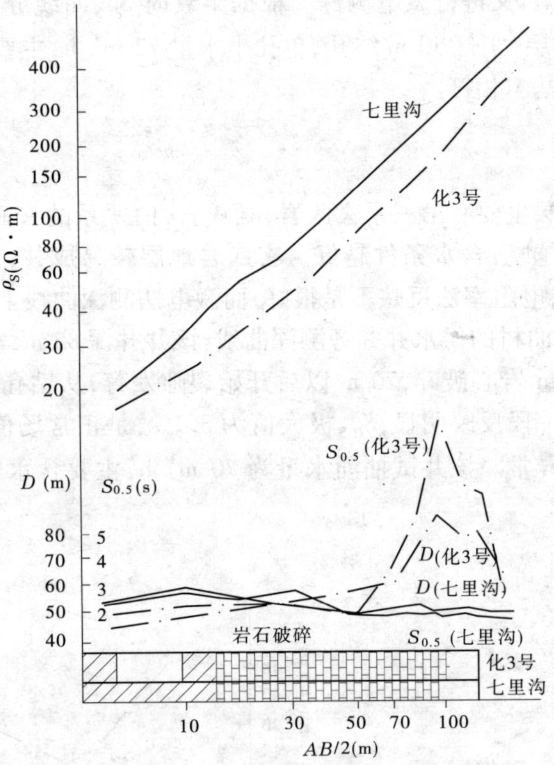

图 18-5　临沂城关附近两个钻孔的孔旁测深对比曲线

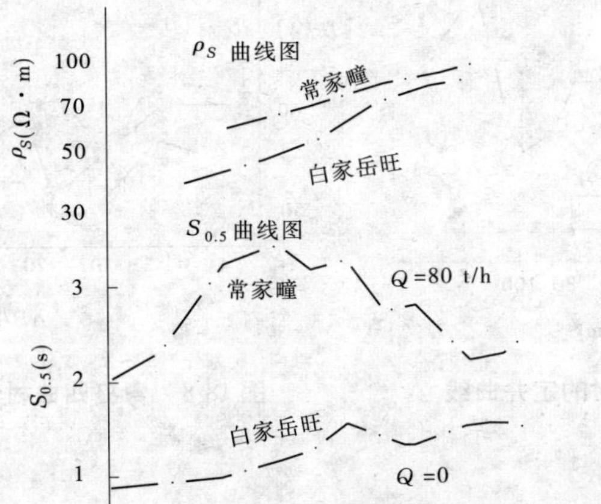

图 18-6　在白垩系王氏组砂岩上进行的
两个孔旁测深对比曲线

响，构造多而复杂，有的经过多次活动，又为后期岩浆充填，岩性变化较大，含水条件差，利用水文地质分析与电阻率法确定井位一般较困难。而与激电法测试相结合，则可收到良好的找水定井效果。图 18-7 是威海后双岛村的定井曲线，在地质踏勘和进行电阻率测深后已基本清楚的基础上,又进行激电测深。根据半衰时 $S_{0.5}$ 曲线分析,预计 25 ~ 40 m 和 50 m 左右有两个含水层,实打 80 m 终孔,单孔出水量 72 m^3/h,主要含水层在 28 ~ 31 m,分析结果与施工情况基本相符。

四、火山岩地层

山东省火山岩地层主要有第三系玄武岩、凝灰岩,白垩系的玄武岩夹层,青山组的安山岩等。火山岩时代越晚,含水条件越好。玄武岩地层较易成井,而安山岩地层成井很少。这种地层的含水,电阻率法反映不是很好,而激电法测深曲线上却较明显。

图 18-8 为青岛四曲村的供水井井旁测深曲线,该井井深 85 m,实打地层为安山岩,埋深 21 ~ 32 m、46 ~ 52 m 岩心破碎,70 m 以后开始裂隙发育,从钻孔岩心分析有一张性构造。在激电曲线上这一段反映明显,$S_{0.5}$ 极大值为 3.1 s,是正常场值的 2 倍以上;而电阻率测深曲线却无明显异常。该井试抽涌水量为 70 m^3/h,主要含水层在 70 m 以下,与曲线反映一致。

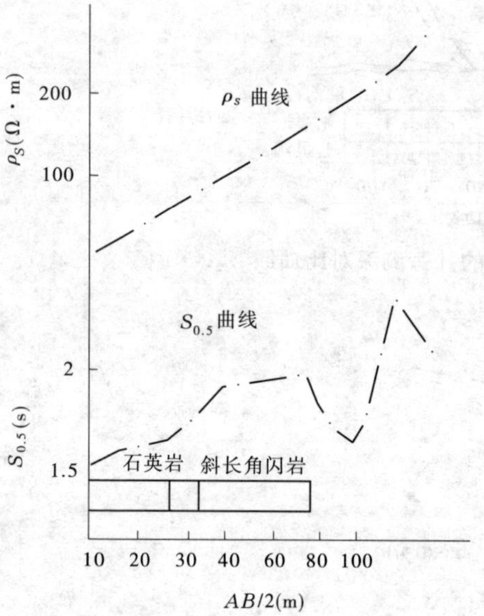

图 18-7　威海后双岛村的定井曲线

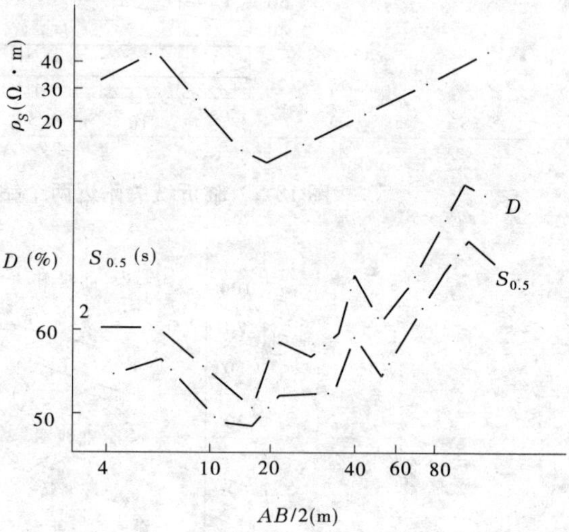

图 18-8　青岛四曲村供水水井井旁测深曲线

五、侵入岩地层

这类地层在胶东地区有大片分布,鲁中南也有零星片状出露,地下水多赋存于风化裂隙和构造裂隙中,富水性差,成井困难,图 18-9 为威海轮胎厂的实际激电测深定井曲线,地层岩性为花岗岩。当时主要依据半衰时 $S_{0.5}$ 从 15 ~ 60 m 这一段呈现高值富水异常的反映而确定的井位。实打结果 11 ~ 64 m 区间玲珑期花岗岩破碎含水,打到井深 90 m 终孔,单孔涌水量 25 m^3/h。

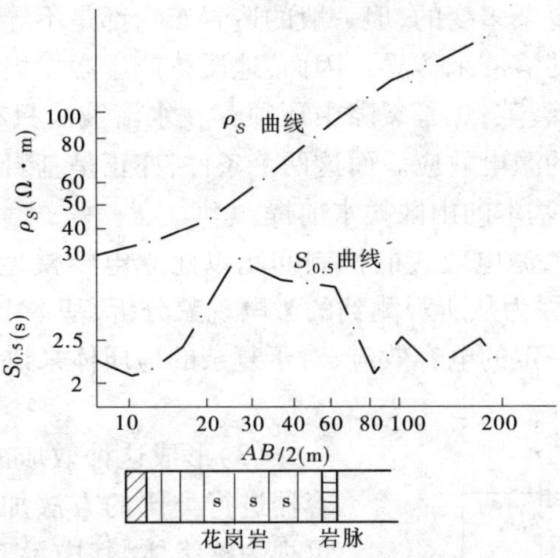

图 18-9　威海轮胎厂激电测深定井曲线

第六节　激电法基岩找水机理的探讨

激发极化现象在地质体中是一种客观存在的现象。当把 4 个电极 A、M、N、B 插入地下，进行通断一次的电流强度 I 和电位差 ΔV 的记录，如图 18-10 所示，在突然通电和断电时，电位差 ΔV 都不会立刻达到稳定值或零值，而是随时间变化趋于渐近值 $\Delta V(\infty)$ 和零值。这种瞬态现象可延续几秒或几分钟。

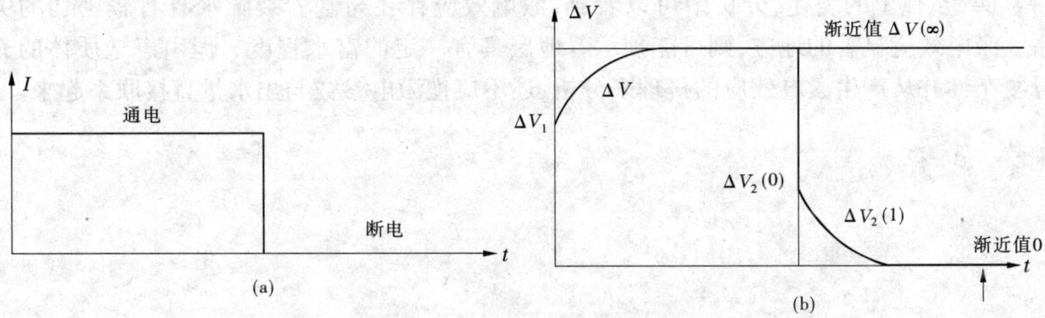

图 18-10　激发极化现象示意图

地质体的激发极化效应一般可分为两大类：一类是金属矿物引起的电子导体激发极化效应，其激电效应的机制问题的看法比较一致，认为是电子导体同围岩中的水溶液界面上产生的电极极化和氧化还原作用引起的，这种极化电位跳跃又称做超电压。另一类是离子导体的激发极化效应，对大多数沉积岩以及其他不含金属矿物的岩石来说，都属于此类。激电找水也在此类之中。关于离子导体激发极化效应的解释，比电子导体要复杂得多，假说也很多，有偶电层变形假说、黏土的薄膜极化假说等，目前还没有一个统一的认识。以下仅就激电法找水的机理问题，谈一下粗浅的看法和认识。

(1)分析激电法的找水机理，应以宏观、定性解释为主，不宜把问题看得过于复杂。

因为虽然地质体是复杂多变的，但一般的造岩矿物都是不导电的，大部分通过非矿化岩石的电流是由裂隙中的溶液来传导。因而，地质体产生激发极化现象，必须具备两个条件：一个是岩石必须存在裂隙；二是裂隙中还须存在水溶液。只有这两个条件都具备了，才有可能观测到较明显的激电效应。而这两个条件，亦正是基岩裂隙水的赋存条件，从这个意义上讲，激电法具备基本的山区找水前提。

(2)从找水工作来看，激电效应的机制问题以建立电学模型而不是电化学模型较为适当，如图 18-11 所示。因为从所观测到的激电现象分析，基本上是一个电容器的充放电过程。任何物体都具有一定的电容效应，对于复杂的地质体来讲，具备一定的电容效应更不例外。

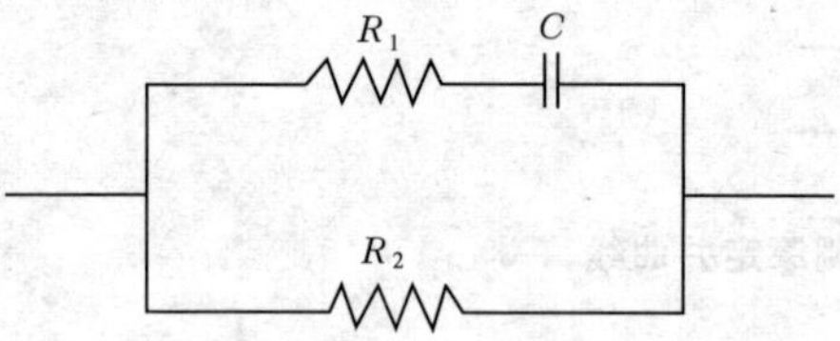

图 18-11　激电效应电学模型

(3)形成这种效应的原因，可与电学中的电容器进行类比的方法加以解释。岩石颗粒一般可视为绝缘体，其中没有电子导电，也阻止离子通过。所以在岩体表面迎着电流方向的一面，外电场一方面推来大量的正离子，同时又带走了大量的负离子，因此就形成了正离子的堆积。而在背着电流方向的一面，情形与此相反，外电场一方面带走了大量的正离子，同时又推来大量的负离子，于是就形成了负离子的堆积。这样，就好像电容器的充电一样，岩体就像是电容器的绝缘体介质，岩体两边的溶液就像电容器的两片极板，充上了相反符号的电荷，当外电场消失后，被极化了的岩体就通过周围介质放电，从而观测到放电过程中的二次场电位场，亦就是激电效应。

(4)从以上的表述、分析中可以看到，激电效应存在与基岩裂隙水具有较密切的关系。激电效应显著的地方，则可能预示着地层具有一定的富水程度。但由于地质体的充分复杂性并从产生激电效应的机理来分析，还不应把激电参数与出水量直接联系起来。

第十九章　瞬变电磁法基岩找水方法

瞬变电磁法(Transient Electromagnetic Methods),又叫时间域电磁法(Time - Domain Electromagnetic Methods),简称 TEM 或 TDEM,它是近年来国内外发展得较快、地质效果较好的一种电探方法,主要应用于金属矿勘察、构造填图、油气田、煤田、地下水、地热以及冻土带和海洋地质等方面的研究。

我国于 20 世纪 70 年代初开始研究瞬变电磁法,投入研究的单位主要有中南工业大学、长春地质学院、地矿部物化探研究所、西安地质学院、有色金属工业总公司矿产地质研究院等。近几年国产仪器在研制方面取得了某些进展,研制出的仪器主要有 SD - 1、WDC - 11、SDC - 1 及 LC 系统等。

第一节　瞬变电磁法的基本原理

瞬变电磁法属时间域电磁感应方法,其数学物理基础是基于导电介质在阶跃变化的激励磁场激发下引起涡流场的问题。其测量的基本原理是,利用不接地回线或接地线源向地下发送一次脉冲磁场,即在发射回线上供一个电流脉冲波形,脉冲后沿下降的瞬间,将产生向地下传播的瞬变一次磁场,在该一次磁场的激励下,地下导电体中将产生涡流,在一次场消失后,这种涡流不会立即消失,它将有一个过渡过程,随之将产生一个变化的感应电磁场(二次场)向地表传播,在地表用线圈或接地电极所观测的二次场随时间变化及剖面曲线特征,将反映地下导电体的电性分布情况,如图 19-1 所示,从而判断地下不均匀体的赋存位置、形态和电性特征。

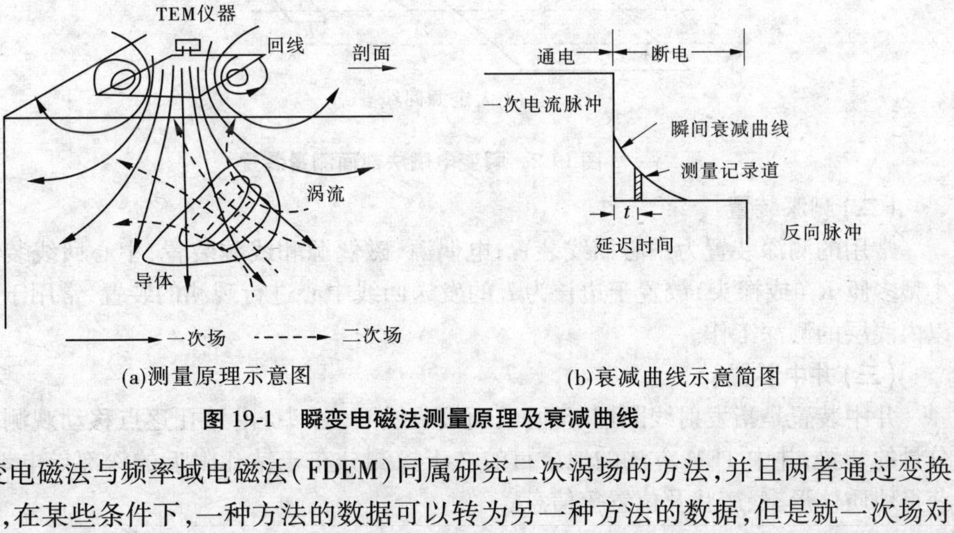

(a)测量原理示意图　(b)衰减曲线示意简图

图 19-1　瞬变电磁法测量原理及衰减曲线

瞬变电磁法与频率域电磁法(FDEM)同属研究二次涡场的方法,并且两者通过变换相互关联,在某些条件下,一种方法的数据可以转为另一种方法的数据,但是就一次场对观测结果的影响而言,两种方法并不具备相同的效能,TEM 法是在没有一次场背景的条件下观测研究纯二次场的异常，大大地简化了对地质体所产生异常场的研究，提供了该方法对目标层的探测能力，此外，TEM 法一次供电测量各电磁场分量随时间的变化，相当于频率域测深各频点测点的结果，使工作效率大大提高。

第二节　瞬变电磁法的找水工作方法

一、工作装置的选择

按瞬变电磁法的应用领域，可把工作装置分为以下四种。

（一）剖面测量装置

常用的剖面测量装置分为重叠回线装置、中心回线装置、偶极分离回线装置和大定源回线装置四种，如图 19-2 所示。它是被用来勘察良导电地质体、进行地质填图及水工勘察的装置。其中，最常用的为重叠回线装置，它是指发射回线 T_x 与接收回线 R_x 相重合敷设的装置。

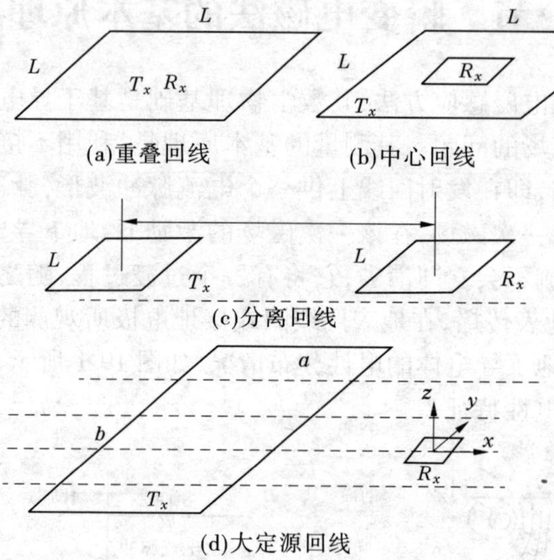

图 19-2　瞬变电磁法剖面测量装置

（二）测深装置

常用的测深装置为中心回线装置；电偶源、磁偶源和线源装置，中心回线装置是使用小型多匝 R_x（或探头）放置于边长为 L 的发送回线中心进行观测的装置，常用于探测1 km 以内浅层的测深工作。

（三）井中装置

井中装置是指发射线圈铺于地面，而接收线圈（探头）沿钻孔逐点移动观测磁场井轴分量的装置，井中 TEM 方法的地质目的在于探测分布于钻孔附近的深部导电地质体，并获得地质体形态、产状及位置等信息。

(四)航空装置

航空装置主要应用于大面积范围内快速普查良导电地质体及地质填图。

在以发现异常为目的的普查工作中,一般认为偶极装置轻便灵活,它可以采用不同位置和方向去激发导体,提高了地质解释能力和可靠性,尤其是对于陡倾薄板状导体有较好的耦合及分辨能力。重叠回线装置具有较高的接收电平、穿透深度大及便于分析解释的特点。因此,目前我们在进行野外找水勘察时,均采用重叠回线装置。

二、影响瞬变电磁法探测深度的因素

影响瞬变电磁探测深度的因素很多,这些因素之间彼此相互联系又相互制约,只有在假定了某些条件之后,才能得出该条件下确切的探测深度。

(一)瞬变电磁系统中的电磁噪声

瞬变电磁系统的噪声主要是来自外部的电磁噪声,这种噪声限制了观测弱信号的能力,从而亦限制了探测深度。一般情况下,外部噪声来源于天电及工业电的干扰,其平均值为0.2 nV/m^2 左右,在干扰比较强的地区,噪声电平可达5 nV/m^2,主要是工业用电的干扰。我们在野外找水勘察过程中,对山东各地的电磁噪声电平进行了测量(频率25 Hz、叠加次数256次),具体数据如表19-1所示。

表19-1　山东各地电磁噪声电平的平均值

地点	日期(年-月)	噪声(nV/m^2)	地点	日期(年-月)	噪声(nV/m^2)
泗水泉林	1993-07	0.426	广饶颜徐	1995-06	0.662
临朐五井	1994-06	0.635	肥城仪阳	1995-07	0.444
泰安城关	1994-11	1.019	崂山仰口	1995-07	4.011
东阿牛店	1995-03	0.142	平邑东阳	1995-09	1.138
长清平安	1995-04	2.048	费县岩坡	1995-10	1.156
淄川寨里	1995-05	0.405	寿光王高	1995-11	1.072

(二)功率—灵敏度

电磁系统中,功率—灵敏度是衡量仪器系统探测能力的一个重要指标,它是指当发送与接收线框间距为100 m时在接收线圈中感应的电动势。该指标与抑制噪声的措施有关,为仪器本身所固有。

(三)回线边长

对于某一固定的发送磁矩、测道及导电体综合参数而言,导电体的异常幅度随边长的增加而成线性地增加,最后达到某一饱和值。然而,在实际工作中我们总希望回线边长不要太大,同时,随着回线边长的增大,对于局部导电体的横向分辨能力也变差。因此,根据理论计算和野外实际工作情况,定义最佳回线边长为达到0.8 V_{max}时的回线边长值。

(四)地质噪声

在导电围岩或导电覆盖层较厚的条件下,随着回线边长的增大,围岩响应的增加率要比导电体响应快,使用较大的回线工作有可能导致信噪比的降低,因此不宜再按高阻围岩区的边长选择原则,应尽可能减小边长以减弱与围岩的耦合,突出导电体的响应异常,此时必须靠增大发送电流及增加观测的叠加次数来提高观测精度,以保证在信号的“时间窗口”内观测值的可靠性。

三、野外工作的程序

瞬变电磁法的应用前提是欲测对象与周围介质存在一定的电性差异。由于瞬变电磁法测量涡流产生的二次场,因此该法对低阻体的探测能力优于高阻体。野外工作时,应注意以下几个方面的问题。

(一)回线边长及测网的选择

回线边长对异常响应是一个比较复杂的函数关系。回线边长一般依据被测对象的规模、埋深及电性来选定。一般选择的原则是回线边长与探测对象的埋深大致相同,因为回线边长的增大对于局部导体的分辨能力变差,且受旁侧地质体的干扰增大。剖面点距一般选等于回线边长或回线边长的一半,对异常进行详查时,点距可以等于回线边长的1/4。

依据山区找水的特点和我们的找水实践,回线边长可选取50 m或100 m,点距为20 m或25 m,较为适宜。

(二)布线原则

野外布线时,测线方向应与可能的构造走向垂直,远离铁路、地下管道和电力线等地电干扰。

(三)干扰电平的观测

各个观测点的干扰电平并不完全一致,为了确定各个观测点观测值的观测精度,一般要求在每个测点上或相间几个测点上实测干扰电平。

(四)叠加次数和观测时间范围的选择

仪器的叠加次数、时间范围的选择主要取决于测区的信噪比和其灵敏度。我们通过多次试验对比后认为:在干扰电平不太大的情况下,叠加次数256次或512次时,既能保证观测质量,又能保证观测速度,能够取得较好的效果。在基岩地区进行测量,我们一般采用仪器的高频挡25 Hz,其时间范围为0.087~17.5 ms,内分20道。

四、资料整理与成果图件

(一)资料整理

野外工作中,资料整理除要求检查验收原始记录数据、对原始记录数据进行整理外,还要对数据进行滤波处理,绘制各测点的衰减曲线和各测线的多测道剖面曲线图以及根据需要计算各种导出参数(ρ_τ、S_τ、h_τ、τ_S、a_S等)。

对数据进行滤波处理,通常采用下列三点自相关滤波公式:

$$V'_i = V_i/2 + (V_{i+1} + V_{i-1})/4 \tag{19-1}$$

式中 V'_i——第i测道滤波后的值;

V_i、V_{i+1}、V_{i-1}——第i测道及相邻两测道的原始观测值。

(二)成果图件

工作成果报告一般应提交下列主要图件:①实际材料图;②几个选定测道的 $V(t_i)$ 平面图;③综合剖面图,它包括多测道 $V(t)$ 异常剖面曲线图、$\rho(t)$ 拟断面图。

(三)资料的解释分析方法

一般采用线计算机正反演解释方法。

第三节　瞬变电磁法找水应用实例分析

某村庄地处石灰岩山区,由于长期缺水,严重制约了当地的经济发展。我们应用瞬变电磁法在该村进行了剖面法测量,通过分析测量结果后认为该处适合打深井,最后定井一眼,解决了该村的生产生活用水问题。该处土层仅数米,下伏地层为中寒武系的灰岩、页岩互层,区域地下水位 10 m 左右。

本次测量采用 50×50 m 重叠回线装置进行,点距 25 m,频率为 25 Hz,叠加次数取 256 次。如图 19-3、图 19-4 所示,分别为该剖面的多测道 $V(t)/I$ 异常剖面曲线图和等视电阻率拟断面图。从测试曲线的对比分析可以看到,有一明显的向西倾斜的板状导电体(即断层)存在,经计算可得其倾角约为 67.5°,且异常点与背景点的时间特性曲线二者差异明显。对井位测点应用瞬变电磁测深进行正反演的计算结果如图 19-5 所示,由图中可以看出,在 140 m 深度附近,有一明显的低阻异常。

该井的实打结果,160 m 以上为张夏灰岩、页岩互层,128～155 m 裂隙发育,为主要含水层;160 m 以下是徐庄组页岩、灰岩及砂岩,岩石完整,裂隙不发育,钻至 240 m 终孔,为一自流井,自流量为 20～30 m^3/h。

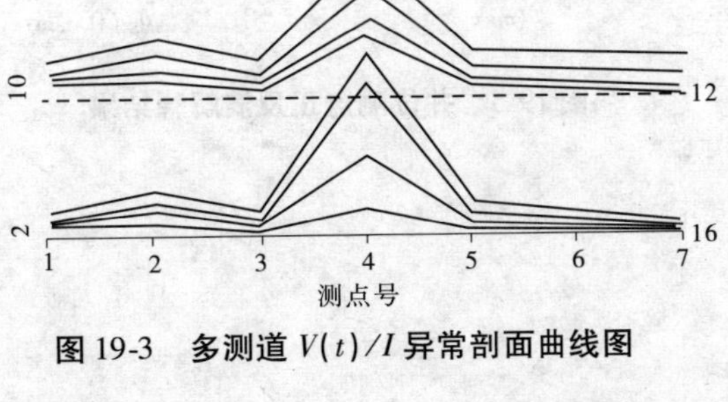

图 19-3　多测道 $V(t)/I$ 异常剖面曲线图

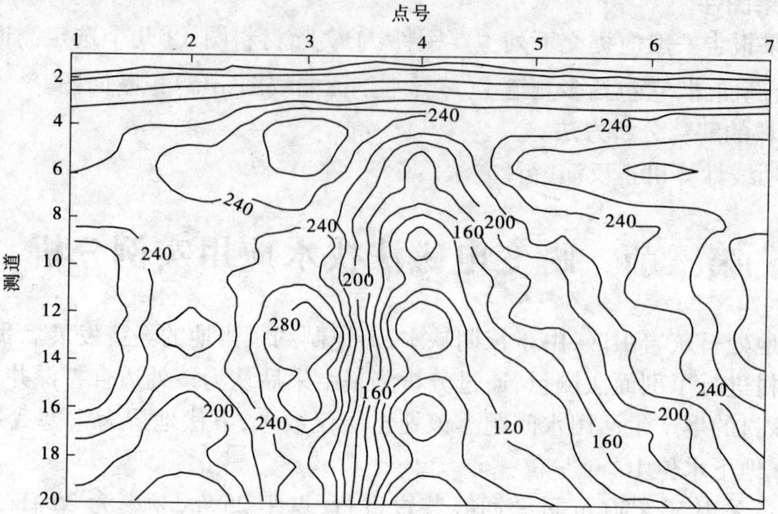

图 19-4　等视电阻率拟断面图　（单位：Ω · m）

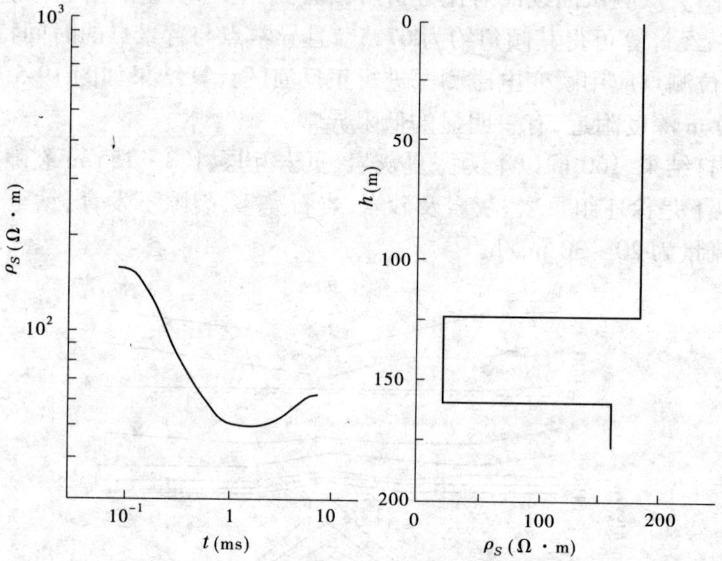

图 19-5　井位测点正反演解释结果

第二十章　电测井技术

第一节　电测井概述

为了进一步了解含水层的性质和状况，在井孔打完之后，用电缆将电极系放于井内，通过仪器测量出不同深度的岩层的电性差异，根据测量结果分析推断出井孔的岩性和水质的变化情况，这种方法叫做电测井。

在打井工作中，电测井主要用来确定含水层的位置、厚度，划分咸、淡水的分界面，并估算成井后的水质和水量。开采深层淡水，电测井可以为井管设计和确定咸水层的封闭深度，提供较为可靠的依据。

电测井根据电场的性质可以分为人工电场法和自然电场法。人工电场法在水文地质测井中以视电阻率法应用最广。本章介绍的梯度电极系、电位电极系、二极法都属于视电阻率法。它以岩层的不同导电性质为基础，岩层的导电性不同，即真电阻率不同，测量到的视电阻率也就不同。例如，砂层比黏土层视电阻率大，淡水比咸水视电阻率大。自然电场法也叫自然电位法，该法不用供给电流，井上井下各有一个测量电极，测量出沿井壁自然电位差的变化。

根据仪器种类和工作方法的不同，电测井又有简易测井、半自动测井和全自动测井之分。简易测井又称点测井，使用的仪器与电阻率法相同。在工作时，电缆从井底向上提升，每提升一段测量一次，一般多采用点距 1 m 的间隔。点测法虽然速度慢，但设备简单，操作容易，便于掌握。

半自动及全自动测井所用仪器为各种半自动或全自动测井仪（车），电缆从井下连续提升，记录出来的曲线是一条连续的曲线。自动测井速度快、效率高，但设备较复杂。点测井与自动测井的分析结果是一致的。

第二节　电测井的主要装备

除测试仪器外，电测井的主要装备有电缆、电极系、重锤、井口滑轮、绞车等。

一、电缆

电缆的作用，是将电极系提放井内，并作为连接电极系、地面电源和地面仪器的导线。对电缆的要求是坚韧、柔软、绝缘好、缆芯电阻低。点测法所用的电缆以三芯含钢丝的电缆为最好，线径不需过粗，单芯截面在 1.5～2.5 mm^2 即能充分满足要求。如果井深小于 200 m，也可以用无钢丝的三芯动力电缆，或三条军用电话线合起来使用。

电缆应绝缘材料性能良好，任一缆芯与水之间的绝缘电阻，都应不小于 500 MΩ。

二、电极系

(一)电极系的概念

在井下使用的装在电缆上的 3 个电极,叫做电极系。另一个电极埋在地面上,叫做地面电极。这些电极用以供电的,叫做供电电极,以字母 A、B 表示;用以测量电位差的,叫做测量电极,以字母 M、N 表示。在电极系中,供电或测量共用相同的两个电极,叫做成对电极,另外一个则叫做不成对电极。

电极系的表示符号,系表明电极自上而下的排列顺序,字母之间的数字,表示两个电极之间以米为单位的距离(以电极中心为准)。例如 $A2.0M0.25N$,表示电极系最上面的电极为 A,中间电极为 M,最下面的电极为 N,A 距 M 为 2.0 m,M 距 N 为 0.25 m。电极系一般将中间电极作为 A 极或 M 极。

成对电极为供电电极者为双源电极系;成对电极为测量电极者,为单源电极系。成对电极间的距离小于不成对电极至中间电极的距离者,叫做梯度电极系。成对电极间的距离大于不成对电极至中间电极的距离者,叫做电位电极系。梯度电极系又分为底部梯度电极系和顶部梯度电极系。成对电极在下方的,叫底部梯度电极系或正装梯度电极系。成对电极在上方的,叫顶部梯度电极系或倒装梯度电极系(见图 20-1)。不论梯度电极系还是电位电极系,一律以距离较近的两个电极的中点作为记录点(即测点)。该点在井内的深度,亦即测量深度。

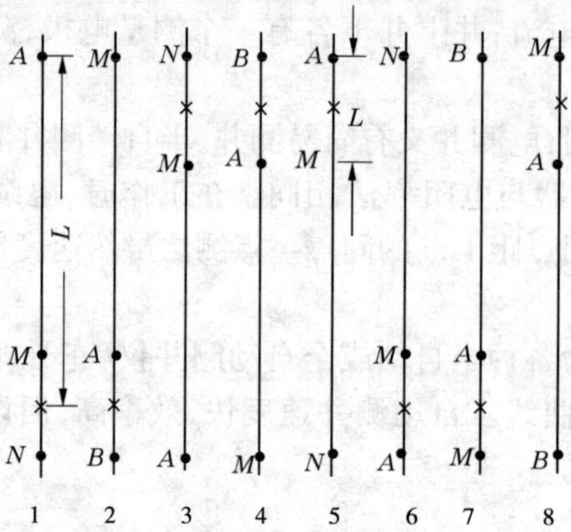

图 20-1 电极系

梯度电极系的电极距 L(相当于 $AB/2$),等于不成对电极至记录点的距离;电位电极系的电极距 L,等于不成对电极至中间电极的距离。

不论梯度电极系还是电位电极系,电极系数(又叫"装置系数")仅与源数有关,视电阻率 ρ_S 的计算公式为:

对于单源电极系

$$\rho_S = K \cdot \Delta V / I \tag{20-1}$$

$$K = 4\pi \cdot AM \cdot AN / MN$$

对于双源电极系

$$\rho_S = K \cdot \Delta V / I \tag{20-2}$$

$$K = 4\pi \cdot AM \cdot BM / MN$$

(二)电极系的制作

电极系中每个电极的长度一般为3～5 cm,直径约3 cm。电极材料以纯铅皮或纯铅丝为最好,也可以用20～25 A的保险丝代替。

电极系的制作方法有以下两种:

(1)电极距离可以变动的电极系。先在电缆上套上一段硬塑料或硬胶皮管。管的内径应略大于电缆外径,管的外径3 cm左右,管长8～10 cm。在管的中间部分用铅丝紧密缠绕5～7 cm。管的两端用高压胶布缠成比电极直径略大的电极座。电极座应压住缠绕的铅丝1 cm左右(见图20-2)。

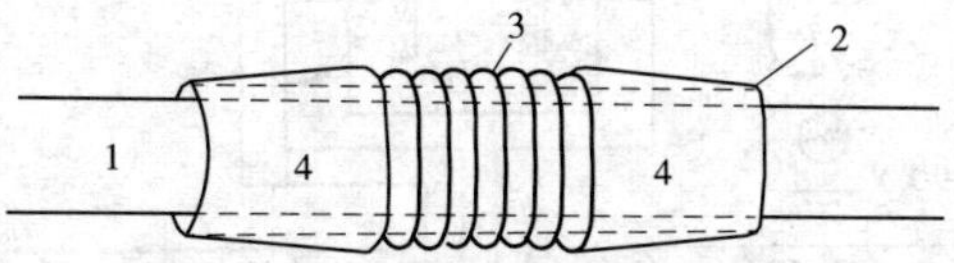

图20-2　电极系制作

1—电缆;2—硬管;3—铅丝;4—高压胶布缠成的电极座

电极与缆芯的连接是:将电缆下端扭转过来,用弦线或钢丝扎成环形,以悬挂重锤。将各电极与缆芯之间用软胶皮导线连接起来,连接点应严密绝缘,导线要从电极座里面穿过。为了减少导线的接头,确保绝缘良好,可以使扭转过来的电缆长一点,将缆芯直接与电极连接,连接导线要长一点,使电极可以上下挪动,挪动后的电极位置可以临时绑扎固定。

(2)电极距离固定的电极系。电极的制作方法同上。电极与缆芯的连接可以用上述方法,也可以用下面割断缆芯的方法,先将电缆外皮破开,割断一条缆芯,将下面的一个断头绝缘,把上面的断头与电极之间用胶皮连接起来。在电缆剖开部分注满生胶,外面用高压胶布缠牢,两端用弦线扎紧。为了防止水沿胶皮导线侵入电缆剖开处,再用高压胶布将导线全部包住。电极系中最下面的一个电极直接与缆芯连接,另外两根缆芯的尽头应予以绝缘。

三、重锤

当井内有泥浆,电极系的重量不能使电缆保持垂直时,可加一重锤,材料一般用铅制作。重锤的重量应视泥浆的密度而定,当泥浆密度小时,可用3～5 kg;当泥浆密度较大时可用5～10 kg。重锤与最下面的电极间的距离,不应小于电极距的1/4。

四、井口滑轮

点测法使用井口滑轮的作用,只是便于从井内提放电缆。

五、绞车

绞车是用来缠放和升降电缆的,分手摇和机械传动两种。

六、地面电极

地面电极如果是供电电极,可以用棒状铜电极或铁电极;如果是测量电极,可以将铅丝紧密地缠绕在电工用的穿墙瓷管上做成铅电极。

第三节　梯度电极系测井

一、工作方法

单源梯度电极系测井的线路连接，如图 20-3 所示，R 与电流表(MA)组成电流调节器。

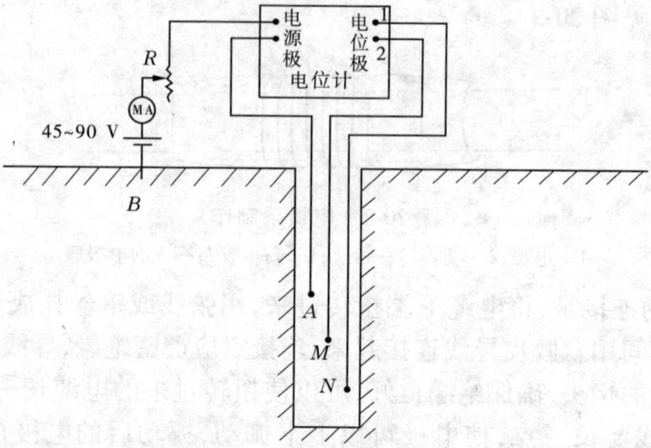

图 20-3　单原梯度电极系测井的线路连接

电极系的 M、N 极与仪器连接，A 极与仪器的任一个电源极插孔连接，地面电极 B 与另一个电源极插孔连接。在 A 极或 B 极与仪器连接的线路中，串联上供电电源、电位器和电流表，电位器的作用是调节供电电流的大小。地面电极打在井口附近的较湿润的地方，地面电解如果为铅电极，可挖一小坑埋入地下，并浇上水，使其接地良好。电极系的各个电极在下井前必须用砂纸擦干净，因为铅的表面极易生成一层氧化膜，容易使线路灵敏度达不到要求。

测井时先将电缆放入井底，从下往上逐米进行测量，按公式(20-1)计算视电阻率。如果用电位器将电流强度 I 调整到与 K 值相等或为 K 值的若干分之一，则可以使计算简化。例如，当 $I=K$ 时，$\rho_S=\Delta V$；当 $I=K/2$ 时，$\rho_S=2\Delta V$。在测量过程中一般 I 变化很小，可以间隔几十米调整一次，其他测点只做电位差测量。

底部梯度电极系，对高阻层的下界面和上界面反映都较明显，测井一般常用底部梯度电极系。

由于在测井时电极系是在井液当中，所以井液电阻率的大小对测出的视电阻率有一定的影响。电极距越大，井液电阻率的影响越小，测出的视电阻率越能接近于巨厚岩层的真电阻率。但在实际上，砂层的厚度是有限的，当电极距接近于或大于砂层厚度时，砂层上下的黏性土的影响随之增大，反而使测出的砂层的视电阻率偏小，甚至使砂层反映不明显。为此，在选择电极距时，必须考虑以下两个方面：

第一，井径越大，井液电阻率与地层电阻率相差越大，则井液电阻率对视电阻率的影响越大。例如，地层是咸水，而井液是淡水，如果电极距较小则测出的视电阻率比地层的真电阻率大很多,会误认为地层水是淡水。在理论上,当地层电阻率为井液电阻率的5倍时,只有当电极距等于或大于井径的3倍时,井液的影响才可以不考虑。当地层电阻率为井液电阻率的20倍时,只有当电极距等于或大于井径的5倍时,井液的影响可以不考虑。例如,井液矿化度为2 g/L,其电阻率约为4.5 Ω·m,淡水砂层的电阻率约计为20 Ω·m,相当于井液电阻率的5倍左右,如果井径为0.5 m,则电极距应不小于1.5 m。

第二,当电极距大于砂层的厚度时,砂层反映不明显。为此,电极距不宜过大。

能划分出数目最多的岩层,受井液的影响又较小的电极系,叫做标准电极系。用标准电极系测出的曲线,在矿化度大于3 g/L的咸水层中曲线较平直,反映不出砂层,但在淡水层中对砂层反映很明显。

在平原地区测井,电极距一般取2.0～4.0 m,例如 $A2.25M0.5N$,$A2.58M0.5N$,$A2.0M0.25N$,$A3.745M0.5N$ 等。在一般情况下,可用 $A2.58M0.5N$ 的电极系,其装置系数 $K=200$。若井液与地下水水质相差很悬殊,打井时间又很长,可以用 $A3.745M0.5N$ 的电极系,其装置系数 $K=400$。

双源梯度电极系测井方法与单源梯度电极系测井方法类似,区别在于其一个测量电极在地面,须采用铅电极。

二、曲线分析

将观测结果绘到以 ρ_S 值为横坐标、以深度为纵坐标的方格纸上,即得到视电阻率曲线。纵向比例尺一般选用1:200,横向比例尺的选择应能使高阻岩层和低阻岩层在曲线上有明显地反映,但又不致将测量误差放得很大,使曲线复杂化。

梯度电极系测出的 ρ_S 曲线,如图20-4所示。当电极距小于岩层厚度时,正对着高阻层的视电阻率曲线是不对称的。对于底部梯度电极系,曲线的极大值对应砂层的下界面,

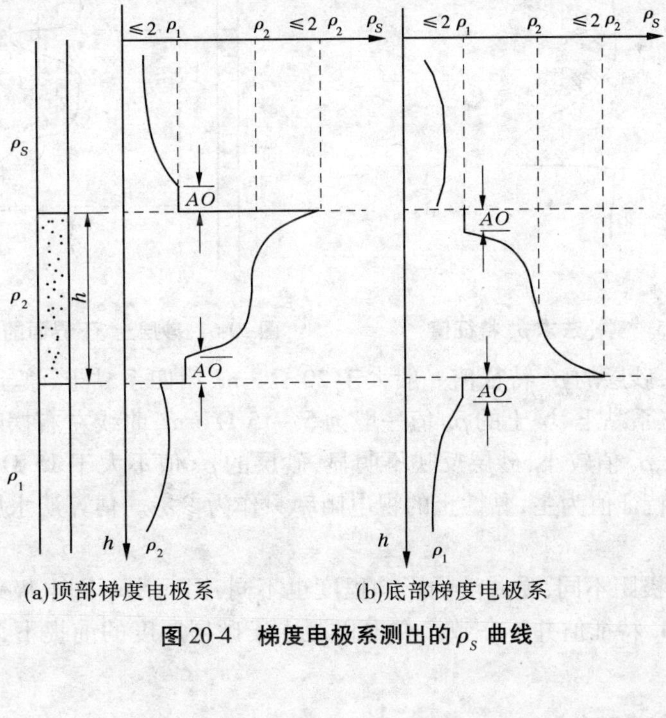

(a)顶部梯度电极系　(b)底部梯度电极系

图20-4　梯度电极系测出的 ρ_S 曲线

曲线的极小值对应砂层的上界面。顶部梯度电极系所测出的 ρ_S 值曲线恰恰相反，曲线极大值的出现在砂层的上界面，极小值出现在砂层的下界面。因为受井液电阻率的影响，ρ_S 极大值一般大于砂层的真电阻率。ρ_S 平均值的大小，能比较真实地反映出水质的好坏，可以用它粗略地查出地下水的矿化度。因此，ρ_S 平均值又可以叫做“视电阻率的特征值”。

ρ_S 特征值可以用以下几种方法得到：

（1）底部梯度电极系曲线 ρ_S 特征值，可从砂层中点向下推一个电极距（L），该处的视电阻率即为 ρ_S 特征值，顶部梯度电极系应向上推一个电极距（L），该处的视电阻率为 ρ_S 特征值。

（2）底部梯度电极系曲线，在异常中部的平缓段与接近砂层下界面的急剧上升段的转折点处的视电阻率为 ρ_S 特征值；顶部梯度电极系曲线，在异常中部的平缓段与接近砂层上界面的急剧上升段的转折点处的视电阻率为 ρ_S 特征值。

（3）割补法。在异常中部的某一处作横坐标的垂直线将异常分割为两部分，使垂线右侧割下来的三角形恰好能补足曲线上方（对于底部梯度电极系曲线来讲则在下方），从 ρ_S 极小值至垂线所做的直角三角形，此垂线所代表的视电阻率即为 ρ_S 特征值（见图 20-5）。

当电极距大于砂层厚度时，正对砂层的曲线所反映出来的异常是对称的，ρ_S 极大值正对着砂层的中间。ρ_S 极小值小于或接近于砂层的真电阻率，ρ_S 特征值应取极大值或比极大值更大些。砂层的上、下界面反映不明显，一般可取异常值幅的 2/3 处作为砂层的上、下界面（见图 20-6）。

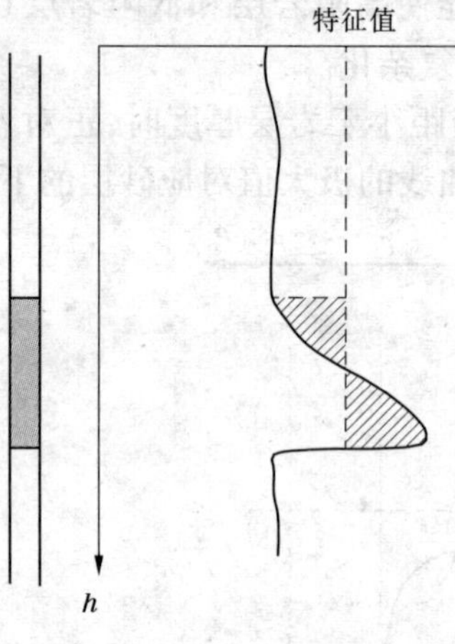

图 20-5　割补法求 ρ_S 特征值

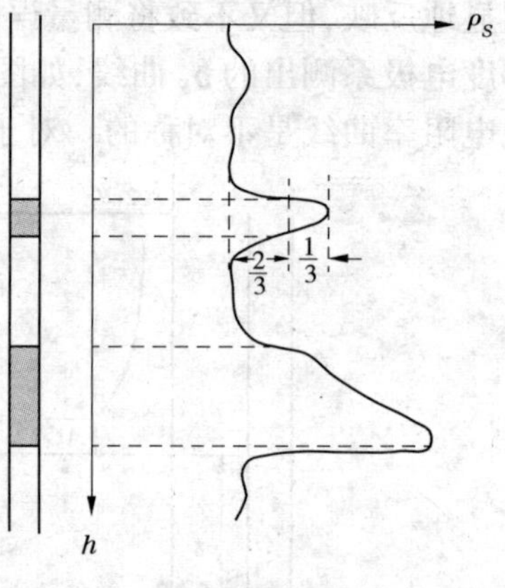

图 20-6　砂层上、下界面的确定

在淡水层中，砂层的 ρ_S 特征值一般大于 20 Ω · m，第四系黏土、壤土的 ρ_S 值一般为 8 ~ 20 Ω · m，第三系黏土、壤土的 ρ_S 值一般为 5 ~ 15 Ω · m，曲线左右摆动明显。在咸水层中，曲线较平直，ρ_S 值较小，砂层反映不明显，砂层的 ρ_S 值不大于 15 Ω · m。分析水质时应以砂层的 ρ_S 特征值为主，黏性土的视电阻率只作为参考。估算淡水层的矿化度以较厚的砂层为准。

应该注意，电极距不同，受井液的影响程度也不同，因而用不同电极距的电极系测出的同一个砂层的 ρ_S 特征值并不一致。在电极距小于砂层厚度的前提下，极距越大，ρ_S 特征值越接近于真电阻率，分析出的水质越可靠。如果有大小两种电极距的电极系测出的 ρ_S 曲线，当小极距的 ρ_S 特征值比大极距的 ρ_S 特征值大得多时，说明地下水的矿化度大于井液的矿化度；反之，则说明地下水矿化度小于或接近于井液的矿化度。

同一地区最好选用一种较合理的电极距作为标准电极系固定下来，以便于各个井的 ρ_S 曲线对比分析。

第四节　电位电极系测井

一、电极距的选择

电位电极系测出的 ρ_S 曲线是对称的，所以不论成对电极在上方或下方，测出的 ρ_S 曲线都是相同的，故不再有顶部电极系与底部电极系之分。

为了减小井液的影响，当地层电阻率为井液电阻率的 5 倍时，电极距应大于或等于井径。当地层电阻率为井液电阻率的 20 倍时，电极距应大于或等于井径的 3 倍。

当电极距大于砂层厚度时，砂层反映不明显。当电极距小于砂层厚度时，砂层在曲线上有明显的反映。选择电极距时，应同时兼顾以上两个方面。

常用电位电极系的电极距有 $N2.0M0.25A(K=3.53)$、$N2.58M0.5A(K=7.5)$、$N3.745M0.5A(K=7.12)$、$N3.745M0.75A(K=11.3)$等。

二、曲线分析

当电极距小于砂层厚度时，电位电极系的 ρ_S 理论曲线如图 20-7 所示。砂层上界面位于曲线从急剧上升处向上推半个极距的地方，砂层下界面位于曲线从急剧下降处向下推半个极距的地方。但根据实践，这样确定的砂层厚度往往偏大，而以实测曲线急剧上升段和急剧下降段的中点，即曲线异常的半幅值处为砂层的上、下界面更加接近实际（见图 20-8）。

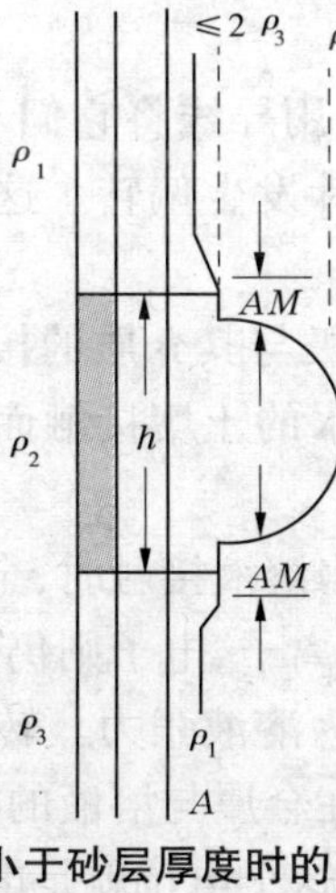

图 20-7　电极距小于砂层厚度时的 ρ_S 理论曲线

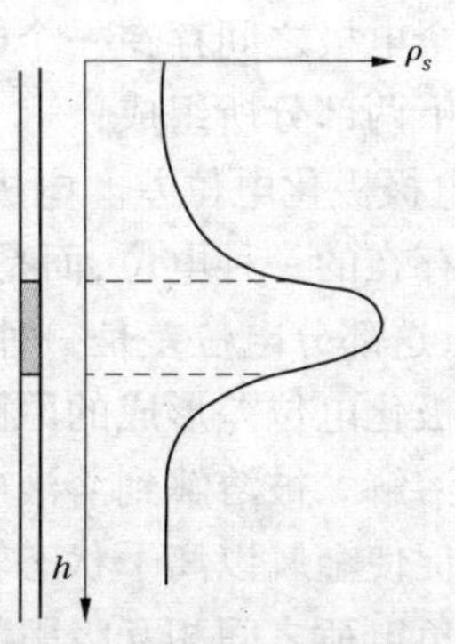

图 20-8　砂层的上、下界面

电位曲线异常的极大值，小于或稍小于砂层的真电阻率。因此，ρ_S 特征值应取极大值或极大值稍大些。但电位电极系受井液的影响比梯度电极系大，在分析时必须加以考虑。

第五节　二极法测井

二极法是指井下只用两个电极，即 A、M 极，B、N 电极在井上。A、M 电极互换，对测量结果没有影响。B、N 两个电极的相对位置可以任意选择，但 B、N 间的距离必须保持固定。电极系数（装置系数）K 的计算公式为：

$$K = 2\pi/(1/2AM + 1/BN) \tag{20-3}$$

对于测量深层淡水，B、N 极离井口的距离不限。对于测量浅层淡水，为了减小 A、N 极之间和 B、M 极之间的相互影响，B、N 极离井口的极距不得小于 20 m。

A、M 极之间的距离为二极法的电极距，记录点在 A、M 的中点，电极距一般可取 0.5 m、0.75 m、1.0 m。二极法实际上是电位电极系的变种。但由于 N 极在井上，N 极电位的大小只决定于 B 极对它的影响，是一个常数，视电阻率的变化只受 M 极电位的影响，这样就使影响因素减少了，因而对砂层的反映更加明显和可靠。

二极法的分析方法与电位电极系相同。它的优点是反映砂层可靠，曲线圆滑，便于分析，测量时便于与自然电位法同时测量。可以用双股导线代替三芯电缆进行浅井的测井，对于深井的测井，由于对电缆强度要求高，仍应使用测井电缆。

二极法的缺点是受井液影响较大。在测井时，若以区分砂层为主要目的，二极法可以单独使用；若以区分咸、淡水界面为主要目的时，二极法最好与梯度电极系及自然电位法配合使用。二极法单独使用时，为减小井液的影响，电极距可选用 1 m。

第六节　自然电位法测井

一、基本原理

把一个电极埋设在地面，另一个电极放入井下，用导线将它们与电位计连接起来，便会发现两个电极之间存在一个电位差，使检流计指针发生偏转。这个天然存在的电位差主要由以下两部分所组成：

（1）电极极化电位差。电极极化电位产生在电极与其介质的接触面上。它不是在地层中天然存在的一种电位，而是因为电极与水或含水的土壤接触而产生的。在自然电位法测井中，这部分电位差是一种干扰因素。

电极极化电位差形成的原因，是当一种金属与水溶液接触时，金属总会或多或少地被水溶液所溶解。被溶解到溶液中去的是带正电荷的离子，电子则仍留在金属中，使它带上负电荷。促使金属以离子状态转入溶液的力量，称为溶液张力。转入溶液中的正离子与金属中的负电荷之间相互吸引，而使两种电荷集中在金属与溶液的接触面附近，形成了双电层。因此，便在金属与溶液之间产生了一个电位，这个电位就是电极极化电位。金属种类的不同，其溶液张力不同，产生的电极极化电位就不同。溶液浓度发生变化，也会改变电极极化电位的大小。

在电测井或电测深中，由于两个金属电极的材料纯度不可能完全相同，两个电极所接触的介质也不完全相同，因而两个电极所产生的电极极化电位数值也就不同，所以两个电极之间存在一个电位差，这就是形成电极极化电位差的基本原因。

在普通的金属材料中，铅的极化电位最稳定，其次是铜。所以，电测井一般使用铅电极，地面电测一般使用铜电极。

(2)自然电位差。自然电位差是在地下天然存在的与电极无关的电位差。形成自然电位差的原因很多，如因溶液浓度的不同而产生的扩散电位，因井液与地下水压力的不同而产生的渗透电位，因地层中的电化学活动较强的物质(如硫化物)的氧化、还原而产生的氧化还原电位等。在上述成因中，主要的及意义最大的是扩散电位。

当溶解在井液和地层水中的盐的浓度(即矿化度)不同时，离子就会从浓度大的一方向浓度小的一方扩散。各种离子的迁移率是不同的，非金属离子的迁移率快，金属离子的迁移率慢。以氯化钠为例，钠离子是金属离子，带正电，氯离子是非金属离子，带负电。氯离子的移动速度比钠离子快。扩散的结果就会出现在浓度大的一方正离子过剩而带正电，浓度小的一方负离子过剩而带负电。

假定井液的浓度大于地下水的浓度，则正对着含水层的井液显示相对的正电性，即正异常，反之则为负异常(见图20-9)。

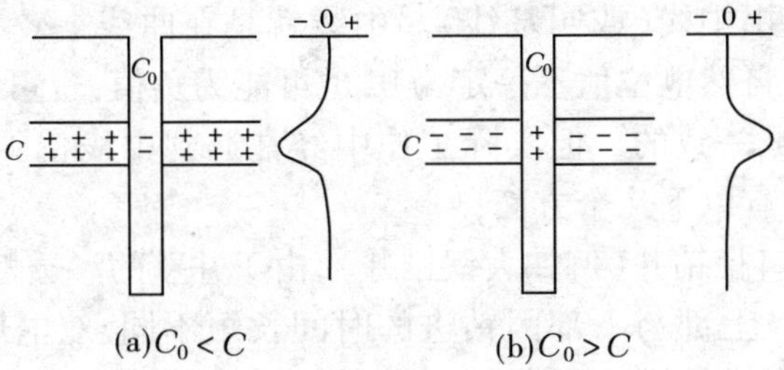

图20-9 扩散电位示意

极化电位与自然电位在观测到的数值上是混在一起的，无法分开，在测井中统称为自然电位。由于极化电位是稳定的，它的大小只影响自然电位差绝对值的大小。自然电位差相对值的变化则主要反映了扩散电位差的大小。因此，可以根据自然电位差沿井壁的变化规律，分析含水层的分布和水质变化。

二、工作方法

自然电位法测井的线路连接如图20-10所示。井下电极 M 一定要相应接测试仪器的 M 端，否则正、负异常恰恰相反。地面电极 N 极可埋在井口附近，覆土踏实。井下电极可以用视电阻率法测井的电极系中的任一个 M、N 电极。

测井时，先将 M 电极放入井底，在提升过程中每间隔1 m测量一次。在测量第一个测点时，如果检流计指针不稳定，说明极化电位差不稳定，可以等一段时间，指针基本稳定后再测。如果第一个测点自然电位差很大，可以用极化补偿器补偿一部分，只测量剩余部分。在以后的整个测量过程中，极化补偿器不可再动。在每个测点测量读数的同时，应从

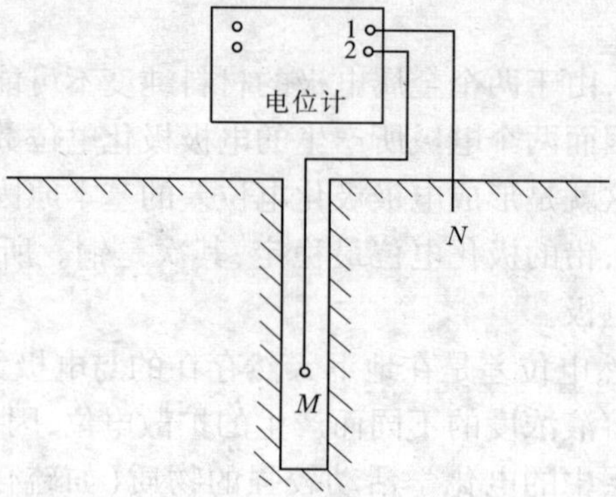

图 20-10　自然电位法测井的线路连接

测试仪器上读出自然电位的正、负。在进行自然电位测井时，应关闭附近的一切电器设备，以减小大地游散电流干扰。

三、曲线分析

以自然电位为横坐标，测量深度为纵坐标，将观测结果点绘到方格纸上。纵坐标的比例尺应与视电阻率测井曲线一致。横坐标比例尺可选用每厘米代表 10 mV 或 20 mV，坐标向右的方向为正的方向。

首先从曲线上确定出中线（或叫基线）。中线就是在曲线上较平直的与厚层黏土相对应的线段。中线上的自然电位值不一定为 0，也可能为负值，也可能为正值。较理想的中线应是垂直的，上下是一致的。但实际工作中经常遇到中线偏斜、转折、弯曲等现象。造成这些现象的原因常有以下几个方面：

（1）清水固壁的大口径钻井（例如大锅锥井），由于井壁的渗透性良好，扩散电位形成的双电层远离井壁，并且上部与下部因钻进的时间长短不同，双电层距井壁的距离也不同，因而经常使曲线的中线偏斜或弯曲，给分析造成困难。

（2）在工业区附近或在井附近有接地的电器等，会使曲线没有规律，找不出中线。

（3）在测量当中，由于触动地面电极周围的土壤，其接地条件有所改变，使中线发生转折。

（4）地面电极埋设时间短或井下电极下井的时间短，极化电位不稳，使曲线下部的中线偏斜。

（5）在测井过程中，井壁坍塌掉块，或突然向井内灌注井液，都可能引起中线偏斜或转折。

（6）*M* 极在井下由静止变为运动或由运动变为静止，会产生摩擦电位，使极化电位不稳，可在电极上包上一层布套予以消除。

从中线向右突起的曲线段为正异常，向左突起的曲线段为负异常。正异常的自然电位不一定为正值，负异常的自然电位不一定为负值（见图 20-11）。正异常表示该含水层的矿化度小于井液的矿化度，负异常表示该含水层的矿化度大于井液的矿化度。没有异常表示没有含水层，或者有含水层但地下水和井液的矿化度接近。

正、负异常都是砂层的反映，砂层的上、下界面可按异常幅值的一半来确定。

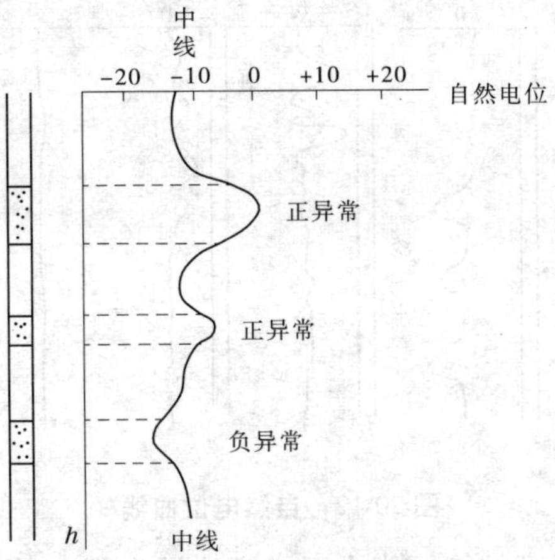

图 20-11　中线异常

自然电位法测井设备简单,测量速度较快,且能与视电阻率法相辅相成。例如有些不含水的高阻层,在视电阻率曲线上易判断为含水层,而在自然电位曲线上则不显示异常。但自然电位曲线不一定对每个井都能说明问题,且对水质的分析较粗,因此这种方法一般不能单独使用。

第七节　各种测井方法的综合应用

在实际测井工作中,一般是几种方法配合使用。在测量深层淡水时可以用自电(自然电位法)、梯度(梯度电极系)和二极法配合,或自电、梯度和电位(电位电极系)配合,或自电、底部梯度、顶部梯度配合。测量大锅锥井,可以用梯度和二极法配合,或只用二极法测量。现以自电、梯度和二极法配合为例,说明各种测井方法的综合应用。

为使极化电位较稳定,应先进行梯度法测量,后进行二极法测量。自然电位法可以与二极法同时测量。梯度电极系若改为双源,也可以与自然电位法同时测量。

假设上层为咸水,其矿化度为 C_1,下层为淡水,其矿化度为 C_2,井液矿化度为 C_0,自然电位曲线有以下几种类型:

第一,当 $C_0 > C_1 > C_2$ 时,砂层在曲线上表现全部为正异常,但在咸水层中的异常幅值小于淡水层中的异常幅值(见图 20-12 曲线 1);

第二,当 $C_0 < C_2 < C_1$ 时,砂层在曲线上表现全部为负异常,但在咸水层中的异常幅值大于淡水层中的异常幅值(见图 20-12 曲线 2);

第三,当 $C_2 < C_0 < C_1$ 时,咸水砂层在曲线上表现为负异常,淡水砂层在曲线上表现为正异常(见图 20-12 曲线 3);

第四,当 C_0 与 C_1 或 C_2 接近时,砂层在曲线上不显示异常;在没有砂层时,尽管 C_0 与 C_1 或 C_2 相差很多也不显示异常(见图 20-12 曲线 4)。

由于二极法受井液的影响比梯度电极系大,当井液矿化度小于地下水矿化度时,二极法视电阻率的特征值大于梯度法视电阻率的特征值;当井液矿化度接近于或大于地下

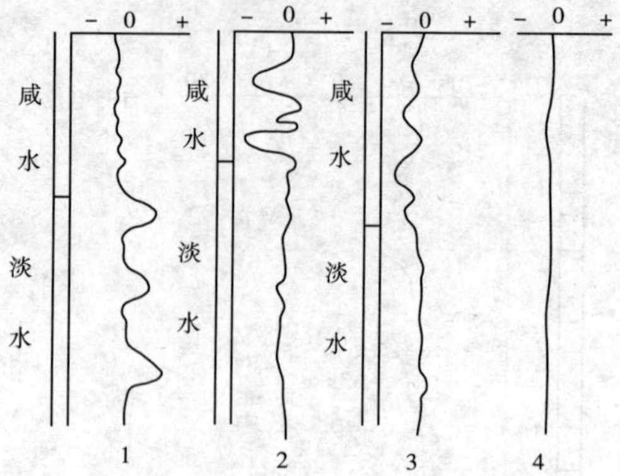

图 20-12　自然电位曲线

水矿化度时,二极法视电阻率的特征值小于梯度法视电阻率的特征值。定量地分析地下水的矿化度,最好以梯度法为准。比较二极法与梯度法视电阻率特征值的大小,对于分析地下水矿化度也有很大的参考价值。如果只是为了划分咸、淡水界面和含水层,也可以只用二极法和自然电位法测量。

根据三种曲线分析出来的砂层界面的深度,不一定完全一致。对较厚的砂层的下界面,应以底部梯度电极系划分的界面为主,适当考虑其他两种方法划分的界面。对于较薄的砂层,下界面及其他砂层的上界面,不应以梯度法为主,应全面考虑 3 种方法所划分出的界面,选择其中两种方法最接近的界面。

例如图 20-13 所示,为同一个井的 3 条测井曲线。在深度 62 m 以上,二极法曲线起

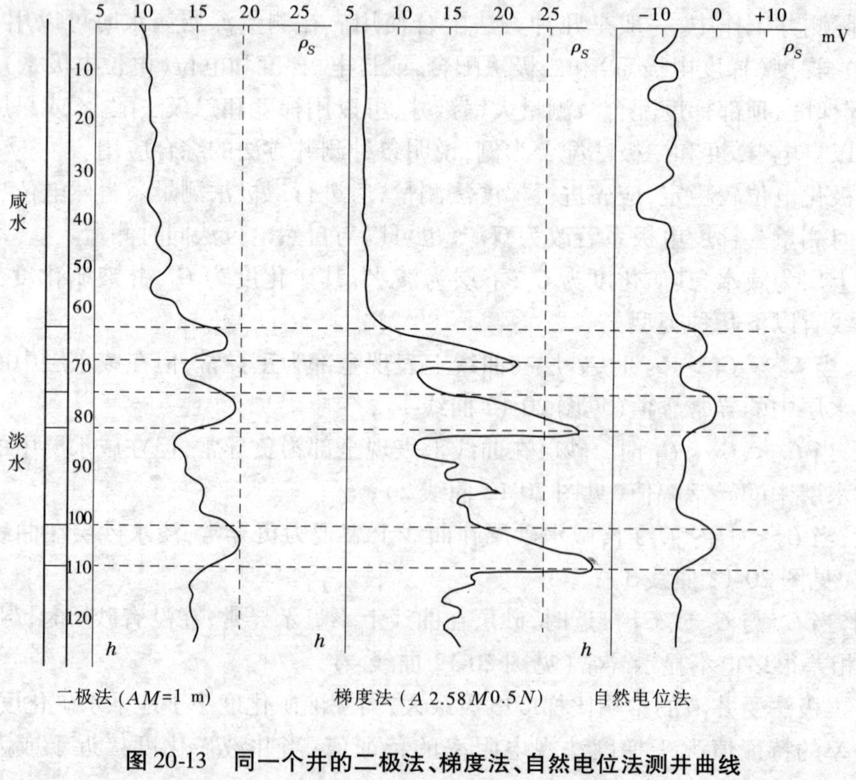

图 20-13　同一个井的二极法、梯度法、自然电位法测井曲线

伏较小，最大的 ρ_S 特征值不大于 15 Ω · m；梯度曲线较平直，ρ_S 特征值为 7 Ω · m 左右；自然电位曲线为负异常，都说明 62 m 以上为咸水层，并且地下水矿化度大于井液矿化度。62 m 以下，二极法曲线最大的 ρ_S 特征值接近 20 Ω · m；梯度曲线最大的 ρ_S 特征值为 35 Ω · m；自然电位曲线为正异常，说明 62 m 以下为淡水层，并且地下水矿化度小于井液矿化度。在淡水层中有 3 层砂层，砂层颗粒的粗细应结合打井记录确定。

第二十一章　直流电法勘探的仪器与装备

本章主要以 CTE 型智能直流电法系统为主，对直流电法勘探的仪器与装备进行介绍。

第一节　直流电阻率法仪器

CTE－1 型智能直流电法仪，采用了当前最新微电子、计算机、自动测量和控制等技术，实现了电路的集成化、数字化、智能化，具有高精度的自动补偿功能，可直接显示所测得的参数值，如自然电位值、视电阻率 ρ_S、供电电流 ΔI 和电位 ΔV 等。

该仪器可广泛用于寻找地下水源、工程物探、环境地质及金属与非金属矿产资源勘探。

一、仪器主要特点和功能

(1)发射、接收一体化；

(2)全部采用 CMOS 大规模集成电路，整机体积小、耗电低、多功能；

(3)采用多级滤波及信号增强技术和数字滤波，抗干扰能力强，测量精度高；

(4)自动进行自然电位、漂移及电极极化补偿；

(5)接收部分有瞬间过压输入保护能力，发射部分有过压、过流及 AB 开路保护功能；

(6)触摸面板，采用一键功能，操作极为方便，避免下拉菜单的烦琐操作；

(7)可任意设定供电时间，多种野外常用工作方式选择；

(8)测量参数存储回调、掉电保护功能，能存储 1 000 个数据；

(9)技术性能稳定可靠，抗震、防潮、防尘，寿命长等。

二、仪器技术指标

(一)接收部分

电压测量范围：±2 000 mV；

电压测量精度：±0.1%；

电流测量范围：±2 000 mA；

电流测量精度：±0.1%；

输入阻抗：>30 MΩ；

50 Hz 工频干扰压制优于 110 dB。

(二)发射部分

最大供电电压：700 V；

最大供电电流：2 A；

供电脉冲宽度：自由设定。

（三）其他技术指标

仪器电源：9 V 直流电源（-40% ~ +20%，1 号干电池 6 节）；

工作温度：-10 ℃ ~ +40 ℃；

储存温度：-20 ℃ ~ +50 ℃；

相对湿度：不大于 80%；

整机静态电流：小于 50 mA；

仪器的外形尺寸：270 mm×200 mm×190 mm；

整机重量：约 3.5 kg。

第二节　CTE-1 型智能直流电法仪的使用方法

一、操作面板布局

CTE-1 型智能直流电法仪操作面板见图 21-1。

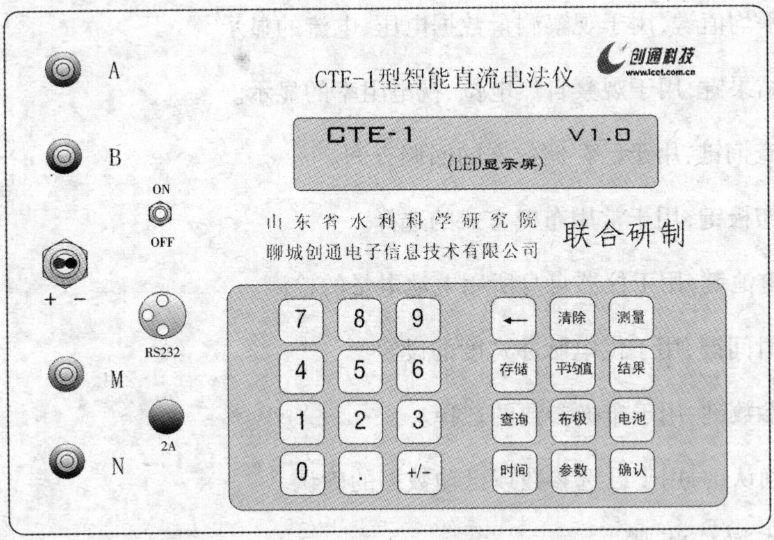

图 21-1　CTE-1 型智能直流电法仪操作面板

二、操作面板配置说明

仪器供电开关。

供电电源接线夹（红线+、黑线-）。

RS232 通信接口。

保险丝座(2A)。

A、B 接线柱。

M、N 接线柱。

三、功能键说明

[0] … [9] [.] [+/-] 数字功能键。

[←] 删除键,用于删除已输入的数字。

[清除] 清除键,用于清除存储空间已存数据。

[测量] 测量键,用于仪器进行自动测量。

[存储] 存储键,用于每次测量所得数据的存储。

[平均值] 平均值键,用于观察测量数据电压、电流的显示。

[结果] 结果键,用于观察自然电位、视电阻率的显示。

[查询] 查询键,用于已存储数据的回调查询。

[布极] 布极键,用于常用布极方式的选择。

[电池] 电池键,用于仪器自身所用电池电量的检测。

[时间] 时间键,用于供电脉冲宽度的设定。

[参数] 参数键,用于布极参数的选择。

[确认] 确认键,用于已选参数或已输数据的确认。

四、基本操作步骤

(1)将测线按顺序依次接好,参见图21-2。把仪器开关打开在ON的位置,显示屏则显示 CTE-1,然后再进行参数预置设定和测量。

(2)进行供电脉冲宽度时间设定。首先按时间键,如显示供电时间 TIME=200可用数字键改入设定数并按[确认]键,确认后,如显示一次场测量时间V-DLY=100,同样可用数字键键入,如显示停电时间DLY=60用数字键改入设定数完成时间设置(注意:TIEM≮200、V-DLY≮100、DLY≮60,否则仍然显示默认值)。

(3)按[布极]键选择电极排列方式(见表21-1),按[确认]键选择所需布极方式后,再按[参数]键设定布极参数,如显示AB/2=XX、MN/2=XX均用数字键改入所需参数并按

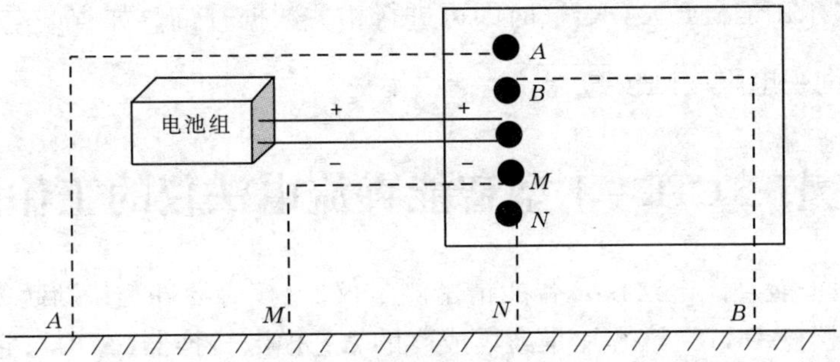

图 21-2　测线连接

确认键进行确认。然后再进行测号的选择输入PROFIL = ?用数字键改入并按确认键。设置完成即可测量。

表 21-1　仪器预置常用电极排列参数表

电极排列	No	电极排列参数			
四极垂向电测深(4P－VES)	1	$AB/2$	$MN/2$	PROFIL	
三极垂向电测深(3P－VES)	2	OB	$MN/2$	PROFIL	
WENNER 垂向电测深(W－VES)	3	$AB/2$	PROFIL	X	
四极动源剖面(4P－PRFL)	4	$AB/2$	$MN/2$	X	PROFIL
三极动源剖面(3P－ PRFL)	5	OB	$MN/2$	X	PROFIL
WENNER 动源剖面(W－ PRFL)	6	$AB/2$	X	PROFIL	
K	7	K 值输入法			

(4)按测量键,仪器即开始自动跟踪测量。

(5)几秒后即显示所测得数据:

$$V = 67.50$$
$$I = 394.34$$

电压单位为 mV;电流单位为 mA。

(6)按结果键即可读取自然电位及视电阻率(单位为 Ω·m)。

$$SP = 11.98$$
$$\rho_S = 22.65$$

(7)如需要存储所测结果时,按存储键,则显示STORE = X请输入存储号(输入的存储号不能大于 1 000,否则显示 MAX提示重新输入),再按确认键即可将当前测量结果数据及测量线号、电极参数和电极排列方式等值保存在存储号所指向的存储空间中。

如需查询已测数据,按查询键,则显示RECALL X请输入存储号,在输入存储号后再按[确认]键即显示RECALL X OK,这时即可进行相关数据查询。如查询电压、电流值时按[平均值]键、查询视电阻率则按[结果]键。

第三节　CTE－1 型智能直流电法仪的工作原理

CTE－1 型智能直流电法仪是智能精密测量仪器,核心器件是最新超大规模集成电路 24 位模数转换器(ADC)。该芯片是高集成度的 ΔΣ 模数转换器(ADC),它通过采用电荷平衡技术达到 24 位的性能。本模数转换器(ADC)有 4 个独立的信号输入通道,内部集成有一个低输入电流、斩波稳定仪表放大器和一个可编程增益放大器(PGA),该放大器提供了多个可选的信号输入范围。为了应用于地基准热电偶,芯片内还集成有一电荷泵驱动电路,为片内放大器提供负偏置电压。此外,芯片内还有一个四阶 ΔΣ 调制器,其后跟随一个数字滤波器,该滤波器有多个可选的输出字率,单转换周期内就能达到满精度输出,当输出字速率低于 30 Hz 时,它可同时抑制 50 Hz 和 60 Hz 的干扰。零漂移小于 20 nV/℃,线性度误差小于 0.001 5% FS,输入偏置电流最大 100 pA,翻转误差小于 1 个字,因此它具有高集成度、高精度、高输入阻抗等特性。该单电源供电的模数转换器是过程控制中隔离或非隔离的低电平信号的理想产品。该仪器就是以它为核心,再配置前置信号调理器,并用单片机控制,组成了智能电位差及供电电流测量电路,提高了测量精度,降低了干扰。

CET－1 型智能直流电法仪工作原理见图 21-3。

一、电位差的测量

本仪器利用 24 位模数转换器(ADC)和高精密仪表用放大器组成电位差测量电路。所选高精密仪表用放大器输入阻抗高,其响应时间、线性度、漂移等指标均很理想。未供电前,M、N 两端的极化电位差 V_1 滤波后,由模数转换器(ADC)数字化后输入单片机加以存储。当供电时,M、N 两端的电压 V_2(包括极化电位 V_1 和供电所引起的电位 V_0)经滤波后,由模数转换器(ADC)数字化后输入单片机。这时供电所引起的电位差 $V_0 = V_2 - V_1$,由单片机控制,在液晶显示屏上自动显示出来。

另外,在野外测量中,经常遇到工频和地电等干扰,特别是在高压线附近,当 M、N 极距较大时,干扰更大,为了排除减少这种干扰,在模数转换器(ADC)之前加有多级滤波器,并对模数转换器(ADC)的数字滤波器进行适当的频率设置,降低了干扰,使仪器正常工作。

二、供电电路及供电电流的测量

本仪器采用的是无触点可控制式电子开关,在单片机的控制下实现对大地的双向供电。当给大地供电时,电流信号由取样电阻转换成电压信号,首先通过信号料理,再通过模数转换器(ADC)转换为数字信号,输入单片机并通过液晶显示器自动显示出来。该值即为供电电流。

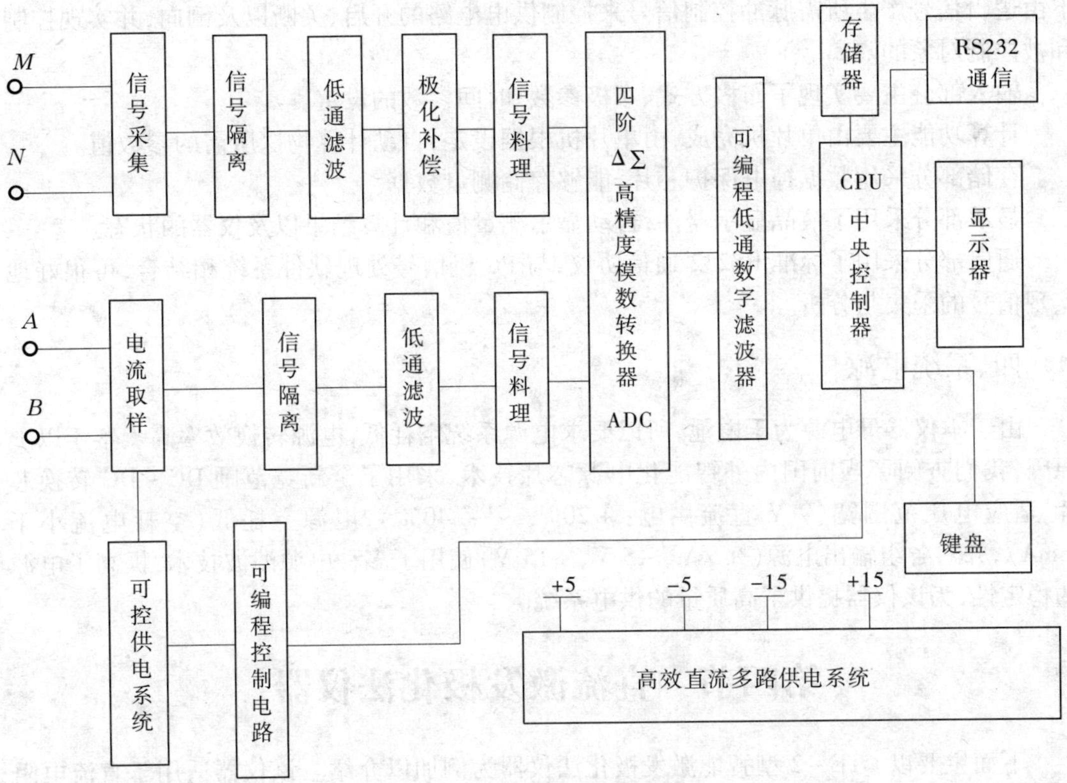

图 21-3　仪器工作原理

由于电流不能直接由模数转换器(ADC)转换,因此必须将其转换成电压信号,然后才能转换。所以,电流/电压转换电路在该测试系统中占有很重要的地位。常用的电流测量方法是在被测电流的电路中串入精密电阻,通过直接采集电阻两端的电压来获得电流。这种方法的优点是测量简单。但当被测的电流较大时,电阻的压降将影响电路的带载能力;当被测电流很小时,从电阻上直接取得的电压值又可能很小,影响测量精度。因而,这种直接测量的方法很难选择合适的阻值,以适应被测电流范围变化较大的情况。而且,由于没有采用隔离技术,很容易对后级电路产生干扰。由于本仪器应用环境的特殊要求,供电电流的变化范围较大,所以上述直接串联电阻的方法很难满足测试系统的精度要求。

鉴于此,我们查阅了当前国内外最新电流检测技术,最后选择了具有隔离和放大能力的电流/电压转换器,其输入阻抗高,响应时间、线性度、漂移等指标均很理想,且能适应大范围大电流的测量,经过实际的实验验证和测试,很好地满足了本测试系统的要求。

三、智能化

根据硬件电路和仪器的功能要求,设计了系统软件。该系统软件采用模块化结构,软件编制简洁,是智能化功能的核心。

本仪器在系统软件的监控下实现了控制、输入、计算、存储、显示与通信等功能。

控制部分主要实现向大地双向供电。本部分利用振荡技术和隔离技术,在单片控制下由逻辑信号产生所需脉冲控制信号来控制供电电路的开启、关断以及倒向，并实现控制和被控制对象的隔离。

输入部分主要实现了布极方式、布极参数、时间参数的设定。

计算功能主要由单片机完成，由单片机根据设定，自动计算物探所需的参数值。

存储部分采用数据掉电保护芯片，能够存储测量数据。

显示部分采用了液晶显示器件，自动显示测量值和计算结果以及仪器的状态。

通信部分采用了标准 RS232 通信协议，与 PC 机信号处理软件系统相结合，可很好地实现信号的采集与分析。

四、系统电源

由于本仪器母电源为干电池，所以要求电源系统空耗低，电源转换效率高。鉴于以上原因，我们查阅了当前国内外智能化电源芯片技术，采用了全新宽范围 DC－DC 转换芯片，适应电压范围宽（9 V 直流供电：+20% ～ －40%），电源空耗低（空耗电流小于 3 mA），并对各组输出电源（+5 V、－5 V、+15 V）使用了多种电源滤波技术，提高了电源的稳定性，为该仪器提供了高质量的供电系统。

第四节　直流激发极化法仪器

下面主要以 CTE－2 型智能激发极化法仪器为例加以介绍。该仪器适用于直流电阻率法、自然电位法和激发极化法的测量，可以用来寻找地下水源、堤坝隐患探测和工程物探等领域。

一、仪器特点

（1）体积小、重量轻、功耗小，该仪器将发射、接收一体化，全部采用大规模集成电路集成在同一箱体内。

（2）接收部分有瞬间过压输入保护能力，发射部分有过压、过流及 AB 开路保护能力。

（3）自动进行自然电位、漂移及电极极化补偿。

（4）采用多级滤波及信号增强技术和数字滤波，抗干扰能力强。

（5）数字液晶显示直观，避免了人为读数误差，提高了测量精度。

（6）全汉字触摸面板 12 个数字键、12 个功能键，采用一键一功能操作，使用极为方便，避免下拉菜单的烦琐操作。

（7）多参数测量。有 6 种常用布极方式及其常数的存储选择，同时可进行常数设置、输入与计算功能；可测量并存储自然电位、一次场电位和电流、视电阻率、二次场电位、视极化率、衰减度等。

（8）掉电保护。具有掉电数据不掉功能，能存储 500 个数据。

（9）测速快、精度高。本仪器采用了高精密 24 位模数转换器（ADC），采用一挡测量，即可达到各测量范围的精度要求，从而消除了换挡所引起的误差；供电电流与电位差同时测量与显示，供电一次即可测得两个参数，避免了两次供电测量造成的误差。

(10)本仪器由于采用的模数转换器(ADC)及运放都具有自稳零和自动补偿功能,因此操作简单方便,开机后,不必调零补零,测量时只需按测量键,电流、电位差即可显示出来。

(11)标准 RS232 通信接口,实现通信功能。

(12)电源部分采用了全新宽范围 DC－DC 转换芯片,适应电压范围宽,电源效率高。

(13)全密封结构,具有防震、防尘、寿命长等优点。

二、主要技术指标

(一)接收部分

电压测量范围: ±2 000 mV;

电压测量精度: ±0.1% ;

电流测量范围: ±2 000 mA;

电流测量精度: ±0.1% ;

输入阻抗: >30 MΩ;

对 50 Hz 工频干扰压制优于 110 dB。

(二)发射部分

最大供电电压:700 V;

最大供电电流:2 A;

供电脉冲宽度:自由设定。

(三)其他技术指标

仪器电源:9 V 直流电源(1 号干电池 6 节, －40% ～ ＋20%);

工作温度: －10 ℃ ～ ＋40 ℃;

储存温度: －20 ℃ ～ ＋50 ℃;

相对湿度:不大于 80% ;

整机静态电流: <50 mA;

仪器的外形尺寸:270 mm×200 mm×190 mm;

整机重量:约 3.5 kg。

三、技术原理

CTE－2 型智能激化极化仪与 CTE－1 型智能直流电法仪类似,组成部分只是增加了二次场测量部分。

第五节　CTE－2 型智能激发极化仪的使用方法

一、操作面板布局

CTE－2 型智能激发极化仪操作面板见图 21-4。

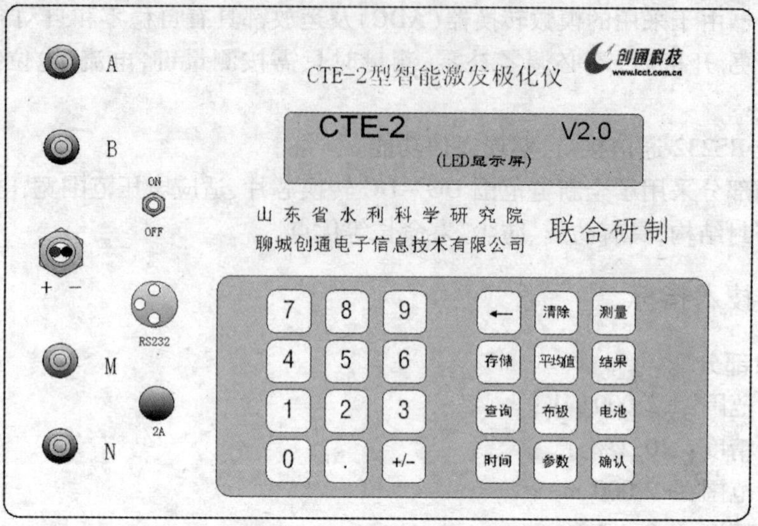

图 21-4 CTE－2 型智能激发极化仪操作面板

二、操作面板配置说明

仪器供电开关。

供电电源接线夹(红线＋、黑线－)。

RS232 通信接口。

保险丝座(2A)。

A、B 供电接线柱。

M、N 测量电位接线柱。

三、功能键说明

[0] … [9] [.] [+/-] 数字功能键。

[←] 删除键,用于删除已输入的数字。

[清除] 清除键,用于清除存储空间已存数据。

[测量] 测量键,用于仪器进行自动测量。

[存储] 存储键,用于每次测量所得数据的存储。

[平均值] 平均值键,与确认键结合用于观察测量数据:电压 ΔV_1、电流 I、二次场电压的

显示,其中二次场电压分别为停电后 T_0(任意设定)秒的电压 ΔV_{21}、$T_0+2.5$ s 的电压 ΔV_{22}。

[结果] 结果键,与确认键结合用于观察自然电位 SP、视电阻率 ρ_S、极化率 η、衰减度 D、半衰时 $S_{0.5}$ 的显示。

[查询] 查询键,用于已存储数据的回调查询。

[布极] 布极键,用于常用布极方式的调用。

布极方式后显示一个"＊"时,表示同时测量一次场和二次场,否则只测量一次场,转换方法为:在选择布极方式时按 [+/-] 键。如果只需一次场参数,最好设置为只测量一次场的方式。

[电池] 电池键,用于仪器自身所用电池电量的检测。

[时间] 时间键,用于供电脉冲宽度的设定。

[参数] 参数键,用于布极参数的设定。

[确认] 确认键,用于已选参数或已输数据的确认。

四、基本操作步骤方法

(1)将线按顺序依次接好(参见图 21-2)。把仪器开关打开放在ON的位置,显示器则显示CTE－2,然后再按下列六步骤,进行参数预置设定、测量。

(2)进行供电脉冲宽度时间设定。首先按[时间]键,如显示供电时间TIME＝200可用数字键改入设定数并按[确认]键,确认后如显示一次场测量时间 V－DLY＝100 同样可用数字键改入设定数并按[确认]键,如显示二次场测量时间M－DLY＝100用数字键改入设定数完成时间设置(注意:TIEM $\not<$ 200、V－DLY $\not<$ 100,否则仍然显示默认值)。

(3)按[布极]键选择电极排列方式(详见布极列表),按[确认]键选择所需布极方式后,再按[参数]键设定布极参数,如显示AB/2＝XX、MN/2＝XX均用数字键改入所需参数并按[确认]键进行确认。然后再进行测号的选择输入PROFIL＝?,用数字键改入并按[确认]键。设置完成即可测量。

(4)按[测量]键,仪器即开始自动跟踪测量。

(5)几秒后即显示所测得数据:

$$V = 67.50$$
$$I = 394.34$$

电压单位为 mV;电流单位为 mA。

按确认键显示二次场电压。

(6)按结果键及确认键即可观察自然电位及视电阻率(单位为 Ω · m)、衰减度 D 值、极化率 η、半衰时 $S_{0.5}$、激发比 J 等。

$$SP = 11.98$$
$$\rho_S = 22.65$$

(7)如需要存储所测结果时,按存储键,则显示 STORE = X,请输入存储号(输入的存储号不能大于500,否则显示 MAX提示重新输入),再按确认键即可将当前测量结果数据及测量线号、电极参数和电极排列方式等值保存在存储号所指向的存储空间中。如需查询已测数据,按查询键,则显示RECALL X,请输入存储号,在输入存储号后再按确认键即显示RECALL X OK,这时即可进行相关数据查询。如查询电压、电流值时按平均值键、查询视电阻率则按结果键。

第六节　电法勘探的其他装备

(1)导线。电法勘探所用的导线要具备绝缘性好、抗张力大、电阻小、轻便、柔软等性能。电阻率法一般用被复线(即军用电话线)。激发极化法最好用电阻较小的探矿线,测量导线可用一般导线代替,导线的长短视勘探深度而定。

(2)电源。目前多用可充式直流供电电源,如 SBC 型一体化可充式供电电源,单机供电电压最大 120 V,轻便美观,可反复使用。电压一般视勘探深度和地电条件而定,电阻率法一般从 45 ~ 450 V,激发极化法最大可达 1 000 V。

(3)线盘(即绕线架)。可以用军用线盘,绕测量导线可以用线拐子。

(4)电极。供电电极一般用铁电极,直径 16 ~ 20 mm 为宜,长 40 ~ 50 cm,数量 3 ~ 6 根。测量电极,电阻率法最好用紫铜棒,直径 16 ~ 20 mm,长 50 cm,数量一般用 4 根;激发极化法和自然电场法测量电极须用特制的不极化电极。

(5)可调恒流源。主要用于电测井或激发极化法测量。

第三卷　山东区域地层表

一、埕宁地层小区

本区南以平原县刘家屯，乐陵县郑店、庆云，无棣县大梁王庄为界，西至陵县土桥街、平原县刘家屯一线，东临渤海，北延入河北境内。包括陵县、宁津、乐陵三县及平原、德州市、临邑、商河、阳信、无棣等县市的一部分。

据钻孔揭露，第四系之下发育有太古界(?)、寒武系(?)、奥陶系、中生界和第三系，缺失震旦亚界、志留系、泥盆系和石炭、二叠系。

太古界(?)为灰黑色云母石英片岩和混合花岗岩等。寒武系(?)和奥陶系为一套碳酸盐岩。中生界为含石英粗面岩。第三系主要发育上第三系，为一套棕黄、灰绿色粉砂岩、砂岩、泥岩及砾岩。第四系主要由灰黄、棕黄色砂质黏土、黏质砂土、粉砂及粉细砂组成。

本小区以主要发育上第三系为特征。

第四系	全新统	**全新统(Q_4)** 灰黄、灰黑色黏质砂土、砂质黏土，夹粉砂、粉细砂及1～2层淤泥层。结构疏松，具层理，含较多腹足类等碎片。东部夹有海相层。 20.0～35.0 m
	上更新统	**上更新统(Q_3)** 灰黄、褐黄、棕黄色砂质黏土、黏质砂土与粉砂、粉细砂、细砂层，夹有灰黑色淤泥质黏性土。砂层中常含有磨圆度较好、直径为0.2～0.3 cm的小砾石及大量钙质结核；淤泥质黏性土中，含较多腹足类碎片及有机质。西部为冲积、湖积相，东部尚夹有海相层，无棣大山一带见有二层火山碎屑岩。 120.0～130.0 m
	中更新统	**中更新统(Q_2)** 上部为棕黄、黄绿色砂质黏土、黏质砂土夹粉砂、细砂层；下部为黄棕、浅棕红色黏土、砂质黏土夹细砂层及薄层钙质胶结砂砾岩，含钙质结核及少量铁锰质结核。无棣一带，地表以下190～263 m间，见有火山碎屑岩。 90.0～100.0 m
	下更新统	**下更新统(Q_1)** 棕红、灰绿色厚层黏土，砂质黏土夹粉砂、细砂层及小砾石。砂层顶部和底部常见厚0.1～0.2 m的钙质胶结砂岩、砂砾岩；黏土结构致密、坚硬，裂面光滑，具蓝灰色条带，含钙质及铁锰质结核。无棣一带249 m以下，具有玄武岩及玄武质砾岩。 70.0～100.0 m

续表

<table>
<tr><td rowspan="2">上第三系</td><td rowspan="2">上—中新统</td><td>

明化镇组(N_{1-2m})

在本小区范围内均有分布。

庆云县姜家屯钻孔剖面　548.5 m

6. 土黄、浅棕黄色砂质黏土岩与灰白、棕黄色砂岩互层。黏土岩具灰绿色斑块,砂岩疏松。　200.0 m

5. 棕红、黄绿色泥岩与浅灰黄色粉砂岩互层。　49.5 m

4. 浅灰、浅灰黄色块状粉砂岩夹棕红、黄绿色泥岩。粉砂岩泥质胶结。　83.0 m

3. 棕黄、棕红、黄绿色泥岩夹黄绿色泥质粉砂岩、浅灰色粉砂岩。　96.0 m

2. 棕黄、棕红色泥岩与浅灰黄色粉砂岩、黄绿色粉细砂岩互层。泥岩含灰质团块及铁锰质结核;砂岩成分以石英为主,次为长石,次圆—次棱角状。　40.0 m

1. 棕红、棕黄色泥岩夹黄绿色泥质粉砂岩。底部为一层浅灰色粉砂岩。　80.0 m

本组上部为土黄、棕黄色泥岩与浅灰黄色粉、细砂岩互层;下部为棕红色泥岩夹粉细砂岩,含灰质结核。区内岩性变化不大。　厚600~800 m

</td></tr>
<tr><td>

馆陶组(N_{1-2g})

本小区内均有分布。

沾化县钻孔剖面

上段　276.0 m

10. 上部为灰绿色泥岩夹黑色炭质页岩;下部为灰紫、棕红色泥岩夹灰白色细砂岩。砂岩泥质胶结,疏松。产腹足类化石。　46.0 m

9. 灰绿色泥岩夹泥质粉砂岩。泥岩中含丰富的岩屑。产腹足类化石。　43.5 m

8. 上部为灰绿色泥岩夹薄层泥质粉砂岩;下部为灰绿色粉砂岩、细砂岩夹灰绿色泥岩。砂岩具水平层理,泥岩中有石膏脉。　51.0 m

7. 上部为灰绿色、灰色泥岩;下部为灰白色块状中砂岩。砂岩成分以石英为主,泥质胶结,疏松,层面具较多的炭屑、白云母片及黄铁矿粉末。　45.5 m

6. 灰白色块状砂岩夹灰质砂岩。砂岩局部含砾,下部夹有灰绿色泥岩。　90.0 m

沾化县钻孔剖面

下段　276.5 m

5. 灰白色块状中砂岩、含砾砂岩夹灰绿色砂质泥岩。砂岩颗粒次棱角—次圆状,分选中等,泥质胶结,疏松。　61.0 m

4. 灰白色块状中砂岩、砾状砂岩、含砾砂岩,夹薄层灰绿色泥岩。砂岩胶结疏松,砾石成分为石英、燧石等,砾径0.3 cm左右。　55.5 m

3. 灰白色块状中砂岩、细砂岩、含砾砂岩夹灰绿色泥岩。砂岩胶结疏松。　54.0 m

2. 灰白色块状含砾砂岩、砾状砂岩、砾岩夹灰绿色砂质泥岩。砂岩、砾岩均胶结疏松。　50.0 m

1. 灰白色块状含砾砂岩、砾状砂岩、灰色中砂岩夹灰绿色砂质泥岩。　56.0 m

本组可分两段:上段为灰绿色泥岩夹灰白色细砂岩;下段以灰白色块状砂、砾岩为主,夹灰绿色泥岩。厚300~700 m。其下与下第三系、中生界、古生界呈不整合接触。

</td></tr>
</table>

续表

下第三系	渐新—始新统	**沙河街组(E_{2-3s})** 仅在本小区东部极少地方零星分布。 **沾化县钻孔剖面** **第一段** 上部为灰色泥岩夹浅灰色薄层灰质砂岩；下部为棕黄色生物灰岩、泥灰岩夹灰色泥岩。与下伏中生界、古生界不整合接触。 36.5 m
中生界		**中生界(Mz)** 据钻孔揭露，分布于利津东北部等地。 **沾化县二河钻孔剖面** >24.0 m 1. 含石英粗面岩(未见底)。其上与上第三系馆陶组呈不整合接触。 24.0 m
奥陶系		**奥陶系(O)** 据钻孔揭露，分布于利津和沾化东北部等地。 **沾化县新刁口钻孔剖面** >28.0 m 4. 灰色白云岩。 5.5 m 3. 灰色白云质灰岩。 8.3 m 2. 云煌岩。 1. 灰色白云质灰岩(未见底)。 14.2 m 钻孔所见奥陶系为白云岩及一层云煌岩，厚大于27 m。
寒武系		**寒武系(∈)?** 据钻孔揭露，分布于利津和沾化东北部。 **沾化县二河钻孔剖面** >36.5 m 5. 浅灰色灰岩。其上与上第三系馆陶组呈不整合接触。 19.4 m 4. 浅灰黄色灰岩。 3.8 m 3. 浅灰色灰岩。 2.8 m 2. 浅灰黄色灰岩。 1.0 m 1. 浅灰色灰岩(未见底)。 9.5 m 上述钻孔所见寒武系(?)为一套灰岩。厚大于36.6 m。
太古界		**太古界(Ar)?** 据钻孔揭露，主要分布于陵县、乐陵、无棣三县部分地区。其岩性为灰黑色云母石英片岩，绢云花岗片麻岩及混合花岗岩等。厚度不详。

二、济阳地层小区

北以平原县刘家屯,乐陵县郑店、庆云,无棣县大梁王庄为界,南至禹城县房寺庄、济阳、广饶、寿光县羊角沟一线,西以平原县刘家屯、禹城县房寺庄为界,东临渤海。包括高青、博兴、惠民、阳信、沾化、利津、垦利等县及平原、禹城、济阳、广饶、陵县、临邑、商河、无棣等县的部分地区。

据钻孔揭露,第四系之下发育有太古界(?),寒武、奥陶系,石炭、二叠系,侏罗系(?),白垩系和第三系;缺失震旦亚界、志留系、泥盆系和三叠系。太古界(?)为花岗片麻岩、角闪石岩及混合花岗岩等。寒武、奥陶系是一套以碳酸盐岩为主的沉积,寒武系与太古界(?)呈不整合接触。石炭、二叠系为一套含煤的砂页岩,并夹有部分灰岩。侏罗系为含煤的泥岩、砂岩、粉砂岩及砾岩。白垩系为火山岩灰色砂泥岩。第三系是一套巨厚的砂岩、泥岩,下部并含有碳酸盐岩和石膏,是山东省主要含油地层。第四系主要为灰黑、棕黄色的砂质黏土、黏质砂土夹粉细砂和黏土层。本小区以下第三系特别发育,富含石油为特征。

第四系	全新统	**全新统(Q_4)** 冲积层广布全区。 浅黄、灰黄色黏质砂土、粉砂、粉细砂层夹少量灰白色钝质结核及小砾石。结构疏松,层理清晰。 10.0～35.0 m **海积层** 据钻孔揭示,分布于惠民、滨县北镇、桓台索镇以东地区。 灰黑色淤泥质砂质黏土、黏土质粉砂、粉细砂层。结构疏松,具臭味,含有机质,渤海沿岸淤泥层增厚。 2.0～10.0 m **湖积层** 普遍分布于西部地区,夹于冲积层内。 灰色、灰黑色淤泥质粉砂或砂质黏土,夹灰白色薄层粉细砂透镜体,含有机质及腹足类化石。 0.5～5.0 m **风积层** 零星分布于平原、济阳、临邑、利津、垦利、沾化等地。 为古黄河多次泛滥所沉积的粉砂、粉细砂,经风搬运所堆积的砂丘。 2.0～20.0 m
	上更新统	**上更新统(Q_3)** **冲积层** 上部为浅黄、褐黄色黏质砂土、砂质黏土及粉砂、粉细砂层;下部为棕黄色砂质黏土、黏质砂土夹粉细砂及黏土层,局部地区夹有细砾、中细砂层,含大量的钙质结核。产介形类:开封土星介、纯净小玻璃介;腹足类:小旋螺(未定种)。 40.0～160.0 m **海积层** 分布于惠民、滨县、广饶、垦利等地。 由灰、灰黑色淤泥质砂质黏土、黏质砂土及灰绿色粉砂等组成,并夹有劣质泥炭。产有孔虫:暖水卷转虫、易变筛九字虫、缝裂希望虫、异地希望虫、整洁五块虫;腹足类:塔螺、光螺(未定种)、泊螺科、捻螺科、托玛斯红螺、广大乳玉螺。 10.0～15.0 m

续表

第四系	中更新统	**中更新统(Q_2)** 以橙黄、棕红、灰绿色砂质黏土、黏质砂土及黏土为主,夹薄层粉砂、粉细砂,局部地区夹厚3 m左右的淤泥质黏质砂土。黏性土常具灰绿色条纹及灰白色长石风化斑点,结构致密,含钙质及铁锰质结核。 70.0~120.0 m
	下更新统	**下更新统(Q_1)** 杂色黏土、砂质黏土及薄层粉细砂层。下部具有中细砂层,含砾中粗砂层,局部被钙质胶结为砂岩、砂砾岩,砾石一般为钙质结核及砂岩块,砾径0.2~3 cm。黏土结构致密,裂面光滑而具油脂光泽,夹灰绿色斑块,具网状细纹。产介形类:开封土星介、布氏土星介、隆起土星介。 100.0~130.0 m
上第三系	上—中新统	**明化镇组(N_{1-2m})** 据钻孔揭露,分布于广饶、垦利、沾化、利津、滨县、高青、博兴、惠氏、阳信、无棣、商河、济阳、禹城、陵县等地。 **广饶县五一农场钻孔剖面** 671.0 m **上段** 379.5 m 10. 土黄、棕黄色砂质黏土及灰白色细砂岩。底部砂岩具黄褐色、紫红色泥砾,砾径0.4~0.6 cm,最大1.4 cm;黏土颜色不均,棕黄色黏土中具灰绿色条纹及斑块。 60.5 m 9. 土黄、浅棕红色砂质泥岩与土黄色泥质粉砂岩、细砂岩互层。泥岩具黄色、灰绿色条纹及斑块,含黑色铁锰质结核及灰白色灰质结核。细砂岩成分以石英为主,胶结疏松。 113.5 m 8. 土黄、浅棕红色泥岩与灰绿色泥质粉砂岩互层。泥岩含岩屑,下部见脊椎动物化石碎片。 50.0 m 7. 浅棕红色砂质泥岩与灰黄色砂岩互层。底部砂岩含黄色泥砾,砾径0.5~0.9 cm;泥岩有灰绿色斑块,局部含炭屑。 45.5 m 6. 浅棕色砂质泥岩、泥岩夹土黄、灰白色细砂岩、粉砂岩。 55.0 m 5. 浅棕红、棕红色砂质泥岩与灰白色细砂岩互层。砂质泥岩普遍含石膏晶片、黑色铁锰质结核和白色灰质团块。砂岩分选差,泥质胶结,疏松。 55.0 m **下段** 291.5 m 4. 棕红色砂质泥岩、泥岩,间夹浅灰绿色粉砂岩。 110.0 m 3. 灰绿、棕红色泥岩夹灰白色细砂岩、粉砂岩。 33.0 m 2. 灰绿、棕红色泥岩与灰白色砂岩互层。棕红色泥岩具灰绿色条纹及斑块,含石膏晶片;砂岩较致密,分选、滚圆较好。 91.0 m 1. 灰白色细砂岩与灰绿色泥岩互层。砂岩、泥岩普遍含石膏。 57.5 m 本组产介形类:浪游土星介、玛纳斯土星介、东山土星介、艳花介(未定种)、弯贝介(未定种)。 明化镇组主要由土黄、棕红色泥岩、砂质泥岩与灰白色砂岩组成。颜色上:上段色浅,以土黄、棕黄色为主;下段颜色变深,棕红色居多,底部出现灰绿色泥岩。岩性上:上段粗,为砂岩、泥岩互层;下段细,以泥岩、砂质泥岩为主,夹薄层砂岩。上段是“弓形”高电阻,下段电阻低平。岩性稳定,全区变化不大。生物群以介形类为主。厚600~1 000 m。

续表

上第三系	上—中新统	**馆陶组(N_{1-2g})** 其分布与明化镇组一致。 **广饶县五一农场钻孔剖面** 410.0 m **上段** 148.0 m 10. 上部为浅灰、浅紫色泥岩;下部为灰白色细砂岩。浅紫色泥岩具灰绿色条带及斑块,含石膏。 24.5 m 9. 灰白色含砾砂岩,砾状砂岩与细砾岩,夹浅紫色泥岩。砾石以石英为主,砾径一般0.3 cm,最大0.5~0.7 cm,次棱角—次圆状。 19.5 m 8. 灰白色含砾砂岩夹浅紫、棕黄色泥岩。 22.0 m 7. 灰绿、棕红色泥岩与灰白色细砂岩互层。砂岩分选好,胶结疏松。 34.0 m 6. 上部为灰白色细砂岩;下部为浅紫、棕红色泥岩。砂岩中含石膏和黄铁矿。 48.0 m **下段** 262.0 m 5. 灰白色砾状砂岩、砾岩,间夹棕红色泥岩。砂岩分选、滚圆较差;砾石的砾径0.3 cm左右,最大0.7 cm;泥岩含铁锰结核,黄铁矿及石膏。 53.5 m 4. 灰白色细砂岩与棕红色泥岩互层。 27.0 m 3. 灰白色砾状砂岩、含砾砂岩夹灰绿色粉砂岩及棕红色泥岩。 58.0 m 2. 灰白色细砂岩、砾状砂岩与灰绿色粉砂岩、棕红色泥岩互层。 53.0 m 1. 灰白色细砂岩、砾状砂岩夹棕红色泥岩。砾石成分主要为石英,另有变质岩及黑色燧石,次棱角—次圆状,砾径0.4 cm左右,泥质胶结,结构疏松。 70.5 m 本组上段产介形类:隆起土星介、纯净小玻璃介、围绕湖花介;孢粉:胡桃科、胡桃属、山核桃属、旋花属、蓼属、水蕨。 馆陶组是一套灰白色砾状砂岩、细砾岩、灰绿色细砂岩和棕红色泥岩的间互沉积,其上段为砂岩、泥岩的互层;下段是厚层—块状砂砾岩夹泥岩,局部地区为泥岩夹砂岩。底部含石英、黑色燧石的砂砾岩沉积广泛,岩性稳定,为良好的区域对比标志层。生物群以介形类为主。厚度变化较大,东营地区150~500 m,临邑地区200~500 m,无棣县车镇500 m,沾化县罗家500 m,垦利县孤岛以北五号桩最厚达11 000 m。
下第三系	渐新统	**东营组(E_{2d})** 本小区范围内,除青城、林凡家、陈家庄、义和庄、青坨子、滨县北部等地外,均有分布。 **(一)垦利县东营村钻孔剖面** **上段** 148.5 m 12. 上部为棕红、灰绿色泥岩夹灰白、浅灰绿色粉砂岩、细砂岩;下部为浅灰色细砂岩夹灰绿色泥岩。 产介形类:弯脊东营介、广饶小豆介。 60.0 m 11. 灰白色含砾砂岩、浅灰色细砂岩夹灰绿色泥岩。 55.5 m 10. 灰绿色厚层—块状细砂岩夹薄层灰质砂岩。局部较粗,含砾,俗称“胖砂岩”,是上段底界的标志层。产介形类:具角华花介。 33.0 m

续表

下第三系	渐新统	**中段**　176.5 m 9. 棕红、紫红色泥岩夹灰白色薄层细砂岩。　53.5 m **(二)垦利县小宁海村钻孔剖面** 8. 灰白色细砂岩夹灰绿、棕红色泥岩。　47.5 m 7. 棕红、灰绿色泥岩夹灰白色细砂岩。　31.0 m 6. 灰白色细砂岩与棕红、灰绿色泥岩互层。　44.5 m **下段**　164.5 m 5. 棕红、紫红、灰绿色泥岩夹薄层泥质粉砂岩。产介形类:辛店华丽介。　31.5 m 4. 浅灰色细砂岩夹灰绿色泥质粉砂岩、泥岩。　32.0 m 3. 灰绿色细砂岩粉砂岩夹灰绿色泥岩。　24.0 m 2. 浅灰色细砂岩、粉砂岩与灰绿、紫红色泥岩互层。砂岩含砾,有的成砾状砂岩。　34.5 m 1. 浅灰色粉砂岩和灰绿色薄层泥岩。　42.5 m 于本小区其他井内还采到介形类:花瘤东营介、双脊东营介、扁脊东营介、辛镇华花介、单峰华花介、双峰华花介、椭圆瓜星介。 腹足类:单列瘤天津螺、双列瘤天津螺、平顶瘤脊螺、串珠微黑螺。 轮藻:乌尔姆梅球轮藻、中华梅球轮藻、梅里安有盖轮藻、球形有盖轮藻。 孢粉:波形榆粉、山毛榉属、小椴粉、车镇拟百合粉、宽圆云杉粉、大云杉粉、铁杉属、网面鸡爪勒粉。 藻类:网面球藻属、皱面球藻属、粒网球藻属、角凸藻属。 东营组是一套砂岩与泥岩的交互沉积。东营地区可细分三段,均为砂岩与泥岩交互沉积。到临邑一带,上段以灰绿色泥岩为主,夹薄层灰质砂岩;中、下段为灰白色砂岩夹灰绿色泥岩。在沾化渤海农场一带则几乎全是灰绿色泥岩的沉积。生物群包括介形类、腹足类、孢粉及藻类,其中以介形类为主。厚度变化较大,在广饶石村只有40 m左右,博兴近100 m,沾化四扣一带、临邑为800 m,利津一带达1 000 m。
	渐新—始新统	**沙河街组(E_{2-3s})** 在本小区范围内均有分布。 **(一)垦利县小宁海村钻孔剖面** **第一段**　212.5 m 31. 灰绿、深灰色泥岩为主,上部有一组稳定的灰白色细砂岩,俗称“豆状砂岩”,是区分东营组与沙河街组的标志层。产介形类:惠民小豆介、具龄湖花介;腹足类:短圆恒河螺。　45.5 m 30. 灰色泥岩夹生物碎屑灰岩。生物碎屑灰岩岩性稳定,分布广泛,构成全区最好的对比标准层。产介形类和腹足类同31层。　37.0 m 29. 灰色、灰绿色泥岩夹薄层生物灰岩、粉砂岩。　23.0 m 28. 深灰、灰绿色泥岩夹灰白色薄层具针孔结构的“针孔灰岩”及白云岩。针孔灰岩亦是很好的对比标志层。　25.5 m 27. 深灰色泥岩夹黄灰色薄层泥质白云岩及生物灰岩,产化石同31层。　47.0 m 26. 灰绿色泥岩夹白云岩及灰质白云岩。尤其底部的三层白云岩,质纯而分布稳定,是划分本段底界的标志层。　34.5 m

续表

下第三系　渐新—始新统

（二）垦利县中荀村钻孔剖面

第二段上部

25. 紫红、灰绿色泥岩和浅灰色砂岩、含砾砂岩、砾状砂岩组成的正旋回。产介形类：椭圆拱星介、博兴假玻璃介。　36.5 m

24. 灰绿、紫红色泥岩与浅灰色砂岩互层，从上而下由泥岩—泥质砂岩—砂岩—含砾砂岩组成正旋回。砂岩系正韵律。产介形类同 25 层；腹足类：花纹拟黑螺、粗壮拟黑螺。　23.5 m

23. 棕红、紫红色泥岩与泥质砂岩组成一个正旋回。系无化石带。　25.0 m

第二段下部

22. 灰绿色泥岩夹紫红色泥岩与粉砂岩、细砂岩互层。产介形类：济南土神介；腹足类：阶状似瘤田螺。　38.5 m

21. 灰绿色泥岩夹粉砂岩、细砂岩。砂岩局部含砾。产介形类：单刺华北介。　39.0 m

20. 灰绿、深灰色泥岩与细砂岩互层，并夹油页岩、炭质页岩。含较多的植物碎片。　32.0 m

19. 灰、灰绿色泥岩夹薄层粉砂岩。炭质页岩、油页岩发育，底部有白云岩或泥灰岩。　38.5 m

18. 浅灰色粉砂岩夹灰色泥岩。　45.0 m

第三段上部

17. 深灰色泥岩夹粉砂岩、灰质砂岩。上部泥岩稳定，局部含紫斑，由于含泥质粉砂岩、灰质粉砂岩，使电测曲线形成“鼓包”，称“鼓包”泥岩。灰质砂岩具鲕状结构或生物结构。二者是划分第二段与第三段的标志层。产介形类：中国华北介；腹足类：扁平高盘螺。　32.0 m

（三）垦利县李家屋子剖面

16. 灰白色砂岩与深灰色泥岩互层。　58.0 m

15. 灰白色厚层细砂岩夹深灰、灰绿色泥岩。　71.0 m

14. 灰白色厚层细砂岩夹深灰色泥岩。　51.0 m

13. 灰白色粉砂岩与深灰色泥岩互层，间夹薄层白云质砂岩、灰质砂岩。　42.0 m

12. 灰白色厚层—块状细砂岩夹深灰色泥岩。　44.0 m

11. 深灰色泥岩夹薄层细砂岩、粉砂岩及白云质砂岩。　64.0 m

（四）利津县茶坡村钻孔剖面

第三段中部

10. 深灰色块状泥岩夹薄层透镜状粉细砂岩。泥岩质纯、细腻，具微细水平层理，含原生黄铁矿、菱铁矿。产介形类：小型柔星介。　228.0 m

（五）利津县胜利村钻孔剖面

第三段下部

9. 深灰色泥岩夹黄褐色油页岩。油页岩页理发育，质纯、性柔、易燃，沉积稳定，是本区又一个最好的对比标准层。　105.0 m

8. 深灰色泥岩夹黄褐色油页岩、少量细砂岩。　81.0 m

7. 深灰色泥岩夹白云质砂岩及灰色劣质油页岩。油页岩以颜色发灰、质劣、含灰质重、数量少而区别于上边的油页岩标准层。　171.0 m

续表

		第四段上部 6. 褐灰色泥岩与深灰色页岩不等厚互层，间夹薄层白云岩，底部有一薄层含砾砂岩。泥岩质纯、致密、性纯、坚硬，具微细水平层理，含黄铁矿星点、条带。页岩质纯，页理发育，局部夹方解石薄膜，有的层面有黄铁矿。　275.0 m **第四段中部** 5. 深灰色硬石膏、褐灰色泥岩、软泥岩成不等厚互层，夹灰黄色薄层杂卤石、浅灰黄色钙芒硝层。　235.0 m 4. 灰白色硬石膏与灰绿、深灰色泥岩、深灰色软泥岩成不等厚互层，上部有三层无色岩盐层。　143.0 m **第四段下部** 3. 深灰、灰绿色泥岩与灰白、浅紫红色白云质砂岩、粉砂岩、灰质砂岩互层，泥岩含黄铁矿。　38.0 m 2. 褐色、灰绿色泥岩与灰色白云质含砾砂岩、黑色白云岩互层。砾石成分主要为石英，砾径 0.2～1 cm。　34.5 m 1. 杂色、灰白色砂砾岩。砾石主要为石英，砾径 0.3 cm 左右。　119.5 m 在本小区其他钻孔中，于第一段还发现有介形类：沼泽柔星介、李家广北介、光亮西营介、普通小豆介、扁假玻璃介、沙河街似玻璃介；腹足类：山东狭口螺、均匀狭口螺、上旋脊渤海螺；孢粉：楝粉属、普通山矾粉、长沟山毛榉粉；藻类：双饰薄球藻、疏管藻属。第二段发现轮藻：伸长似轮藻、宽锥似轮藻、梨形克氏轮藻、现河庄克氏轮藻；孢粉：麻黄粉属、芸香科、漆树属、伸长杉粉；藻类：褶皱藻属、毛球藻属。在第三段发现介形类：惠东华北介、脊刺华北介；腹足类：坨庄旋脊螺、扁平高盘螺；轮藻：优美山东轮藻、长形山东轮藻、稀少冠轮藻。在第四段发现介形类：光滑南星介、后翘南星介、坡形玻璃介、后长金星介、尖尾翼星介、火红美星介；腹足类：柳桥水螺、中国中华扁卷螺、滨县椎实螺、东营琥珀螺；轮藻：江陵钝头轮藻、潜江扁球轮藻、孢粉中麻黄粉属的含量高。 沙河街组分为四段。第一段是还原浅湖相的沉积，主要为一套深灰色泥岩夹生物灰岩。生物灰岩是全区的对比标准层，该段底部的灰白色白云岩为第一、二段划分的标志层。生物群以介形类和腹足类为主。厚度稳定，一般 200～600 m。 第二段上部是氧化环境下的浅湖相沉积，由棕红、紫红色泥岩，灰白色砂岩，含砾砂岩组成三个正旋回；下部是还原环境下的浅湖沉积，为灰绿色泥岩夹灰白色粉细砂岩，有的地方炭质页岩、油页岩发育，为沼泽浅湖沉积。该段生物群有介形类、腹足类、孢粉和轮藻。在沾化渤海农场、无棣车镇一带厚 300 m，东营、临邑一带为 500 m。 第三段上部是还原浅湖相沉积，为一套巨厚的灰白色砂岩夹深灰色泥岩，在利津一带则为还原深湖相的深灰色泥岩沉积；中—下部是还原半深水—深水湖相沉积，为一套巨厚的深灰色泥岩及油页岩。东营地区一般厚 800 m，最厚达1 600 m；临邑地区一般为1 000 m，最厚可达1 500 m；沾化渤海农场、无棣车镇一般 400～600 m，最厚达1 000 m。
下第三系	渐新—始新统	

续表

	渐新—始新统	第四段上部，在东营地区属还原深湖相沉积，为深灰色页岩、褐灰色泥岩夹薄层白云岩；到小区南部相变为还原浅湖相的灰岩、泥灰岩、油页岩为主的沉积，岩性稳定，特别是灰岩层是划分本段上部与中部的标志层；在东营地区北部，则相变为冲积相的砂砾岩为主的沉积。本段中部，东营地区是还原盐化较深湖相沉积，为深灰色硬石膏、盐岩、杂卤石与褐灰色泥岩、软泥岩的间互层；小区南部为弱还原浅湖相的含石膏的蓝灰色泥岩沉积，再往南至边缘则相变为不含石膏的灰绿色泥岩、砂岩及灰质砂岩为主的沉积。本段下部属氧化浅湖相沉积，为杂色砂岩、砾岩及褐色、灰绿色泥岩，普遍含石膏。另外，在沾化、东营、沙河街一带见有孔虫化石，滨县见蠕虫动物及绿藻，说明第四段沉积时曾有海水的侵入。生物群包括介形类、腹足类和孢粉。本段厚800～1 000 m，边缘地区急剧变薄。 在临邑盘河镇地区，本组第三段下部油页岩标准层之下，第四段灰质岩标志层之上，亦即中国华北介与光滑南星介化石层间，有厚达300 m的一套灰白色砂岩与深灰色泥岩的间互沉积，产介形类：隐羞华北介；腹足类：中国中华扁卷螺、扁平高盘螺。依据化石组合现暂隶属第三段底。
下第三系	始新统	**孔店组(E_{2k})** 仅就目前钻孔资料，见于平原肖庄、临邑盘河镇、惠民林樊家及小区南部边缘。 **惠民县钻孔剖面**　>1 554.5 m **上段**　906.5 m 12. 棕红、灰白色粉砂岩夹棕红、棕黄、灰绿色泥岩。　131.0 m 11. 灰白色粉砂岩夹棕红、灰绿色泥岩。粉砂岩部分含砾。　147.5 m 10. 棕红色粉砂岩夹棕红色泥岩。　120.0 m 9. 棕红、灰白色粉砂岩夹棕红色泥岩，底部为灰白色含砾砂岩及灰绿色细砂岩，中间夹一层灰色油页岩。　179.5 m 8. 浅紫色泥岩与棕红色泥质粉砂岩互层。　55.0 m 7. 灰白色细砂岩、棕红色泥质粉砂岩夹浅紫色泥岩及少量棕红、灰绿色泥岩。产介形类：潍县湖花介。　188.5 m 6. 灰白、浅灰色砂岩夹棕红色薄层泥岩。底部砂岩含砾，有些成砾状砂岩。　85.0 m **中段**　540.0 m 5. 灰白色砂岩与浅灰色泥岩互层，夹棕红、棕色泥岩。　76.5 m 4. 灰白色砂岩与浅灰色泥岩互层，夹煤层及薄层泥灰岩。　143.0 m 3. 灰白色砂岩夹浅灰色泥岩，含薄煤层。　155.5 m 2. 上部为灰白色砂岩夹浅灰、浅紫色泥岩；下部为灰白色厚层—块状砂岩夹浅灰色泥岩，底部是砾状砂岩。上下部均含煤层。　165.0 m **下段**　>108.0 m 1. 棕色泥岩夹棕色泥质砂岩、粉砂岩及砾岩(未见底)。顶部有一层泥灰岩。108.0 m 在其他井中见到介形类：五图真星介、昌乐球星介、常州圆星介；腹足类：昌乐膀胱螺。 本组以其颜色明显分成三段：上段为棕红色、灰白色砂岩夹棕红色泥岩；中段是灰白色砂岩夹灰绿色泥岩，含煤层；下段为棕色泥岩夹棕色砂岩。区内三段岩性均可对比。个别地方也有变化，如惠民辛店附近出现一套玄武岩及玄武质碎屑岩。生物群以介形类为主，五图真星介为重要分子。厚度大于1 500 m。

续表

白垩系		**白垩系(K)** 据钻孔资料,分布于垦利、滨县平方王、济阳曲堤镇等地。 **垦利县油廓村钻孔剖面** >332.7 m 4. 灰色、暗紫色中—酸性喷出岩夹灰色泥岩,顶部夹一层暗紫色中粒硬砂岩,喷出岩致密、坚硬,具斑状结构。斑晶以钾长石为主,基质具小气孔,由上向下气孔逐渐减少。泥岩性脆,微含砂。其上与沙河街组第四段为不整合接触。 119.5 m 3. 灰色、暗紫色安山质凝灰岩、安山岩夹薄层紫红色泥岩。泥岩微含砂。 49.5 m 2. 灰色、暗紫色凝灰岩夹薄层紫红色泥岩。 69.0 m 1. 灰色、暗紫色凝灰岩、安山质凝灰岩(未打穿)。 94.7 m 本系主要岩性为中—酸性火山岩及火山碎屑岩夹泥岩,厚大于332.7 m。在沾化为深灰、灰黑色玄武岩,厚14.5 m。在平原为浅棕红、灰、紫、杂色流纹岩,厚114 m。
侏罗系		**侏罗系(J)** 据钻孔揭露,分布于垦利等地。 **垦利县富林村钻孔剖面** >152.0 m 6. 灰色、灰白色泥岩、砂岩。其上与下第三系沙河街组不整合接触。 16.0 m 5. 灰白色砾岩夹薄层煤。 37.0 m 4. 灰色白云质砂岩、泥岩夹薄层煤。 35.0 m 3. 灰白色石英闪长玢岩夹薄层煤。 25.0 m 2. 薄层煤夹灰色粉砂岩、泥岩。 16.0 m 1. 灰白色砾岩夹浅紫红色泥岩(未打穿)。 23.0 m 本系主要岩性为砾岩、砂岩、泥岩、薄层煤及闪长玢岩。厚大于152 m。
二叠系	上—下统	**石盒子组(P_{1-2s})** 仅在沾化义和庄一地有所揭露。 **沾化县钻孔剖面** 135.5 m 29. 浅灰色、灰色砂岩,上部夹少量杂色泥岩。 15.5 m 28. 浅灰色、黄色泥岩。 16.0 m 27. 灰白色中粗粒砂岩。 8.0 m 26. 灰色、深灰色泥岩。 5.0 m 25. 灰色、灰白色细砂岩。 4.5 m 24. 灰色泥岩。 1.5 m 23. 同25层。 4.0 m 22. 灰色泥岩。 5.0 m 21. 灰黑色、灰色云煌岩。 20. 同26层。 7.0 m 19. 灰色砂岩。 1.5 m 18. 同26层。 1.5 m 17. 灰色、灰白色细砂岩、粉砂岩。 6.5 m 16. 深灰色含岩质泥岩。 3.5 m 15. 灰色、灰白色粉砂岩。 2.5 m

续表

<table>
<tr><td rowspan="2">二叠系</td><td>上—下统</td><td>14. 同25层。 7.0 m
13. 炭色泥岩。 2.5 m
12. 灰色细—中粒砂岩。 2.5 m
11. 深灰色岩质泥岩。 1.0 m
10. 浅灰色、灰色泥岩。 14.5 m
9. 灰色粉砂岩。 2.0 m
8. 灰黑色岩质泥岩。 1.5 m
7. 灰色粉砂质泥岩。 5.0 m
6. 灰色泥岩。 2.5 m
5. 灰色含石膏泥岩,质软。 1.0 m
4. 深灰、灰黑色炭质泥岩。 2.0 m
3. 灰色厚层粉砂岩。 3.0 m
2. 灰色泥质砂岩。 1.5 m
1. 灰色、浅灰色细砂岩,底部夹1~2 m泥质砂岩。 7.5 m
本组主要由一套灰色、深灰色砂岩、泥岩和含炭较高的砂泥岩组成。厚135.5 m。</td></tr>
<tr><td>下统</td><td>山西组(P_{1s})
仅分布于沾化、广饶等地。
沾化县钻孔剖面 67.0 m
25. 灰黑色炭质页岩。 5.0 m
24. 灰白色砂岩。 1.5 m
23. 灰色、浅灰色薄层砂岩,层理发育。 2.5 m
22. 灰白色、灰色厚层砂岩。 3.5 m
21. 灰色、深灰色泥岩。 2.0 m
20. 灰黑色炭质泥岩。 1.0 m
19. 灰色厚层细砂岩。 1.5 m
18. 灰黑色炭质页岩夹煤层。 2.5 m
17. 灰色、深灰色云煌岩。
16. 灰色厚层砂岩,粒度较粗。 3.0 m
15. 灰色泥质砂岩。 1.5 m
14. 灰色、深灰色泥岩夹煤层。 11.0 m
13. 灰色泥质砂岩。 2.0 m
12. 深灰、灰黑色炭质页岩。 2.0 m
11. 深灰色、灰色泥岩。 2.5 m
10. 灰色厚层砂岩。 3.5 m
9. 浅灰色泥岩。 4.0 m
8. 云煌岩。
7. 灰黑色泥岩夹煤层。 7.0 m
6. 灰黑色炭质页岩。 1.0 m
5. 灰色厚层砂岩。 1.0 m
4. 深灰、灰黑色炭质页岩。 2.0 m
3. 灰色砂岩,颗粒较粗。 2.5 m
2. 深灰色炭质页岩。 1.0 m
1. 灰色、浅灰色砂岩。 3.5 m
山西组主要为一套砂岩、泥岩和炭质页岩的陆相沉积,夹可采煤2~3层。上部以灰色砂岩为主,夹灰黑色泥岩;中部为该组的含煤段;下部为灰色砂岩和黑色泥岩或炭质页岩互层。厚67 m。</td></tr>
</table>

续表

系	统	
石炭系	上统	**太原组(C_{3t})** 分布于沾化、垦利、广饶等地,其范围广于山西组。 **沾化县钻孔剖面** 143.5 m 35. 深灰色泥岩。 6.0 m 34. 灰色灰岩(一灰)。 3.0 m 33. 深灰色泥质砂岩,含植物碎片。 3.0 m 32. 灰黑色厚层泥岩。 4.5 m 31. 灰色生物灰岩,含类化石。 1.0 m 30. 灰色厚层细砂岩夹粉砂岩、泥岩。 3.0 m 29. 深灰色泥岩。 3.0 m 28. 深灰色泥质细粉砂岩。 4.5 m 27. 灰色、深灰色泥岩。 7.5 m 26. 深灰色细砂岩。 1.5 m 25. 深灰色泥质细砂岩。 1.5 m 24. 灰色、深灰色泥岩夹煤层。 7.0 m 23. 灰色、深灰色泥质细砂岩。 3.0 m 22. 深灰色泥岩。 0.5 m 21. 深灰色泥岩,上部含炭质较高。 6.0 m 20. 灰色砂岩,含泥质较高。 4.5 m 19. 深灰色灰岩(简称三灰)。 2.0 m 18. 深灰色泥岩夹煤层。 4.0 m 17. 灰色细砂岩。 0.5 m 16. 灰色泥岩。 0.5 m 15. 灰色细粉砂岩。 3.0 m 14. 灰色、深灰色泥岩。 14.5 m 13. 灰黑色炭质泥岩。 2.0 m 12. 深灰色泥岩。 5.5 m 11. 浅灰色、灰色细砂岩。 0.8 m 10. 深灰色灰岩(五灰)。 1.2 m 9. 灰黑色炭质泥岩夹煤层。 2.0 m 8. 灰色细砂岩。 7.5 m 7. 深灰色炭质泥岩。 10.5 m 6. 灰色、深灰色粉砂岩。 2.5 m 5. 灰黑色炭质泥岩夹煤层。 8.0 m 4. 灰色细粉砂岩。 3.5 m 3. 深灰色云煌岩。 2. 灰黑色泥岩。 11.0 m 1. 灰白色细砂岩。 5.0 m 本组是一套由深灰色为主的细砂岩、粉砂岩、泥岩、炭质泥岩、煤和灰岩组成的海陆交互相地层,含可采煤3~4层,韵律明显。厚143.5 m。

续表

石炭系	中统	**本溪组(C_{2b})** 分布范围和太原组基本相同。 **沾化县钻孔剖面** 35.5 m 7. 灰色灰岩(南定灰岩)。 3.0 m 6. 灰色、深灰色泥岩夹煤线。 5.0 m 5. 灰白色和杂色泥岩。 7.5 m 4. 灰黄色灰岩(徐家庄灰岩)。 3.0 m 3. 灰色、灰绿色泥岩夹薄煤层。 4.5 m 2. 灰色、灰白色灰岩(草埠沟灰岩)。 1.5 m 1. 紫色、灰色黏土岩、砂质黏土岩。 11.0 m 本组是由黏土岩、砂质黏土岩、灰岩和煤线组成的海陆交替相沉积。厚35.5 m。
奥陶系	中统	**八陡组(O_{2b})** 分布于垦利、滨县等地。 **垦利县孤岛钻孔剖面** 20.3 m 1. 深灰色中厚层灰岩夹薄层泥灰岩。 20.3 m 本组由浅海相深灰色灰岩夹泥灰岩组成。以垦利孤岛地区较发育,厚20.3 m。
		阁庄组(O_{2g}) 分布于垦利、沾化、滨县等地。 **垦利县孤岛钻孔剖面** 53.7 m 4. 灰色中厚层白云岩和白云质灰岩。 32.2 m 3. 灰色中层含白云质灰岩,底部含同生角砾。 3.3 m 2. 黄灰色中厚层含泥质白云质灰岩。 4.7 m 1. 灰色中厚层白云岩夹白云质灰岩。 13.5 m 本组以海湾泻湖相白云质灰岩、白云岩为主。厚53.7 m。
	下统	**马家沟组(O_{1m})** 分布于垦利、沾化、滨县和广饶等地。 **垦利县孤岛钻孔剖面** 104.4 m 11. 灰色中厚层灰岩。 19.9 m 10. 黄灰色泥质灰岩、白云质灰岩夹灰岩。 5.9 m 9. 煌斑岩。 8. 浅灰色中厚层白云质灰岩。 8.0 m 7. 灰色中厚层灰岩夹两层白云质灰岩和煌斑岩。 24.1 m 6. 煌斑岩。 5. 灰色中厚层灰岩。 1.2 m 4. 煌斑岩。 3. 同5层。 2.8 m 2. 灰色中厚层灰岩和煌斑岩。 26.4 m 1. 灰色薄—中厚层灰岩夹煌斑岩。 16.1 m 本组岩性以浅海相灰岩夹白云质灰岩和泥灰岩为主,并有多层煌斑岩。厚104.4 m。

续表

奥陶系	下统	**北庵庄组(O_{1b})** 分布和马家沟组大致相同。 **垦利县孤岛钻孔剖面** 179.1 m **上段** 34.2 m 6. 黄灰色含砾泥质白云质灰岩夹煌斑岩。 34.2 m **下段** 144.9 m 5. 灰色中厚层灰岩。 6.7 m 4. 黄灰色泥质白云质灰岩。 4.5 m 3. 灰色中厚层灰岩夹泥质白云质灰岩。 61.5 m 2. 黄灰色含泥质白云质灰岩。 19.9 m 1. 灰色中厚层灰岩夹泥质白云质灰岩和一层煌斑岩。 52.3 m 本组是上段为黄灰色含砾泥质白云质灰岩;下段是正常浅海相灰岩夹白云质灰岩。本组厚179.1 m。
奥陶系	下统	**纸坊庄组(O_{1z})** 分布于垦利、沾化、滨县、广饶、博兴等地。 **垦利县孤岛钻孔剖面** 240.6 m **上段** 36.4 m 8. 黄灰色含砾泥质白云质灰岩。风化后呈黄褐色。 36.4 m **中段** 71.7 m 7. 浅灰色中厚层含燧石结核的白云质灰岩。 16.0 m 6. 灰色中厚层白云质灰岩。 11.8 m 5. 灰色中厚层含燧石结核和燧石条带的白云质灰岩。 43.9 m **下段** 132.5 m 4. 浅灰色厚层白云岩。 25.4 m 3. 灰色竹叶状白云质灰岩。 6.3 m 2. 黄灰色中厚层含泥质条带的白云质灰岩。 16.3 m 1. 浅灰色厚层白云岩夹白云质灰岩。 86.5 m 本组为泻湖相白云质灰岩和白云岩。上段为含砾泥质白云质灰岩;中段为含燧石结核和条带的白云质灰岩;下段为白云质灰岩和白云岩。本组厚240.6 m。
寒武系		**寒武系(∈)** 据钻孔揭露,分布在滨县、沾化、垦利等地。 **垦利县孤岛钻孔剖面** 488.8 m 4. 灰棕红色厚层灰岩夹灰色鲕状灰岩。底部夹深灰色煌斑岩。 80.4 m 3. 灰色厚层鲕状灰岩。 176.8 m 2. 灰绿、暗紫红色泥岩夹灰色鲕状灰岩及灰色灰岩。泥岩性脆,易碎,含云母片。 140.4 m 1. 灰色灰岩、白云岩夹灰色、暗紫色泥岩、黄绿色泥灰岩及灰色煌斑岩。与下伏太古界(?)为不整合接触。 91.2 m 本系以碳酸盐岩为主,中、下部夹有部分灰绿、暗紫红色泥岩。厚488.8 m。
太古界,		**太古界(Ar)?** 据钻孔揭露,主要分布于滨县、利津、垦利三县部分地区。 其岩性为浅棕红色花岗片麻岩、角闪石岩及混合花岗岩等,厚度不详。

三、临清—丘县地层小区

东以德州、平原、禹城县房寺庄、聊城、莘县朝城一线为界,北至德州、夏津县郑保屯一线,南到莘县朝城、观城镇、王奉集及冠县一线,向西延入河北境内,包括德州、武城、夏津三县市及平原、聊城、冠县、莘县等县的部分地区。

本小区全被第四系覆盖。据钻孔揭露,第四系之下发育有寒武、奥陶系,石炭、二叠系,侏罗、白垩系和第三系;缺失志留系、泥盆系和三叠系。

寒武系和下奥陶统为一套碳酸盐岩夹石膏。石炭系缺失下统,二叠系发育完全,二者是一套以砂岩、页岩为主的含煤地层。侏罗系为棕红色砂泥岩。白垩系是一套以灰色为主的砂岩、泥岩。第三系是一套砂岩、泥岩的互层沉积。第四系主要由砂质黏土、黏质砂土及粉砂、细砂层组成。

本小区以上第三系发育完全,下第三系发育较差、厚度小为特征。

第四系	全新统	**全新统(Q_4)** 土黄、淡黄色为主,间夹灰黑色的黏质砂土、粉土、粉砂、细砂及1~2层淤泥层。结构松散,常见明显层理。 18.0~40.0 m
	上更新统	**上更新统(Q_3)** 褐黄、棕黄、灰黄色砂质黏土、黏质砂土夹薄层粉土、粉砂、粉细砂层。结构较疏松,常见锈黄色斑及钙质结核,个别层段钙核富集。本层下部开始出现豆状铁锰质结核,在黏土中多具灰绿色网纹。 35.0~150.0 m
	中更新统	**中更新统(Q_2)** 上部为棕黄、黄绿色砂质黏土、黏质砂土夹粉砂、细砂层;下部为黄棕、浅棕红色黏土、砂质黏土夹细砂层及薄层钙质胶结砂砾岩,含钙质结核及少量铁锰质结核。无棣一带,地表以下190~263 m间,见有火山碎屑岩。 60.0~130.0 m
	下更新统	**下更新统(Q_1)** 棕红、灰绿、紫红色黏土,间夹砂质黏土及数层中粗砂层。黏土结构致密,裂面光滑,常见黑色薄膜锰质浸染。砂层单层厚度较大,常见砾径为1~2 cm的花岗岩质小砾。 80.0~140.0 m
上第三系	上—中新统	**明化镇组(N_{1-2m})** 据钻井资料,分布于夏津临清、聊城、莘县一带。 **聊城八甲刘钻孔剖面** 1 030 m 5. 浅棕黄色黏土岩夹棕黄色砂岩。黏土岩含灰绿色斑块,砂岩疏松。 126.0 m 4. 浅棕黄色黏土岩与土黄色细砂岩互层。 208.0 m 3. 浅棕黄色黏土岩夹土黄、棕红色细砂岩。 214.0 m

续表

系	统	内容
上第三系	上—中新统	2. 棕红色泥岩、暗紫红色砂质泥岩夹土黄、灰白色细砂岩。 164.0 m 1. 棕红、暗棕红色泥岩。 318.0 m 本组上部是浅黄色黏土岩与土黄色细砂岩互层；下部是棕红色泥岩夹土黄、灰白色细砂岩。岩性稳定，厚1 000 m左右。
		馆陶组(N_{1-2g}) 分布范围同明化镇组。 **平原县钻孔剖面** 241.0 m 3. 上部为棕红、棕黄色泥岩夹棕色中、粗砂岩；中部为灰白色块状细砂岩与浅灰、灰白色中、粗砂岩，夹一薄层浅紫红色泥岩；下部为灰色块状砾岩夹一层灰绿色泥岩。砂岩泥质胶结，较疏松。砾岩成分主要是石英，次为黑色燧石，次圆—次棱角状，砾径最大0.5 cm左右，胶结疏松。 125.5 m 2. 浅灰绿、棕红、浅紫红色泥岩。质纯，性软，成岩性差。 18.0 m 1. 上部为浅灰色块状含砾砂岩；下部为浅灰色块状砾岩夹浅灰绿色泥岩。砂、砾岩疏松。 97.5 m 本组由浅灰、灰白色块状砂、砾岩夹少量浅灰绿色、棕红色泥岩组成，岩性稳定。产介形类化石，厚250 m左右。
下第三系	渐新统	**东营组(E_{3d})** 分布范围较小，仅见于夏津武城一带。 **武城县石庄村钻孔剖面** 239.0 m 2. 棕红、灰绿色泥岩夹浅灰色薄层灰质砂岩、粉砂岩。 102.5 m 1. 紫红色泥岩夹灰绿色泥岩，顶、底部均有浅灰色厚层—块状粉砂岩。 136.5 m 本组以紫红色泥岩为主，夹少量灰绿色泥岩和浅灰色粉砂岩。厚239 m。
	渐新—始新统	**沙河街组(E_{2-3s})** 区内(山东部分)除武城、高唐外，均有分布。 **平原县钻孔剖面** 503.5 m **第一段** 9. 灰黄色块状生物灰岩夹浅灰绿色泥岩。 121.0 m 8. 黑色块状玄武岩夹灰绿色泥岩。玄武岩致密坚硬，隐晶结构，具气孔，杏仁状构造。气孔形状与分布均不规则，为方解石所充填，直径0.1~0.5 cm。 41.0 m 7. 浅灰绿色泥岩夹灰黄色白云质灰岩、生物灰岩。产介形类同第9层。 21.0 m 6. 黑色玄武岩夹浅灰绿色泥岩，底部有一灰黄色薄层鲕状灰岩。 42.0 m
		第二段 5. 浅棕红、暗棕红色泥岩夹灰绿色薄层泥岩及少量浅棕色粉砂岩。 150.0 m 4. 浅灰色砂岩与浅灰色泥岩互层。顶部有一薄层黑色炭质页岩，上部夹灰色玄武岩。 35.0 m
		第三段 3. 浅灰色泥岩及灰质泥岩。 50.5 m

续表

下第三系	渐新—始新统	**第四段** 2. 灰白色块状细砂岩夹浅灰色泥岩。　33.0 m 1. 浅灰色粉砂岩与浅灰色泥岩互层，夹少量棕红色泥岩及灰绿色粉砂岩。　114.0 m 本组可分四段。第一段由灰黄色生物灰岩、灰绿色泥岩和黑色玄武岩组成，以生物灰岩发育为特征，属弱还原浅湖相沉积。在武城县旧城厚 80 ~ 100 m，至夏津增厚到 150 m。
	始新统	**孔店组（E_{2k}）** 其分布同沙河街组。 **平原县钻孔剖面**　>1 036.5 m **上段** 7. 棕红、紫红色泥岩、砂质泥岩与棕红色泥质粉砂岩互层。　94.0 m 6. 棕色块状粉细砂岩、浅黄色砾岩夹棕红、紫红色泥岩。砂岩疏松，泥质胶结。砾岩成分主要是石英、燧石，砾径最大 0.5 cm。　57.0 m 5. 棕色块状砂岩、含砾砂岩、砾岩夹紫红、暗紫色泥岩。　327.0 m **中段** 4. 上部为浅灰色块状粉砂岩；下部为灰白色细砂岩、粗砂岩夹浅灰色泥岩。　157.5 m 3. 深灰绿色玄武岩、浅灰色安山岩、紫红色凝灰质细砂岩间互层。玄武岩具气孔及杏仁状构造；安山岩隐晶结构，块状构造。　255.5 m 2. 灰白色中、粗砂岩与灰色泥岩互层。砂岩局部含砾，形成砾状砂岩及砾岩。　90.0 m **下段** 1. 灰色、紫红、暗紫色泥岩夹棕色粉细砂岩、粗砂岩（未见底）。　55.5 m 本组以其颜色可明显分成三段：上段为棕色块状砂岩夹棕色泥岩；中段为浅灰色块状砂岩、浅灰色泥岩夹较多的玄武岩及安山岩；下段为紫红色泥岩夹棕色砂岩。三段岩性基本稳定，均可与邻区对比。厚度在 1 000 m 以上。
	白垩系	**白垩系（K）** 据钻孔揭露，于冠县境内有该系之发育。 **冠县钻孔剖面**　119.4 m 5. 灰色泥岩。致密、坚硬、质纯。其中蕨类孢子占 96%，裸子花粉占 4%。　15.9 m 4. 紫灰色泥岩夹灰绿色薄层中粒硬砂质长石砂岩。其中蕨类孢子占 7%，裸子花粉占 90%，被子花粉占 3%。　21.9 m 3. 灰色泥岩夹深灰色厚层砾状砂岩及深灰色砂岩。　29.3 m 2. 灰色厚层砾状砂岩夹浅紫灰色泥岩及深灰色砂岩。　19.8 m 1. 深灰色中、细粒硬砂质长石砂岩夹灰色泥岩。上部夹薄层砾岩，底部为厚 5 m 左右的凝灰岩及安山岩组成的砾岩，砾径可达 7.5 cm。其中蕨类孢子占 2%，裸子花粉占 90%，被子花粉占 8%。 本系上部主要由灰色泥岩组成，下部则以硬砂质长石砂岩、砾状砂岩为主。自下而上构成一大的沉积旋回，属河、湖相沉积；底部 5 m 左右的火山碎屑岩反映该系统沉积初期有微弱的火山活动。厚 119.4 m。

续表

<table>
<tr><td colspan="2">侏罗系</td><td>侏罗系(J)
据钻孔揭露,于冠县境内该系发育。
冠县钻孔剖面　>147.8 m
6. 棕红、橘红色硬砂质长石砂岩夹棕色泥岩。砂岩含一些 0.3~0.4 cm 的石英细砾,斜层理明显,胶结较致密。　36.8 m
5. 棕红色泥岩与橘红色硬砂质长石细砂岩互层。泥岩疏松,微含砂质;砂岩为碳酸盐、黏土和铁质胶结。底部为棕红色砾状砂岩,砾径 0.5~3.5 cm。　7.8 m
4. 浅棕红色中细粒长石砂岩、硬砂质长石砂岩夹棕红、草绿等杂色泥岩和砂质泥岩。砂岩含石英砾,以泥质及碳酸盐胶结为主,斜层理明显。　31.1 m
3. 棕色、棕红色砂质泥岩夹棕红色硬砂质长石细砂岩。泥岩较疏松;砂岩致密坚硬,基底式胶结为主,斜层理发育。　28.3 m
2. 棕红色泥质粉砂岩。上部夹一中细砂岩,泥质、钙质胶结。　7.1 m
1. 棕色、棕红色泥质砂岩夹棕色泥岩和钙、铁质粉砂岩(未见底)。　36.7 m
本系主要为棕红色砂泥岩,属河流相沉积,厚度可大于 147.8 m。</td></tr>
<tr><td rowspan="2">二叠系</td><td>上统</td><td>石千峰组(P_{2sh})?
据钻孔揭示及物探推测,莘县、聊城、茌平有所沉积。
聊城宋家钻孔剖面　101.2 m
8. 上部为深灰色页岩,下部为紫红色页岩。　13.7 m
7. 浅紫红色粉砂岩。　4.0 m
6. 暗紫色页岩夹一层浅紫色粉砂岩。页岩致密、性脆。　14.5 m
5. 紫红色细砂岩。中部颗粒较粗。　26.7 m
4. 暗紫红色砂质页岩。　10.8 m
3. 浅紫红色细砂岩。　7.0 m
2. 暗紫红色细砂岩。　10.0 m
1. 暗紫色砂质页岩夹一层浅紫色细砂岩。　14.5 m
本组主要是一套紫红色、暗紫色砂岩、页岩,属氧化较强的陆相沉积。多保存于盆地的中心,残厚 101.2 m。</td></tr>
<tr><td>上—下统</td><td>石盒子组(P_{1-2s})
据钻孔和物探揭示,分布在莘县、聊城、茌平、禹城等地。
聊城八甲刘钻孔剖面　246.7 m
27. 灰色、暗紫色页岩夹绿色、白色砂岩。　6.5 m
26. 上部为灰绿、暗紫色细砂岩夹灰色薄层砂质页岩;下部为灰白色砾状砂岩。　8.5 m
25. 灰绿、暗紫色页岩。　39.0 m
24. 灰白色石英岩与灰绿、暗紫色页岩互层。　27.0 m
23. 灰白色石英砂岩夹具灰绿斑点的暗紫红色页岩及灰绿色页岩。　20.5 m
22. 深灰色、灰色页岩夹灰绿色薄层细砂岩。页岩具暗紫红色斑点。　5.5 m
21. 灰色细砂岩。　4.1 m
20. 暗紫色含砂质泥岩夹少量灰绿色细砂岩。　3.6 m
19. 灰色页岩,下部具有紫色斑点。　4.5 m</td></tr>
</table>

续表

二叠系	上—下统	18. 灰白色中粒石英砂岩,致密、坚硬。	2.3 m
		17. 暗紫色砂质页岩夹灰色薄层细砂岩和灰色页岩。	10.0 m
		16. 白色粗粒石英砂岩。	14.0 m
		15. 灰色砂质页岩。	5.5 m
		14. 灰色泥质砂岩,产植物化石。	7.5 m
		13. 白色含砾石英砂岩,砾石成分为燧石。	2.5 m
		12. 灰色泥质砂岩。	2.6 m
		11. 灰白色粗砂岩,致密、坚硬。	5.5 m
		10. 暗紫灰色含砂质页岩。	15.8 m
		9. 暗紫红色、灰绿色细砂岩。	1.5 m
		8. 灰色中粒石英砂岩。	2.0 m
		7. 灰色泥质砂岩。	4.5 m
		6. 灰白色含长石石英砂岩。	4.1 m
		5. 灰色页岩,局部含少量细砂。	16.3 m
		4. 暗紫色页岩。	10.4 m
		3. 灰绿色长石石英砂岩,分选较好。	2.6 m
		2. 灰色页岩。	5.5 m
		1. 灰色、灰白色砂岩,含少量泥质。	10.9 m
		本组由一套暗紫色、灰绿色和灰白色的砂岩、页岩及砂质页岩组成。由于顶部受到不同程度的剥蚀,故各处残留厚度变化较大。聊城一带厚246.7 m。	
	下统	**山西组(P_{1s})**	
		分布范围和石盒子组大致相同。	
		聊城八甲刘钻孔剖面	68.5 m
		10. 灰黑色、灰色页岩、砂质页岩夹薄层泥质细砂岩。	1.1 m
		9. 灰白色砂岩,致密、坚硬,多具方解石脉。	2.0 m
		8. 灰黑色页岩,夹煤层。	16.4 m
		7. 深灰色页岩及灰色中细粒砂岩,产化石同8层。	12.4 m
		6. 灰黑色砂质页岩夹煤层。	9.9 m
		5. 灰色细砂岩,致密、坚硬。	9.0 m
		4. 灰黑色页岩,夹煤层。	8.9 m
		3. 灰黑色砂岩,含燧石,特别坚硬,具方解石脉。	1.8 m
		2. 黑色砂质页岩,含植物化石。	2.5 m
		1. 灰色砂岩夹灰黑色薄层页岩,底部砂岩较纯。	4.5 m
		本组基本上是一套沼泽泻湖相沉积,主要由灰黑色、灰色砂岩、页岩、砂质页岩和煤层组成。厚68.5 m。	

续表

石炭系	上统	**太原组(C_{3t})** 主要分布在禹城、茌平、聊城、莘县等地,呈北东—南西向。 **聊城八甲刘钻孔剖面** 149.1 m 25. 深灰色页岩。 8.5 m 24. 灰黑色页岩,含黄铁矿,产植物化石。 3.0 m 23. 灰色灰岩(一灰),含茎类和海百合茎等化石。 2.5 m 22. 灰色砂质页岩及黑色页岩夹煤层。 11.0 m 21. 灰色细粒砂岩,坚硬,具泥质条带和泥砾。 8.5 m 20. 灰白色粗粒石英砂岩,黏土质胶结。 10.5 m 19. 灰黑色页岩夹煤层。 6.4 m 18. 灰黑色厚层泥岩夹薄层细砂岩。 1.5 m 17. 灰黑色灰岩(二灰)。 3.3 m 16. 灰色石英砂岩。 7.5 m 15. 灰色页岩,局部含少量砂质。 14.0 m 14. 灰色中粒石英砂岩。 6.0 m 13. 深灰色砂页岩。 9.5 m 12. 灰黑色灰岩(三灰)。 3.5 m 11. 深灰色砂质页岩。 9.0 m 10. 灰色中粒砂岩。 5.4 m 9. 灰黑色含砂质页岩。 6.0 m 8. 深灰色灰岩(四灰)。 3.3 m 7. 灰黑色砂质页岩。 4.0 m 6. 灰黑色页岩,局部含少量砂质。 2.5 m 5. 灰黑色闪长岩。 4. 深灰色灰岩。 2.9 m 3. 灰黑色页岩。 7.0 m 2. 灰色细砂岩,致密、坚硬。 7.5 m 1. 深灰色页岩。 4.8 m 本组为一典型的海陆交互相含煤沉积,韵律明显,主要由砂岩、页岩、煤层和灰岩组成。厚149.1 m。
	中统	**本溪组(C_{2b})** 分布范围与太原组基本一致。 **聊城八甲刘钻孔剖面** 21.5 m 5. 灰色细砂岩,致密、坚硬,含黑色泥质条带。 4.0 m 4. 灰色、灰白色灰岩(徐家庄灰岩)。 5.0 m 3. 暗紫色铁铝质页岩,具鲕状结构。 5.5 m 2. 灰色、灰白色铁铝质页岩。 3.0 m 1. 紫色、灰色含砂质、铁铝质页岩。 4.0 m 该组由海陆交互相的页岩、砂岩及灰岩组成,具明显的沉积韵律,厚21.5 m。

续表

奥陶系	下统	**马家沟组(O_{1m})** 据钻孔资料,分布于德州南及聊城等地。 **聊城八甲刘钻孔剖面** 150 m 3. 浅灰、深灰色灰岩。 104.0 m 2. 白色硬石膏。 4.0 m 1. 灰色灰岩夹页岩。 42.0 m 本组岩性以浅海相灰岩为主夹页岩和石膏。厚150 m。
		北庵庄组(O_{1b}) 分布与马家沟组相同。 **聊城八甲刘钻孔剖面** 332 m 8. 灰白色含泥质条带硬石膏夹薄层灰岩。 48.0 m 7. 深灰色灰岩。 16.0 m 6. 灰白色含泥质条带硬石膏夹一层灰岩。 28.0 m 5. 深灰色灰岩。 26.0 m 4. 灰色含泥质条带硬石膏与红色、灰色、深灰色灰岩互层。 52.0 m 3. 深灰色灰岩。 24.0 m 2. 深灰色含泥质条带硬石膏和灰色灰岩。 28.0 m 1. 深灰色致密块状灰岩。 110.0 m 本组岩性主要为灰岩和石膏层。厚332 m。
		纸坊庄组(O_{1z}) 分布和马家沟组相同。 **聊城东郝庄剖面** 322 m 3. 灰白色硬石膏夹灰色灰岩及灰黄色白云岩。 10.0 m 2. 褐灰色白云质灰岩夹灰黄色白云岩及灰白色硬石膏。 72.0 m 1. 灰色厚层白云岩及灰白色硬石膏夹灰褐色、灰色薄层灰岩。 240.0 m 本组岩性主要为泻湖相白云岩、白云质灰岩及石膏层夹灰岩和闪长岩。厚322 m。
寒武系		**寒武系($\in$)** 据钻孔揭露,分布于聊城一带。 **聊城东郝庄钻孔剖面** >306.0 m 11. 灰白色石膏。 6.0 m 10. 灰色灰岩。 5.0 m 9. 灰白色石膏。 10.0 m 8. 褐灰色隐晶质白云岩。 23.0 m 7. 灰色厚层—块状灰岩夹杂色薄层竹叶状灰岩及灰白色硬石膏。 36.0 m 6. 灰色薄层白云岩。 1.5 m 5. 灰色鲕状灰岩。 3.5 m 4. 灰色厚层—块状灰岩夹杂色薄层竹叶状灰岩及灰色泥岩,“竹叶”多为灰质、白云质,泥岩性脆,吸水性差。 62.0 m 3. 灰白色厚层—块状鲕状灰岩夹灰色灰岩、深灰色白云岩及灰色薄层泥岩。 72.0 m 2. 灰色灰岩,致密、坚硬。 10 m 1. 灰白色厚层—块状鲕状灰岩夹灰色薄层泥岩(未见底)。泥岩质纯性脆。 80.0 m 本系主要为一套碳酸盐岩,夹有部分石膏和少量的泥岩。厚度大于306 m。

四、潍坊地层小区

西以寿光县羊角沟、广饶、益都、沂水、沂南县葛沟、郯城县杨集一线为界，东以昌邑、莒南县大店、郯城县东茅茨一线为界，北临莱州湾，南止于郯城县杨集至东茅茨一线。包括寿光、昌乐、潍县三县及昌邑、临朐、益都、安丘、沂水、莒南、沂南、临沂、临沭、郯城等县的一部分。

本小区出露有太古界、震旦亚界(?)，寒武、奥陶系，石炭系，侏罗、白垩系，第三系和第四系，缺失下元古界、志留系、泥盆系和三叠系。

太古界只发育中上部地层，为黑云斜长片麻岩、角闪斜长片麻岩、斜长角闪岩和黑云变粒岩，出露广泛，带状分布于潍坊至莒县一线。震旦亚界(?)以页岩为主，其下与太古界泰山群呈不整合接触。

寒武系和下奥陶统为一套碳酸盐岩和部分砂页岩，缺失早寒武世早期和中晚奥陶世的沉积。

石炭系缺失下统，是一套海陆交互相的砂岩、页岩夹灰岩的含煤地层。二叠系是一套陆相砂、页岩含煤地层。前者出露极少，后者全被覆盖。

侏罗系和白垩系均发育完全。下中侏罗统为一套砂页岩含煤地层，上侏罗统为紫红色、灰色的砂砾岩、砂泥岩沉积。下白垩统是一套中基性的火山岩和火山碎屑岩，上白垩统是一套红色的砂砾岩。

下第三系发育有始新统，为一套杂色含油、含煤的砂页岩沉积。上第三系主要是一套玄武岩，在山旺地区夹有碎屑岩和矽藻土，以含丰富的动植物化石闻名于世。第四系主要由黄棕色砂质黏土、黏质砂土、中细砂及砂砾层组成。

本小区以白垩系发育完全，下古生界长条状分布为特征。

第四系	全新统	**全新统(Q_4)**	
		冲积层	
		沿各河系分布。	
		为河床及河漫滩相的中粗砂夹砾卵石。	5.0~15.0 m
		冲积洪积层	
		分布于北部的平原地区。	
		黄褐、灰黄色黏质砂土夹粉细砂及砾石透镜体，局部夹有湖沼相的黑色淤泥层。含少量钙质结核。	5~25 m
		残积坡积层	
		广布于区内的山坡和山麓地带。	
		黄褐色砂质黏土或黏质砂土夹岩石碎块。	1.0~3.0 m
		海积层	
		分布于北部沿海。	
		为沙嘴、沙堤，沙滩堆积的细砂，局部夹黑色淤泥层，含贝壳碎片。	5.0~15.0 m

续表

第四系	上更新统	**上更新统(Q_3)** **冲积洪积层** 主要分布于北部的平原地区及沂沭河流域。 黄褐、棕黄色黏质砂土,砂质黏土及粉砂层,间夹中细砂及砂砾层。含大量钙质及铁锰质结核。临沂一带局部夹有沼泽土。 10.0~50.0 m **坡积洪积层** 广布于山前地带。 黄褐、黄棕色黄土状黏质砂土,砂质黏土夹岩石碎块及砂砾石透镜体。 5.0~15.0 m **海积层** 分布于北部沿海,构成海拔5~10 m狭长的海积平原。 由稍含砾石的中细砂夹黑色淤泥层组成,含贝壳碎片。 10.0~33.0 m
	中更新统	**中更新统(Q_2)** **冲积洪积层** 主要分布于北部平原地区及沂沭河流域。 北部平原地区为黄棕、红棕、灰白色黏质砂土及砂质黏土夹砂、砂砾石层,含铁锰质及钙质结核,沂沭河流域为棕红、黄棕色黏质砂土,下部夹有砂砾石层,含钙质及铁锰质结核,发育有3~5层古土壤层。含哺乳类:野猪(未定种),巨型斑鹿,葛氏斑鹿,肿骨大角鹿,扁角大角鹿。 10.0~95.0 m **残积坡积层** 广布于山前地带。 上部为棕黄、红棕色砂质黏土夹砾石,下部为石英岩砾石,含铁锰质结核。 2.0~5.0 m
	下更新统	**下更新统(Q_1)** **河湖相堆积** 主要分布于北部平原地区及南部的临沂、郯城一带。 由含大量为高岭土胶结的花岗岩质砂、砾的灰绿、灰白、黄棕色砂质黏土、黏土组成,夹数层为钙质胶结的松砂岩。含哺乳类:平额原齿象(相似种)。 >85.0 m **玄武岩** 厚度不详。

续表

系	统	
上第三系	上新统	**尧山组(N_{2y})** 分布于临朐牛山、尧山、苍山，昌乐方山、豹山、北岩，安丘留山、大安山，沂水龙山等地。多出露于山顶，岩层水平或近水平状。 **临朐尧山一解家河剖面**　194.0 m 上部为褐黑色厚层橄榄玄武岩；下部为深灰色橄榄玄武岩夹褐黑色气孔状玄武岩，底部为灰白、黄褐色砾岩、玄武岩，致密、坚硬，具辉石、长石及少量橄榄石斑晶。砾岩的砾石成分以玄武岩为主，次为泥岩及硅藻土，砾径 0.5～2 cm，基底式胶结，胶结物为玄武质碎屑及砂泥质。　194.0 m 在牛山地区，玄武岩所夹白云质泥灰岩中，产植物及介形类化石，介形类：苏金小玻璃介，纯净小玻璃介，奇异小玻璃介(亲近种)。 本组以厚层玄武岩为主。玄武岩结晶程度较好，喷发间隙少，氧化顶及沉积夹层均不发育。生物群以介形类为主。沂水龙山一带厚 158.2 m，牛山地区为 48 m。
	中新统	**山旺组(N_{1s})** 分布于临朐山旺一带。 **临朐尧山一解家河剖面**　77.0 m 上部为灰、深灰色气孔状玄武岩、橄榄玄武岩夹少量褐黄色泥岩；下部为灰绿、褐黄色泥岩、页岩及褐黄色油页岩、白色硅藻土；底部为灰黄、绿灰色砾岩。砾岩的砾石成分以玄武岩为主，砾径一般 2～20 cm，分选不好，棱角一次棱角状，基底式、玄武质碎屑胶结。硅藻土质纯、致密，富产植物和脊椎动物化石。 本组由玄武岩和稳定湖泊相沉积的碎屑岩、黏土岩、硅藻土、油页岩组成。化石极为丰富，包括植物、脊椎动物和腹足类，其中植物和脊椎动物较为重要。厚 77 m。1
		牛山组(N_{1n}) 分布于临朐牛山、尧山、解家河、鹁鸪山，安丘留山、大安山、城顶山及沂水太平顶、龙山等地。多出露于山顶，岩层水平或近水平状。 **临朐鹁鸪山一唐家河剖面**　182.0 m 褐灰、灰黑色气孔状玄武岩与灰黑色橄榄玄武岩互层夹棕红色泥岩，底部为棕灰、灰白色砂砾岩、砾岩。玄武岩部分具烘烤面，大部分气孔有方解石冲填。砾岩的砾石成分主要为花岗片麻岩及少量砂岩，砾径 10～20 cm，棱角一次圆状，胶结疏松。　182.0 m 本组以中厚层玄武岩为主。玄武岩结晶程度较差。喷发间隙较多，沉积夹层及氧化顶均较发育。生物群包括瓣鳃类、腹足类和介形类，其中腹足类占优势。牛山地区厚 95 m，沂水龙山一带为 241.2 m。

续表

下第三系	始新统	**五图组（E_{2w}）** 分布在昌乐五图、小楼、北岩、潍坊董家，临朐牛山、罗家树，安丘李家埠及莒县茅埠等地形较低洼处，出露零星。 **（一）昌乐县五图剖面** **第三段** 335.2 m 54. 紫红、深灰、灰绿色砂质页岩与灰白、灰黄色细砂岩呈不等厚互层。 57.0 m 53. 灰白色泥灰岩。 4.1 m 52. 紫红、灰绿色砂质页岩夹厚约 1 m 的灰白色细砂岩及泥灰岩。 24.1 m 51. 灰白色细砂岩，其内见有黏土块。 6.8 m 50. 紫红、灰绿色砂质页岩与灰白色泥灰岩呈不等厚互层。 21.4 m 49. 灰绿、深灰色砂质页岩与细砂岩呈不等厚互层，夹灰白色泥灰岩、炭质页岩及煤线。 28.3 m 48. 含云母细砂岩。 7.0 m 47. 砂质页岩与泥灰岩呈不等厚互层。 5.9 m 46. 砂质页岩夹细砂岩、泥灰岩、炭质页岩及薄层煤。 56.3 m 45. 砂质页岩、细砂岩夹炭质页岩，顶部为厚 0.7 m 的中砂岩。 19.6 m 44. 砂砾岩与砂质页岩互层，中上部夹厚约 0.1 m 的炭质页岩及煤，砾石成分为石英、长石、片麻岩等。 21.1 m 43. 粉砂岩及砂质页岩。上部以粉砂岩为主，下部以砂质页岩为主。 4.9 m 42. 泥灰岩与砂质页岩互层。 4.4 m 41. 砂质页岩夹 8 层厚约 0.5 m 的细砂岩及少量泥灰岩。 45.9 m 40. 砂砾岩与砂质页岩互层。 28.4 m **第二段** 672.9 m 39. 砂质页岩夹灰白色细砂岩及薄层煤。 10.2 m 38. 砂质页岩与泥灰岩呈不等厚互层，夹少量灰色细砂岩。 6.2 m 37. 棕黄色含油页岩、砂质页岩、灰色细砂岩夹炭质页岩。含油页岩中富产介形类化石。 24.5 m 36. 砂质页岩、棕黄色含油页岩与泥灰岩互层，夹薄层煤及炭质页岩。 17.3 m 35. 砂质页岩、棕黄色含油页岩夹细砂岩及 6 层煤。含油页岩致密、坚硬，富产介形类化石。 28.4 m 34. 灰绿、灰色细砂岩夹砂质页岩，含油页岩及粉砂岩。 46.5 m 33. 砂质页岩、含油页岩夹泥灰岩、细砂岩及薄层煤。 19.3 m 32. 灰色细砂岩夹砂质页岩及页岩，细砂岩胶结松散。 14.6 m 31. 砂质页岩、含油页岩夹棕黄色油页岩及细砂岩。 32.8 m 30. 灰色细砂岩，胶结松散。 5.8 m 29. 砂质页岩、棕黄色油页岩夹含油页岩，中粒砂岩及一层煤。 30.2 m 28. 灰色细砂岩，砂质页岩夹油页岩及棕黄色含油页岩。含油页岩致密、坚硬，产介形类和植物化石。 18.8 m

续表

系	统	
下第三系	始新统	27. 棕黄色油页岩与砂质页岩互层。底部为厚 2.9 m 的棕黑色含油页岩。　30.6 m 26. 灰色中—细粒石英砂岩夹页岩及含油页岩。　11.2 m 25. 砂质页岩，油页岩夹含油页岩及灰色细砂岩。　17.7 m 24. 细砂岩。　4.6 m 23. 棕黄色油页岩与砂质页岩互层。　16.3 m 22. 砂质页岩、含油页岩夹棕黄色油页岩及灰色石英砂岩。　30.2 m 21. 棕黄色油页岩夹极薄层灰色页岩。　24.9 m 20. 棕黄色油页岩与砂质页岩互层夹含油页岩。　20.0 m 19. 棕黄色油页岩、细砂岩夹薄层煤，顶部为 1.0 m 厚的棕色泥灰岩。　16.6 m 18. 油页岩。　18.3 m 17. 砂质页岩与细砂岩互层夹灰色粉砂岩。　7.3 m 16. 棕黄色油页岩夹含油页岩及砂质页岩，顶部为 0.7 m 厚的泥灰岩。　19.7 m 15. 上部为煤及油页岩；下部为砂质页岩及灰色细砂岩。砂岩致密，具波纹。　8.1 m 14. 煤与油页岩互层。　9.6 m 13. 灰色细砂岩夹砂质页岩。　6.4 m 12. 砂质页岩夹油页岩、含油页岩及薄层煤。底部为 1.8 m 厚的细砂岩，局部为粉砂岩。　10.3 m 11. 油页岩与砂质页岩互层夹含油页岩及薄层煤。　16.6 m 10. 灰色细砂岩，致密，具波纹。　6.7 m 9. 砂质页岩、含油页岩、灰白色石英细砂岩夹粉砂岩。　19.4 m 8. 细砂岩、砂质页岩夹棕黄色油页岩及粉砂岩。　18.9 m 7. 灰白色细砂岩与砂质页岩互层夹含油页岩、泥灰岩及薄层煤。　31.8 m 6. 棕黄色油页岩夹煤线。　12.5 m 5. 砂质页岩、含油页岩夹泥灰岩、棕黄色油页岩及细砂岩。　36.4 m 4. 灰色细砂岩、粉砂岩夹砂质页岩及薄层煤。　14.1 m 3. 灰色砂砾岩、角砾岩夹砂质页岩。砾石成分以灰岩为主。　14.1 m **(二)昌乐县西沟剖面** **第一段**　226.0 m 2. 灰、灰绿、紫红色砂砾岩夹砂质泥岩。砾石成分为灰岩、石英砂岩、页岩及花岗岩等，砾径一般 3～5 cm，最大可达 80 cm，次棱角—次圆状，分选差，砂质充填，泥质胶结。　106.0 m 1. 深灰、黑灰色石灰质砾岩。砾石成分为灰岩，砾径一般 3～5 cm，棱角—次棱角状，分选较差，泥灰质胶结。其下与奥陶系为不整合接触。　120.0 m 本组是以含煤、油页岩为特征的黏土岩、碎屑岩沉积，属湖泊沼泽相。五图地区第三段底部常见不等厚的安山玄武质凝灰岩或玄武质砾岩，自西向东，煤与油页岩厚度变大，由南向北岩性变粗，在潍县符山西南坡、潍坊市董家、安丘李家埠、昌乐北唐吾等地主要为碎屑岩，其次为黏土岩，不含煤及油页岩；在莒县茅埠一带则为紫红色凝灰质粗碎屑沉积。五图地区厚 1 234.1 m，沂水、茅埠一带 136～350 m。其与下伏地层均为不整合接触。

续表

下第三系	始新统	在昌邑、潍县以北,据钻孔揭露,发育有下第三系。其上部为一套灰绿、暗紫红色泥岩、粉砂岩,内夹油页岩及石膏,产光滑南星介;湖花介,厚885 m,称沙河街组第四段;其下部有一套相当于五图组的地层,称孔店组。孔店组上部为棕红、深灰色灰质砂岩、泥岩、粉砂岩;中部为深灰色泥岩、灰质砂岩粉砂岩,内夹劣质煤及玄武岩,产五图真星介、昌乐球星介;下部为棕红色、深灰色灰质砂岩、泥岩、粉砂岩;中部为深灰色泥岩、灰质砂岩、粉砂岩,内夹劣质煤及玄武岩,产五图真星介、昌乐球星介;下部为棕红色泥岩、粉砂岩及玄武岩,厚度大于1 500 m。 由五图往西到临朐牛山、罗家树一带,本组岩性变化较大。为一套含油页岩、含石膏的黏土岩、碎屑岩沉积,厚317 m。
白垩系	上统	**王氏组(K_{1w})** 分布于郯城、莒县、沂水、安丘、临朐及坊子等地。因断裂发育,地层残缺不全,与东部莱阳地层小区对比,本小区仅发育第一、二、三段,缺失第四段。莒县、临朐两地出露较好。 **莒县何家庄—林家岭剖面**　1 316.6 m **第三段**　495.7 m 8. 暗紫红色砂质泥岩、泥质粉砂岩夹中粒砂岩。　36.3 m 7. 紫红色中粒砂岩、硬砂岩夹薄层粉砂岩及砾岩。硬砂岩成为以安山岩之粗碎屑为主,占80%,长石、石英各占10%。砾岩的砾石成分以正长斑岩为主,石英次之,砾径3~8 cm,泥质、钙质胶结。　459.4 m **第二段**　778.3 m 6. 紫红色砂质页岩与中粒砂岩互层。砂岩颗粒为次圆状,分选中等,并见交错层。　329.5 m 5. 黄绿色粉砂质页岩与紫红色页岩互层。　76.2 m 4. 上部为紫红色中层细粒长石砂岩;下部为紫红色砂质页岩与泥质粉砂岩互层。长石砂岩具交错层。　93.8 m 3. 上部为紫红色页岩,偶夹钙质泥岩;下部为黄绿、紫红色页岩,夹有泥质粉砂岩及钙质结核。　142.8 m 2. 黄绿色硬砂岩及页岩,夹泥灰岩及三层复成分砾岩。砾岩的砾石成分为正长斑岩、安山岩及凝灰岩,砾径5~8 cm,钙质胶结,单层厚1.5 m。黄绿色页岩中见植物化石碎片。　136.0 m **第一段**　42.6 m 1. 灰绿色砾岩。砾石以正长斑岩为主,次为安山岩、凝灰岩,次棱角状,砾径0.4~5 cm,钙质、凝灰质胶结。其下与下白垩统青山组呈断层接触。　42.6 m 在郯城马陵山、临沭曹庄一带,本组第二段下部见有含铜砂岩。 王氏组属河流和湖泊相沉积,由于盆地发展不一,各地岩相厚度不甚一致。 第三段出露于莒县前发牛山、何家庄等地。前发牛山是一套灰紫、灰黄、灰绿色砂砾岩,以河流相为主,厚283 m;向北至安丘则缺失。何家庄一带,为紫红、暗紫色砂岩、砾岩、砂质泥岩等,厚495.7 m;由何家庄往南,砾石变大,含量增多。

续表

白垩系	上统	第二段分布较普遍。为黄绿、灰绿、灰黑色及紫红色页岩、砂岩等,属河湖相及湖相。临朐牛山一带主要为灰绿、紫红色泥岩;莒县大官庄、安丘冯家坊子一带有后生薄层石膏层;莒县何家庄、安丘、五莲店子、郯城小马庄等地,夹有泥灰岩、泥岩或灰岩。在大官庄、何家庄、安丘、临朐,于本段内均见瓣鳃类或植物化石碎片,北部临朐厚仅 472 m,安丘、五莲为2 000 ~ 3 600 m;中部沂水马站一带厚 500 多米,往南至郯城一带厚1 630 m。 第一段以紫红、灰绿等色砂岩、砾岩、凝灰质砂砾岩为主,间夹页岩、粉砂岩,属河流相夹有洪积相。从沂水马站往南,砾石增多,成分复杂,厚度加大;马站往北,岩性变细,以粉砂岩和黏土岩为主。郯城、马站、安丘七宝山等地,厚 400 ~ 500 m;安丘大石戈庄厚达 870 m。
	下统	**青山组(K_{1q})** 分布较广,主要出露于郯城、莒县、沂水马站、安丘、临朐和坊子等地。本小区中北部上、中亚组发育较好,下亚组主要发育于南部。 **(一)沂水高桥马家林剖面** **上亚组(K_{1q3})** 3 603. 6 m **第三段** 488. 3 m 11. 紫红色集块岩和火山角砾岩,下部夹有砖红色粗面集块岩。火山角砾岩的角砾以安山岩为主,辉石安山质粗面岩次之。 188. 6 m 10. 黑灰色辉石粗面安山岩和安山岩。上部有黄红色粗粒角闪正长斑岩侵入。 299. 7 m **第二段** 2 592. 1 m 9. 上部为灰紫色凝灰岩、角闪安山岩和火山角砾岩;中部为以紫红色为主的杂色火山角砾岩;下部为以紫灰色为主的杂色安山质凝岩。 1 187. 8 m 8. 紫灰色玻基玄武岩。玻基斑状结构,长石斑晶占 60% ~ 65%,辉石斑晶占 20% ~ 25%;基质为黑色玻璃质。 318. 0 m 7. 上、中部为黑灰色安山岩和火山角砾岩;下部为褐黄色安山质凝灰岩。 637. 5 m 6. 上、中部为黑灰色火山角砾岩;下部为褐黄色火山角砾岩;顶底为黑色坚硬的玄武安山岩。 247. 1 m 5. 上部为黑灰色致密块状玄武安山岩;顶及中、下部为紫红色火山角砾岩。 104. 4 m 4. 褐黄、黄灰色角砾安山岩和灰紫、黄褐色凝灰岩互层。 97. 3 m **第一段** 523. 2 m 3. 灰紫色角砾状安山岩,上部有厚 28 m 的玄武安山岩。 147. 6 m 2. 上部为紫黑色安山岩;中部为褐紫色角砾安山岩;下部为褐黄色夹灰紫、灰色角闪安山岩;底部为黄绿紫灰色辉石安山岩。 260. 7 m 1. 顶部为安山岩、火山角砾岩和集块岩;上部为紫灰色安山岩;下部为黄绿色安山岩;底部为黑灰色玄武岩。下与中亚组呈整合接触。 114. 9 m

续表

白垩系	下统	**（二）安丘张家沙沟—塔山剖面**	
		中亚组（K_{1q_2}）	1 421.5 m
		15. 黄绿、蓝灰色细砂与紫红、黄绿色火山碎屑岩互层。	117.6 m
		14. 黑云母安山岩。	195.6 m
		13. 紫红色细砂岩与火山碎屑岩互层。	33.3 m
		12. 安山集块岩。	50.8 m
		11. 紫红色粗砂岩、砖红色细砂岩与火山碎屑岩。	12.0 m
		10. 致密块状安山岩。	21.0 m
		9. 紫红色细砂岩、火山砾岩夹安山质火山碎屑岩。	45.7 m
		8. 黑云母安山岩、辉石安山岩及安山岩。	111.2 m
		7. 含砾凝灰质粗砂岩夹细砂岩。	21.7 m
		6. 蓝灰、紫红、黄绿色细砂岩夹砾岩。	67.2 m
		5. 细砾安山岩。常含砾石，多者成火山砾岩。	35.1 m
		4. 紫红色细砂岩。	291.0 m
		3. 灰绿色安山岩。	168.7 m
		2. 火山砾岩及火山碎屑岩，中部为黄绿、灰绿色细砂岩。	166.3 m
		1. 角闪安山集块岩，横向常变为角闪安山岩。下与下亚组呈整合接触。	84.3 m
		（三）郯城李家庄剖面	
		下亚组（K_{1q_1}）	1 000.0 m
		3. 深灰、黄灰色角闪黑云粗面岩和浅红色石英粗面岩。均具斑状结构，斑晶由斜长石、钾长石组成；石英粗面岩斑晶尚有黑云母及石英，具明显的流动构造。上与中亚组呈假整合接触。	350.0 m
		2. 上部为黑灰、紫红色玄武安山岩，具斜长石斑晶；下部为辉石玄武安山岩，其中混杂有一些熔岩角砾岩。	450.0 m
		1. 黑、紫黑色致密块状橄榄粗玄岩及伊丁玄武岩。杏仁状构造，斑状结构，斑晶以辉石为主，占25%，基质为拉长石（未见底）。	200.0 m
		本组上亚组以沂水，安丘张家沙沟、七宝山等地发育最好，由玄武岩、安山岩、粗面岩及火山碎屑岩组成。沂水高桥一带厚3 331.5 m，向东北至安丘七宝山为1 142 m。在安丘张家沙沟，上与王氏组呈假整合接触。	
		中亚组在安丘张家沙沟一带发育较好，由火山碎屑岩、正常沉积碎屑岩及少量安山岩组成；安丘等地以火山碎屑岩及安山岩、辉石安山岩为主，沉积碎屑岩不多，厚1 376 m；沂水一带，则以凝灰质砂砾岩及砾岩为主，厚仅107.7 m。	
		下亚组在郯城一带发育较好，由玄武岩、安山岩、石英粗面岩等组成，厚大于1 000 m；往东至安丘，则由粗面安山岩、安山岩及中碱性熔岩组成，厚大于483 m。	
		临朐蔡家官庄、昌乐等地，青山组主要为安山质砾岩、安山凝灰质砂砾岩、安山质凝灰岩、安山岩、辉石安山岩及安山集块岩等，厚479 m。其上与上白垩统王氏组呈不整合接触，下与上侏罗统蒙阴组呈不整合或假整合接触。	
		坊子、昌邑一带及坊子盆地内，亦有青山组出露，由安山凝灰质砾岩，安山凝灰质中—粗粒砂岩、安山质凝灰岩、含砾凝灰质砂岩、安山岩夹安山质角砾岩、流纹岩等组成，厚265.2 m。其上与下第三系其下与上侏罗统均呈不整合接触。这套地层与临朐蔡家官庄一带出露的大致相同，两者可能相当青山组中、上亚组。	

续表

侏罗系

上统

蒙阴组(J_{3m})

仅见于临朐东南刘家庄、汪家沟、柳山寨及昌乐营丘一带,出露不好,坊子盆地北部较多钻孔中亦见之。

临朐蔡家官庄—刘家庄剖面

分水岭组(J_{3mf}) 16.3 m

5. 紫、黄绿色砂质页岩。上与下白垩统青山组呈假整合接触。 7.0 m

4. 紫、黄色含角砾砂砾岩。胶结物为黏土质。底部为粉砂岩,向上颗粒渐粗,至顶部为紫色砾岩。 5.6 m

3. 杂色角砾岩。角砾多为变质岩及紫色砂岩、页岩,胶结物为黄绿色黏土。 3.7 m

汶南亚组(J_{3mw}) 8.2 m

2. 紫红色中细粒长石石英砂岩。 0.8 m

1. 紫色粉砂岩和页岩互层。粉砂岩为黏土质胶结,节理发育;页岩砂质较多。其下与前震旦亚界呈不整合接触。 7.4 m

本组岩性及厚度变化较大。本剖面东约1 km汪家沟一带,有一套上部为紫红色砂岩夹少量角砾岩,下部以紫红色砾岩、粉砂岩及角砾岩为主的地层,厚度大于367 m。坊子矿区北部钻孔见有一套紫、紫红色中砾岩夹四层细砂岩,砾石成分主要为石英岩、砂岩,砾径一般1~2 cm,次棱角—次圆状,具斜层理。厚0~120 m,它们上与下白垩统青山组均呈不整合接触。这两套地层,从岩性及其所处层位来看,很可能相当蒙阴组下部。

中—下统

坊子组(J_{1-2f})

仅分布于本小区北部坊子及安丘辛庄两地,出露不好。

坊子钻孔剖面 139.8 m

16. 浅灰色中粒砂岩。顶部为浅紫红色,颗粒大小不一,呈棱角状。 2.0 m

15. 灰、灰黑色砂质页岩、炭质页岩及细砂岩。含黄铁矿结核,砂质页岩中产植物苏铁杉。 2.6 m

14. 灰色细砂岩夹深灰色砂质页岩及薄层细砂岩。 6.9 m

13. 灰白色中粒砂岩,颗粒均匀,局部含小砾石。 10.2 m

12. 灰、深灰、灰白色细砂岩及砂质页岩。以细砂岩为主,呈不等厚互层;细砂岩所夹的厚1.6 m深灰色页岩中富产植物坊子枝脉蕨。 13.5 m

11. 灰、灰白色页岩及细砂岩,以页岩为主,呈不等厚互层。 13.8 m

10. 灰白色细砂岩,中部为灰色砂质页岩,下部细砂岩具水平层理。 13.9 m

9. 灰白色粗砂岩,颗粒呈棱角—次角状,分选不好。 2.6 m

8. 灰色砂质页岩,具波状细水平层理,中、下部夹薄层细砂岩。 6.1 m

7. 浅灰、灰白色细砂岩,顶部有厚0.8 m砖灰色粉砂岩;中部含较多的豆状黄铁矿结核,成条带状分布。 5.5 m

6. 灰白色中粗粒石英砂岩。中夹厚1 m的深灰色页岩,有煤纹,含黄铁矿结核。 19.3 m

5. 灰黑色页岩夹天然焦及煤炭。内有闪长玢岩侵入。 5.5 m

4. 细砂岩。颗粒均匀,次圆状,底部为砂质页岩。 25.3 m

3. 砂岩与炭质页岩夹煤炭及天然焦。砂岩硅质胶结,有闪长玢岩侵入。 3.8 m

续表

侏罗系	中—下统	2. 深灰色砂质页岩与灰白色细砂岩互层。细砂岩颗粒均匀，次圆状，含黄铁矿结核。　3.5 m 1. 浅灰色砂砾岩。砾石成分以石英为主，砾径一般为2～4 cm，棱角状，分选差。　5.3 m 本组属河湖相及沼泽相沉积，由砂岩、页岩和砾岩组成。含三层煤，中、下两层为主要可采煤层。本组相变较大，富产植物化石，厚90～230 m。其下与前震旦亚界或下古生界呈不整合接触。
二叠系	上—下统	石盒子组（P_{1-2s}） 据钻孔揭露，分布在昌乐朱留店、沂水等地。 昌乐县小刘家庄钻孔剖面　141.4 m 18. 灰白色中粒砂岩，上与第三系不整合接触。　1.1 m 17. 灰—深灰色粉砂岩。　1.4 m 16. 杂色黏土岩夹细砂岩。　7.5 m 15. 浅灰绿色细砂岩。　4.1 m 14. 灰绿—白色粗粒石英砂岩。　29.3 m 13. 灰绿色中粒砂岩，上细下粗。　3.2 m 12. 杂色黏土岩。　11.2 m 11. 杂色细砂岩。　25.1 m 10. 黏土岩。　0.9 m 9. 灰色细砂岩，较坚硬，泥质及钙质胶结，产植物化石。　29.9 m 8. 深灰色粉砂岩。产植物化石。　2.9 m 7. 浅灰—绿色黏土质细砂岩。上部黏土质增高，下部致密、坚硬。　10.1 m 6. 浅灰—白色钙质细砂岩。　5.0 m 5. 灰白色、绿色粗粒砂岩，分选较好。　2.5 m 4. 细砂岩与粉砂岩互层，以细砂岩为主，产大量植物化石。　2.1 m 3. 灰色粉砂岩，致密，含煤线。　0.3 m 2. 灰色粉砂质黏土岩，产植物化石。　1.7 m 1. 浅灰色间夹深灰色细砂岩，含云母片，产大量植物化石。　3.1 m 本组岩性主要为杂色黏土岩及灰绿色细砂岩。一般厚135 m。
	下统	山西组（P_{1s}） 其分布与石盒子组一致。 昌乐县小刘家庄钻孔剖面　113.5 m 31. 深灰色粉砂岩，含较多的炭化植物叶片及菱铁矿结核。　1.2 m 30. 灰白色细砂岩及砂质黏土岩，含菱铁矿结核及植物化石。　4.2 m 29. 浅灰色细砂岩。　1.4 m 28. 深灰色泥质岩，含菱铁矿结核。　1.3 m 27. 灰白色细砂岩夹粉砂岩薄层，下部微层理特别发育，偶夹煤线。　2.0 m 26. 黑色黏土岩及灰色粉砂岩，夹薄煤层。　2.0 m 25. 灰白色细砂岩。分选较好，黏土胶结。　2.0 m 24. 灰色粉砂岩夹少量细砂岩。　2.2 m

续表

二叠系	下统	23. 浅绿灰色砂质黏土岩。	1.9 m
		22. 灰色细砂岩。	5.3 m
		21. 细砂岩与粉砂岩互层。	12.7 m
		20. 灰—深灰色粉砂岩夹细砂岩薄层。细砂岩自上而下增多。	5.2 m
		19. 灰—深灰色细砂岩与粉砂岩互层,含煤线,产植物化石。	2.8 m
		18. 灰色鲕状黏土岩。	1.0 m
		17. 上部为粉砂岩,向下渐变为粉砂岩与细砂岩互层。	6.2 m
		16. 灰—深灰色细砂岩与粉砂岩互层,夹煤层,产植物化石。	7.0 m
		15. 浅灰色黏土岩。	1.1 m
		14. 灰色细砂岩。	4.5 m
		13. 灰色鲕状黏土岩。	2.1 m
		12. 灰—深灰色粉砂岩。上部含泥质,底部含细砂质。	3.0 m
		11. 灰白色细砂岩,含岩屑和炭屑。	1.5 m
		10. 灰—深灰色粉砂岩,产植物化石。	2.5 m
		9. 鲕状黏土岩。	2.9 m
		8. 深灰色粉砂岩。自上而下细砂质增多,产植物化石。	4.0 m
		7. 粉砂岩夹细砂岩薄层。	2.4 m
		6. 灰色细砂岩。上部粉砂质较多,顶部为0.2 m钙质砂岩,不规律的夹有粉砂岩透镜体。	3.7 m
		5. 深灰色粉砂岩,煤和黏土岩。	4.0 m
		4. 深灰色粉砂岩夹细砂岩,底部含钙质结核。	5.8 m
		3. 浅灰色钙质砂岩,致密、坚硬。	3.8 m
		2. 细砂岩与粉砂岩互层,以粉砂岩为主。	5.6 m
		1. 深灰色粉砂岩。	5.2 m
		本组岩性以灰色、深灰色粉砂岩和细砂岩为主,间夹灰白色中粒砂岩和鲕状黏土岩,具1~2层可采煤。厚83~145 m。	
石炭系	上统	**太原组(C_{3t})**	
		分布在昌乐、莒县、沂南等地。	
		昌乐县小刘家庄钻孔剖面	91.0 m
		30. 灰—深灰色粉砂岩和泥页岩。	6.3 m
		29. 青灰色灰岩。	0.9 m
		28. 灰色黏土质粉砂岩与薄层煤。粉砂岩上细下粗,节理发育。	2.2 m
		27. 灰白色中粒砂岩。	1.7 m
		26. 灰—浅灰色泥岩,产植物化石。	3.6 m
		25. 深灰色粉砂岩及鲕状泥岩。	4.5 m
		24. 深灰色粉砂岩和浅灰色泥岩。	2.5 m
		23. 浅灰色细砂岩,分选不好。	1.2 m
		22. 灰色粉砂岩与细砂岩,含菱铁矿结核,产植物化石。	4.9 m
		21. 黑色炭质泥岩和煤层。	1.9 m
		20. 深灰色中细粒砂岩,钙质胶结。	1.3 m

续表

石炭系	上统	19. 深灰色粉砂岩。	1.6 m
		18. 灰白色细砂岩，分选较好。	4.5 m
		17. 深灰色粉砂岩，质纯、致密。	13.4 m
		16. 黑色炭质泥岩与煤层。	2.7 m
		15. 深灰色粉砂岩，上部含灰质。	2.5 m
		14. 青灰色灰岩。	0.6 m
		13. 浅灰色黏土岩与煤层。	1.4 m
		12. 灰色细砂岩夹薄层粉砂岩。	2.9 m
		11. 灰白色细砂岩，间夹炭质岩薄层。	5.2 m
		10. 深灰色与浅灰色粉砂岩互层。	4.1 m
		9. 黑色灰岩，产大量海百合茎化石。	2.2 m
		8. 深灰色粉砂岩、炭质泥岩与煤层。	3.8 m
		7. 灰色细砂岩。	3.0 m
		6. 灰色细砂岩与粉砂岩互层，上部以细砂岩为主，下部以粉砂岩为主。	1.9 m
		5. 深灰色粉砂岩，炭质成分高，含大量黄铁矿晶粒。	0.3 m
		4. 灰色黏土质细砂岩与煤层。	1.8 m
		3. 灰白色中粒砂岩。	3.7 m
		2. 深灰色粉砂岩。	2.9 m
		1. 浅灰色黏土岩和煤层。	1.5 m
		本组是一套海陆交互相的含煤沉积，主要由粉砂岩、细砂岩及薄层灰岩组成。沉积较薄，为91～142 m。	
	中统	**本溪组(C_{2b})**	
		分布范围与太原组一致。	
		昌乐县王金庄钻孔剖面	68.4 m
		23. 灰色黏土岩。	1.0 m
		22. 灰色灰岩。	1.3 m
		21. 灰色粉砂质黏土岩夹粉砂岩。	1.9 m
		20. 灰色黏土岩夹煤线。	0.9 m
		19. 青灰色灰岩，含较多的海百合茎化石。	3.2 m
		18. 深灰色粉砂岩，含黄铁矿晶粒。	0.7 m
		17. 灰绿色中粒砂岩，分选较好，下部颗粒较粗。	8.1 m
		16. 深灰色砂质泥岩，性硬而脆，局部含有燧石。	1.7 m
		15. 灰—青灰色灰岩，产海百合茎化石。	4.9 m
		14. 深灰色粉砂岩，含炭成分较高，节理十分发育。	0.4 m
		13. 灰色黏土岩，质纯。	1.7 m
		12. 青灰色灰岩夹粉砂质黏土岩。	1.4 m
		11. 以紫色为主的鲕状黏土岩。	4.7 m
		10. 灰绿色细砂岩。	11.6 m
		9. 灰色粉砂质黏土岩。	2.2 m
		8. 灰色凝灰质黏土岩。	2.3 m

续表

石炭系	中统	7. 以绿色为主的粉砂质黏土岩，含紫色角砾。 1.8 m 6. 灰绿色中粒砂岩。 2.2 m 5. 紫色夹灰绿色黏土岩。 3.4 m 4. 浅黄色灰岩，产海百合茎化石。 1.4 m 3. 灰绿色夹紫色黏土岩。 1.6 m 2. 青灰色灰岩。 1.9 m 1. 紫色铁铝质黏土岩。 8.1 m 本组以黏土岩、粉砂岩为主，夹4～5层灰岩及1～2层煤线。厚度自北而南稍有变薄之趋势，为64～87 m。
奥陶系	下统	**马家沟组（O_{1m}）** 分布于安丘西南，沂水五山、鸡山，沂南，蒲汪等地，露头良好。 **沂水县鸡山剖面** 83.6 m 浅灰色、灰色薄—中厚层豹皮灰岩夹两层薄板状白云质灰岩。底部为深灰色厚层含燧石条带豹皮灰岩。其上与白垩系青山组呈断层接触。 83.6 m 在检查剖面时，于相当层位采到头足类、层孔虫和苔藓虫化石。头足类有灰角石（未定种）、盘珠角石（多种）、满州角石（多种）。 本组岩性为浅海相豹皮灰岩，含燧石条带灰岩夹白云质灰岩。生物群以头足类为主，层孔虫开始出现也较重要。厚度为84～157 m。
		北庵庄组（O_{1b}） 分布和马家沟组大致相同，露头良好。 **沂水县鸡山剖面** 272.9 m **上段** 62.0 m 5. 黄灰色中厚层含泥质白云质灰岩。下部带玫瑰色。 62.0 m **下段** 210.9 m 4. 深灰色厚层含燧石条带灰岩夹豹皮灰岩。产头足类化石。 68.0 m 3. 灰色带玫瑰色薄—中厚层白云质灰岩。 47.6 m 2. 上部为黑灰色厚层结晶灰岩夹豹皮灰岩，顶部含燧石条带，下部为浅灰色中厚层含燧石条带泥质灰岩。 68.6 m 1. 深灰色中厚层纯灰岩和红色薄板状泥质灰岩互层。 26.7 m 在检查剖面时，于第二层相当的层位采到头足类、腹足类和苔藓虫化石，头足类有多泡角石（未定种）、高原角石（多种）。 本组是一套浅海相碳酸盐岩沉积，上段为泥质白云质灰岩；下段为中厚层灰岩夹白云质灰岩和豹皮灰岩。生物群以头足类为主，厚265～273 m。
		纸坊庄组（O_{1z}） 分布于安丘西南，沂水五山、鸡山、圈里、高桥及沂南蒲汪一带。 **沂水县鸡山剖面** 283.5 m **上段** 19.0 m 5. 黄灰色微—薄层含砾泥质白云质灰岩。 19.0 m

续表

奥陶系	下统	**中段** 119.4 m 4. 玫瑰色、灰色薄层(或微层)—中厚层含燧石条带白云质灰岩。 53.6 m 3. 浅灰色白色薄—中层含燧石条带白云质灰岩。 65.8 m **下段** 145.1 m 2. 灰色中厚层结晶白云岩。局部带玫瑰色,晶粒粗大,砂糖状。 88.3 m 1. 灰色中厚层白云质灰岩。 56.8 m 本组是一套泻湖相碳酸盐岩沉积。上段为黄色含砾泥质白云质灰岩;中段为含燧石结核和燧石条带的白云质灰岩;下段为白云岩和白云质灰岩,厚283.5 m,向北到安丘南柿子园一带为417.2 m。
寒武系	上统	**凤山组($\in_{3f}$)** 呈北东—南西向带状分布于莒县、沂水、安丘、昌乐等地,露头很好。 **沂水五山剖面** 229.4 m 3. 白云质灰岩和白云质泥质灰岩互层。白云质灰岩结晶颗粒粗大,具竹叶状构造,"竹叶"的成分为白云质,有紫红色晕圈;泥质灰岩呈板状。 38.9 m 2. 灰褐色细—中粒白云质灰岩。 177.6 m 1. 竹叶状灰岩和薄层泥质灰岩。 12.9 m 本组是一套浅海相碳酸盐岩沉积,主要为白云质灰岩、灰岩和豹皮灰岩。在沂水、安丘交界处厚度最大,向南、北变薄,为57~387 m。
		长山组($\in_{3c}$) 其分布与出露情况同凤山组。 **沂水五山剖面** 119.7 m 4. 灰色灰岩与鲕状灰岩互层。鲕状灰岩中夹五层页岩,鲕粒一般为0.5~1 mm。产三叶虫:丘疹蒿里山虫,引长小素木虫,圆尾形假球接子。 41.0 m 3. 竹叶状灰岩夹薄层泥质条带灰岩。"竹叶"排列不规则,具不明显的黄褐色晕圈;泥质条带灰岩中含少量鲕粒,呈条带状分布。 33.0 m 2. 薄层灰岩与紫色竹叶状灰岩互层。 25.2 m 1. 条带状灰岩夹鲕状灰岩,鲕粒由下往上变小,含海绿石。产三叶虫:长山虫(未定种),大汶口庄氏虫,刺庄氏虫。 20.5 m 本组是一套浅海相碳酸盐岩沉积,主要为薄层灰岩、竹叶状灰岩和部分鲕状灰岩。生物群主要为德氏虫超科、光盖虫超科和长山虫科的三叶虫及少量的球结子类。厚度仍以沂水、安丘交界处最大,向南、北变薄,为98~191 m。
		崮山组(C_{3c}) 其分布与出露情况同凤山组。 **沂水五山剖面** 55.9 m 1. 薄层条带状灰岩。产三叶虫:李氏王冠头虫,帕氏蝴蝶虫(相似种),三角形蝴蝶虫(相似种)凸出等称球接子。 55.9 m 在沂水县鸡山采到三叶虫:璞氏蝙蝠虫,中华蝴蝶虫,小锥头虫(未定种)。 本组是一套浅海相碳酸盐岩沉积,主要为灰岩、泥质灰岩和少量的鲕状灰岩,局部有黄绿色钙质页岩。厚度变化不大,为44~77 m。

续表

<table>
<tr>
<td rowspan="3">寒武系</td>
<td rowspan="2">中统</td>
<td>

张夏组($\in_{3z}$)

其分布与出露情况同凤山组。

沂水五山剖面　193.5 m

7. 黄绿色页岩夹薄层灰岩及灰岩透镜体。产三叶虫:帕氏德氏虫。　22.4 m

6. 灰黑色鲕状灰岩夹结晶灰岩。在下部鲕状灰岩中含矽质结核。　25.4 m

5. 玉白色致密块状灰岩。表面风化成疙瘩状。　8.0 m

4. 厚层鲕状灰岩夹薄板状灰岩及黄绿色页岩。鲕粒较大者约 1 mm,条带状排列;灰岩中产三叶虫和海绵骨针。　30.0 m

3. 灰白色厚层灰岩夹薄层灰岩。含矽质和泥质条带。　21.4 m

2. 黄绿色页岩与薄层灰岩。产三叶虫。　62.3 m

1. 灰白色含海绿石鲕状灰岩。鲕粒大小均一,约 0.5 mm。　24.0 m

本组是以碳酸盐岩为主的沉积,主要为灰岩、鲕状灰岩和黄绿色页岩。在安丘、昌乐一带页岩较多。生物群是褶颊虫亚目的三叶虫及少量长眉虫科的分子。厚度以安丘北部为最大,向西南、西北变薄,为 72 ~ 229 m。

</td>
</tr>
<tr>
<td>

徐庄组($\in_{2x}$)

其分布与出露情况同凤山组。

沂水五山剖面　49.1 m

4. 紫色砂质云母页岩。中部夹薄层砂岩,顶部有一层厚约 0.5 m 的交错层。　25.8 m

3. 含云母及海绿石的交错层砂岩,向上变为交错层结晶灰岩。　3.8 m

2. 暗紫色云母页岩夹薄层砂岩。　6.4 m

1. 暗紫色交错层细粒砂岩,含云母片和海绿石。　13.1 m

本组是一套浅海相的沉积,主要为暗紫色云母页岩和薄层砂岩。在安丘、昌乐一带,下部有一部分鲕状灰岩。厚度以安丘南部最大,向南、北变薄,为 23 ~ 73 m。

</td>
</tr>
<tr>
<td>下统</td>
<td>

毛庄组($\in_{1mz}$)

其分布与出露情况同凤山组。

沂水五山剖面　83.4 m

6. 紫红色页岩夹薄层灰岩。产三叶虫:刺山东质壳虫。　21.2 m

5. 中厚层灰岩。　2.9 m

4. 紫色页岩。　16.3 m

3. 鲜红色页岩、暗紫色灰岩、薄层灰岩互层。　25.8 m

2. 薄层泥质条带灰岩、薄板状灰岩及细鲕状灰岩互层。产三叶虫。　15.3 m

1. 暗紫色页岩。产三叶虫:后野营虫(未定种)。　1.9 m

本组是一套以页岩为主的浅海相沉积,主要为紫色页岩夹薄层灰岩,在安丘一带灰岩较多。生物群为褶颊虫亚目的三叶虫。其厚度以安丘、潍坊一带最大,向西南变薄,为 35 ~ 112 m。

</td>
</tr>
</table>

续表

寒武系	下统	**馒头组($\in_{1m}$)** 分布在莒县、沂水、安丘、潍坊一带,露头很好。 **沂水五山剖面** 90.8 m 9. 中厚层结晶灰岩。 4.8 m 8. 暗绿色钙质页岩夹薄层灰岩。 9.2 m 7. 黑色中厚层灰岩。 5.4 m 6. 薄层泥灰岩。产三叶虫:中华莱得利基虫。 13.0 m 5. 薄层灰岩。 29.8 m 4. 含燧石结核砂质灰岩。 6.2 m 3. 薄层泥灰岩。 8.3 m 2. 豹皮灰岩。 4.4 m 1. 暗紫色钙质页岩。 9.7 m 本组是一套以碳酸盐岩为主的浅海相沉积,主要为灰岩、泥质灰岩,夹少量暗紫色页岩。在沂水周家官庄一带上部页岩较多。生物群为莱得利基虫超科的三叶虫。其厚度以周家官庄最大,向南向北变薄,为91~233 m。
		“五山组”($\in_{1w}$) 其分布与出露情况同馒头组。 **沂水五山剖面** 39.7 m 2. 白云质灰岩。 30.8 m 1. 褐色薄层含砂质条带泥灰岩。砂质条带呈灰白色,致密坚硬,宽达2 mm。 8.9 m 本组是一套碳酸盐岩沉积,主要为白云质灰岩、白云岩和砂质灰岩。有些地区底部有少量的砂岩和页岩。其厚度由南向北逐渐变厚,为16~446 m。
震旦亚界		**震旦亚界(Z)?** 分布与出露情况同下寒武统馒头组。 **沂水五山剖面** 263.3 m 4. 灰色、土黄色砂质页岩夹薄层砂质泥灰岩。 117.6 m 3. 黄绿色钙质页岩与砂质泥灰岩互层。页岩比较坚硬易碎,含小云母片;泥灰岩常具泥质条带,呈厚板状。 61.1 m 2. 杂色页岩夹薄层泥质灰岩。页岩多为黄色、紫色、黄绿色等,底部层理较厚,上部有的为纸片状。 77.6 m 1. 灰白色中—粗粒长石石英砂岩。颗粒大小不等,多棱角状,且常含有石英砾石,交错层甚发育,厚度变化较大,向北尖灭,顶部有长英岩侵入。其下与太古界泰山群呈不整合接触。 7.0 m 在沂水浮来山,紫色页岩和黄褐色页岩中含磷。震旦亚界(?)是一套以页岩为主的沉积。主要为钙质页岩、泥灰岩、灰岩、泥质灰岩和少量的砂岩。安丘一带,灰岩增多。其厚度为52~428 m。

续表

太古界	**泰山群(Arts)** 可分四组,本小区内出露三个组。 **山草峪组(Ars)** 主要分布于济南蒲家店子、沂水大罗章、安丘西古庙、昌乐阿陀等地,露头良好。 沂水汞丹山—李家坡剖面　>2 600 m 3. 眼球状黑云钾长片麻岩。　>1 800.0 m 2. 粗粒白云片麻岩。　600.0 m 1. 眼球状白云石英片岩及电气石白云钾长片麻岩:其中有电气石、石榴石伟晶岩脉穿插。　200.0 m 本组于汞丹山一带为眼球状黑云钾长片麻岩、白云钾长片麻岩。向西至新城一带混合岩化强烈,变为条带状黑云母混合岩及均质混合岩,并有角闪石质混合岩。区内各地岩性变化甚大,沉积韵律清楚,厚度一般在1 385~2 600 m之间。 本组普遍经受了区域变质作用,属铁铝榴石角闪岩相。混合岩化作用强烈,常形成均质混合岩和条带状混合岩。
	雁邻关组(Ary) 广泛分布于莒县北丁水、沂南张家哨、沂水汞丹山、昌乐蔡家河一带,出露良好。 沂水汞丹山—李家坡剖面　1 400.0 m 4. 白云磁铁石英岩夹白云石英片岩及黑云角闪片岩。内含铁矿两层。　100.0 m 3. 斜长角闪岩。可相变为角闪斜长片麻岩。　400.0 m 2. 角闪片岩。　500.0 m 1. 斜长角闪岩。　400.0 m 本组岩性复杂,角闪片岩、斜长角闪岩是最具特征的代表性岩石。沉积比较稳定,厚度变化不大,温泉锁头山大于491 m,汞丹山1 400 m,富山坡1 632 m,新城2 245 m,大碌油沟大于1 000 m。岩性纵向变化以斜长角闪岩与黑云片麻岩多次重复为特征,综观全区有两次较大的喷发,形成角闪片岩及斜长角闪岩。两次喷发之间的泥砂质沉积形成黑云变粒岩及黑云母、角闪石质片麻岩。该组岩石普遍经受区域变质作用,属铁铝榴石角闪质片麻岩相及绿片岩相。混合岩化较弱,多属局部混合岩。 该组是区内主要含铁层位之一,主要矿石类型为磁铁石英岩及磁铁角闪岩,常见条带状构造。汞丹山铁矿即为矿床实例。
	太平顶组(Art) 在区内大面积出露,主要分布于莒县安庄、上峪,沂水涝坡,昌乐马驹岭等地。 沂水汞丹山—李家坡剖面　>2 150.0 m 4. 细粒黑云片岩。　100.0 m 3. 条带状矽线石黑云斜长片麻岩。　1 200.0 m 2. 角闪斜长片麻岩。　350.0 m 1. 黑云花岗片麻岩。　>500.0 m 本组岩石主要有黑云斜长片麻岩夹角闪斜长片麻岩、二云斜长片麻岩及黑云石英片岩,并有含矽线石黑云斜长片麻岩。为碎屑—基性火山岩建造。底部出露不全,在汞丹山一带厚大于2 150 m。该组普遍经受区域变质作用,属铁铝榴石角闪岩相。混合岩化以形成局部混合岩为主,少数地区有混合岩出现。

五、泰安地层小区

本小区位于山东省中部。北以禹城县房寺庄、济阳、广饶、寿光县羊角沟为界，南到微山县杨村、郯城县重坊一线，西以禹城县房寺庄、齐河、郓城县程屯、宁阳、滕县、微山县杨村为界，东到广饶县小张村、益都、沂水、沂南县葛沟一线，包括济南、淄博、章丘、邹平、桓台、泰安、莱芜、新泰、蒙阴、沂源、平邑、费县、泗水、肥城、长清、平阴等市县及禹城、济阳、广饶、益都、临朐、沂水、沂南、临沂、苍山、枣庄、滕县、邹县、曲阜、宁阳、汶上、梁山等市县的部分地区。

本小区出露有太古界，震旦亚界，寒武、奥陶系，石炭、二叠系，侏罗、白垩系，第三系和第四系；缺失下元古界、志留系、泥盆系和三叠系。

太古界主要为黑云斜长片麻岩、角闪斜长片麻岩、斜长角闪岩和黑云变粒岩，发育完全，出露广泛。震旦亚界主要为页岩和泥灰岩，出露零星，分布局限，其下与太古界泰山群呈不整合接触。

寒武、奥陶系为一套碳酸盐岩和部分砂页岩，缺失早寒武世早期和晚奥陶世的沉积，化石十分丰富。寒武系假整合于震旦亚界土门组之上。

石炭、二叠系分布在淄博—章丘、莱芜、新泰—蒙阴、泗水—平邑及陶枣等地。石炭系缺失下统，为一套海陆交互相的砂岩、页岩夹灰岩的含煤地层；二叠系发育完全，为一套陆相杂色砂页岩的含煤地层。二者都含有丰富的化石。它们在淄章地区出露尚好，其他地区多被覆盖。

侏罗系发育完全，下、中侏罗统为含煤的砂页岩，上侏罗统为紫红、灰绿色的砂砾岩和砂页岩。白垩系只发育下统，主要为一套火山岩系。二者的分布情况基本与上古生界一致。

下第三系缺失古新统，下部为一套砂砾岩、砂页岩和泥灰岩；上部由一套石膏、油页岩、泥灰岩、泥岩组成，底部有砾岩。上第三系，下部为砂砾岩，上部为玄武岩。第三系与石炭、二叠系分布基本一致。

第四系主要是洪、冲积相的砂质黏土、黏质砂土和砂砾层，分布于本小区南部和北部边缘及山系间河流两岸。

本小区以地层发育较全，太古界、下古生界出露广泛为特征。

第四系	全新统	**全新统(Q_4)** **冲积层** 沿各河系分布。 为河床、河漫滩相的砂、砂砾层，3.0～10.0 m。 **洪积层** 分布于泰山、徂徕山等山前地带。 黄袍色黏质砂土、砂夹巨砾，5.0～10.0 m。

续表

第四系	全新统	**冲积洪积层** 分布于北部的平原地区。 灰黄、黄袍色黏质砂土夹粉、细砂及砾石透镜体,含少量钙质结核,5.0~20.0 m。 **残积坡积层** 广布于区内的山坡及山麓地带。 黄袍色黏土、砂质黏土或黏质砂土夹岩石碎块,1.0~2.0 m。 **湖积层** 分布于北部平原的白云湖、麻达湖一带。 黑、灰黑色淤泥、淤泥质砂质黏土及粉砂。含腐质及腹足类化石,3.0~6.0 m。
	上更新统	**上更新统(Q_3)** **冲积洪积层** 主要分布于北部的平原地区及泰山、徂徕山、蒙山、尼山等山脉间的北西—南东向山间盆地中。 以浅黄、棕黄色黏质砂土及粉砂层为主,间夹砂质黏土及中细砂或砂砾层,含大量钙质及铁锰质结核。章丘、平邑一带,在砂质黏土层中夹有薄层草木灰层。产腹足类:蜗牛(未定种),哺乳类:安氏鸵鸟(蛋),牛(未定种),梅氏四不象鹿,虎,纳玛象,野马(未定种),10.0~40.0 m。 **洪积层** 分布于泰山等山前地带。 浅黄、棕黄色黏质砂土夹大量砂砾石透镜体及钙质结核,10.0~30.0 m。 **坡积洪积层** 广布于山前地带。 黄褐、黄棕色黄土状黏质砂土、砂质黏土夹岩石碎块及砂砾岩。产哺乳类:斑鹿,5.0~10.0 m。 **洞穴堆积层** 分布于沂源、新泰一带。 **沂源洞穴堆积剖面** 4. 红黄色黏质砂土夹大量石灰岩碎块。　4.0 m 3. 黄、红黄色黏质砂土夹灰黄、灰红、灰黑色灰烬层。　2.6 m 2. 风化的石灰岩碎屑层。　1.0 m 1. 黄、褐黄色黏质砂土夹黑色灰烬层。产哺乳类:普氏野马,李氏野猪(相似种)。 此外尚有各种石器,厚度不详。 新泰乌球台灰岩溶洞中产哺乳类:披毛犀,野猪(未定种),斑鹿(未定种),牛亚科和人类:智人。 泗水一带,洞穴堆积中常夹磷钙土矿层。

续表

第四系	中更新统	**中更新统(Q_2)** **冲积洪积层** 主要分布于北部平原地区及泰山等山脉间的山间盆地中。 平原地区以红棕、黄棕色黏质砂土及砂质黏土为主,夹有砂、砂砾石层及钙质结核,山间盆地为棕红色黄土状黏质砂土夹砾石层。其间发育有1~2层古土壤层。产哺乳类:原齿象(未定种),野猪(未定种),巨型斑鹿,葛氏斑鹿,肿骨大角鹿,扁角大角鹿,水牛(未定种),5.0~70.0 m。 **洪积层** 分布于泰安、章丘一带。 红色黏土、砂质黏土夹砾石透镜体及钙质结核,10.0~20.0 m。 **残积坡积层** 广布于山前地带。 红色黏土或砂质黏土夹岩石碎块及钙质结核。下部含多量碎块或砾石,局部地段被钙质胶结成砾岩,2.0~6.0 m。 **洞穴堆积层** 分布于莱芜一带。 由棕红色黏质砂土组成,多为裂隙堆积型。产哺乳类:中国犀,鹿科,>10.0 m。
第四系	下更新统	**下更新统(Q_1)** **河湖相堆积** 主要分布于北部平原地区,南部蒙阴、郯城一带也有零星分布。由灰绿、黄绿、黄棕及棕红色砂质黏土、黏质砂土夹黏土、中粗砂及砂砾石等组成,另夹2~3层厚0.2 m左右的钙质胶结松砂岩。含哺乳类:平额原齿象(相似种),山东盘羊,>120.0 m。 **冰碛层** 分布于泰山东麓。 紫红色泥砾。黏土胶结,紧密。砾石大小不等,形状不一,排列无序,砾径一般为0.3~0.5 cm,最大可超过1.5 m;成分主要为花岗岩,具磨光面及擦痕。玉皇顶一带发育有冰谷、悬谷等冰川遗迹,厚6.0 m。
上第三系		**上第三系(N)** 分布零星,仅见于沂水下山、下古村,淄博市周村东南东尚庄,莱芜范家镇东之桥沟及泗水柘沟等地。 **沂水县下山剖面**　　144.4 m 5. 橄榄辉长辉绿岩。　　70.8 m 4. 橄榄玄武岩。　　14.5 m 3. 细纹橄榄玄武岩。　　8.3 m 2. 橄榄粗玄岩。　　18.5 m 1. 灰紫色橄榄粗玄岩。下与泰山群不整合接触。　　2.3 m 本系在周村东南东尚庄为厚20~30 m的橄榄玄武岩,不整合于上侏罗统之上,在莱芜桥沟,上部发育有30 m厚的橄榄玄武岩,下部为灰绿色砂砾岩;泗水柘沟一带,灰绿色砂砾岩厚70~720 m,不整合于下第三系含膏沉积之上,应属上第三系。

续表

下第三系	渐新—始新统	**大汶口组(E_{2-3d})** 分布于泰安、宁阳、泗水、莱芜、新泰—蒙阴、平邑—费县等地，以泰安大汶口发育最好。 **泰安县漕河涯钻孔剖面** 721.0 m 18. 淡灰黄色钙质泥岩。其上与第四系不整合接触。 15.0 m 17. 浅灰白色泥灰岩，含炭化植物茎和菱铁矿结核，产介形类：中国华北介。 16. 上部为油页岩与泥灰岩互层，下部为泥灰岩与钙质页岩互层，底部夹一层石膏，产介形类。 74.5 m 15. 灰褐色油页岩与石膏互层，夹含膏白云岩及泥灰岩。 18.5 m 14. 灰褐色油页岩，夹石膏、含膏白云岩和泥灰岩。 33.6 m 13. 灰色、灰黑色钙质页岩，夹灰褐色油页岩和石膏。 30.7 m 12. 石膏，夹浅灰色泥灰岩、钙质页岩、油页岩及含膏白云岩。 15.9 m 11. 浅灰色泥灰岩，夹褐色油页岩及一层石膏，含硫磺。 22.9 m 10. 石膏与灰褐色油页岩，呈不等厚互层，夹含膏白云岩、灰色钙质页岩及浅灰色泥灰岩，互层中以石膏为主。含岩化植物茎、铁质结核和硫磺。 164.5 m 9. 上部为浅灰色泥灰岩与灰褐色油页岩互层夹薄层石膏，中、下部为油页岩与含膏白云岩互层，含硫磺。 18.7 m 8. 石膏与灰褐、灰绿色油页岩互层，顶部为石膏、油页岩、含膏白云岩与钙质页岩互层，上部夹薄层角砾状含膏白云岩，底部夹薄层泥灰岩。 69.5 m 7. 浅灰、灰褐色钙质页岩与含膏白云岩互层，夹石膏和油页岩。 46.7 m 6. 浅灰色白云岩，夹含膏白云岩和油页岩。 12.3 m 5. 浅灰色纸状钙质页岩与石膏互层。 8.0 m 4. 浅灰色及白色含膏白云岩，白云岩与浅灰色钙质页岩互层，夹灰色褐色油页岩。中部岩层破碎，白云岩中含砾石，上部含膏白云岩中含硫磺。 53.7 m 3. 上部为灰色、浅灰色泥灰岩与含膏白云岩互层，中、下部为深灰色泥灰岩夹含膏白云岩。 36.8 m 2. 上部为灰色黏土岩与暗红色黏土岩互层，下部为紫红色砂质泥岩与灰绿色钙质泥岩互层，含石英及灰岩细砾。 28.8 m 1. 灰绿色砾岩。砾石成分为灰岩和白云岩，砾径一般 2 cm。 17.2 m 大汶口沉积盆内部，本组主要为湖相石膏、油页岩、泥灰岩及泥岩，不整合于奥陶系之上，厚 700 m 左右；其底部石灰质砾岩厚度小，可尖灭。该盆地东北边缘及新泰—蒙阴、平邑、费县等地，本组则由山麓洪积相石灰质砾岩组成，厚 100 ~ 1 053 m。泗水拓沟一带，本组上部以石膏和泥灰岩沉积为主，下部为砂泥岩及石灰质砾岩，厚1 000 m以上，生物群以介形类为主。

续表

第三系　始新统

官庄组(E_{2g})

分布于新泰—蒙阴、平邑—费县及莱芜等地，发育及出露都较好。

蒙阴骑路官庄—扒故庄剖面　828. 5 m

第二段　370. 5 m

15. 紫红、灰绿色泥岩，夹灰白、紫红色中砾岩、砾红色细砂岩及泥质粉砂岩，中砂岩的砾石成分以灰岩为主，次为石英岩及燧石。　211. 7 m

14. 上部为浅灰紫色粉砂岩、泥岩、泥质粉砂岩互层，含腥足类化石，中部为浅黄色粉砂岩，下部为深灰色泥岩，顶部有一煤线。　13. 8 m

13. 灰黑、灰绿等色泥岩夹泥灰岩和灰岩薄层。下部见黄色泥质粉砂岩和粉砂质泥岩夹层，产腹足类及鳃类化石。　132. 8 m

12. 灰黄色中砾岩及黄色中—细粒石英砂岩。砾石成分以灰岩为主，砂岩中具斜层理。　12. 2 m

第一段　458. 0 m

11. 紫红色及杂色泥岩，泥质粉砂岩夹黄色石英砂岩和砾岩透镜体，顶部有 1 m 炭质页岩。　37. 2 m

10. 灰黄色砾岩、砂砾岩及灰绿、紫褐色泥岩夹石英砂岩和泥质粉砂岩，砾石成分以灰岩为主，上部见扁圆状泥砾，产腹足类化石。　76. 1 m

9. 第四系覆盖，零星出露灰白色砾岩、砂岩及泥岩。　55. 0 m

8. 上部为浅紫、灰色泥岩和灰黄色粉砂质泥岩，中部为灰白、灰黄色石英砂岩夹薄层砾岩及浅灰、灰黄色具斜层理的泥质粉砂岩，下部为灰白色中砾岩，成分以灰岩为主，底部为 3 m 厚的棕黄色泥质粉砂岩，含植物化石。　39. 2 m

7. 灰白色厚层中砾岩，砾石成分以灰岩为主，上部见泥砾及灰白色粗粒石英砂岩透镜体。　39. 3 m

6. 浅灰色砾岩与紫红、灰色泥岩互层，中夹紫红色粉砂岩。　18. 9 m

5. 紫红、紫灰色砂质岩与细砂岩互层，近顶部夹一层砾岩，上部含砾岩透镜体，底部为厚 2 m 的紫灰色砾岩。　75. 3 m

4. 上部为紫红色砂质泥岩，中、下部为红色砂岩与砂质泥岩互层，中部的一层砂、砾岩厚达 5 m，砾石成分以灰岩为主，底部为 2 m 厚原灰色中砾岩，砾石成分以石英为主，灰岩居次，钙质胶结。　45. 6 m

3. 砂质泥岩夹砂岩，底部 3 m 厚的灰色中砾岩，砾石成分以石英岩为主，次为灰岩、脉石英、安山岩、闪长玢岩、花岗片麻岩。　25. 0 m

2. 紫红、紫褐色砂岩夹含砾粉砂质泥岩，砂岩中有微细斜层理。

1. 紫红色泥岩，底部含砾石，成分以石英为主，次为灰岩，局部见钙质石块，其下与分水岭亚组呈不整合接触。　33. 6 m

本组第二段为湖相沉积，蒙阴一带发育一套灰黑、紫红等色泥岩、砂岩夹砾岩、泥灰岩和灰岩，厚 371 m。莱芜地区与蒙阴一致，厚度达 731 m，平邑一带，以泥灰岩为主，厚 600 m 左右，本段化石丰富，生物群以哺乳类和介形类占优势。

第一段主要为河流相沉积，蒙阴、莱芜两地的以紫红色砂岩、砾岩为主，厚度分别为 458 m 和 190 m，平邑一带，一般以砾岩、砂岩为主，局部地区下部则为含砾黏土岩。厚可达 980 m 左右。

续表

白垩系　下统

青山组(K_{1q})

分布较广,在章丘、邹平、淄博三县市交界处之会仙山、万山、白云山一带大片出露,在新泰—蒙阴、平邑—费县方城则呈带状出露,此外在莱芜大石庄、沂源沙沟等地也有零星出露。

(一)蒙阴县城西洼北剖面　1 623.7 m

上亚组(K_{1q3})　705.6 m

27. 黄灰色玄武质及安山质层角砾集块岩夹凝灰质砂岩。砾石成分以各种火山岩为主,砾径为 2.5 ~ 5 cm,分选性差,次棱角—次圆状,一般胶结松散。　50 m

26. 灰黑色玄武岩—玄武安山岩—安山岩。向东南及西北相变为集块岩及集块角砾岩。　90.6 m

25. 辉石玄武岩—辉石安山岩,其中夹有一层含杏仁状、角砾状玄武岩。　280.0 m

24. 黑云母粗玄岩—黑云母角闪石玄武岩安山岩,反复出现两次,中部夹一层火山角砾岩,斑晶以角闪石、黑云母为主,并见黑色及绿色辉石。　110.0 m

23. 黑云母橄玄武岩—角闪石玄武安山岩。自下而上由基性向中性过渡。上部夹有一层火山角砾岩。　175.0 m

中亚组(K_{1q2})　918.1 m

22. 灰紫色凝灰质砾岩夹紫灰,绿灰色凝灰质砂岩,层理不发育,砾径 2 ~ 15 cm,胶结疏松。　71.5 m

21. 上部为灰紫色凝灰质砂岩夹绿色凝灰质砂岩,间夹有紫色黏土岩,下部为灰绿,紫灰色砾岩及灰紫色灰质砂岩。　11.6 m

20. 上部为灰紫色凝灰质砂岩夹绿灰色凝灰质砂岩,中部为灰紫色与灰绿色凝灰质砂岩互层,下部为绿色,灰绿色凝灰质砂岩夹紫色粉砂岩。　37.7 m

19. 上部为橄榄绿色凝灰质砾岩与浅黄色凝灰质砂岩互层,夹紫色泥质粉砂岩及紫色砾岩,下部为绿色砾岩。　30.6 m

18. 黄绿色泥质粉砂岩。　6.6 m

17. 复成分砾岩,砾径一般为 10 ~ 15 cm,成分为石英岩、凝灰岩及凝灰质砂岩等,圆—次圆状。　70.0 m

16. 黄色、浅绿色中粒硬砂岩与灰色硬岩互层,每层厚 3 m 左右,胶结松散。　82.0 m

15. 黄色砂岩夹灰绿色泥质砂岩,交错层发育。　10.0 m

14. 绿色与黄色硬砂岩互层,夹灰绿色泥质粉砂岩。　17.5 m

13. 黄绿色硬砂岩与绿色凝灰质砂岩互层,每层厚 3 m 左右,粒度自下而上由粗—细,交错层发育。　16.0 m

12. 灰绿色与黄绿色中粒钙质硬砂岩互层,层理清晰。　12.8 m

11. 灰绿色细粒钙质硬砂岩夹紫色细粒铁质长石砂岩。底部为灰绿色页岩、粗砂岩及砾岩互层,单层厚 2.5 m 左右,砾石直径一般为 1.2 ~ 0.5 cm,大者 2 cm。　61.7 m

10. 黄色凝灰岩,底部为含砾粗粒硬砂岩。　20.4 m

9. 灰色具交错层的粉细砂岩夹粗砂岩和黏土岩,中上部夹一层厚 0.8 m 的含砾硬砂岩,顶部为页岩。产植物为瓣鳃类化石。　131.0 m

8. 含晶质玻屑砂状凝灰岩。　131.0 m

7. 绿灰色含砾黏土质粉砂岩夹粗砂岩透镜体,砾石成分为凝灰岩及角闪安山岩等,砾

续表

白垩系	下统	径一般2～5 cm,磨圆度较好。	10.0 m
		6. 灰绿色含砾凝灰质砂岩与凝灰质砂岩互层,砾石成分为角闪安山岩、豹皮灰岩、凝灰岩及正长斑岩,呈棱角状,分选差。	66.9 m
		5. 灰绿色凝灰质砾岩。	43.5 m
		4. 紫红色凝灰质角砾岩。	19.2 m
		3. 浅灰绿色含砾凝灰质砂岩夹凝灰质砾岩透镜体,紫色页岩和具交错层的灰绿色砂岩。砾石直径2～5 cm,成分为石英、角闪安山岩、凝灰岩等。次圆—次棱角状。	1.7 m
		2. 灰绿色凝灰质砂岩。	11.7 m
		1. 紫灰、绿灰色凝灰质砾岩。砾石成分为角闪安山岩、辉石安山岩等火山岩,砾径一般2～4 cm,最大50 cm以上,分选差,次棱角状。往东2 km此砾岩中发现有分水岭亚组之粉砂岩砾石。其下与分水岭亚组假整合接触。	104.8 m
		(二)章丘市万山—大院—上回路峪—象山—西赵村剖面	3 635.5 m
		下亚组(K_{1ql})	
		47. 灰绿色含块状角砾安山玄武岩,顶部被第四系覆盖。	44.4 m
		46. 灰白色火山角砾岩,块状构造,角砾成分为黑紫色安山玄武岩,大小不一,由安山玄武岩质岩流所胶结。	103.3 m
		45. 上部为安山玄武岩,中、下部为黑绿色含砾辉石安山玄武岩,角砾状,角砾为紫黑色、褐色、棕色安山玄武岩,胶结物为火山熔岩。	17.8 m
		44. 辉长玢岩。	71.6 m
		43. 灰绿、黑绿色安山玄武岩,斑状结构,块状构造,斑晶为斜长石和辉石斜长石呈条板块,大小为0.2 cm×0.8 cm,具定向排列,辉石粒度较小。	
		42. 辉石安山玄武岩。	22.7 m
		41. 灰绿色角闪石安山玄武岩,斑状结构,块状构造,斑晶为斜长石,基质去玻璃化极完全,由微粒到细粒的角闪石、斜长石、黑云母组成。	11.4 m
		40. 灰绿色安山玄武岩,致密块状,斑状结构,斑晶为斜长石及角闪石,基质去玻璃化极完全。	756.0 m
		39. 斑状正长岩。	
		38. 辉石安山玄武岩。	61.0 m
		37. 灰黄、灰绿色角闪石安山玄武岩,致密块状,斑状结构,斑晶为板长石和自形较差的角闪石。	53.2 m
		36. 辉石安山玄武岩。	69.3 m
		35. 黑色条带状石安山玄武岩。	4.7 m
		34. 灰褐、灰绿色斑状角闪石安山玄武岩与辉石安山玄武岩。	8.9 m
		33. 辉石安山玄武岩。	127.6 m
		32. 绿褐色火山角砾岩。	4.7 m
		31. 杏仁状辉石安山玄武岩与辉石安山玄武岩。	178.0 m
		30. 凝灰质砂岩。	1.8 m
		29. 紫褐、灰绿及黑绿色杏仁状辉石安山玄武岩,杏仁大小,0.3～0.8 cm,为绿泥石充填,斑状结构,斑晶为辉石。	95.6 m
		28. 紫褐、黑绿色辉石安山玄武岩。	

续表

白垩系	下统	27. 灰绿色斑状辉石安山玄武岩，斑晶为斜长石和辉石，总含量达30%左右。 13.6 m 26. 黑绿色辉石安山玄武岩，致密块状，斑状结构，斑晶为辉石，基质去玻璃化完全，由斜长石小条和辉石组成。 76.8 m 25. 黑绿色团块状安山玄武岩。 15.9 m 24. 辉石安山玄武岩。 13.4 m 23. 辉石安山玄武岩与褐绿色火山角砾岩。 23.3 m 22. 凝灰质砂岩或灰绿色含砾层凝灰岩与火山角砾岩互层。 40.0 m 21. 辉石安山玄武岩与火山角砾岩互层。 252.8 m 20. 凝灰质砂岩。 101 m 19. 黑绿色辉石安山玄武岩夹一层厚7.7 m的火山角砾岩。 380.2 m 18. 辉石安山玄武岩与凝灰质砂岩互层，中夹一层3 m厚的火山角砾岩。 21.21 m 17. 火山角砾岩。 25.3 m 16. 含砾层凝灰岩，含有较多的碎屑物质，具交错层理，厚度变化大。 0.6 m 15. 厚层火山角砾岩夹一层2.4 m的辉石安山玄武岩，角砾大小不一，直径10～20 cm，有时成集块岩，安山玄武质胶结。 43.5 m 14. 黑绿色辉石安山玄武岩，斑状结构，斑晶为辉石，粒状，直径0.5～2 mm，含量少，基质去玻璃化完全，由长石小针状体及粒状辉石组成。 126.1 m 13. 含砾层凝灰岩。 0.9 m 12. 团块状安山玄武岩。 42.9 m 11. 凝灰质砂岩。 7.7 m 10. 黄绿色辉石安山玄武岩，斑状结构，斑晶由辉石及斜长石组成，辉石呈定向排列，基质去玻璃化较完全。 165.2 m 9. 黑绿色辉石安山玄武岩与凝灰质砂岩或砖红、棕红色含砾凝灰岩互层。 22.4 m 8. 黄绿色安山玄武岩。斑晶为辉石，常集中形成不规则团块，具气孔构造，气孔中有石英晶簇。 8.6 m 7. 黑绿色致密块状安山玄武岩，未见斑晶，基质由细小的斜长石、辉石和玻璃质组成。 76.1 m 6. 黑绿色辉石安山玄武岩及团块安山玄武岩。 257.1 m 5. 黑绿色凝灰质砂岩，层理清楚。 2.1 m 4. 黑绿色辉石安山玄武岩，致密块状，斑晶为辉石及斜长石，基质去玻璃化比较完全。 159.5 m 3. 二长岩脉。 2. 黑绿、灰黑色角闪石安山玄武岩。 39.5 m 1. 辉长石，其下与蒙阴组接触关系不清。 本组上亚组以中基性火山熔岩及火山角砾岩、集块岩为特征，以强度不同的中心式喷发为主，中亚组属火山活动相对宁静时期的沉积，以正常沉积的火山碎屑沉积为特征，中亚组除北部外，在新泰—蒙阴、平邑—费县方城、莱芜、沂源都有出露，蒙阴城西洼地区厚1 624 m，莱芜地区厚483 m，沂源二廊山一带厚551 m，平邑—费县方城一带可大于582 m。下亚组主要为一套巨厚的中基性火山熔岩，在北部的章丘、邹平、淄博三县市交界处厚度可大于3 636 m，往南至新泰分水岭一带，下亚组仅见有含砾凝灰质砂岩整合覆于蒙阴组分水岭亚组之上，厚百余米。

续表

侏罗系	上统	**蒙阴组(J_{3m})** 分布较广，在新汶东部—蒙阴刘官庄、平邑东—费县西鄉城一带呈带状出露，莱芜城东和沂源一带有零星出露，蒙阴组汶南亚组在淄博、章丘地区的金山、王治山、孟李庄一带大片出露。而在章丘城东—大临池一线出露零星。 **新泰县分水岭剖面**　863.7 m **分水岭亚组(J_{3mf})**　740.7 m 10. 灰绿、黄绿色薄层细砂岩。　46.0 m 9. 黄白色、绿色薄层砂岩。　48.1 m 8. 绿色砂岩。　50.2 m 7. 灰紫色砂质页岩和灰绿色砂岩互层。　210.5 m 6. 灰绿色砂质页岩。　30.1 m 5. 黄绿色薄层细砂岩夹粗砂岩透镜体。　63.4 m 4. 灰白色薄层砂岩。底部为角砾岩，砾石成分以石英为主，其次为灰岩、花岗片麻岩，并含汶南亚组的紫红色砂岩砾石。　292.4 m **汶南亚组(J_{3mw})**　123.0 m 3. 紫红色长石砂砾岩。砾石磨圆好，分选差，砾径一般 5 ~ 10 cm，成分以石英为主，具定向排列。　36.8 m 2. 紫红色细粒长石砂岩与紫色、黄绿色页岩互层，砂岩具交错层理。　83.3 m 1. 紫红色砂砾岩，砾石以石英岩和脉石英为主。下与本组不整合接触。　2.9 m 在分水岭北西方向约距 2 km 之宁家沟，分水岭亚组产丰富的爬行类：师氏盘足龙，莱芜地区分水岭亚组产软体动物。本组分水岭亚组以灰绿色砂页岩为主，属河湖相沉积，上部含凝灰质。仅在新泰—蒙阴一带有较大面积的出露，厚 741 m；莱芜境内，岩性与新泰分水岭一致，唯紫色层多些，厚可大于 448 m。沂源县内，厚不足 20 m，该亚组生物群以鱼类、爬行类、软体动物为主。分水岭亚组与汶南亚组一般认为是整合接触，在新泰分水岭等地则见假整合接触。 汶南亚组以紫红色具交错层之砂岩、砂砾岩为特征，属河流相沉积，在新泰—蒙阴一带发育和出露较好，厚 123 m，平邑—费县一带则很少出露。往北，莱芜境内岩性与新泰一致，唯所不同，除棕红色外，有较厚的黄白、灰绿色层，厚 210 m。沂源境内，如二廊山—吴家庄剖面，本亚组仍为紫红色具交错层之砂砾岩，厚 128 m，北部淄博、章丘一带的汶南亚组以前称三台组，岩性与南部很接近，但厚度偏大，含较多的绿色层。
	中下统	**坊子组(J_{1-2f})** 分布于博山—大昆仑—淄川一线之西及章丘龙化、邹平青庄等地，露头较好。 **淄博市昆仳镇—禹王山—三台山剖面**　177.3 m 9. 灰白色粗粒石英砂岩，含直径 1 cm 左右的石英砾石，泥质胶结。　34.7 m 8. 炭质页岩及紫色页岩。　12.1 m 7. 辉长玢岩。 6. 紫色页岩。　6.2 m 5. 炭质页岩，性脆，节理发育。　6.7 m 4. 灰白色中厚度细粒石英砂岩。　17 m 3. 辉长玢岩。

续表

侏罗系	中下统	2. 黄白色厚层中粒泥质长石砂岩。长石含量约60%，胶结松散。　20.2 m 1. 浅紫色复成分砾岩。其下与上二叠统假整合接触。　10.1 m 在淄博市王村及望娘沟等地，本组产丰富的植物。本组由砂岩、炭质页岩和页岩组成，底部为砾岩，属河湖及沼泽相沉积。在邹平青庄一带，岩性与大昆仑基本一致，但缺底部岩层，厚397 m。在王村一带，岩性变粗，似缺上部层位，厚240 m左右；到章丘市地区则以砂岩为主，夹少许泥岩、砾岩及多层镜状煤，厚约375 m。本组产丰富的植物。
二叠系	上统	**石千峰组（P_{2sh}）** 仅分布于淄博、章丘地区，出露较好。 **淄博大昆仑剖面**　565.5 m 17. 黄绿色中厚层长石石英细砂岩，具斜层理。　5.5 m 16. 紫色、黄绿色砂砾岩。砾石分布均匀，成分以石英为主，大者达3～5 cm，泥质胶结，较松散。　15.4 m 15. 紫色砾岩。砾石成分主要为石英、燧石，磨圆度较好，胶结疏松。　10.1 m 14. 黄—灰紫色厚层中粒砂岩，胶结疏松，顶部含砾石。　10.0 m 13. 灰紫—紫红色薄层粉砂岩。下部夹细砂岩，顶部夹泥质粉砂层。　125.5 m 12. 紫色薄层细砂岩，层理发育。　62.9 m 11. 紫色中厚层细砂岩，含燧石条带，尤以底部为主。　6.3 m 10. 紫色砂质泥岩，顶部含燧岩条带或结核。　5.8 m 9. 紫色厚层中粒砂岩。　10.1 m 8. 紫色砂质泥岩。　10.3 m 7. 灰紫色中粒长石石英砂岩，顶、底部为细砂岩。　5.5 m 6. 紫红色砂质泥岩。　6.8 m 5. 灰紫色中厚层细粒长石石英砂岩。　2.6 m 4. 紫红色泥岩。　3.8 m 3. 灰绿色玄武岩。　9.7 m 2. 紫、紫红色泥岩、砂质泥岩。　30.5 m 1. 灰紫色厚层砂砾岩，砾石成分为石英、长石、岩屑。　6.1 m 本组主要为一套紫红色的粉砂岩、细砂岩，上部夹数层砂砾岩，底部夹有紫色泥岩，厚369.5 m。
		上石盒子组（P_{2s}） 分布较广，淄博、章丘、莱芜、新汶、枣庄、临沂等地均有出露。 **淄博大昆仑剖面** **孝妇河段**　263.7 m 12. 紫红色夹黄绿色泥岩。　5.1 m 11. 灰紫色厚层粗砂岩。成分以长石、石英为主，顶部含细砾石。　8.9 m 10. 黄绿色砂砾岩，砾石成分以石英为主，次棱角状，分选差，砾径一般0.3～0.5 cm，大者达2 cm。　2.9 m 9. 紫红、黄绿色为主的泥岩和粉砂岩。　7.3 m 8. 黄绿色、紫色泥岩。　16.1 m

续表

二叠系	上统	7. 灰—灰绿色厚层砂砾岩，砾石成分主要为石英，砾径 0.2～0.3 cm，泥质胶结。	8.8 m
		6. 黄绿色泥质粉砂岩。	2.7 m
		5. 黄绿色厚层砂砾岩。	1.6 m
		4. 黄绿色泥岩，中部所夹灰色泥岩中产丰富的植物。	2.6 m
		3. 黄绿色中厚层细砂岩。	5.1 m
		2. 黄绿色夹紫色泥岩。	2.6 m
		1. 黄绿色细砂岩(未出露全)。	200.0 m
		淄博石炭坞西黑山剖面	175.1 m
		奎山段	68.3 m
		22. 黄白、灰白色厚—巨厚层粗粒石英砂岩。顶部具斜层理。	23.0 m
		21. 上部为紫红色泥岩，中、下部为黄绿色泥质粉砂岩。	7.7 m
		20. 黄绿色细砂岩、粉砂岩夹泥质粉砂岩。	16.4 m
		19. 黄绿色泥质粉砂岩夹紫红色泥质粉砂岩。顶部产丰富的植物。	16.5 m
		18. 灰白—黄色厚层粗粒石英砂岩。	4.7 m
		万山段	106.8 m
		17. 铝土岩，含泥质铁质较高。	4.0 m
		16. 黄绿色厚层粗粒长石石英砂岩，底部为石英砂岩。	3.5 m
		15. 黄绿色粉砂岩、细砂岩。	3.8 m
		14. 灰白色厚层粗粒石英砂岩，斜层理发育。	7.4 m
		13. 黄绿色粉砂岩、泥岩。	2.8 m
		12. 黄绿色厚层中粒长石石英砂岩，顶部为石英砂岩。	5.0 m
		11. 黄绿色、紫色砂质泥岩。	5.0 m
		10. 黄绿色中薄层细砂岩，中上部夹粉砂岩。	3.6 m
		9. 黄绿色厚—巨厚层粗粒长石石英砂岩。	8.0 m
		8. 黄绿色、紫色等泥岩，顶部为一层泥质粉砂岩。	5.5 m
		7. 黄绿色细砂岩与泥质粉砂岩。	8.0 m
		6. 黄绿色厚—巨厚层粗粒长石石英砂岩。	4.2 m
		5. 紫色、黄绿色砂质泥岩夹粉砂岩。	14.2 m
		4. 黄绿色中厚层细砂岩。	6.8 m
		3. 黄绿色厚—巨厚层长石石英砂岩。	3.8 m
		2. 灰、黄绿、紫等杂色泥岩，上部夹粉砂岩。	14.0 m
		1. 黄灰色铝土岩。	7.2 m
	下统	**下石盒子组**	
		其分布与上石盒子组一致。	
		黑山段	
		20. 灰、白、紫、黄等杂色铁铝质泥岩。	2.6 m
		19. 浅黄、黄白色厚—巨厚层粗粒长石石英砂岩，底部含细粒。	7.0 m
		18. 黄绿色夹紫色泥质粉砂岩。	19.6 m
		17. 黄绿色厚—巨厚层中粗粒长石石英砂岩，底部含细砾，顶部为细砂岩。	9.2 m

续表

二叠系	下统	16. 黄绿色泥质粉砂岩。　3.7 m 15. 黄绿色厚层中粒长石石英砂岩。　2.4 m 14. 黄绿、灰绿色粉砂岩。　11.6 m 13. 黄绿色中薄层细砂岩夹薄层砂质泥岩。　11.5 m 12. 黄绿、深灰色泥质粉砂岩夹灰黑色泥岩薄层，中部产植物。　14.8 m 11. 黄绿色中厚层细砂岩，底部压一煤线。　8.9 m 10. 黄绿色中厚层细砂岩，底部压一煤线。　6.6 m 9. 灰—黑灰色泥岩。产植物。　1.3 m 8. 黄绿色粉砂岩，底部为细砂岩。　4.6 m 7. 黄绿色厚层粗粒石英砂岩。　3.1 m 6. 黄绿色粉砂岩夹少量泥岩。顶部产丰富的植物。　8.8 m 5. 灰色泥岩夹三条煤线。　1.9 m 4. 黄绿色厚层中粒长石石英砂岩。　4.2 m 3. 黄绿色细砂岩与泥质粉砂岩互层。　3.1 m 2. 灰、灰绿色砂质页岩夹粉砂岩及细砂岩透镜体，共含 7 层小煤线。底部产丰富的植物。　20.9 m 1. 黄绿色厚—巨厚层中粒长石石英砂岩。具交错层理。　12.5 m 本组是一套以黄绿色，灰色为主的陆相砂页岩，上部夹杂色泥岩，中部斜层理发育，下部夹薄煤层，植物群属中期华夏植物群下石盒子组组合。本组厚度自北而南变化较大，淄博地区为 161 m，枣庄一带不及 60 m。
		山西组（P_{3s}） 其分布与上石盒子组一致。 **淄博八陡镇东黑山剖面**　57.9 m 10. 黄绿色泥质粉砂岩，顶部为深灰色砂质泥岩，产植物。　7.7 m 9. 灰色、灰绿色粉砂岩及细砂岩，中部夹泥岩及煤线。　5.8 m 8. 深灰—灰黑色泥岩，底为一煤线。　5.2 m 7. 黄绿色、灰色细砂岩及粉砂岩，产植物。　4.9 m 6. 深灰—灰黑色泥岩。　8.8 m 5. 灰黑色页岩，顶部为一层中砂岩，底部夹煤线，产植物。　2.9 m 4. 暗灰色砂质泥岩。　2.3 m 3. 灰绿色细砂岩。　3.9 m 2. 灰绿色、灰色粉砂岩与砂质泥岩互层。　10.2 m 1. 灰—灰绿厚层中粒长石石英砂岩，上部具斜层理，下与石炭系太原组假整合接触。　6.2 m 本组是一套以灰绿、深灰色为主的陆相砂页岩，自下而上由粗变细，沉积韵律较明显。

续表

系	统	
石炭系	上统	**太原组(C_{3t})** 分布于淄博、章丘、莱芜、临朐、沂源、新汶、枣庄、临沂等地,出露较差。 **淄博博山冯八峪硫磺厂剖面** 95.1 m 18. 深灰—黑灰色砂质泥岩,泥岩。 15.7 m 17. 灰色含泥质灰岩。 0.8 m 16. 上部为灰色泥质粉砂岩夹钙质砂岩透镜体,顶部含煤线一层,下部为灰色,深灰色砂质泥岩夹煤三层。 39.8 m 15. 灰—深灰色灰岩。 2.2 m 14. 灰色砂质页岩。 10.3 m 13. 黄—黄绿色厚层细砂岩夹钙质砂岩。 7.1 m 12. 灰—深灰色页岩,下部夹煤线。 5.5 m 11. 灰色生物灰岩。 1.0 m 10. 灰—深灰色砂质页岩,底部夹一煤层。 10.8 m 9. 深灰色灰岩。产丰富的动物化石。 1.9 m **淄博大昆仑东万山剖面** 74.9 m 8. 黄灰—灰白色细砂岩。 4.0 m 7. 灰色、灰黄色页岩、砂质页岩夹薄层细砂岩。 13.9 m 6. 灰色、灰黑色泥岩。 8.6 m 5. 浅灰色中粒长石石英砂岩,顶部夹钙质砂岩透镜体,下部为细砂岩,交错层发育。 15.0 m 4. 灰黑色砂质泥岩。顶、底各夹一煤线。 9.6 m 3. 灰—浅灰色粉砂岩。 1.0 m 2. 灰色、黄灰色砂质泥岩、泥岩,顶部夹一煤层。 21.5 m 1. 黄—黄灰色厚层中粒长石石英砂岩。 1.3 m 本组为一套海陆交互相的含煤沉积,主要是灰色、深灰色页岩夹黄色砂岩及灰岩生物群包括䗴类、腕足类、珊瑚和植物。厚度稳定,160~180 m。
	中统	**本溪组(C_{2b})** 其分布与太原组一致。 **淄博大昆仑东万山剖面** 45.6 m 9. 灰色厚层灰岩。 9.7 m 8. 黄灰、灰白色泥岩,底部夹一薄层灰岩及二层煤线。 6.1 m 7. 深灰色含燧石灰岩。 9.2 m 6. 灰黄色钙质泥岩。 5.2 m 5. 紫红色铁质泥岩。 2.1 m 4. 上部为黄灰色泥岩,中、下部为深灰色页岩,页岩中产植物。 4.5 m 3. 青灰—灰白色铝土岩,含泥质铁质较高。 2.8 m 2. 黄灰—灰白色铝土质泥岩。 2.7 m 1. 紫红色铁质泥岩。 3.3 m 在淄博湖田采到植物,在新泰汶南、苍山仲村、费县探沂等地,本组底部可见山西式铁矿。本组为海陆交互相沉积,主要由砂页岩和灰岩组成,并夹薄煤一至二层,其厚度为40~80 m。

续表

<table>
<tr>
<td rowspan="3">奥陶系</td>
<td rowspan="2">中统</td>
<td>八陡组(O_{2b})
分布于章丘、淄博、临朐、莱芜、新泰、蒙阴、泗水、费县等地，露头良好。
淄博市博山区八陡镇南五阳山剖面　105.0 m
灰—黑色中厚层灰岩。　105.0 m
本组为浅海相深灰色厚层灰岩夹豹皮灰岩及泥质白云质灰岩，生物群以头足类为主，该组灰岩质较纯，为很好的建筑材料和化工原料，铁矿常赋存其中。</td>
</tr>
<tr>
<td>阁庄组(O_{2g})
本组分布情况和八陡组大致相同，唯露头稍差。
新泰县汶南剖面　60.0 m
10. 浅黄、黄绿色泥质、白云质灰岩夹蓝灰色页岩，上部夹灰岩透镜体。　7.8 m
9. 浅黄色中—薄层泥质灰岩夹少量白云质页岩。　22.7 m
8. 粉白色中厚层白云质、泥质灰岩，新鲜面呈肉红色。　4.2 m
7. 黄绿色白云质页岩。　1.3 m
6. 浅黄色白云质泥质灰岩。　2.9 m
5. 浅黄色白云质页岩及泥质页岩。　2.7 m
4. 浅黄色中—薄层泥质白云质灰岩夹黄色、蓝灰色白云质页岩。　4.4 m
3. 浅黄色泥质白云质灰岩。　7.4 m
2. 浅灰色糖粒状白云质灰岩及白云岩。　5.8 m
1. 浅灰色糖粒状白云岩。　3.7 m
本组主要为浅灰色白云质灰岩和白云岩，夹有泥灰岩、豹皮灰岩及灰岩，北部地区厚度大，为 60 ~ 117 m。</td>
</tr>
<tr>
<td>下统</td>
<td>马家沟组(O_{1m})
本组分布于平阴、济南、淄博、益都、临朐、肥城、莱芜、沂源、宁阳、新泰、蒙阴、泗水、费县、枣庄、临沂等地，出露良好。
淄博市博山区八陡镇南五阳山剖面　208.6 m
19. 黑灰色中厚层灰岩夹少量结晶灰岩。　6.6 m
18. 黑灰色中厚层灰岩。　27.7 m
17. 深灰色中厚层灰岩。　26.9 m
16. 灰色微—薄层灰岩夹肉红色、黄色泥质灰岩。　9.6 m
15. 灰色薄层—中层灰岩。　14.5 m
14. 灰色薄—中层的豹皮灰岩。　2.5 m
13. 灰黑色厚层灰岩。　6.6 m
12. 深灰色微层灰岩。　2.5 m
11. 暗灰色中厚层灰岩夹微层灰岩。　7.7 m
10. 灰色微—薄层灰岩。　10.0 m
9. 黑灰色含燧石团块灰岩。　18.2 m
8. 黑灰色硅质灰岩与薄层的豹皮灰岩互层。　3.3 m
7. 黄灰色中—薄层含燧石豹皮灰岩。　10.6 m
6. 灰色中厚层硅质灰岩。　2.8 m
5. 黑灰色中厚层豹皮层灰岩。　5.8 m</td>
</tr>
</table>

续表

奥陶系　下统

4. 黑灰色中厚层含燧石结核豹皮灰岩。 15.3 m
3. 暗灰色微层或薄层含燧石条块灰岩。 15.0 m
2. 灰色中—薄层含燧石条带豹皮灰岩。 7.5 m
1. 黑灰色中厚层的豹皮灰岩。 12.5 m

在章丘文祖锦屏山、新泰汶南等剖面上，于本组中上部采到头足类；汶南双房角石。本组为浅海相灰色、深灰色中厚层灰岩夹泥灰岩和白云质灰岩，下部含燧石结核和条带，生物群包括头足类、层孔虫和腹足类等，其中以头足类为主。该组灰岩中常有铁矿赋存。

北庵庄组(O_{1b})

分布情况大致和马家沟组相同，露头良好。

新泰县汶南剖面 172.2 m

上段 26.0 m

11. 浅黄、棕黄色角砾状白云质灰岩夹粉白、蓝灰色钙质页岩和泥灰岩。 26.0 m

下段 146.2 m

10. 棕灰色厚层灰岩夹页状灰岩、泥质灰岩及泥灰岩。 9.1 m
9. 青灰色薄层灰岩夹厚层灰岩。 9.2 m
8. 棕灰色厚层豹皮灰岩。 2.6 m
7. 棕灰色中—薄层灰岩。 27.5 m
6. 粉白色薄层泥质灰岩。 6.6 m
5. 青灰、棕灰色薄—中层灰岩。 30.6 m
4. 灰色灰岩。 3.4 m
3. 灰色中厚层豹皮灰岩。 15.1 m
2. 棕灰色中厚层灰岩。 25.5 m
1. 灰色微层灰岩。 16.6 m

在章丘文祖东南青野—勃鸽崖剖面，于本组上部采到头足类，似线鄂尔多斯角石。本组上段为黄色角砾状白云质灰岩和泥灰岩，下段为中厚层灰岩夹泥质白云质灰岩和豹皮灰岩。生物群以产头足类为特征。本组以淄博、莱芜地区为最厚，向东、西、南均变薄，为88～375 m。

纸坊庄组(O_{2z})

分布情况与马家沟组大致相同，露头很好。

新泰县汶南剖面 193.0 m

上段 59.0 m

7. 黄绿—棕红色薄层白云质灰岩夹棕色糖粒状白云质灰岩透镜体。 59.6 m

中段 78.3 m

6. 灰白、肉红色微晶质白云岩。含少量燧石结核。 31.8 m
5. 浅灰色含少量燧石结核的结晶质白云岩。 32.3 m
4. 浅灰色中厚层含燧石白云岩。燧石为齿白色，呈结核状或条带状，产头足类。 14.2 m

下段 55.1 m

3. 浅灰—肉红色结晶质白云岩。 8.4 m
2. 浅灰、棕红竹叶状白云岩夹少量白云质页岩。 23.6 m
1. 浅灰、棕灰色中厚层白云岩。 23.1 m

本组是泻湖相的碳酸盐岩沉积。上段为黄绿色角砾状泥质白云质灰岩、泥灰岩；中段为含燧石结核、燧石条带的白云质灰岩和白云岩；下段为白云质灰岩和白云岩。本组厚度在南部临沂、苍山、枣庄地区较厚，向北逐渐变薄，为154～320 m。

续表

寒武系	上统	**凤山组($\in_{3f}$)** 分布于济南、章丘、淄博、益都、临朐、平阴、长清、肥城、泰安、莱芜、新泰、蒙阴、沂源、沂水、东平、宁阳、泗水、平邑、费县、滕县、枣庄、苍山及临邑北部等地,露头很好。 **崮山之北范庄剖面** 114.0 m 8. 蓝灰色薄层灰岩及少量竹叶状灰岩。 18.0 m 7. 黑灰色块状结晶白云质灰岩。下部0.1 m处夹竹叶状灰岩,顶部产三叶虫。 48.0 m 6. 黑灰色薄层及厚层灰岩夹少量竹叶状灰岩,产三叶虫。 3.0 m 5. 黑灰色薄层及厚层灰岩,产三叶虫、方头虫。 5.0 m 4. 黑灰色厚层灰岩夹蓝灰色薄层灰岩及少量竹叶状灰岩。 12.0 m 3. 蓝灰色薄层灰岩及竹叶状灰岩,夹少量黄色页岩。 18.0 m 2. 褐黄色鲕状灰岩,含燧石结核,产三叶虫。 4.0 m 1. 蓝灰色薄层灰岩夹少量页岩及竹叶状灰岩,产三叶虫。 6.0 m 在崮山东北三里处的唐王寨,于该组底部采得三叶虫。本组是一套浅海相的灰岩、泥质灰岩,竹叶状灰岩和白云质灰岩。生物群主要是褶质虫超科和济南虫科的三叶虫,其厚度东西向变化较大,东厚西薄,为27～184 m。
		长山组($\in_{3c}$) 其分布与出露情况同凤山组。 **崮山东北唐王寨剖面** 52.0 m 8. 灰色及赭红色灰岩。 2.0 m 7. 黑色薄层灰岩。 4.0 m 6. 白色及灰色厚层灰岩,产三叶虫。 8.0 m 5. 灰色及黄色带状灰岩夹少量竹叶状灰岩。 5.0 m 4. 白色块状结晶灰岩。 8.0 m 3. 绿色页岩夹结核状灰岩、板状页岩及竹叶状灰岩。 21.0 m 2. 赤褐色及赭黄色灰岩,含海绿石碎粒,产三叶虫。 1.0 m 1. 竹叶状灰岩。 3.0 m 在章丘南泉围子山,于该组中采到三叶虫、满苏氏原庄氏虫。 本组由浅海相灰岩、泥灰岩、竹叶状灰岩和少量的鲕状灰岩组成,在淄博、莱芜、济南地区夹有一些黄绿色页岩。生物群主要是德氏超科、光盖虫超科和长山虫科的三叶虫。其厚度仍为东厚西薄,为45～175 m。
		崮山组($\in_{3g}$) 其分布同凤山组,露头较差,多为坡积物与植被覆盖。 **崮山东北唐王寨剖面** 27.0 m 3. 浅灰黄色及绿色页岩夹灰质结核,产三叶虫。 4.0 m 2. 蓝灰色板状灰岩。 8.0 m 1. 绿色页岩夹少量紫色页岩及一至二层竹叶状灰岩和灰岩透镜体,灰岩透镜体中产三叶虫。 15.0 m 在博山姚家峪尚采到三叶虫。 本组是一套浅海相沉积。主要是薄层灰岩、黄绿色页岩,夹有灰岩透镜体。在张夏、淄博、莱芜地区页岩较多。生物群主要是德氏虫超科的三叶虫。其厚度在南北方向、东西方向均有较明显的变化,北部薄,中部、南部厚,西部薄、东部厚,为26～223 m。

续表

<table>
<tr><td rowspan="2">寒武系</td><td rowspan="2">中统</td><td>张夏组($\in_{2z}$)
其分布与出露情况同凤山组。
崮山东南虎头山至黄草顶剖面　169.7 m
12. 黑色薄层状灰岩,产三叶虫。　0.3~0.5 m
11. 黑灰色致密灰岩和赭黄色、绿白色结晶灰岩,顶部产三叶虫。　22.0 m
10. 灰色及赭黄色薄层灰岩,偶夹鲕状条带,产三叶虫。　15.0 m
9. 暗灰色厚层灰岩,顶部产女神双耳虫。　20.0 m
8. 白色块状结晶灰岩。　10.0 m
7. 浅灰色致密薄层灰岩,产三叶虫。　22.0 m
6. 灰色及深灰色鲕状灰岩及灰岩,含细粒海绿石,产三叶虫。　10.0 m
5. 黑色鲕状灰岩,产三叶虫。　39.0 m
4. 浅灰色致密块状灰岩。　22.0 m
3. 黑色鲕状灰岩。　5.0 m
2. 灰色薄层灰岩及少量鲕状灰岩,产三叶虫。　1.4 m
1. 薄层灰岩和黄色灰质页岩夹灰岩结核,产三叶虫。　3.0 m
此外,在博山姚家峪还采到三叶虫及软舌螺。在邹县、泗水一带,该组底部具次生淋滤的磷块岩。本组由浅海相厚层鲕状灰岩、厚层至薄层灰岩组成,夹有一些黄绿色页岩和灰岩透镜体,在淄博、莱芜、蒙阴、费县南部等地,该组中上部黄绿色页岩较多,其生物群以褴虫亚目的三叶虫最繁盛,耸椰头虫目叉尾虫科和长眉虫次之,各地厚度总的说来变化较小,为93~391 m。</td></tr>
<tr><td>徐庄组($\in_{2x}$)
其分布与出露情况同凤山组。
张夏馒头山剖面　51.2 m
10. 暗紫色纸状页岩,产三叶虫。　6.0 m
9. 灰色薄层灰岩及泥质灰岩,产三叶虫。　1.2 m
8. 浅灰色厚层灰岩,偶夹棕色白云质灰岩,产三叶虫。　4.0 m
7. 红色富含铁质页岩及结核状灰岩,底部有厚约15 cm的红色鲕状灰岩一层,产三叶虫。　2.0 m
6. 灰色薄层灰岩,底部含厚约0.5 m的红色砂岩一层,产三叶虫。　3.0 m
5. 暗灰色及绿灰色砂质云母页岩夹少量灰岩透镜体,产三叶虫。　13.0 m
4. 灰色不纯灰岩夹白云质灰岩条带。　1.5 m
3. 紫灰色砂质云母页岩,下部含不纯灰岩透镜体及灰色结核。　20.0 m
2. 灰紫色竹叶状灰岩。　0.2 m
1. 灰紫色鲕状灰岩,含少量细砾石,并具斜层理,底部产三叶虫。　0.3 m
在博山姚家峪采得三叶虫,在枣庄红门、滕县鸡冠崮等地,该组灰白色钙质砂岩和黄绿色砂质页岩中含磷岩透镜体,一般靠本组的中上部灰岩增多,生物群主要为颊虫亚目的三叶虫,其厚度各地变化较大,为12~143 m。</td></tr>
</table>

续表

寒武系	下统	**毛庄组($\in_{1mz}$)** 其分布与出露情况同凤山组。 **张夏馒头山剖面** 32.3 m 6. 灰色鲕状灰岩。 0.3 m 5. 灰色灰岩,产藻类:东北分裂藻。 0.2 m 4. 灰色鲕状灰岩。 0.8 m 3. 紫色易碎页岩。 8.0 m 2. 紫灰色云母质页岩夹较多的灰岩结核及透镜体,产三叶虫。 4.0 m 1. 暗紫色砂质云母页岩夹灰岩透镜体,顶部及底部均有灰色鲕状灰岩一层,产三叶虫。 19.0 m 本组是一套浅海相的紫色、紫灰色砂质云母页岩,夹少量薄层灰岩和灰岩透镜体,在平邑、蒙阴、临沂、苍山、枣庄等地,灰岩增多,生物群以褶颊虫科的三叶虫为主。
		馒头组($\in_{1m}$) 其分布与出露情况同凤山组。 **(一)张夏馒头山剖面** 57.0 m 11. 鲜红色易碎石岩。 13.0 m 10. 灰黄色及灰色带状泥质灰岩。 4.0 m 9. 绿色钙质页岩夹灰岩透镜体。 3.0 m 8. 蓝灰色薄层灰岩。 2.0 m 7. 紫色及绿色页岩。 4.0 m 6. 蓝灰色及灰黄色薄层灰岩,产三叶虫。 5.0 m 5. 杂色页岩。 8.0 m 4. 煌斑岩侵入体。 3. 灰黄色及灰色钙质页岩。 12.0 m 2. 蓝灰色矽质薄层灰岩,含燧石结核。 4.0 m 1. 黄灰色页岩,与下伏泰山群呈不整体接触。 2.0 m 因该组在本剖面发育不全,另引: **(二)临沂侯家窝—石屯剖面** 217.2 m 5. 暗紫色含云母粉砂岩夹疙瘩状泥灰岩。在下部的泥灰岩及顶部紫色钙质页岩中均产三叶虫。 47.8 m 4. 棕褐色中薄层结晶灰岩与泥质灰岩。 38.6 m 3. 薄—中厚层泥质灰岩与泥灰岩。顶、底部为黑色薄层矽质条带或结核灰岩。 29.5 m 2. 蓝灰色豹皮灰岩和泥质条带灰岩,夹黑色薄层粉砂层。 47.2 m 1. 上部为薄层泥质灰岩。下部为暗紫色薄层粉砂岩与钙质页岩互层,产三叶虫。 54.1 m 本组是一套浅海相的灰岩、矽质灰岩、泥质灰岩和紫色页岩,中下部灰岩较多,中上部页岩增多,本小区东南部和南部地区物质成分要比中部和北部细得多,且以灰岩沉积为主。从西向东厚度增大,为57~476 m。

续表

寒武系	下统	**“五山组”($\in_{1w}$)** 分布于沂源东部，沂水、临沂、苍山等地，露头较好。 **临沂侯家窝—石屯剖面**　17.0 m 2. 厚层、薄层灰岩。底部为红色钙质页岩，在上部黑色厚层砂质灰岩中产三叶虫。　11.5 m 1. 细粒石英砂岩。底部有一层黄红色角砾岩，角砾岩成分为泥灰岩和页岩。其下与震旦亚界土门组呈假整合接触。　5.5 m 本组由浅海相的灰岩、泥灰岩、页岩及砂岩组成，底部有极少的砾岩或含砾砂岩，只在临沂侯家窝发现。厚度为 10～56 m。
震旦亚界		**土门组(Zt)** 零星分布在苍山、临沂、沂水等地，露头较好。 **临沂土门—石屯剖面**　295.3 m 4. 黄绿色页岩夹紫色页岩。　31.6 m 3. 黄绿色及紫红色钙质页岩与泥灰岩互层，韵律清楚，中部泥灰岩较多。　310.1 m 2. 灰色及灰白色矽质条带灰岩。岩石致密、坚硬、性脆、节理发育。　10.1 m 1. 灰白色薄层细粒长石石英砂岩夹黄褐色薄层细粒长石石英砂岩。底部偶具含砾石英砂岩或很少的石英砾岩。其下与太古界泰山群呈不整合接触。　23.5 m 在沂水院东头等地，于灰黄色矽质灰岩中采得叠层石、墙叠层石，在苍山东石门、枣庄大王庄、晏庄地区，青灰色板状矽质灰岩含磷。 本组主要为黄绿、紫红色钙质页岩，泥灰岩和矽质灰岩，底部具长石石英砂岩，矽质灰岩多在下部，泥灰岩集中于中上部，厚度变化较大，为 2～295 m。
太古界		**泰山群(Arts)** 可分四个组。 **山草峪组(Ars)** 分布于肥城、新泰、蒙阴、沂水、平邑、枣庄等地。 **新泰大雌山—山草峪剖面**　2 638.0 m 15. 角闪黑云片麻岩。　750.0 m 14. 黑云花岗片麻岩。　147.0 m 13. 黑云变粒岩。　275.0 m 12. 角闪片麻岩。　204.0 m 11. 角闪黑云片麻岩。　28.0 m 10. 黑云变粒岩。　160.0 m 9. 二云片岩。　30.0 m 8. 黑云变粒岩。　57.0 m 7. 白云变粒岩，二云片麻岩。　59.0 m 6. 眼球状黑云片麻岩。　44.0 m 5. 二云石英片岩。　49.0 m 4. 黑云变粒岩夹眼球状黑云片麻岩，此层尚夹有角闪片岩，绿泥片岩及片状变细晶岩。　299.0 m 3. 黑云变粒岩，有黑云角闪片麻岩及黑云片麻岩的夹层。　76.0 m

续表

太古界

2. 云斜长角闪岩夹眼状黑云片麻岩。 20.0 m

1. 黑云变粒岩夹变质粉砂岩，具微细层理及交错层理。 470.0 m

本组岩性主要为黑云变粒岩、二云片岩、白云变粒岩、角闪黑云片麻岩。底部有少量斜长角闪岩，个别地区保存有变质更浅的千枚岩及变质粉砂岩类。岩性、厚度各地变化较大，枣庄、新泰、肥城等地该组底部基性火山岩流比较发育，章丘一带则以石英岩为主，厚近 1 000 m，在临朐西部为黑云变粒岩，黑云钾长片麻岩厚大于 2 250 m，莱芜北部大于 2 300 m，枣庄一带厚在 3 100 m 以上，本组最大厚度 4 060 m。为黑云变粒岩—泥砂质建造，是泰山地槽系列的一部分，其同位素年龄值大约为 23.42 亿年。

雁翎关组(Ary)

分布于泰安、新泰、沂源、蒙阴、沂水等地，以新泰雁翎关地区最发育。

新泰西石棚—雁翎关剖面 1 198.0 m

第二亚组(Ary_2) 614.0 m

第三段 161.0 m

10. 上部为斜长角闪岩与角闪变粒岩互层，中、下部为暗绿色薄—厚层细粒斜长角闪岩。 161.0 m

第二段 364.0 m

9. 上部为厚层含铁铝榴石黑云变粒岩，中部为薄层条带状细粒斜长角闪岩夹角闪变粒岩，下部为厚层变粒岩夹含砾的薄层角闪变粒岩。 74.0 m

8. 暗绿—黑绿色薄—厚层(部分巨厚层)细粒(部分中—中粗粒)斜长角闪岩。 243.0 m

7. 灰绿色薄—中厚层角闪变粒岩夹黑云变粒岩。 47.0 m

第一段 89.0 m

6. 上部为黑云变粒岩、黑云角闪变粒岩、薄层条带状角闪变粒岩互层，黑云变粒岩中往往含铁铝榴石并夹有浅粒岩，下部为含砾的薄层角闪变粒岩，砾石分布有一定的层次，按砾石含量、大小变化可分出五个沉积韵律。 89.0 m

第一亚组(Ary_1) 584.0 m

第四段 110.0 m

5. 薄层条带状角闪变粒岩、含角闪石变粒岩、含透闪石变粒岩、含角闪石黑云变粒岩互层，顶部为厚层含铁铝榴石“瘤状”云母变粒岩，底部为细粒斜长角闪岩，由于动力变质已部分变为绿泥透闪阳起石片岩。 110.0 m

第三段 243.0 m

4. 顶部以黑云变粒岩为主，夹有含白云母变粒岩，中、上部为薄—中厚层“粗条带”角闪变粒岩、含角闪石变粒岩、透闪变粒岩夹黑云变粒岩，中部夹有少量具交错层理的细粒长石石英岩，上部夹有不规则条带状含铁铝榴石石英角闪岩，下部为厚—中厚层含石英斜长角闪岩，底部为薄层条带状角闪质变粒岩。 162.0 m

3. 暗绿—灰绿色薄中厚层细粒斜长角闪岩，经受不同程度的绿帘石化及透闪—阳起石化作用。 81.0 m

第二段 179.0 m

2. 顶部 12 m 为各种角闪质变粒岩互层夹有黑云变粒岩，中、上部为薄—厚层细粒斜长角闪岩夹巨厚层细粒斜长角闪岩，下部为成层性较清楚的斜长角闪岩。 179.0 m

续表

	第一段 52.0 m 1. 以暗绿色薄—中厚层细粒斜长角闪岩为主，顶部为厚层层纹状含微量角闪石孤浅粒岩，上部夹细粒角闪变粒岩，越往上角闪变粒岩越多，最底部有10 cm的含角闪石黑云变粒岩。 52.0 m 本组主要为角闪片岩、斜长角闪岩夹黑云变粒岩、滑石片岩，阳起透闪片岩及少量岩质千枚岩，厚度变化较大，一般在425～2 000 m之间，雁翎地区厚1 198 m，向北至章丘西玫腰、射霜一带，厚变减至425 m，并出现较厚的黑云变粒岩夹层，向南至平邑太平顶北坡盘车沟一带，为角闪片岩与黑云变粒岩、黑云石英片岩互层，厚度减至657 m，蒙阴红闲头及沂水崔家王峪地区沉积厚度较大，一般在2 000 m左右。 该组为角闪片岩，斜长角闪岩—基性火山岩建造，为泰山地槽的主要组成部分，经受区域变质作用，属低级铁铝榴石角闪岩组，同位素年龄值大约早于23.67亿年，本组赋存沉积变质型铁矿。
太古界	**太平顶组(Art)** 分布于肥城、临朐、泰安、新泰、沂源、蒙阴、沂水、泗水、平邑、费县等地。 **新泰盘车沟—太平顶—平邑蒋里剖面** 4 634.0 m 4. 黑云斜长片麻岩夹少量角闪片岩、斜长角闪岩及白云石英片岩。顶部为黑云石英片岩。 1 046.0 m 3. 闪黑云斜长片麻岩夹少量黑云斜长片麻岩。局部角闪石增多而变为角闪斜长片麻岩。 981.0 m 2. 黑云斜长片麻岩，内有大量层状变细晶岩，中、上部可变为角闪黑云斜长片麻岩，下部夹有少量角闪石英片麻岩，局部有二云斜长片麻岩。普遍有含磷反应。 1 942.0 m 1. 条带状黑云斜长片麻岩夹少量角闪石岩。 665.0 m 本组主要由黑云斜长片麻岩夹角闪黑云斜长片麻岩、二云斜长片麻岩、角闪斜长片麻岩、白云石英片岩、黑云石央片岩、黑云变粒岩和少量角闪石英片岩、斜长角闪岩等及各种混合岩组成。以黑云斜长片麻岩为最有代表性之岩石，本组厚度在太平顶一带为4 600 m，向东南至龟蒙顶北坡增至5 900 m，且岩石中角闪石随之增加；至徂徕山厚仅有1 800 m，肥城一带厚小于3 700 m，宁阳告山一带大于3 500 m，临沂半程厚大于5 277 m。 本组是泰山地槽发展早期大幅度下沉阶段的产物，为黑云斜长片麻岩、斜长角闪岩型碎屑沉积极—基础性火山岩建造。经受区域变质作用，大多属铁铝榴石角闪岩相，同位素年龄值约23.24亿年，后期的混合岩化及花岗石岩化作用也较强烈。
	万山庄组(Arw) 分布局限，主要见于蒙山、徂徕山一带，临朐、蒙阴有零星出露。 **新泰盘车沟—太平顶—平邑蒋里剖面** 2 060.0 m 4. 条带状黑云斜长片麻岩夹角闪岩及斜长角闪岩透镜体。 999.0 m 3. 斜长角闪混合岩夹少量角闪片岩。 169.0 m 2. 条带状黑云斜长片麻岩夹少量角闪片岩，斜长角闪岩。 692.0 m 1. 角闪黑云斜长片麻岩夹少量黑云角闪片岩、黑云变粒岩。 200.0 m 本组主要为黑云斜长片麻岩夹角闪黑云斜长片麻岩、黑云变粒岩，黑云角闪片岩、角闪片岩、斜长角闪岩及各种混合岩。出露不全，厚度一般为1 300～4 361 m。 本组原岩主要是一套泥砂质碎屑沉积夹基性火山山岩，由各地岩性对比可知，新泰南盐店附近为一喷发中心，原岩经受区域变质作用，大多属铁铝榴石角闪岩相，同位素质龄值大约为24.25亿年。后期又普遍经受了强烈的混合岩化及花岗化作用。

六、济宁地层小区

本小区主要位于山东省西南部。其北、东以禹城县房寺庄、齐河、郓城县程屯、宁阳、滕县、微山县杨村为界，西至禹城县房寺庄、聊城、东明县东明集、河南省兰考一线，南到兰考、曹县梁堤头、单县蔡堂、江苏省丰县华山、沛县及山东省微山县杨村一线。包括齐河、东阿、寿张、阳谷、茌平、菏泽、郓城、鄄城、巨野、嘉祥、济宁、兖州、金乡、鱼台、成武、定陶诸县及莘县、梁山、汶上、宁阳、曲阜、滕县、邹县、微山、单县、曹县和江苏省丰县、沛县等县之部分地区。

本小区除东北部有太古界、寒武系和奥陶系出露之处，其余均被第四系覆盖，据钻孔揭露，第四系之下发育有石炭系、二叠系、侏罗系、白垩系和第三系。缺失元古界、志留系、泥盆系和三叠系，山东省部分尚缺失白垩系。

太古界主要为混合花岗岩，出露局限。寒武、奥陶系主要为碳酸盐岩和部分砂页岩，缺失中、上奥陶统和早寒武世早、中期的沉积。寒武系与下伏太古界呈不整合接触。石炭系只发育中、上统，二叠系缺失上统上部的沉积，二者是一套砂岩、页岩夹灰岩的含煤地层。侏罗系为紫红、灰绿色砂岩、砂砾岩。第三系是一套杂色碎屑岩夹泥岩及石膏的沉积。第四系以冲洪积及河湖相堆积为主，由黏性土、砂砾等组成。

本小区以石炭、二叠系含煤地层发育良好，下古生界出露局限为特征。

第四系	全新统	**全新统(Q_4)** **冲积层** 广布全区。 浅黄、灰黄色黏质砂土、砂质黏土及粉细砂层。含小砾石，东部夹中细砂及中粗砂。 10.0～30.0 m **湖积层** 分布于菏泽、鄄城、金乡、济宁、嘉祥、巨野、郓城、梁山一带。 主要为黑色淤泥、淤泥质粉砂及灰绿色砂质黏土。 1.5～5.0 m **风积层** 零星分布于菏泽、成武、定陶、曹县、单县一带。 由废黄河道及河漫滩堆积的细粉砂，经风搬运再堆积所成的波浪状砂堆、砂垅及新月形砂丘。厚度不详。
	上更新统	**上更新统(Q_3)** **冲积洪积层** 浅黄、灰黄、橙黄色黏质砂土、砂质黏土及少量黏土。局部地区夹中细砂及含砾中粗砂。富含钙质结核，直径一般为1.5～4 cm，常富集成层。产介形类：开封土星介，布氏土星介，纯净小玻璃介；轮藻：磨拉石似轮藻；腹足类：旋轮型口盖。 20.0～60.0 m **洞穴堆积层** 分布于兖州、嘉祥、邹县、宁阳等地。 由棕黄色黏质砂土、黏土及含磷钙土组成，多为裂隙堆积型。含哺乳类化石。 0.7～15.0 m

续表

<table>
<tr><td rowspan="2">第四系</td><td>中更新统</td><td>中更新统(Q_2)
冲积层
上部为棕黄、黄绿、棕红色砂质黏土及黏质砂土夹中细砂层；下部为棕红色黏性土与松砂岩互层。局部地区为富含钙质的棕红、灰绿色黏性土及半胶结砾岩。黏性土致密坚硬，含钙质结核及豆状铁锰质结核。　30.0～90.0 m
冲积洪积层
分布于嘉祥、梁山一带及东部边缘地区。
由棕红色黏土及碎石、砾石组成。砾石呈浑圆状，成分以灰岩为主，砾径3～5 cm。　10.0 m</td></tr>
<tr><td>下更新统</td><td>下更新统(Q_1)
河湖相堆积
棕红、黄绿间棕黄色黏土与灰白、灰绿色松砂岩互层。阳谷、东阿一带为棕黄色富含钙的黏性及细砂岩。黏土结构致密、坚硬，裂面光滑，具油脂光泽，可见锈黄色条纹及灰白色风化长石斑点，含少量钙质结核。局部为由长石组成的中粗砂及砾石，局部胶结为砂砾岩。　50.0～80.0 m</td></tr>
<tr><td colspan="2">上第三系</td><td>上第三系(N)
地表未见出露。据钻孔资料分布于邹城、郓城、菏泽、曹县等地。
曹县朱楼钻孔剖面　836.0 m
17. 黄色、黄绿色砂质泥岩。半胶结，局部坚硬。顶部含钙质、碳质结核；下部间夹厚层泥质粉砂岩。　66.3 m
16. 橘黄色泥质细砂岩。　15.9 m
15. 黄色、灰绿色半胶结砂质泥岩。含钙质及钙、锰质结核。　38.3 m
14. 黄色泥质粉砂岩，坚硬。　10.0 m
13. 棕黄、灰绿色砂质泥岩与泥质砂岩互层。泥岩坚硬，含钙质结核；砂岩半胶结，分选好，断口参差不齐。　101.0 m
12. 紫红色半固结泥岩。质纯、细腻、坚硬，断口光滑，含钙质。　46.6 m
11. 棕黄色砂质泥岩。顶部为泥质砂岩；中、下部各夹一层石黄砂岩或细砂岩。　40.0 m
10. 浅紫红色泥岩与棕红色泥质砂岩互层。泥岩质纯、细腻，局部含砂。砂岩胶结致密、坚硬，断口参差不齐。　74.0 m
9. 杂色泥质细砂岩，较硬。　7.0 m
8. 上部为蓝灰色泥岩；下部为紫红色泥岩。疏松。　12.5 m
7. 浅紫色泥岩与泥质砂岩互层。顶部和中部各有一层砂岩。泥岩质纯、细腻；泥质砂岩有的为蓝灰色，胶结坚固，分选好。　61.0 m
6. 紫红、灰绿色泥岩及泥质粉砂岩，间夹泥质砂岩。　46.6 m
5. 上部为紫红色泥岩与泥质粉砂岩互层；下部为浅紫红泥质粉砂岩、砂质泥岩。　54.7 m
4. 浅紫红、棕黄色泥质砂岩、粉砂岩与泥岩互层。泥岩质纯、细腻，断口光滑；砂岩坚硬。底部夹5.5 m砂层。　61.1 m</td></tr>
</table>

续表

上第三系		3. 浅紫红色泥质粉砂岩与紫红色泥岩互层。粉砂岩颜色较杂，胶结、分选好；泥岩含钙质姜结石。　76.0 m 2. 浅紫红色泥岩夹泥质砂岩。　31.0 m 1. 浅紫红色泥质砂岩、粉砂岩，间夹砂质泥岩、泥岩。　94.0 m 郓城、鄄城、菏泽之间，外孔揭露的上第三系与第四系界限不易区分，统称为第四系和上第三系。两者厚度一般在 700～800 m 之间，岩性为棕黄、棕红色黏土、泥岩、粉细砂岩，下部夹薄煤层，底部有时见砂砾岩。
下第三系		**下第三系(E)** 地表未见出露。据外孔揭示，分布在梁山、汶上、郓城等地。 **郓城县钻孔剖面**　524.9 m 7. 灰黄、灰绿色黏土岩夹部分红色黏土岩和灰绿、灰白色细砂岩。　134.0 m 6. 灰绿、灰白色细砂岩夹红色黏土岩。细砂岩钙质、黏土质胶结，内有灰绿、紫色泥质岩包体。　33.0 m 5. 上部和下部为棕灰、灰色砂岩，中部为灰色细砂岩。　134.0 m 4. 深灰色泥质岩夹灰绿色细砂岩。　44.4 m 3. 灰色、灰红色细砂岩。泥质胶结，疏松。　65.0 m 2. 灰紫色粉砂岩。　85.0 m 1. 红色砂岩夹紫红色泥质岩。砂岩泥质胶结，疏松。　29.5 m 下第三系在本小区发育不好。综合各地资料，其上部为杂色黏土岩、粉砂岩夹泥灰岩和石膏，下部为红色黏土质粉砂岩、细砂岩夹砾岩。在郓城一带，下第三系以土红、灰绿等杂色黏土岩为主，下部普遍含有石膏，厚 240～595 m。汶上等地，岩性大致相同，唯厚度增大，为 340～753 m。
侏罗系	上统	**上统(J_3)** 地表未见出露。据外孔揭示，分布较广，菏泽、成武、曹县、单县、金乡、济宁等地均有发育。 **邹县故夏钻孔剖面**　158.4 m 8. 粉红色细料长石石英砂岩。泥质胶结，分选差，次棱角状，局部夹泥质岩透镜体及团块。　118.4 m 7. 蓝灰色粉砂质黏土岩。上部为杂色，有较多的云母片，具波状及水平层理。 6. 紫红色细料砂岩。泥质胶结，中部偶含细砾及泥质团块，下部夹泥质岩薄层，具斜层理。　15.5 m 5. 灰—深灰色粉砂岩与细砂岩互层。以粉砂岩为主，内夹 0.2～0.3 m 的砂岩数层，泥质、钙质胶结，具波状层理及斜层理。　8.8 m 4. 灰色黏土质细砂岩。中上部黏土含量约 50%，下部变少，具地块状构造，顶部偶见缓波状层理。　2.3 m 3. 深灰色粉砂岩夹少量细砂岩透镜体。　3.8 m 2. 紫灰色中砂岩。泥质胶结，分选较差，中下部含砾，具波状层理。　2.0 m 1. 紫灰色砾岩。泥质胶结，分选不好，滚圆度差，砾灰岩为主，砾径 0.5～5 m。　2.3 m 本小区上侏罗岩性变化较大。兖州南部主要发育以紫红色为主的细砂岩、砂岩和砂砾岩，厚 57～400 m。滕县北部，上部为灰色、深灰色粉砂岩、细砂岩互层，含大量植物化石；下部为紫红色中细料泥、钙质胶结的砂岩；底部为砾岩，总厚一般为 300 m，最厚达 730 m。济宁一带，由灰绿，紫灰、紫色、紫红色细砂岩、砂岩、粉砂岩组成，底部有一层不稳定的砾岩，厚 138～263 m。金乡、鱼台等地，是以紫红色为主的细砂岩、砂岩、砾岩，厚度一般为 307～536 m。

续表

二叠系	上统	上石盒子组(P_{2s}) 据钻孔揭露,分布于滕县、兖州、济宁、宁阳、东阿、齐河及江苏沛县等地。 **滕县半截阁钻孔剖面** 90.0 m 11. 杂色页岩,微含砂质。 4.8 m 9. 杂色砂质页岩。 36.7 m 8. 砂岩。 9.3 m 7. 杂色页岩,微含砂质。 14.6 m 6. 砂岩。 0.8 m 5. 灰色砂质页岩。 6.0 m 4. 灰绿色细料砂岩,含云母及植物化石碎片。 2.3 m 3. 灰黑色页岩,含少量铝质,性脆致密。 4.5 m 2. 灰色细料砂岩,含云母碎片,泥质胶结。 0.8 m 1. 灰色页岩,含少量铝质。 5.8 m 本组主要为杂色页岩夹灰色砂岩,含植物化石,厚90 m。
	下统	下石盒子组(P_{1x}) 其分布基本与上石盒子组对等。 **滕县半截阁钻孔剖面** 85.2 m 10. 砂岩。 1.7 m 9. 页岩与灰黑色砂质页岩。 5.3 m 8. 砂岩、页岩。 7.0 m 7. 杂色页岩,微含砂质。 12.2 m 6. 灰绿色细料砂岩,泥质胶结。 10.8 m 5. 页岩。 5.6 m 4. 灰绿色细粒砂岩,泥质胶结。 6.0 m 3. 灰白色页岩。 11.0 m 2. 上部为杂色砂质页岩,下部为灰绿色砂质页岩。 20.0 m 1. 灰绿色细粒砂岩,泥质胶结。 5.6 m 本组为一套砂岩、页岩沉积,含丰富的植物化石,厚85.2 m。
		山西组(P_{1s}) 据钻孔揭露,广泛分布于滕县、兖州、济宁、宁阳、单县、金乡、巨野、郓城、鱼台、汶上、东阿、齐河以及江苏沛县等地。 **邹县葛老庄钻孔剖面** 84.2 m 11. 深灰色粉砂岩,上部含黏土质,下部夹细砂岩。 8.5 m 10. 灰白色中砂岩,泥质和钙质胶结。 17.2 m 9. 灰黑色粉砂岩,含黏土质,具钙质结核,产植物化石。 3.3 m 8. 深灰色细砂岩,以石英为主,含较多暗色石物,泥质、钙质胶盘,具斜波状层理,产植物化石。 8.5 m 7. 灰黑色粉砂岩和煤层,粉砂岩上粗下细,含炭质及黄铁矿。 11.6 m 6. 灰—深灰色细砂岩夹泥质粉砂岩,胶结坚固,具缓波状层理,顶部富含黏土,产植物化石。 3.3 m

续表

二叠系	下统	5. 灰黑色泥质岩。	1.1 m
		4. 灰黑色炭质地泥岩和煤层，泥岩中含黄铁矿及植物化石。	6.6 m
		3. 灰色细砂岩夹粉砂岩条带，具缓波状层理。	5.4 m
		2. 深灰色粉砂岩。	10.0 m
		1. 灰黑色粉砂岩。	7.0 m
		本组为陆相含煤地层，由灰色、灰白色细砂及深灰色粉砂岩组成，中部含可采煤2层。植物群为中期华夏植物群山西组组合，厚度一般90 m左右。	
石炭系	上统	**太原组（C_{3t}）**	
		分布范围同山西组。	
		邹县葛老庄钻孔部面	173.3 m
		40. 黑色含炭质泥岩。	8.3 m
		39. 黑色粉砂岩，顶部富含泥质，具钙质结核。	0.8 m
		38. 灰—深灰色灰岩，顶部含少量粉砂岩，产海百合茎等化石。	0.5 m
		37. 灰色细砂岩，含黏土质和钙质，产丰富的植物化石。	0.7 m
		36. 灰黑色含泥质粉砂岩，含黄铁矿斑点，底部具薄煤两层。	7.3 m
		35. 灰黑色、褐色粉砂岩和薄煤层，粉砂岩上细下粗。	6.2 m
		34. 深灰色灰岩（三），含较多的燧石结核，产海相动物化石。	9.4 m
		33. 灰黑色、灰色粉砂岩。	7.4 m
		32. 灰黑色粉砂岩，局部含菱铁矿和钙质结核。	5.0 m
		31. 灰黑色粉砂岩夹薄煤。	2.0 m
		30. 灰色灰岩（五），质纯，产丰富的动物化石。	1.1 m
		29. 灰色黏土岩，产植物化石。	1.0 m
		28. 灰黑色粉砂岩，含黄铁矿薄腊，产植物化石。	2.0 m
		27. 灰—灰白色砂质黏土岩。	2.2 m
		26. 兴灰色粉砂岩，局部富含泥质，产植物化石。	5.2 m
		25. 灰—深灰色粉砂岩及黏土岩，夹两层薄煤，产丰富的植物化石。	8.2 m
		24. 灰—深灰色粉砂岩，上细下粗，夹0.4 m的灰岩三层。	9.2 m
		23. 灰—浅灰色中细砂岩，具斜层理和楔形层理，泥质胶结。	6.8 m
		22. 灰—深灰色粉砂岩与细砂岩互层，夹煤一层。	3.0 m
		21. 灰白色细砂岩，泥质胶结，上部层理清楚。	1.9 m
		20. 灰色黏土岩，产植物化石。	2.5 m
		19. 灰—青灰色灰岩，质不纯，产动物化石。	2.7 m
		18. 灰黑色粉砂岩，上部含薄煤一层，斜层理发育，产植物化石。	5.3 m
		17. 灰白色中砂岩。	3.3 m
		16. 灰黑色粉砂岩，下部夹薄煤一层。	4.4 m
		15. 浅灰色中砂岩，上部泥质胶结，下部钙质胶结。	14.0 m
		14. 深灰—黑色粉砂岩，底部夹薄煤一层。	6.0 m
		13. 灰—深灰色灰岩，质不纯。	0.8 m
		12. 灰色、灰白色细砂岩，具波状层理，产植物化石。	5.4 m

续表

	上统	11. 灰色、深灰色粉砂岩，具水平层理，贝壳状断口。　9.7 m 10. 灰色、深灰色灰岩，质不纯，含泥质条带。　4.9 m 9. 灰—深灰色粉砂岩与细砂岩互层，以细砂岩为主，具水平和波状层理，顶部有煤层。　4.0 m 8. 黑灰色粉砂岩，上部层理清晰。　5.7 m 7. 灰色含砂质黏土岩和煤层。　1.4 m 6. 黑灰色粉砂岩。　1.1 m 5. 灰色灰岩，含泥质，产类化石。　0.5 m 4. 深灰色黏土岩和煤层，黏土岩富含苋铁矿斑点，含燧石和钙质结核。　3.5 m 3. 灰黑色粉砂岩，含黄铁矿斑点。　1.7 m 2. 灰色、灰黑色黏土岩和薄煤层，黏土岩具状结构，含黄铁矿星点。　1.9 m 1. 浅绿灰色黏土岩和煤层，黏土岩状结构发育，产少量植物化石。　5.8 m 本组为海陆交互相含煤沉积，以深灰色、灰黑色粉砂岩、泥质岩为主，夹薄层灰岩及煤数层。由北（宁阳）到南（滕南）灰岩层数逐渐增多。　173.0 m
石炭系	中统	**本溪组（C_{2b}）** 分布同太原组。 **邹县兴隆庄钻孔剖面**　55.2 m 14. 灰色灰岩。性脆。　0.2 m 13. 浅绿灰色黏土岩。团块状构造，产少量植物化石。　1.8 m 12. 浅灰色灰岩，上部具鲕状结构。　1.4 m 11. 绿灰色鲕状砂质黏土岩。　3.6 m 10. 灰—深灰色泥质粉砂岩，富含细料条带，具明显水平导层理。　3.2 m 9. 褐灰色灰岩，富含泥质和生物碎屑。　0.9 m 8. 浅灰—灰绿色砂质黏土岩。顶部多见黄铁矿，中部夹厚 0.5 m 的砾状灰岩，中下部鲕状结构发育。　4.7 m 7. 紫色泥质粉砂岩，中下部有一层厚 0.3 m、成分复杂的硅质胶结砂岩。　2.2 m 6. 乳白—灰白色灰岩，质纯。　9.0 m 5. 以紫色为主间夹灰共黄色黏土岩。结构松散，顶部偶见赤铁矿结核。　4.4 m 4. 灰色灰岩，质纯、具波状层理。　0.7 m 3. 杂色黏土岩，以紫色为主，顶部含细砂。微具顷状结构和缓波状层理，夹 0.55 m 厚的砾状灰岩。　6.6 m 2. 灰色灰岩，质纯。　0.8 m 1. 杂色黏土岩。顶部富含铁质结核，中部多见细砂岩透镜体，底部见铁质页岩。　15.7 m 在微山湖西之大屯煤田采得腕足类：石类戟见（相似种）。 本组是海陆交互相沉积，主要为杂色黏土岩夹 2 ~ 3 层灰岩，底部具铁铝质页岩。厚 28 ~ 80 m。

续表

奥陶系	下统	**马家沟组（O_{1m}）** 在本小区多被覆盖，仅在嘉祥及兖州滋阳山等地有所出露，露头良好。 **嘉祥县玉皇庙（张庄）剖面** 102.2 m 2. 黄褐色薄—中厚层泥质灰岩、深灰色豹皮灰岩。其上为第四系覆盖。 73.3 m 1. 深灰色厚层含燧石结核灰岩。 28.9 m 本组为正常浅海相灰色中厚层灰岩、豹皮灰岩夹泥质灰岩为白云质灰岩。厚102～122 m。
		北庵庄组（O_{1b}） 出露情况同马家沟组。 **嘉祥县玉皇庙（张庄）剖面** 115.2 m **上段** 25.4 m 3. 黄褐色泥质灰岩夹灰岩透镜体光彩砾状白云质灰岩。 25.4 m **下段** 89.8 m 2. 深灰色豹皮灰岩。 51.5 m 1. 深灰色中厚层灰岩。 38.3 m 本组为正常浅海相碳酸盐岩沉积，按岩性可分两段：上段为黄褐色角砾状泥质灰岩、白云质灰岩；下段为深灰色豹皮灰岩和灰岩。厚79～98 m。
		纸坊庄组（O_{1z}） 在本小区多被覆盖，仅在嘉祥、兖州滋阳山邹县西南有所出露、露头良好。 **嘉祥县尖山剖面** 127.9 m **上段** 13.8 m 5. 黄褐色含砾白云质泥质灰岩。 13.8 m **中段** 77.0 m 4. 浅绿灰色薄层含硅质白云质灰岩。产头足类和腹足类化石。 7.9 m 3. 浅灰色中厚层白云岩。 27.6 m 2. 浅灰色含燧石结核的结晶白云岩。 41.5 m **下段** 37.1 m 1. 浅灰色、灰黄色细晶质白云岩。 37.1 m 本组为泻湖相沉积。上段为黄褐色含砾白云泥质灰岩；中段为含燧石结核和条带的白云质灰岩和白云岩；下段为白云岩和白云质灰岩，嘉祥较厚，兖州变薄。厚度为82～128 m。
寒武系	上统	**凤山组（$\in_{3f}$）** 分布在嘉祥南部，邹县、滕县、微山三县交界处，露头很好。 **嘉祥县凤凰山剖面** 28.7 m 4. 灰白色结晶白云质灰岩。 5.0 m 3. 竹叶状白云质灰岩、黄绿色含泥质白云质灰岩与白云质灰岩。 6.8 m 2. 竹叶状灰岩、青灰色厚层含泥质条带灰岩与白云质灰岩。 15.7 m 1. 含海绿石生物碎屑灰岩和竹叶状灰岩。 1.2 m 本组为浅海相白云质灰岩和灰岩。厚28.7 m。

续表

寒武系	上统	**长山组($\in_{3c}$)**	
		其分布与出露情况同凤山组。	
		嘉祥县凤凰山剖面	46.0 m
		5. 顷状条带灰岩。其顶部为暗紫红色含铁质灰岩。	6.9 m
		4. 泥质条带灰岩和青灰色灰岩。	16.5 m
		3. 顷状条带灰岩和青灰色厚层灰岩。	12.6 m
		2. 黄绿色页岩夹灰岩透镜体。	8.6 m
		1. 竹叶状灰岩。	1.4 m
		本组为浅海相灰岩夹少量黄绿色页岩。厚46 m。	
		崮山组($\in_{3g}$)	
		分布同凤山组,露头较差。	
		嘉祥县凤凰山剖面	21.6 m
		3. 黄绿色页岩夹薄层灰岩透镜体。	4.9 m
		2. 青灰色薄层灰岩。	6.1 m
		1. 黄绿色页岩和竹叶状灰岩。	10.6 m
		本组为浅海相黄绿色页岩和薄层灰岩。厚21.6 m。	
	中统	**张夏组($\in_{2z}$)**	
		其分布与出露情况同凤山组。	
		邹县小刘庄一樊山剖面	63.8 m
		6. 薄层鲕状灰岩夹灰白色泥质灰岩。	3.7 m
		5. 浅黄色含泥质条带厚层灰岩。	13.8 m
		4. 鲕状灰岩及豹皮灰岩。	8.4 m
		3. 肉红色鲕状灰岩。	10.5 m
		2. 豹皮灰岩厚层泥质灰岩和灰色鲕状灰岩。	20.0 m
		1. 鲕状灰岩。底部有不规则的竹叶状灰岩夹紫红色灰岩透镜体。	7.4 m
		本组为浅海相鲕状灰岩、厚层泥质灰岩和豹皮灰岩。厚63.8 m。	
		徐庄组($\in_{2x}$)	
		其分布与出露情况同凤山组。	
		邹县小刘庄一樊山剖面	83.9 m
		13. 中层含铁、磷交错层砂岩。	2.3 m
		12. 薄层、中厚层灰岩。	0.7 m
		11. 黄绿、暗紫色页岩夹薄层灰岩和钙质砂岩。	4.2 m
		10. 薄一厚层中砂岩夹竹叶状灰岩、鲕状灰岩,砂岩具交错层理。	14.5 m
		9. 暗紫色云母砂页岩,顶部有厚1.7 m海绿石灰岩。	23.3 m
		8. 暗紫色薄层砂岩。	3.6 m
		7. 暗紫色厚层混质灰岩。	3.0 m
		6. 白云质灰岩。	22.0 m
		5. 交错层灰岩夹砂岩。	4.3 m
		4. 砂质页岩夹中厚层泥质灰岩。	2.2 m
		3. 厚层灰岩。	1.1 m
		2. 暗紫色云母质页岩。	1.0 m
		1. 灰色厚层竹叶状灰岩。	1.7 m
		本组为浅海相暗紫色云母页岩和砂岩,夹白云质灰岩、灰岩、泥质灰岩。厚83.9 m。	

续表

寒武系	下统	**毛庄组**($\in_{1mz}$)	
		其分布与出露情况同凤山组。	
		邹县小刘庄—樊山剖面	30.7 m
		4. 上部为暗紫色云母砂页岩；下部为暗紫色含铁质中层竹叶状灰岩。	8.8 m
		3. 灰紫色页岩。	4.8 m
		2. 土红色纹带状厚层泥灰岩。	6.2 m
		1. 土红—暗紫色云母页岩。	10.9 m
		本组为浅海相土红色、暗紫色云母页岩与泥灰岩、竹叶状灰岩的互层。厚30.7 m。	
		馒头组($\in_{3m}$)	
		其分布与出露情况同凤山组。	
		邹县小刘庄—樊山剖面	34.9 m
		9. 紫红色钙质页岩夹灰绿色泥灰岩。	5.8 m
		8. 黄色厚层纹带状灰岩夹白云质灰岩。	7.5 m
		7. 上部为薄层泥质灰岩；下部为鲕状灰岩。	5.0 m
		6. 厚层灰岩夹纹带状泥灰岩。	1.7 m
		5. 紫褐色云母质页岩夹薄层灰岩透镜体。	14.9 m
		滕县卢家庄剖面	78.4 m
		4. 灰色中厚层灰岩和紫色页岩互层，并夹有生物碎屑灰岩。	39.6 m
		3. 绿色页岩。	2.4 m
		2. 豹皮灰岩。底部约有2 m厚的含燧石结核灰岩。	25.9 m
		1. 含燧石结核或条带的白云质灰岩。	10.5 m
		本组为浅海相白云质灰岩、豹皮灰岩和泥质灰岩，夹有部分绿色、紫色页岩。厚113.3 m。	
太古界		**泰山群**(Arts)	
		仅见于滕县、邹县、微山三县交界处。出露有混合花岗岩。	

七、蓬莱地层小区

本小区北临渤海，东靠黄海，南以安丘县景芝、平度县明村、栖霞县铁口、莱阳县赤山、牟平为界，西至昌邑、安丘一线。包括烟台市，牟平、福山、蓬莱、黄县、栖霞、掖县、招远诸县及平度、莱阳、莱西、昌邑、安丘等县的一部分。

本小区出露有太古—元古界、白垩系、第三系和第四系，缺失寒武—侏罗系。太古—下元古界胶东群主要由黑云变粒岩、黑云斜长片麻岩、斜长角闪岩、黑云片岩夹大理岩组成，厚逾20 000 m。下元古界粉子山群由大理岩、片岩、石英岩、变粒岩、片麻岩、斜长角闪岩组成。震旦亚界蓬莱群由千枚岩、板岩、石英岩、泥灰岩、灰岩组成。

白垩系仅出露下统，主要为中性—中基性火山岩及火山碎屑岩，紫红色—红色凝灰质砾岩、砂岩、页岩及巨砾岩。下第三系为一套含煤的碎屑岩及黏土岩沉积，上第三系主要由砾岩、玄武岩组成。第四系主要由黄棕色、灰黄色黏质砂土、砂质黏土及中粗砂夹砾卵石组成。本小区以太古—元古界发育齐全为特征。

第四系	全新统	**全新统(Q_4)**	
		冲积层 沿各河系分布。 为河床及河漫滩相的中粗砂夹砾卵石。局部夹沼泽土。	5.0 ~ 12.0 m
		坡积洪积层 分布于山间谷地及山麓地带。 黄褐、灰黄色黏质砂土、砂质黏土夹砂、砾、碎石透镜体。	5.0 ~ 10.0 m
		残积坡积层 广布于区内的山坡及山麓地带。 黄褐色黏质砂土夹大量岩石碎块。	1.0 ~ 3.0 m
		海积层 沿海组成海拔 5 m 左右的Ⅰ级海积阶地。 为沙嘴、沙堤、沙滩及海湾泻湖堆积的含卵砾石中粗砂。局部地区夹黑色淤泥层。黄县一带，距地表 1 m 处，见有薄层泥炭层。	4.0 ~ 16.0 m
		风积层 分布于烟台西沙旺、牟平、黄县等沿海一带。 由原海相堆积的粉细砂，经风再造所成的沙堆、新月形沙丘组成。	10.0 ~ 15.0 m
	上更新统	**上更新统(Q_3)**	
		冲积层 分布于大沽夹河、黄水河、大沽河、旋河等Ⅰ级阶地上。 上部为黄褐色黏质砂土、砂质黏土夹中细砂层，含钙质结核；下部为中粗砂夹卵砾石。	5.0 ~ 12.0 m
		洪积坡积层 分布于山麓、山前地带及庙岛群岛。 棕黄色黄土状砂质黏土或黏质砂土夹碎石、砾石透镜体。	5.0 ~ 15.0 m
		海积层 分布于烟台—牟平、黄县等沿海一带。组成海拔 5 ~ 10 m 的Ⅱ级海积阶地。 由含卵砾石的粗砂夹黑色淤泥层组成，近山前一带，表层常覆厚 2 ~ 5 m 冲积相的黄褐色黏质砂土。	6.0 ~ 30.0 m

续表

第四系	中更新统	**中更新统(Q_2)** **洪积坡积层** 分布于招远等山间谷地,烟台、蓬莱等沿海地带及庙岛群岛。 黄棕色黄土状黏质砂土或砂质黏土夹3~5层含砾的砂砾石层。发育有3层以上的古土壤层。含钙质及铁锰质结核。　5.0~40.0 m **残积坡积层** 广布于区内山坡及山麓地带。 黄棕、棕黄色砂质黏土、黏质砂土。含岩石碎块及铁锰质结核。　2.0~5.0 m
	下更新统	**下更新统(Q_1)?** 玄武岩。厚度不详。
上第三系		**栖霞县玄武岩组(N_q)** 零星分布于栖霞城南之小方山、方山、花山、唐山、黑陡棚等地。 **栖霞县唐山棚剖面**　113.4 m 3. 伊丁石化橄榄玄武岩,具垂直节理。　110.0 m 2. 同上,其水平节理。　3.0 m 1. 熔渣状及气孔状充真玄武岩。　0.4 m 本组主要岩性为伊丁石化橄榄玄武岩,厚113.4 m。在其底部有时见透镜状熔岩角砾堆积。 **唐山棚砾岩组(N_t)** 其分布和栖霞县玄武岩组一致。 **栖霞县唐山棚剖面**　4.3 m 2. 褐红色中细粒砂岩。　1.0 m 1. 砾岩:含砂金;砾石成分复杂,以浅色变粒岩为主,次为花岗片麻岩、脉石英、斜长角闪岩、辉绿岩等;砾石大小混杂,砾径一般3~10 cm。其下与太古一下元古界胶东群为不整合接触。　3.3 m 本组主要由砂岩、砾岩组成,厚4.3 m,为古河床粗碎屑岩沉积。
下第三系	渐新—始新统	**黄县组(E_{2-3h})** 地表未见出露,据钻孔提示分布于黄县洼里、龙口等地。 **黄县钻孔剖面**　>772.2 m **第三段**　198.0 m 18. 杂色页岩。　167.8 m 17. 灰绿色钙质页岩。　30.2 m **第二段**　224.9 m 16. 灰色泥灰岩夹炭质页岩,富产介形类、腹足类及孢粉化石。　25.1 m 15. 黑绿色页岩、炭质页岩夹一煤层。　33.6 m 14. 炭质页岩与煤层。　26.3 m

续表

下第三系	渐新—始新统	13. 灰色细砂岩夹煤层。	19.7 m
		12. 灰色砂砾岩。	7.0 m
		11. 黑色页岩。	2.7 m
		10. 杂色砂砾岩夹细砂岩、砂质页岩。	16.4 m
		9. 灰色砂砾岩夹泥质砂岩。	38.1 m
		8. 黑色砂质页岩夹灰黑色粗砂岩。	41.0 m
		7. 炭质页岩夹油页岩。	15.0 m
		第一段	>349.3 m
		6. 灰色粗砂岩与砂质页岩互层。	42.7 m
		5. 灰色砂砾岩与灰色粗砂岩互层。	24.3 m
		4. 灰紫色砂质页岩与砂砾岩互层。	92.4 m
		3. 上部为红色砂质页岩夹红色砂砾岩;下部红色砂质页岩与砾岩互层。	79.1 m
		2. 红色砾岩夹红色砂质页岩。	57.8 m
		1. 红色泥质砂岩夹红色砾岩(未见底)。	>53.0 m
		本组为湖泊沼泽相的含煤、含油页岩的黏土岩、碎屑岩沉积,厚大于742.9 m。在柳海以北、洼里以西,第三段上部有一套紫红色粉砂岩夹紫红色页岩及浅灰色砂砾岩,厚43.1 m。本组第二段上部煤层在洼里区为主要可采煤层,下部煤层为成大区主要可采煤层。	
白垩系	下统	**青山组(k_{1q})**	
		分布于栖霞庵里、高格庄、蓬莱龙申唐等地。	
		栖霞县庵里—丰粟—西尹家剖面	2 248.4 m
		中亚组(K_{1q2})	1 110.7 m
		35. 安山熔岩角砾岩,其上与太古—下元古界胶东群为断层接触。	112.7 m
		34. 暗灰绿色玄武安山岩。中、上部夹黄绿色、紫灰色英安凝灰岩。	231.0 m
		33. 鲜红色含细砾黏土质粉砂岩夹灰白色条带状凝灰质含细砾粗砂岩及透镜状凝灰质粗砾岩。	18.3 m
		32. 紫灰色凝灰安山质粗砾岩。	2.3 m
		31. 紫灰色安山岩。	21.9 m
		30. 鲜绿色含铬绿泥石安山角砾凝灰熔岩。	6.3 m
		29. 暗紫色玄武安山岩。	16.7 m
		28. 灰紫、灰绿色英安质凝灰岩夹1 m厚之紫灰色凝灰质安山集块岩。	21.0 m
		27. 玄武安山岩。上部为暗灰色凝灰安山岩夹灰紫色凝灰安山岩。	148.4 m
		26. 安山角砾熔岩。	58.0 m
		25. 安山岩。同位素年龄值为1.27亿年。	43.7 m
		24. 青灰色安山角砾熔岩。	55.8 m
		23. 青灰色杏仁状含铬绿泥石安山岩。	5.7 m
		22. 含铬绿泥石安山角砾熔岩。	59.8 m
		21. 青灰色安山凝灰角砾熔岩。	11.2 m
		20. 青灰色安山凝灰熔岩。	25.7 m
		19. 土黄色杏仁状安山岩。	36.0 m

续表

白垩系	下统	18. 紫灰色杏仁状安山岩。	16.0 m
		17. 紫灰色安山集块熔岩。	13.0 m
		16. 紫灰色安山凝灰角砾岩。	34.8 m
		15. 暗紫红色安山凝灰角砾熔岩。下部夹灰绿色含铬绿泥石安山角砾熔岩。	98.6 m
		14. 灰绿色含铬绿泥石安山凝灰角砾熔岩。	24.4 m
		13. 凝灰质安山岩夹安山熔岩。	34.2 m
		12. 凝灰质砾岩。	15.2 m
		下亚组(K_{1ql})	1 137.7 m
		11. 紫红色粉砂岩与含细砾粗砂岩互层。偶夹含砾粗砂岩。	111.4 m
		10. 黄绿色页岩夹厚层含细砾粗砂岩。	53.8 m
		9. 紫红色含砾粉砂岩夹灰白色、灰色含砾粗砂岩及青灰色页岩。上部粉砂岩不含砾。	110.0 m
		8. 砾岩夹紫红色厚层含砾粉砂岩及凝灰质长石砂岩,砾石成分为花岗岩,大小不等,胶结疏松。	119.5 m
		7. 砾岩。以巨砾岩为主,中有细砾岩,砾石成分为花岗岩、板岩。	325.9 m
		6. 灰紫色、杂色巨—粗砾岩与粗—细砾岩互层。	132.4 m
		5. 紫红色粉砂岩、钙泥质凝灰质粉砂岩。局部含细砾并夹薄层条带状凝灰岩。	97.1 m
		4. 紫红色页岩与紫红色粉砂岩互层。偶夹薄层含砾粗砂岩。	25.0 m
		3. 紫红色云母页岩夹灰白色薄层粗砂岩。顶、底部为粗砾岩。	75.0 m
		2. 紫红色薄层细砂岩夹薄层含细砾凝灰质粗砂岩。	25.0 m
		1. 紫红色中厚层粉砂岩夹条带状凝灰质细砂岩。其下与震旦亚界蓬莱群为断层接触。	41.0 m
		本组只发育中、下亚组。中亚组由玄武安山岩、安山岩、安山熔岩角砾岩及凝灰岩组成。厚110.7 m,下亚组由砾岩、紫红色砂岩、粉砂岩、页岩及凝灰质砂岩组成,厚度137.7 m。	
震旦亚界		蓬莱群(Z_{pn})	
		分为四个组。	
		香夼组(Z_x)	
		大片分布于栖霞藏格庄、香夼、高格庄一带,蓬莱、黄县分布零星。顶部出露不全。	
		栖霞寨里于家—陡崖—香夼剖面	1 021.0 m
		第二段	745.0 m
		11. 青灰色及灰白色白云质结晶灰岩,其上为第四系覆盖。	85.0 m
		10. 浅灰色厚层结晶灰岩。	122.0 m
		9. 灰黑色厚层灰岩夹棕黄色条带状含硅质灰岩。	97.0 m
		8. 灰黑色厚层灰岩。	65.0 m
		7. 灰白色中厚层灰岩夹薄层含泥质白云质灰岩。	134.0 m
		6. 青灰色及灰黑色厚层灰岩。	117.0 m
		5. 青灰色中厚层灰岩夹薄层含泥质白云质灰岩。	87.0 m
		4. 青灰色中厚层灰岩。	38.0 m

续表

	第一段 276.0 m 3. 青灰色及灰黑色中厚层灰岩夹薄层泥灰岩。 94.0 m 2. 灰绿色及褐灰色薄层泥灰岩夹薄层灰岩。 99.0 m 1. 褐灰色及黄褐色薄层泥灰岩夹褐灰色灰岩透镜体。 83.0 m 香介组由青灰色中厚层—厚层灰岩、含泥质条带白云质灰岩、薄—中厚层泥质灰岩、泥灰岩及板岩所组成，总厚 96 ~ 1 307 m。 本组可分两段。第二段为灰岩段，高格庄厚 292 m，香夼厚 745 m，槐树庄厚 978 m。第一段为泥灰岩段，高格庄厚 328 m，香夼厚 276 m，槐树庄厚 216 m。本组为一套泥质碳酸盐建造，未经受区域变质作用，局部可见接触变质重结晶现象。
震旦亚界	**南庄组(Z_n)** 大片分布于栖霞南庄—陡崖及福山高疃一带。蓬莱、黄县分布零星，露头良好。 **栖霞寨里于家—陡崖—香夼剖面** 1 285.0 m **第三段** 785.0 m 17. 黄绿色板岩。 125.0 m 16. 青灰色板岩。 258.0 m 15. 黄绿色板岩。 113.0 m 14. 黄绿色板岩夹青灰色钙质板岩。 49.0 m 13. 黄绿色板岩。 126.0 m 12. 黄绿色板岩。上部有 6 m 厚的钙质板岩夹薄层泥质白云质灰岩。 93.0 m 11. 米黄色板岩。 21.0 m **第二段** 157.0 m 10. 青灰色大理岩。 46.0 m 9. 青灰色及黄绿色钙板岩。 15.0 m 8. 青灰色中厚层含石英绿泥石大理岩。 96.0 m **第一段** 343.0 m 7. 青灰色板岩。 115.0 m 6. 青灰色板岩夹灰岩透镜体。 26.0 m 5. 青灰色板岩。 20.0 m 4. 青灰色薄层泥质灰岩与青灰色钙质板岩互层。 26.0 m 3. 黄绿色钙质板岩夹灰岩透镜体。 20.0 m 2. 黄绿色板岩。 114.0 m 1. 青灰色硅质板岩。 22.0 m 本组可分三段，由各种板岩和大理岩组成，总厚 1 133 ~ 1 610 m。第三段在陡崖厚 785 m，南庄 1 024 m，第二段在陡崖厚 157 m，南庄 122 m，荆家夼 35 m；第一段厚 343 ~ 429 m。该组原岩为一套钙泥质沉积，经受了轻微变质作用。
	辅子夼组(Z_f) 主要分布于栖霞辅子夼至福山高疃一带，蓬莱北部及黄县西北纪姆岛村也有零星分布，露头良好。 **栖霞寨里于家—陡崖—香夼剖面** 584.0 m 10. 棕黄色薄层石英岩。 37.0 m 9. 棕红色及青灰色板岩。 22.0 m

续表

震旦亚界

8. 白色厚层细粒石英岩。 65.0 m

7. 棕黄绿色板岩,顶部夹薄层石英岩。 101.0 m

6. 白色中厚层石英岩。 47.0 m

5. 白色厚层石英岩夹青灰色板岩,下部石英岩具波痕及交错层。 117.0 m

4. 白色厚层石英岩,层面具波痕。 49.0 m

3. 上部为青灰色板岩,下部为石英岩。 16.0 m

2. 青灰色板岩夹薄层石英岩。 78.0 m

1. 白色厚层石英岩。 52.0 m

本组由薄层、中厚层和厚层石英岩组成,夹有少量硅质板岩,厚584 ~826 m,经受了轻微区域变质作用。

豹山口组(Z_b)

主要分布于栖霞豹山口、寨里于家及李博士夼一带,呈东西向展布,此外在莱西直蕨山—汪家庄及蓬莱极少数地方也有零星分布,露头良好。

栖霞寨里于家—陡崖—香夼剖面 1 213.0 m

第三段 984.0 m

15. 青灰色板岩。 50.0 m

14. 灰黑色炭质板岩。 212.0 m

13. 青灰色板岩夹棕红色板岩。 98.0 m

12. 棕灰色含铁质千枚状板岩。 124.0 m

11. 青灰色板岩,具柔皱变形构造。 123.0 m

10. 土黄色钙质板岩。 73.0 m

9. 青灰色板岩夹青灰色钙质板岩。 281.0 m

8. 紫灰色板岩。 23.0 m

第二段 206.0 m

7. 灰绿色薄层蛇纹大理岩。 15.0 m

6. 暗灰绿色薄层蛇纹大理岩。 42.0 m

5. 肉红色及青灰色中厚层大理岩。 37.0 m

4. 暗绿色薄层蛇纹大理岩。 41.0 m

3. 上部为肉红色、灰白色厚层大理岩;下部为肉红色薄层大理岩。 30.0 m

2. 上部为灰白色中厚层大理岩;下部为灰绿色薄层滑石大理岩。 41.0 m

第一段 23.0 m

1. 紫色板岩。底部有0 ~0.3 m厚的砾状石英岩。与下伏胶东群呈不整合接触。 23.0 m

在洪钧山地区,该组第三段含2 ~4 层锰矿层,矿体呈透镜状,属沉积变质经氧化淋滤富集而成的贫锰矿。

本组可分三段。第三段以板岩为主,夹少量石英岩,厚845 ~984 m;第二段为大理岩夹板岩,厚206 ~363 m;第一段为板岩,厚23 ~27 m,底部常具0 ~1.5 m厚的砾状石英岩。总厚1 071 ~1 275 m,与下伏胶东群及粉子山群呈不整合接触。本组普遍经受轻微区域变质作用。

续表

下元古界

粉子山群(Pt^2_{1fn})(本小区北部)

分为五个组。

芝罘组(Pt^2_{1zhf})

仅出露于烟台一带。

烟台芝罘岛剖面 1 837.3 m

13. 细粒石英岩。 448.6 m
12. 含磁铁电气石石英岩。 70.2 m
11. 含赤铁长石石英岩。 814.6 m
10. 赤铁长石石英岩夹白云片岩。 39.9 m
9. 黑云钾长片麻岩。 9.4 m
8. 石榴石透闪黑云片岩。 13.2 m
7. 含赤铁石英岩。 8.7 m
6. 黑云斜长片麻岩。 74.7 m
5. 眼球状混合岩化黑云斜长片麻岩。 54.8 m
4. 石榴黑云片岩夹黑云斜长片麻岩。 142.6 m
3. 长石石英岩。 14.1 m
2. 石英岩。 84.9 m
1. 含铁长石石英岩。 61.6 m

本组主要为一套石英岩。夹有黑云片岩、黑云斜长片麻岩及赤铁矿。厚度大于837 m。上与蓬莱群、下与粉子山群岗嵛组未直接接触。

岗嵛组(Pt^2_{1g})

分布于烟台黄务、福山斗余、吴阳泉南部及蓬莱马家沟、赵格庄东部等地区。福山一带发育较全。

栖霞甲家—福山孙家剖面 881.0 m

第二段 319.0 m

20. 二云片岩。其上为第四系覆盖。 33.6 m
19. 疙瘩状黑云片岩夹疙瘩状二云片岩。 38.6 m
18. 黑云变粒岩夹长石石英岩。 17.0 m
17. 疙瘩状黑云片麻岩。 25.0 m
16. 黑云片岩夹二云片岩。 28.7 m
15. 疙瘩状黑云片岩。 49.4 m
14. 黑云片岩夹二云片岩或薄层长石石英岩。 48.2 m
13. 疙瘩状黑云片岩,间夹二云片岩、黑云变粒岩。 38.9 m
12. 厚层长石石英岩。 39.4 m

第一段 562.0 m

11. 疙瘩状黑云片岩,间夹长石石英岩。 78.7 m
10. 疙瘩状黑云片岩与黑云变粒岩互层。 52.0 m
9. 疙瘩状黑云片岩夹二云片岩,间夹薄层长石石英岩。 43.9 m
8. 疙瘩状黑云变粒岩。 40.6 m
7. 透闪岩夹黑云变粒岩。 29.6 m

续表

6. 疙瘩状黑云片岩夹透闪岩，间夹黑云变粒岩。　44.4 m

5. 黑云片岩夹黑云变粒岩。　34.8 m

4. 黑云片岩，间夹薄层长石石英岩。　148.8 m

3. 黑云片岩夹黑云变粒岩。　28.0 m

2. 黑云片岩间夹绢云透闪片岩。　47.2 m

1. 石墨片岩。　14.1 m

岗嵛组主要由疙瘩状黑云片岩、透闪岩（透闪大理岩）、二云片岩夹黑云变粒岩、长石石英岩组成。厚 881～1 208 m。第二段为黑云片岩段，遭受剥蚀，出露不全，其厚度大于 319 m；第一段为黑云片岩夹透闪大理岩段。厚 562～889 m。本组系铝矽黏土－碎屑沉积普遍经受中级区域变质作用而成。K－Ar 法测定黑云母同位素年龄值为 12.89 亿年，双折射色散法测定黑云母年龄值为 10.63 亿～11.52 亿年。

下元古界

巨屯组（Pt^2_{1j}）

分布于烟台，福山汪格庄—吴阳泉、巨屯之北和平村，蓬莱东南马家沟、刘家旺及海阳吼山等地。其中以汪格庄—桃园及和平村出露齐全。

栖霞甲家—福山孙家剖面　977.0 m

第二段　317.0 m

15. 薄层石墨大理岩。含泥质条带、方解石团块。　92.9 m

14. 黑云变粒岩夹黑云片岩，间夹石墨大理岩透镜体。　9.5 m

13. 薄层石黑大理岩。　57.9 m

12. 黑云片岩。　11.0 m

11. 厚层石墨大理岩。　145.2 m

第一段　660.0 m

10. 黑云片岩夹薄层石墨透闪岩。　50.2 m

9. 黑云片岩夹黑云变粒岩。　145.0 m

8. 黑云片岩。　88.8 m

7. 石墨片岩。　21.5 m

6. 黑云片岩夹黑云变粒岩。　65.2 m

5. 黑云片岩，间夹约 40 cm 的含锰黑云变粒岩。　71.4 m

4. 石墨黑云片岩。　42.8 m

3. 黑云片岩。　85.2 m

2. 含锰石墨变粒岩。　52.7 m

1. 石墨黑云片岩。　35.0 m

巨屯组主要岩性为石墨大理岩、黑云片岩、黑云变粒岩及少量透闪片岩（透闪岩）、长石石英岩，总厚 466～977 m，为一套以泥质、碳酸盐为主的沉积。普遍经受中级区域变质作用，不具混合岩化象征。

续表

下元古界	张格庄组（Pt^2_{1zh}） 分布于牟平至福山门楼一带，蓬莱金果袁家、刘家沟及海阳吼山地区。 栖霞甲家—福山孙家剖面 878.0 m 第三段 404.4 m 14. 浅灰色粗粒白云质大理岩。 85.2 m 13. 黑云变粒岩夹透闪长石石英岩。 48.4 m 12. 含透闪黑云变粒岩。 16.2 m 11. 灰白色厚层硅质大理岩。 118.2 m 10. 绢云绿泥片岩。 10.7 m 9. 白色中厚层中细粒白云石大理岩，间夹斜长黑云片岩。 125.7 m 第二段 262.4 m 8. 透闪片岩夹薄层透闪岩，间夹黑云变粒岩。上部为透闪片岩与角闪黑云变粒岩互层。 203.4 m 7. 肉红色厚层硅质大理岩。 21.9 m 6. 透闪片岩。 37.1 m 第一段 211.5 m 5. 薄层透闪大理岩。 37.0 m 4. 浅灰色中厚层粗粒白云质大理岩。 16.1 m 3. 薄层细粒白云石大理岩。 59.2 m 2. 黑云变粒岩。 12.2 m 1. 灰白色中厚层中粗粒白云石大理岩。 87.0 m 本组以白云石大理岩为主，夹片岩、变粒岩、石英岩。总厚 879 ~ 1 289 m，其岩相和厚度均有变化，东部岩层出露较为完整，夹层多，含泥质较高，含镁质较低。西部由于断裂构造和岩浆岩侵入的破坏，岩层缺失较多，夹层少，含泥质较低，含镁质较高，而海阳池山地区以碎屑岩居多，碳酸盐岩中含镁质较低，含硅质较高。本组原岩为一套碳酸盐岩。普遍经受中级区域变质作用，属绿片岩相—铁铝榴石角闪岩相，不具混合岩化象征，赋存于本组的矿产比较丰富，如铁、滑石等。
	祝家夼组（Pt^2_{1z}） 分布于栖霞亭口—祝家夼—庙后—甲家一带及蓬莱东部和海阳吼山地区。 栖霞甲家—福山孙家剖面 659.0 m 第二段 408.0 m 26. 长石石英岩。 33.6 m 25. 薄层石墨黑云变粒岩。 22.2 m 24. 长石石英岩与黑云变粒岩互层。 37.5 m 23. 含石墨黑云片岩。 32.0 m 22. 薄层含透闪石长石石英岩。 16.4 m 21. 黑云片岩夹 1 m 厚的石榴石黑云灰岩，具稀疏条纹状长英质混合岩化。 101.0 m 20. 长石石英岩夹黑云变粒岩。 30.8 m 19. 含角闪石黑云变粒岩。 9.9 m 18. 长石石英岩。 30.1 m

续表

17. 含有闪石黑云变粒岩。　7.9 m
16. 厚层长石石英岩。　14.8 m
15. 厚层石黑长石石英岩夹黑云变粒岩。　23.5 m
14. 黑云变粒岩夹薄层长石石英岩。　36.6 m
13. 中厚层长石石英岩。　11.7 m

第一段　251.0 m

12. 灰白色中厚层中粗粒白云石大理岩。　7.4 m
11. 厚层长石石英岩。　53.3 m
10. 灰白色厚层粗粒辉透白云石大理岩,具蛇纹石化,含黄铁矿、黄铜矿。　26.4 m
9. 厚层长石石英岩。　35.2 m
8. 黑云变粒岩。　18.5 m
7. 厚层长石石英岩夹大理岩透镜体,顶部夹薄层透闪石。　19.0 m
6. 绢云透闪片岩。　19.7 m
5. 青灰色厚层细粒硅化大理岩。　17.6 m
4. 黑云片岩。　4.4 m
3. 含石墨黑云片岩。　5.4 m
2. 黑云片岩。　42.7 m
1. 中厚层石英岩,与下伏胶东群为角度不整合接触。　1.8 m

祝家夼组主要由长石石英岩、黑云变粒岩、黑云片岩、黑云斜长片麻岩、大理岩、斜长角闪岩组成。福山栖霞地区厚474~659 m。蓬莱地区厚182~542 m。系一套碎屑岩受中级区域变质作用而成,属绿片岩相—铁铝榴石角闪岩相,局部可见深变质特点。

下元古界

粉子山群(Pt^2_{1fn})(本小区南部)

分为两个组。

明村组(Pt^2_{1m})

分布于掖县、平度、莱西南墅、芝坊、直蕨山及昌邑、安丘以东地区,平度明村地区最发育。

(一)掖县黄山后—大顶山剖面　846.5 m

第二段　846.5 m

19. 斜长角闪岩夹一层大理岩。　67.2 m
18. 大理岩。　32.8 m
17. 斜长角闪岩。　14.0 m
16. 大理岩。　137.8 m
15. 黑云斜长角闪片麻岩。　76.2 m
14. 黑云变粒岩。　23.0 m
13. 黑云片岩。　73.7 m
12. 白云石英片岩。　8.6 m
11. 黑云石英片岩。　171.6 m
10. 黑云片麻岩。　78.8 m
9. 黑云母长石石英片岩。　162.8 m

续表

下元古界	（二）平度明村—八王埠剖面　328.1 m 第一段　328.1 m 8. 白色及淡黄色大理岩。　94.5 m 7. 带紫色斑点的蛇纹石大理岩。　21.0 m 6. 蛇纹大理岩。　27.0 m 5. 白色大理岩。　29.0 m 4. 蛇纹大理岩。　31.0 m 3. 白色大理岩。　48.5 m 2. 蛇纹大理岩。　55.5 m 1. 淡紫色及白色大理岩。　21.6 m 本组主要由大理岩、斜长角闪岩及黑云变粒岩、石岩片岩组成，为一套大理岩—斜长角闪岩型碳酸盐—泥质岩类复理石建造。明村地区厚 545 m，五个庄地区厚 617 m，黄山后 1 272 m，直蕨山 4 032 m，区域变质作用以中级为主。赋存于本组中的石墨、滑石、菱镁矿皆为大型矿床，上部尚赋存沉积变质类型的含铜磁黄铁矿及含磷斜长角闪岩。
	山张家组（Pt^2_{1s}） 分布于掖县、平度、莱西南墅—郭家寨及昌邑、安丘以东地区。 平度明村—八王埠剖面　422.0 m 9. 石英岩夹角闪片麻岩、黑云片麻岩。　109.5 m 8. 黑云片麻岩。　5.9 m 7. 黑云变粒岩。　27.4 m 6. 绢云石英片岩。　32.0 m 5. 石英岩（有闪长玢岩侵入）。　83.3 m 4. 黑云片麻岩及黑云变粒岩。　52.0 m 3. 石英岩。　98.4 m 2. 黑云片麻岩。　13.2 m 1. 石墨片麻岩，与花岗岩呈侵入接触。　>0.3 m 本组由石英岩、大理岩、黑云变粒岩、片岩、片麻岩组成，其岩性和厚度有很大变化。粉子山地区厚 293 ~ 368 m，辛安、明村一带 560 m，芝山—直蕨山一带 2 800 m。该组普遍经受中级区域变质作用，不具混合岩化象征。赋存有沉积变质铁矿、铜矿。
下元古—太古界	胶东群（$Ar-Pt^1_{1jd}$） 分为三个组。 富阳组（$Ar-Pt^1_{1f}$） 分布于蓬莱东南龙山店—富阳耿家及莱西产芝水库以北、招远东围以东地区。 蓬莱门家庄—金果山剖面　1 838.0 m 11. 斜长黑云片岩，与上覆粉子山群呈假整合接触。　28.0 m 10. 含石榴石斜长黑云片岩。　36.0 m 9. 条纹条带状混合岩化含石榴石黑云斜长片麻岩夹斜长角闪岩。　180.0 m

续表

8. 条纹条带状混合岩化黑云角闪斜长片麻岩与条纹条带状混合岩化黑云斜长片麻岩互层。 457.0 m

7. 条纹条带状混合岩化黑云斜长片麻岩夹薄层含黑云母角闪片麻岩。 176.0 m

6. 厚层含黑云母角闪斜长片麻岩。 56.0 m

5. 巨厚层中粗黑云斜长片麻岩夹透镜状斜长角闪岩。同位素年龄值为17.21亿年。 65.0 m

4. 条纹条带状混合岩化黑云斜长片麻岩夹透镜状斜长角闪岩。 304.0 m

3. 条纹条带状混合岩化含石榴石斜长角闪岩与条带状混合岩化含石榴石黑斜长片麻岩互层。 20.0 m

2. 含角闪石黑云斜长片麻岩与斜长角闪岩互层。 457.0 m

1. 含角闪石黑云斜长片麻岩与角闪黑云斜长片麻岩互层。 59.0 m

本组上部为疙瘩状含石榴石斜长黑云片岩;中、下部为黑云斜长片麻岩与角闪黑云斜长片麻岩互层及少量黑云变粒岩。在诸层中皆夹有斜长角闪岩透镜体。该组厚度变化十分显著,蓬莱富阳一带厚64~100 m,金果山厚1 838 m,栖霞庙后厚270 m,招远东围达3 413 m,普遍经受中、高级区域变质作用。混合岩化强度因地而异,南部一些地区混合岩化较强,出现少量混合岩;北部广大地区多为局部混合岩,以条纹条带状混合岩为主。同位素年龄值17.21亿年。

下元古—太古界

民山组($Ar-Pt^{1}_{1m}$)

分布于莱西县芝山—莱阴县谭格庄—旌旗山及蓬莱徐家集—大辛店一带。

蓬莱门家庄—金果山剖面 2 259.0 m

第二段 420.0 m

24. 薄层含石墨黑云变粒岩及薄层透辉大理岩。 12.0 m

23. 薄层大理岩夹透辉大理岩。 15.0 m

22. 绢云母化黑云石英片岩。 29.0 m

21. 薄层中粗粒钾长透闪岩与中细粒黑云变粒岩互层。偶夹瘤状黑云斜长片麻岩。 37.0 m

20. 条纹状混合岩化黑云斜长片麻岩。 78.0 m

19. 厚层中细粒石墨黑云片岩。 25.0 m

18. 黑云斜长片麻岩。 9.0 m

17. 厚层中细粒含石墨黑云片岩。 106.0 m

16. 黑云斜长片麻岩。 14.0 m

15. 上部为石英岩,中部为黑云斜长片麻岩,下部为石英黑云片岩。 18.0 m

14. 薄层黑云变粒岩夹薄层透辉大理岩。 37.0 m

13. 含石榴石黑云片岩、黑云斜长片麻岩夹薄层透辉大理岩。 35.0 m

12. 条带条纹状混合岩化细粒黑云斜长片麻岩夹中厚层透辉大理岩。底部有石英岩。 5.0 m

第一段 1 839.0 m

11. 条纹条带状混合化黑云斜长片麻岩。 40.0 m

10. 条纹条带状混合岩化含角闪石黑云斜长片麻岩与斜长角闪岩互层。 591.0 m

续表

	9. 斜长角闪岩夹条纹条带状混合岩化斜长角闪岩及条纹条带状混合岩化角闪黑云斜长片麻岩。	282.0 m
	8. 条纹条带状混合岩化含角闪石黑云斜长片麻岩夹斜长角闪岩。	142.0 m
	7. 黑云斜长片麻岩。	86.0 m
	6. 条纹条带状混合岩化含有闪黑云斜长片麻岩夹斜长角闪岩。	156.0 m
	5. 条纹条带状混合岩化细粒含黑云变粒岩夹斜长角闪岩互层。	229.0 m
	4. 条带状混合岩化含黑云变粒岩与中细粒斜长角闪岩互层。	73.0 m
	3. 条带状混合岩化斜长角闪岩。	177.0 m
	2. 含铁铝榴石二云片岩。	16.0 m
	1. 间层状角闪变粒岩及黑云变粒岩。	47.0 m
	本组由含黑云变粒岩、黑云斜长片麻岩、斜长角闪岩、黑云片岩及大理岩组成，厚2 259～6 957 m，该组原岩为一套黏土、半黏土钙泥质沉积，伴随有火山活动，普遍经受中—高级区域变质作用属铁铝榴石角闪岩相，混合岩化作用南部较强，北部较弱，以条纹条带状混合岩为主。	
下元古—太古界	**蓬夼组（$Ar-Pt^{1}_{1p}$）**	
	分布于招远—栖霞—唐家泊—大庄头地区及蓬莱东南部。	
	（一）蓬莱门家庄—金果山剖面	463.0 m
	第五段	463.0 m
	2. 长黑云片岩。	160.0 m
	1. 含石榴石斜石黑云片岩。	303.0 m
	（二）莱阳北小平—栖霞笏山村剖面	3 814.0 m
	第四段	1 057.0 m
	72. 斜长黑云片岩。	40.0 m
	71. 石榴石斜长黑云岩。	130.0 m
	70. 斜长黑云片岩。	121.0 m
	69. 条带状混合岩化斜长黑云片岩。	55.0 m
	68. 斜长黑云片岩夹透辉大理岩。	78.0 m
	67. 斜长黑云片岩。	37.0 m
	66. 条带状混合岩化斜长黑云片岩。	70.0 m
	65. 斜长黑云片岩。	227.0 m
	64. 石榴石斜长黑云片岩。	35.0 m
	63. 条带状混合岩化斜长黑云片岩。	97.0 m
	62. 碎裂岩。	5.0 m
	61. 条带状混合岩化斜长黑云片岩。	105.0 m
	60. 黑云斜长片麻岩。	14.0 m
	59. 斜长黑云片岩。	10.0 m
	58. 电气石伟晶岩。	
	57. 斜长黑云片岩。	27.0 m
	56. 电气石伟晶岩。	
	55. 斜长黑云片岩、千枚岩、大理岩及蛇纹大理岩。	6.0 m

续表

下元古—太古界	**第三段**	702.5 m
	54. 大理岩。	10.0 m
	53. 条带状混合岩化斜长角闪岩。	43.0 m
	52. 条带状混合岩化黑云斜长片麻岩。	107.0 m
	51. 大理岩。	9.0 m
	50. 条带状混合岩化斜长角闪岩。	106.8 m
	49. 大理岩。	8.0 m
	48. 条带状混合岩化斜长角闪岩。	29.0 m
	47. 大理岩。	14.0 m
	46. 条带状混合岩化斜长角闪岩。	57.0 m
	45. 条带状混合岩化黑云斜长片麻岩。	107.0 m
	44. 条带状混合岩化大理岩。	175.0 m
	43. 条纹状混合岩化黑云斜长片麻岩。	34.0 m
	42. 大理岩。	3.5 m
	第二段	780.5 m
	41. 条纹状混合岩化黑云斜长片麻岩。	47.0 m
	40. 条带状混合岩化黑云斜长片麻岩夹斜长角闪岩。	35.0 m
	39. 条带状混合岩化斜长角闪岩。	114.0 m
	38. 条带状混合岩化斜长角闪岩。	12.0 m
	37. 条带状混合岩化黑云斜长片麻岩。	126.0 m
	36. 条带状混合岩化斜长角闪岩。	61.0 m
	35. 条纹状混合岩化黑云斜长片麻岩。	20.0 m
	34. 条带状混合岩化斜长角闪岩。	5.0 m
	33. 条带状混合岩化黑云斜长片麻岩。	7.5 m
	32. 条带状混合岩化斜长角闪岩。	9.0 m
	31. 条带状混合岩化含角闪石黑云斜长片麻岩。	17.0 m
	30. 条带状混合岩化斜长角闪岩。	216.0 m
	29. 条带状混合岩化黑云斜长片麻岩。	30.0 m
	28. 条纹状混合岩化黑云角闪斜长片麻岩。	35.0 m
	27. 条纹状混合岩化黑云斜长角闪岩。	31.0 m
	26. 条纹状混合岩化黑云斜长片麻岩夹少量大理岩及斜长角闪岩。	15.0 m
	第一段	1 274.0 m
	25. 黑云变粒岩。	58.0 m
	24. 条带状混合岩化角闪黑云变粒岩。	145.0 m
	23. 细粒黑云变粒岩。	45.0 m
	22. 条纹状混合岩化细粒黑云变粒岩。	52.0 m
	21. 大理岩。	7.0 m
	20. 碎裂岩。	28.0 m
	19. 石榴石角闪岩。	45.0 m
	18. 条带状混合岩化角闪黑云斜长片麻岩。	162.0 m

续表

下元古—太古界	17. 条带状混合岩化角闪黑云斜长片麻岩夹黑云角闪斜长片麻岩。 28.0 m 16. 条纹状混合岩化斜长角闪岩。 30.0 m 15. 条纹状混合岩化角闪黑云斜长片麻岩。 14.0 m 14. 条纹状混合岩化斜长角闪岩。 47.0 m 13. 条纹状混合岩化黑云斜长片麻岩夹黑云角闪斜长片麻岩及斜长角闪岩。 188.0 m 12. 条纹状混合岩化角闪黑云斜长片麻岩。 12.0 m 11. 条带状混合岩化黑云变粒岩。 77.0 m 10. 条带状混合岩化黑云变粒岩。 15.0 m 9. 石英岩脉。 8. 条纹状混合岩化斜长角闪岩。 44.0 m 7. 条带状混合岩化黑云变粒岩。 61.0 m 6. 条纹状混合岩化黑云斜长角闪岩。 24.0 m 5. 条纹状混合岩化黑云斜长片麻岩。 30.0 m 4. 条纹状混合岩化斜长角闪岩。 7.0 m 3. 条纹状混合岩化黑云变粒岩。 15.0 m 2. 条纹状混合岩化黑云斜长角闪岩。 20.0 m 1. 条带状混合岩化黑云变粒岩。 120.0 m 蓬夼组为本小区最老的地层。主要由斜长角闪岩及黑云变粒岩、黑云片岩组成，总厚4 277～12 370 m。黑云片岩很稳定，具有重要的分层意义。 该组原岩为一套伴有基性火山活动的泥砂碎屑沉积。普遍经受中—高级区域变质作用，其混合岩化程度因地而异。同位素年龄值17.75亿年。

八、荣成地层小区

西以牟平、乳山马陵、杜家岛为界，东临黄海，包括荣成、文登、乳山、威海四县市及牟平县的一部分。

区内出露有太古—下元古界胶东群，白垩系、第四系，余皆缺失。

太古—下元古生界胶东群是本区最发育的地层。主要为混合岩化角闪黑云斜长片麻岩、黑云斜长麻岩、矽线黑云片岩、黑云变粒岩夹浅粒岩、石英岩、大理岩，厚达20 000余米。

白垩系只发育下统，主要为安山凝灰质角砾岩，流纹安山岩及流纹岩，厚1 670 m。

第四系主要由黄褐色黏质砂土、砂质黏土及含卵砾石的中粗砂组成。

本小区以地层缺失多、太古—下元古界胶东群广泛分布为特征。

<table>
<tr><td rowspan="2">第四系</td><td>全新统</td><td>全新统(Q_4)
冲积层
沿各河系分布。
为河床及河漫滩相的中粗砂夹砾卵石。　4.0～10.0 m
坡积洪积层
分布于山间谷地及山麓地带。
灰黄、黄褐色黏质砂土或砂质黏土夹砂、砾、碎石透镜体。　2.0～5.0 m
残积坡积
分布于山坡及山麓地带。
黄褐、黄色黏质砂土夹大量直径为2～8 cm的岩石碎块。成山角一带上覆或夹有厚5 cm左右的铁锰质富集层。　1.0～3.0 m
海积层
沿海组成海拔5 m左右的Ⅰ级海积阶地。
为沙嘴、沙堤、沙滩及海湾及泻湖堆积的含卵石中粗砂。局部地区夹黑色淤泥层。含贝壳碎片。　3.0～12.0 m
风积层
分布于荣成、文登、乳山等沿海一带。
由海相堆积的粉、细砂经风再造所成的沙堆、新月形沙丘组成。　10.0～20.0 m</td></tr>
<tr><td>上更新统</td><td>上更新统(Q_3)
冲积层
分布于老母猪河、黄垒河、乳山河等Ⅰ级阶地上。
上部为黄褐、棕黄色黏质砂土、砂质黏土，厚2～5 m；下部为中粗砂夹砾卵石，厚3～6 m。　5.0～11.0 m
洪积坡积层
广布于山麓及山前地带。
棕黄色黄土状砂质黏土或黏质砂土，夹碎石、砾石透镜体。含钙质及铁锰质结核。
海积层
沿海呈宽1～2 km的带状分布。常组成海拔5～10 m的Ⅱ级海积阶地。
由含卵砾石的粗砂夹黑色淤泥层组成，近山前一带，表层常覆薄层冲积的黄褐色黏质砂土或砂质黏土，含贝壳碎片。　5.0～16.0 m</td></tr>
</table>

续表

第四系	中更新统	**中更新统(Q_2)** **冲积洪积层** 分布于昆嵛山等山间谷地及山前地带。 黄棕色黄土状黏质砂土或砂质黏土夹砂及砾石透镜体。含钙质及铁锰质结核。 5.0 ~ 28.0 m **残积坡积层** 广布于区内山坡及山麓地带。 黄棕、棕黄色砂质黏土、黏质砂土,含岩石碎块及铁锰质结核。 2.0 ~ 5.0 m **风积层(?)** 分布于荣成柳夼、鸡鸣岛一带海拔 10 ~ 50 m 的高度上。 由(上部)棕红、(下部)深红色的中砂组成,具斜层理及局部相间薄水平层理。称"柳夼红层"。 4.0 ~ 8.5 m
白垩系	下统	**青山组(K_{1q})** 仅分布于荣成俚岛、巍巍、车古、龙家以及文登大山前一带,露头尚好。 **荣成县车古—龙家信手剖面** 1 670.0 m 7. 流纹安山岩及流纹岩。具明显流动构造,其上与太古—下元古界胶东群为断接触。 80.0 m 6. 灰紫、暗绿色薄层安山玢岩。斜长石斑晶多为板状,微具定向排列,基质含硅质较高,具有石髓、玛瑙和方解石脉。 100.0 m 5. 黄色安山凝灰角砾岩。角砾为安山岩,大小不一,凝灰安山质胶结。 800.0 m 4. 页岩及炭质页岩。内夹厚 0.2 cm 煤线,产植物化石。 20.0 m 3. 薄层流纹安山岩、流纹岩。 365.0 m 2. 灰紫色安山玢岩。具斑状结构,斑晶以灰白色斜长石为主,并有少量黑云母和角闪石,斑晶大小 4 ~ 5 cm,约占 35%,基质为隐晶质。 300.0 m 1. 安山质角砾岩。角砾成分为变粒岩、片麻岩,其下与太古、下元古界胶东群为不整合接触。 5.0 m 本组主要由安山凝灰角砾岩、流纹安山岩及流纹岩组成,厚 1 670 m。
下元古—太古界		**胶东群($Ar-Pt^1_{1jd}$)** 分为三个组。 **王官庄组($Ar-Pt^1_{1w}$)** 分布局限,主要见于文登泽库,荣成志门、王官庄,牟平孟良口子至东山北头一带,出露良好。 **大西庄—王官庄剖面** >1 541.0 m 10. 浅粒岩夹薄层石英岩,上部为黑云斜长片麻岩,其上与白垩系下统青山组为断层接触。 54.0 m 9. 透闪片岩。 68.0 m 8. 黑云变粒岩夹斜长角闪岩。 172.0 m 7. 石英岩与黑云变粒岩互层,夹磁铁角闪石英岩及斜长角闪岩。 515.0 m 6. 透闪片岩。 48.0 m

续表

	5. 含黑云母变粒岩夹石英岩。　190.0 m 4. 滑石透辉岩，具钙质结核的辉石角闪斜长片麻岩夹透辉岩。　285.0 m 3. 含角闪石黑云变粒岩夹薄层斜长角闪岩。　39.0 m 2. 浅粒岩夹透辉岩及透闪片岩。　75.0 m 1. 含角闪石黑云斜长片麻岩、条痕状混合岩化黑云片岩夹透辉岩及含石榴石斜长角闪岩。　95.0 m 本组岩性、厚度变化较大。荣成北部王官庄地区，以黑云变粒岩为主；荣成南部志门一带，黑云斜长片麻岩及浅粒岩较多，普遍经受区域变质作用。属铁铝榴石角闪岩相之矽线石亚组；混合岩化作用发育，以顺层混合岩为主。
下元古—太古界	**马格村组（$Ar-Pt^1_{1mg}$）** 广泛分布于荣成、威海、牟平、乳山等地。 **大西庄—王官司庄剖面**　10 894.0 m 47. 黑云斜长片麻岩、浅粒岩夹含矽线石黑云片岩及透闪片岩。　141.0 m 46. 透闪片岩及含电气石矽线石石英黑云片岩夹透辉岩。　396.0 m 45. 石榴石矽线石黑云片岩夹矽线石锰红柱石石墨片岩及透辉岩、堇青石石墨透辉大理岩。　433.0 m 44. 条带状混合岩化黑云斜长片麻岩，上部为角闪黑云斜长片麻岩和透辉岩互层，夹斜长角闪岩及浅粒岩。　187.0 m 43. 透辉透闪片岩。　133.0 m 42. 浅粒岩夹黑云变粒岩及斜长角闪岩。　546.0 m 41. 条纹条带状混合岩化含黑云母斜长片麻岩与条带状混合岩化含角闪石黑云斜长片麻岩互层，夹斜长角闪岩。　508.0 m 40. 条纹条带状混合岩化含黑云母斜长片麻岩、浅粒岩、石英岩及大理岩。　112.0 m 39. 条纹条带状混合岩化角闪黑云斜长片麻岩、条纹条带状混合岩化黑云斜长片麻岩、黑云变粒岩及浅粒岩互层。　386.0 m 38. 条带状混合岩化浅粒岩。　145.0 m 37. 黑云斜长片麻岩夹黑云变粒岩、条痕状混合岩化含矽线石浅粒岩、黑云角闪斜长片麻岩、黑云角闪变粒岩。　193.0 m 36. 角闪斜长片麻岩。　109.0 m 35. 角闪黑云斜长片麻岩。　122.0 m 34. 黑云斜长片麻岩夹浅粒岩。　589.0 m 33. 浅粒岩与黑云斜长片麻岩互层。　73.0 m 32. 黑云斜长片麻岩夹黑云角闪变粒岩，上部以浅粒岩为主。　149.0 m 31. 黑云斜长片麻岩夹含矽线石黑云片岩。　162.0 m 30. 角闪斜长片麻岩。　45.0 m 29. 黑云斜长片麻岩。　241.0 m 28. 黑云斜长片麻岩、角闪斜长片麻岩，下部夹角闪磁铁石英岩、角闪石岩及石榴石石英角闪岩。　171.0 m 27. 透闪透辉岩夹蛇纹石大理岩，下部与斜长角闪岩榴辉岩互层。　153.0 m 26. 黑云变粒岩夹角闪黑云变粒岩及浅粒岩。　92.0 m

续表

下元古—太古界	25. 含矽线石黑云片岩夹黑云斜长片麻岩。	31.0 m
	24. 角闪黑云斜长片麻岩。	55.0 m
	23. 黑云斜长片麻岩。	65.0 m
	22. 角闪黑云斜长片麻岩及黑云斜长片麻岩。	105.0 m
	21. 黑云变粒岩夹黑云角闪变粒岩及斜长角闪岩。	95.0 m
	20. 斜长白云片岩及白云石英片岩。	72.0 m
	19. 黑云斜长片麻岩。	956.0 m
	18. 黑云斜长片麻岩夹石英岩，含矽线石黑云片岩、斜长角闪岩。	401.0 m
	17. 石英岩与含黑云母斜长片麻岩、角闪黑云斜长片麻岩互层。	180.0 m
	16. 含角闪石黑云变粒岩夹黑云变粒岩，斜长角闪岩及薄层石英层。	308.0 m
	15. 黑云斜长片麻岩含角闪石黑云斜长片麻岩互层并夹薄层浅粒岩。	335.0 m
	14. 黑云斜长片麻岩夹浅粒岩。	260.0 m
	13. 黑云斜长片麻岩夹少量黑云角闪斜长片麻岩。	194.0 m
	12. 条纹条带状混合岩化黑云变粒岩及角闪黑云斜长片麻岩夹含石榴石矽线石石英黑云片岩。	274.0 m
	11. 石墨变粒岩。	13.0 m
	10. 条带状混合岩化黑云斜长片麻岩，中部夹薄层浅粒岩。	553.0 m
	9. 条痕状混合岩。	59.0 m
	8. 条纹状混合岩化黑云斜长片麻岩及条纹状混合岩化角闪黑云斜长片麻岩。	129.0 m
	7. 黑云斜长片麻岩。	200.0 m
	6. 斜长角闪岩。	111.0 m
	5. 含角闪石黑云变粒岩夹斜长角闪岩及大理岩。	42.0 m
	4. 条带状混合岩化角闪黑云斜长片麻岩及条带状混合岩化黑云斜长片麻岩，下部为黑云变粒岩，黑云角闪变粒岩夹细粒斜长角闪岩。	282.0 m
	3. 条带状混合岩化黑云斜长片麻岩夹细纹状混合岩化浅粒岩。	797.0 m
	2. 条带条纹状混合岩化角闪黑云变粒岩，黑云变粒岩及浅粒岩。	217.0 m
	1. 黑云斜长片麻岩。	71.0 m
	本组岩性、厚度变化较大。荣成北部马格村、圈干家，以大西庄—王官庄剖面为代表，上部以矽线石黑云片岩为主，夹透闪片岩、透辉岩及大理岩等，矽线石黑云片岩为良好的标志层，中部为黑云斜长片岩夹浅粒岩、角闪黑云斜长片麻岩及多层石英岩，并含磁铁石英岩与石墨变粒岩，下部为黑云斜长片麻岩夹浅粒岩、斜长角闪岩、角闪黑云斜长片麻及多层石墨变粒岩，总厚 10 894 m。荣成南部，本组上部在马岭滑家等地为含黑云母斜长片麻岩与含角闪石黑云斜长片麻岩互层；中部在上庄等地为混合岩化黑云斜长片麻岩夹含角闪石黑云斜长片麻岩及白云石英片岩，下部在蔡家屯等地为混合岩化黑云斜长片麻岩夹混合岩化含角闪石黑云斜长片麻岩，细粒斜长角闪岩，角闪黑云变粒岩，总厚 10 908 m。 该组普遍经受区域变质作用，属铁铝榴石角闪岩相之矽线石亚相，混合岩化作用强烈，局部为均质混合岩。	

续表

下元古—太古界

鲁家夼组（$Ar-Pt^{1}_{11}$）

分布很广，威海市大西庄—羊亭—温泉汤，文登候家集—荣成棘子埠和乳山鲁家夼—威海市长夼店—东石岭均有大片出露，乳山南黄和文登泽头集也有零星出露。露头良好。

大西庄—王官庄剖面　7 672.0 m

25. 含矽线石黑云片岩。　172.0 m

24. 混合岩化黑云斜长片麻岩。　103.0 m

23. 混合岩化含角闪石黑云斜长片麻岩。　145.0 m

22. 黑云斜长片麻岩。　60.0 m

21. 斜长角闪岩、含矽线石黑云片岩夹石墨变粒岩及透辉岩。　46.0 m

20. 条带状混合岩化黑云斜长片麻岩。　621.0 m

19. 均质混合岩。　164.0 m

18. 混合岩化角闪黑云斜长片麻岩。　120.0 m

17. 均质混合岩。　264.0 m

16. 混合岩化角闪斜长片麻岩、角闪质角砾混合岩。　85.0 m

15. 条带状混合岩化角闪斜长片麻岩夹均质混合岩，下部为斜长角闪岩。　730.0 m

14. 混合岩化黑云斜长片麻岩。　851.0 m

13. 混合岩化黑云斜长片麻岩夹斜长角闪岩及混合岩化角闪斜长片麻岩。　245.0 m

12. 混合岩化黑云斜长片麻岩。　201.0 m

11. 条纹条带状混合岩化含角闪石黑云斜长片麻岩、斜长角闪岩和混合岩化黑云斜长片麻岩。　523.0 m

10. 条纹条带状混合岩化黑云斜长片麻岩。　553.0 m

9. 角闪斜长片麻岩夹斜长角闪岩、黑云斜长片麻岩及石英岩。　139.0 m

8. 条纹条带状混合岩化黑云斜长片麻岩。　460.0 m

7. 条纹状混合岩化含角闪石黑云斜长片麻岩、混合岩化黑云斜长片麻岩夹斜长角闪岩。　636.0 m

6. 条纹条带状混合岩化黑云斜长片麻岩。　530.0 m

5. 混合岩化黑云斜长片麻岩夹混合岩化含角闪石黑云斜长片麻岩及斜长角闪岩。

4. 混合岩化黑云斜长片麻岩。　213.0 m

3. 条纹条带状混合岩化黑云斜长片麻岩、含角闪石黑云斜长片麻岩夹斜长角闪岩。　259.0 m

2. 混合岩化黑云斜长片麻岩夹混合岩化含角闪石黑云笠长片麻岩。　177.0 m

1. 混合岩化黑云斜长片麻岩。　115.0 m

本组岩性、厚度变化较大。在威海市大西庄、贝草夼等地，上部为矽石黑云片岩，系良好标志层；下部为混合岩化黑云斜长片麻岩与混合岩化含角闪石黑云斜长片麻岩互层夹斜长角闪岩，总厚7 672 m。文登高村一带，上部为含角闪石黑云变粒岩及细粒斜长角闪岩，常具混合岩作用；下部为黑云变粒岩、浅粒岩，总厚5 777 m。普遍经受区域变质作用，属铁铝榴石角闪岩相之矽线石亚相，同位素年龄值11.30亿年、10.86亿年及11.55亿年（后二者用色散法测定）。混合岩化作用极度广泛，本区西部尤为发育，一些地区出现均质混合岩。

九、莱阳地层小区

本小区位于山东半岛中部。北以安丘县景芝、平度县明村、西霞县铁口、莱阳县赤山、牟平县前松椒、乳山县杜家岛为界；南至莒县中楼、五莲、胶南县五台一线；西以昌邑、莒南县大店一线为界；东临黄海。包括莱阳、青岛、即墨、胶县及诸城等地。

本小区主要发育上侏罗统和白垩系。下元古界粉子山群仅见于莱阳南部，第四系主要分布于中部，此外，在平度孙家疃及莱阳金岗口两地有零星第三系出露。余皆缺失。

下元古界粉子山群由大理岩、石英岩、黑云变粒岩、片岩及斜长角闪岩等组成，出露局限；上侏罗统莱阳组以暗色、杂色碎屑沉积为主；下白垩统青山线为一套火山岩系，有沉积岩夹层；上白垩统王氏组由以红色为主的陆相碎屑岩组成；第三系为灰绿、灰白、紫棕色砂岩、砾岩、泥岩等；第四系主要为黄褐色黏质砂土、砂质黏土及含卵砾石的中粗砂，黑色淤泥层。

本小区呈东北—西南向展布，为一中生代沉积盆地，以上侏罗统及白垩系极其发育并大面积出露为特征。

第四系	全新统	**全新统(Q_4)**	
		冲积层 沿各河系分布。 为河床及河漫滩相的中粗砂夹砾石。	3.0~10.0 m
		坡积洪积层 分布于山间谷地及山麓地带。 灰黄、黄褐色黏质砂土或砂质黏土夹砂、砾、碎石透镜体。	5.0~10.0 m
		残积坡积层 广布于区内的山坡和山麓地带。 黄、黄褐色黏质砂土夹大量岩石碎块。	1.0~3.0 m
		海积层 沿海组成海拔5 m左右的Ⅰ级海积阶地。 为沙嘴、沙堤、沙滩及海湾泻湖相堆积的含卵砾石中粗砂夹黑色泥层。含贝壳碎片。	4.0~10.0 m
		风积层 分布于即墨、海阳等沿海一带。 为海相堆积的粉、细砂经风再造所成的沙滩、沙丘。	5.0~10.0 m
	上更新统	**上更新统(Q_3)**	
		冲积层 分布于大沽河、胶莱河、五龙河等Ⅰ级阶地上。 上部为黄褐、黄棕色黏质砂土、砂质黏土及中细砂，在胶莱及大沽河一带浅部有湖沼相的含钙质及铁锰质结核的厚3~6 m黑色淤泥层，下部为中粗砂夹砾石，厚4~7 m。	5.0~14.0 m

续表

第四系	上更新统	**洪积坡积层** 广布于山麓及山前地带。 棕黄色黄土状砂质黏土或黏质砂土夹碎石、砾石透镜体，含钙质及铁结核。　5.0～15.0 m **海积层** 分布于青岛、即墨、海阳等沿海一带。组成海拔5～10 m的Ⅱ级海积阶地。 由含卵砾石的粗砂夹黑色淤泥层组成，近山前一带表层常覆有冲积相的黄褐色黏质砂土或砂质黏土，含贝壳碎片。　8.0～15.0 m
第四系	中更新统	**中更新统（Q_2）** **冲积洪积层** 分布于崂山等山间谷地及山前地带。 黄棕色黄土状黏质砂土或砂质黏土，夹含巨砾的砂、砾石透镜体，含钙质及铁锰质结核。　5.0～20.0 m **残积坡积层** 广布于山坡及山麓地带。 黄棕、棕黄色砂质黏土、黏质砂土，含岩石碎块及铁锰质结核。　2.0～5.0 m
上第三系		**上第三系（N）** 分布于莱阳金岗口村东沟。 灰白色、浅紫棕色细砾岩夹泥质粉砂岩条带或透镜体。砾石成分为石英、花岗岩、泥质粉砂岩，砾径一般在0.5 cm左右，钙泥质胶结具中型斜交层理。风化面浅棕黄色，局部见厚40 cm的风化壳。下与白垩系上统王氏组不整合接触。　9.3 m
下第三系		**下第三系（E）** 分布于平度孙家疃一带，孙家疃剖面厚度为42.8 m。岩性为杂色砂砾岩；紫红、棕红、红黄色厚层泥质粉砂岩；黄灰、橘黄色细砂岩，黄色厚层粉砂岩，粉砂岩含很多云母片及少量植物碎片；灰褐、灰绿、黄灰色粉砂岩；浅灰、灰白、灰黄色厚层含砾粗砂岩，砾石成分为变质岩；褐灰、黄灰绿色泥岩夹黄褐色薄层中、粗粒砂岩，上部泥岩含砂质，具砾石成分主要为安山岩，次为玛瑙、蛋白石、石英等，具交错层。
白垩系	上统	**王氏组（K_{2w}）** 王氏组是一套以红色为主的陆相碎屑沉积，厚度一般为2 000～3 000 m，最厚达3 500～4 000 m。共分4段，各段特征如下： 第四段为灰、灰绿及紫红色泥岩、粉砂岩、细砂岩及少量砾岩组成的细碎屑沉积，属河湖相。莱阳一带只发育本段的下部，厚110 m。其上与上第三系呈不整合接触。 第三段为棕红、紫灰、灰色砾岩、砂砾岩及粉砂岩、细砂岩等组成的粗碎屑沉积，厚约1 300 m，属河流相及牛轭湖相。本段以砾岩中火山岩含量较第一、二段少并含玛瑙（多在上部）为特征。在莱阳一带，沉积物变粗，砾岩增多，胶县张应、铺镇及胶县北部，相当本段的中部夹有5～9层玄武岩、安山玄武岩、安山凝灰岩，并夹薄层泥质灰岩。

续表

白垩系	上统	第二段为棕红、灰绿色泥岩、粉砂岩夹灰褐色砾岩组成的细碎屑沉积，属河湖相及浅湖相，厚1 389 m。灰绿色占本段1/3。在莱阳一带，上部沉积物较粗，砂砾岩增多，下部夹有灰岩或泥岩及黑色页岩；胶县、诸城等地则以泥岩、粉砂岩为主；即墨一带泥灰岩显著减少；诸城以南泥灰岩厚不足5 m。厚度变化一般东北部薄，西南部厚，莱阳一带厚557 m，胶县，诸城等地增大至700～1 400 m。 第一段为棕、棕红色粉砂岩、细砂岩夹砾岩、砂砾岩及灰、紫灰色砾岩组成的较粗碎屑沉积，厚274 m，属河流相。砾岩成分主要为安山岩。莱阳一带粒度变粗，由棕灰、绿等色粉砂岩、细砂岩、砂砾岩及砾岩等组成，厚566 m；胶县西南，本段由以紫红色为主的砾岩、巨砾岩及凝灰质细砂岩组成，厚约500 m。
	下统	**青山组（K_{1q}）** 主要分布于诸城、胶县、即墨、莱西、莱阳等地，诸城、莱阳一带露头良好。 **诸城朱家村—康家岭剖面** 801.3 m **上亚组（K_{1q3}）** 229.8 m 25. 紫灰、紫红色凝灰质粉—细砂岩。顶部夹薄层紫红色泥岩，底部为安山凝灰质砂岩。 24. 上部为浅绿、灰绿色含砾凝灰岩；下部为灰红色凝灰岩。 13.2 m 23. 上部为浅绿、灰绿色含砾凝灰岩、含凝灰质砂质泥岩；下部为红紫色安山凝灰岩。 15.0 m 22. 上部为灰紫、灰红色凝灰质含砾细—中砂岩；下部为灰红色凝灰质细砂岩。 31.5 m 21. 浅红、灰黄、灰白色含砾凝灰质粉细砂岩。 14.8 m 20. 灰紫、褐紫色安山质集块岩，砾径10～30 cm，小者4～5 cm，安山凝灰质胶结。 19. 紫褐色安山玄武岩及玄武安山岩。 18.3 m 18. 暗紫、褐紫色安山质集块岩，顶部有一层10 cm的紫色泥岩。 63.9 m 17. 灰紫色凝灰质角砾岩。砾石成分主要为安山岩，凝灰质胶结。 15.2 m **中亚组（K_{1q2}）** 311.7 m 16. 灰紫色凝灰岩，下部含砾，局部夹安山岩、安山质砾岩、巨砾。 28.0 m 15. 灰紫色安山质凝灰岩及含砾安山质凝灰岩，底部夹有薄层安山岩。 47.2 m 14. 中—细粒凝灰岩夹灰色及灰紫色粗面岩。 75.9 m 13. 灰白、紫红、灰绿色粗粒凝灰岩、凝灰质角砾岩及灰绿、紫红色流纹粗面角砾岩。 55.0 m 12. 上部为灰紫、紫红、灰绿色凝灰质角砾岩及灰绿色安山粗面质凝灰岩；中部为紫红色安山质角砾岩、安山质凝灰岩；下部为灰紫、紫灰色安山粗面质含砾凝灰岩及粗面安山质含砾凝灰岩。 25.3 m 11. 灰绿、紫红色凝灰岩。 27.4 m 10. 上部为紫红色安山质凝灰岩、下部为紫红色安山质凝灰岩、安山质角砾岩、安山质细砾岩。 26.5 m 9. 紫红、灰绿色凝灰岩，安山质凝灰岩及含砾凝灰岩，顶部为安山质砾岩。 17.2 m 8. 紫红色含砾凝灰岩，顶、底为紫红色安山岩。 8.6 m

续表

白垩系	下统	**下亚组(K_{1q1})** 259.8 m 7. 上部为紫灰色安山粗面岩夹粗面质角砾岩,下部为灰色粗面岩及灰、浅紫灰色粗面安山岩。 27.7 m 6. 紫红、紫灰色粗面质含砾凝灰岩。 31.6 m 5. 上部为紫红色安山粗面质角砾岩;下部为粗面流纹质角砾岩。 27.5 m 4. 上部为灰紫、紫红色含砾安山质凝岩;下部为灰绿色仿砾凝聚灰岩。 18.3 m 3. 灰紫、紫灰色安山质砾岩夹紫红色砂质泥岩透镜体。砾石砾径一般 4 ~ 5 cm,最大可达 40 ~ 50 cm,安山凝灰质胶结,泥岩致密、坚硬。 23.1 m 2. 灰紫、紫红、紫灰色安山质角砾岩与安山凝灰角砾岩。砾径 6 ~ 7 cm,最大 10 cm。 35.1 m 1. 灰紫色黑云母安山岩及安山岩。顶部安山岩为紫红色,见气孔构造。其下与上侏罗统莱阳组呈不整合接触。 96.5 m 本组为一套火山岩系,主要由安山岩、玄武岩、粗面岩及火山碎屑岩等组成。其岩性纵、横向变化甚大。在胶县以南,上亚组为安山岩、粗面岩及流纹岩等,厚 1 000 ~ 1 500 m,中亚组基本上由火山碎屑岩和沉积碎屑岩组成;诸城东西部、胶南王台、五莲郭家辛庄一带,中亚组几乎全为集块岩,厚 2 000 ~ 3 000 m,诸城以南为沉积碎屑岩(砂岩、砂砾岩等),厚 150 ~ 170 m。诸城、胶县等地,下亚组以中性岩为主,厚 132 ~ 369 m。 在莱阳一带,上亚组为中酸性火山熔岩、角砾岩和集块岩、夹砂岩、粉砂岩、含砾凝灰岩等,厚 150 m,向西至桑家夼相变为安山岩、粗面安山岩及安山质角砾岩,厚度增大至 325 m;中亚组由安山岩、安山玄武岩、酸性凝灰岩、粗砂砾岩及粉砂岩等组成,厚 410 ~ 1 170 m,向西及东南厚度变薄,一般为 180 ~ 500 m;下亚组由安山岩、凝灰岩、含砾凝灰岩、安山质角砾岩组成,莱阳北部厚 225 m,向东至水沐头为 98 m,向西至桑家夼仅 32 m。在莱阳一带,本组上与王氏组呈整合或假整合接触,下与莱阳组多为不整合接触。 即墨、胶县以东,本组大片出露。上亚组由中酸性集块岩、凝灰质角砾岩及砂砾岩组成,厚约 680 m;中亚组由中酸性及基性火山熔岩和凝灰岩组成,厚约 2 500 m;下亚组分布于即墨西部马山和东南部南阡、丰城等地,主要由凝灰岩、凝灰质砂砾岩及粉砂岩、长石砂岩组成,厚约 1 000 m。其下与莱阳组可能为整合接触。
侏罗系	上统	**莱阳组(J_{3l})** 主要分布于莱阳山前店、姜童、海阳郭城、朱吴、东村一带及高密柴沟一胶县二十五里夼、诸城皇华店、五莲高泽一带,出露很好。在即墨马山、店前、洼里等也有零星分布。 **莱阳水沐头一瓦屋夼剖** 1 596.6 m **上亚组(J_{3l2})** 1 334.1 m **第三段** 508.3 m 26. 绿灰色厚层细砂岩,含砾细砂岩及棕色粉砂岩、紫棕色页岩,呈韵律性变化。砾石成分以花岗岩为主;砂岩钙、泥质胶结,含紫红色泥砾;粉砂岩含泥灰岩结核,具虫穴构造。与上覆青山组不整合接触。 18.0 m 25. 绿灰色中砾岩及棕色细砂岩、粉砂岩、红棕色泥质粉砂岩,呈韵律性变化。砾石成分主要为花岗岩、安山岩、花岗片麻岩,次为灰岩、闪长岩,次圆状;砂岩泥质胶结,交错层发育;粉砂岩中含泥灰岩及钙质砂岩结核和紫红色泥砾。 86.2 m

续表

侏罗纪	上统	24. 绿灰色细砾岩、砂砾岩及棕色块状粉砂岩，呈韵律性变化。砾石成分以安山岩为主，花岗岩次之，并含少量片岩、灰岩砾石，次圆状；粉砂岩交错层发育，并具小型斜层理，含紫红色泥砾，见钙质砂岩扁豆体和泥灰岩结核。　181.0 m
		23. 紫红色粉砂岩夹黄绿色细砂岩、含砾粗砂岩及紫红色页岩。砂岩钙质胶结，斜层理发育；砾石成分为片岩、安山岩、花岗岩。　46.5 m
		22. 紫灰色厚层—块状中细砂岩夹黄绿色含砾中、粗砂岩。砾石成分为变质岩、花岗岩；砂岩具小型斜层理。　48.1 m
		21. 紫灰色、黄绿色块状粉砂岩。成分以石英为主，云母次之，含泥砾，分选良好，交错层及斜层理发育。　43.9 m
		20. 黄绿色页状粉砂岩夹灰色厚层粉砂岩、棕黄色薄层钙质粉砂岩及绿灰色页岩。粉砂岩成分以石英为主，分选良好，钙质胶结，砂岩具交错层、斜层理、波痕、泥裂。　54.6 m
		第二段　705.5 m
		19. 灰绿、黄绿色薄—厚层粉砂岩与灰绿、绿黄、灰紫色页岩互层，中部夹褐灰、黑色页状白云岩。薄层粉砂岩波痕发育。　164.8 m
		18. 棕黄、灰色页岩—厚层粉砂岩夹灰绿、紫灰色页岩。粉砂岩成分以石英为主，含云母片，分选好，钙质胶结。　56.6 m
		17. 灰绿、黄绿色泥页岩夹黄色粉砂岩。　45.1 m
		16. 棕黄色页状—中薄层粉砂岩与褐灰色页状白云岩互层。见波痕和泥裂，含黄铁矿石结核。　48.5 m
		15. 棕黄色薄层—页状粉砂岩与褐灰色页状白云岩夹暗灰、灰色页岩。粉砂以钙质胶结为主，次为泥质胶结，具波状斜层理。　59.8 m
		14. 棕黄、绿黄色页状—薄层钙质粉砂岩、粉砂岩夹暗灰、灰绿色页岩及灰黑色页状白云岩，粉砂岩具波状层理和泥裂。　108.5 m
		13. 灰绿色页岩夹土黄色薄层粉砂岩，页岩层间夹方解石片。　19.5 m
		12. 灰绿、灰黄色薄层页状粉砂岩、钙质粉砂岩夹灰绿色页岩、灰黑色页状白云岩。粉砂岩具波状层理和波痕。　40.9 m
		11. 褐灰色页状泥质粉砂岩、黄绿色薄层钙质砂岩与黄绿色、紫棕色粉砂质页岩互层。夹灰色、灰黑色页岩及白色硅质层。层面具泥裂、泥纹。　71.7 m
		10. 上部为黄绿色泥质粉砂岩夹灰色、灰白色硅质、泥质粉砂岩；下部为棕黄色薄层钙质粉砂岩夹紫灰色粉砂质页岩。　33.5 m
		9. 褐紫色页状粉砂岩、泥质粉砂岩夹灰绿色钙质粉细砂岩。含丰富的云母片，局部含细砾。　56.6 m
		第一段　120.6 m
		8. 褐紫、紫褐色厚层砾岩夹紫褐色粉砂岩、含砾粉砂岩，上部夹黄绿色页状粉砂岩。砾石成分主要为花岗岩、花岗片麻岩，次为石英，砾径一般 1 ~ 2 cm，最大达 15 cm，粉砂岩具发育的交错层和波痕，钙、泥质胶结。　120.6 m

续表

系	统	内容
侏罗系	上统	**下亚组(J_{3l1})** 257.2 m **第三段** 116.1 m 7. 灰色、黄绿色含细砾细砂岩、紫褐色粉砂岩,中上部夹黄绿、紫褐色页岩及数层灰白色薄层硅质岩(单层厚 3 ~5 cm)。砂岩成分以石英为主,次为云母,分选良好,钙质胶结;砾石成分为石英、花岗岩及片岩。 63.8 m 6. 绿灰、黄灰色细砾岩及含砾粗砂岩夹粉砂岩。砾石成分以石英为主,次为花岗岩及片岩,次棱角状,钙质胶结;砂岩具波痕及斜层理。 52.3 m **第二段** 134.9 m 5. 棕黄色页状—薄层钙质粉细砂岩夹褐灰、灰褐色页岩。含岩屑及植物化石。粉细砂岩具泥裂、波痕,含石英细砾及铁质结核。 31.0 m 4. 上部为灰黑、灰绿色页岩和粉砂质页岩,夹棕黄色薄层钙质粉细砂岩及黄色钙质泥岩,含炭屑;中、下部为棕黄色页状—薄层含钙质粉砂岩夹灰绿色粉砂质页砂质页岩及灰—灰绿色页岩,中部夹一层高岭土质页岩。砂岩含细砾,具波痕,页岩中产植物化石。 56.3 m 3. 褐黑、褐灰色页岩夹棕黄色页状—薄层粉砂岩、含砾粉砂岩。页岩中夹灰色薄层泥灰岩及菱铁矿透镜体,含丰富的炭屑。 28.1 m 2. 黄灰色中厚层中、细砾岩及含砾粗砂岩、黑色页岩。三者呈韵律性变化。页岩中夹黄色薄层砂质泥岩,单层厚 2 cm;砾石成分以花岗岩、石英长石片岩为主,含黑色泥砾,砾径大者可达 5 cm,钙质胶结;砂岩钙质胶结具波痕。 19.5 m **第一段** 6.2 m 1. 深黄色粗巨砾岩。成分为伟晶花岗岩、石英长石片岩及少量石英,砾石最大可达 70 cm,棱角状,铁质、钙质及黏土质胶结。与下伏胶东群不整合接触。 6.2 m 莱阳地区,上亚组发育完整,第三段为河流相砂砾岩、砂岩夹页岩,含安山岩砾石,超覆于第二段之上,在朱家庄、闸沟头见其与胶东群呈不整合接触;第二段以稳定的湖相沉积为特征,发育一套暗色砂岩、页岩,并见较多的页状粉砂质白云岩及泥灰岩,常含沥青,产丰富的动植物化石;第一段属河床亚相砂砾岩沉积。上述三段构成一完整沉积旋回,明显超覆于下亚组之上,往西南至团旺、姜童、即墨马山等地均见该亚组与胶东群不整合接触,无下亚组之沉积。诸城、五莲地区岩性与莱阳一致,唯皇华店一带白云岩不发育。该亚组厚度一般 1 000 m 左右。但海阳上马山—古现厚达 2 737 m。 下亚组分布局限,主要见于瓦屋夼以北、以东及皇华店—高泽一线之南侧。瓦屋夼一带剖面完整。其第三段属河床及河床、滨湖交互相沉积;第二段主要为湖相沉积,产植物化石;第一段为残积和山麓洪积相巨粗砾岩沉积,三段构成一完整旋回,厚 256 m,往东至逍仙庄,厚度增大至 800 余 m,据钻探揭露,第二段中夹煤线。海阳湖西村一带,该亚组不完整厚度可达 1 730 m,与上覆上亚组整合接触。皇华店一带与瓦屋夼一致,二、三段中化石丰富,厚 1 578 m。 莱阳组在乳山西涝口—扫帚涧一带岩性最粗,厚达 5 635 m,高密柴沟—胶县二十五里夼一带也较粗,厚 3 694 m。

续表

下元古界	**粉子山群(Pt_{1fn}^{2})** 分为两个组。 **明村组(Pt_{1m}^{2})** 分布在莱阳嵯峨山、荆山店、大冶头,海阳徐家店—郭城一带。 **莱阳全岗口—西北岩剖面** 2 499. 0 m 3. 杂色厚层大理岩夹黑云变粒岩及斜长角闪岩。 1 011. 0 m 2. 黑云片麻岩夹斜长角闪岩。 880. 0 m 1. 蛇纹石化大理岩(剖面两侧夹滑石片岩)。 608. 0 m 明村组以大理岩为主体,沿纵向或横向,岩性变化皆为斜长角闪岩、黑云变粒岩及各种片麻岩相互交替,而其中主要是斜长角闪岩与蛇纹大理岩的变化,二者在平面上呈大的透镜体或条带状产出。嵯峨山厚 2 499 m,徐家店厚 4 500 m。 该组系大理岩—斜长角闪岩型碳酸盐岩—泥质岩类复理石建造。普遍经受中级区域变质作用,变质作用横向比较稳定,而纵向变化较大。
	山张家组(Pt_{1s}^{2}) 分布于莱阳姜格庄、东北岩及禄格庄一带。 以长石石英岩为主体,可相变为浅粒岩与石英岩的过渡型,黑云变粒岩与石英岩的过渡型。黑云斜长片麻岩、斜长角闪岩及磁铁石英岩等夹层沿走向皆可由长石石英岩所代替。在金岗口—西北岩地区厚 1 520 m。 该组系一套长石石英岩—浅粒岩型碎屑沉积建造。普遍经受中级区变质作用,变质作用横向较稳定,纵向变化较大。

十、胶南—东海地层小区

本小区位于山东省东南部和江苏省东北部。北以莒县中楼、五莲、胶南县王台为界；西至莒南县大店、郯城县东茅茨、江苏省新沂县瓦窑、睢宁县凌城一线；南以江苏省宿迁，东海县房山、赣榆一线为界；东临黄海。包括胶南、日照和江苏省东海、新沂、赣榆诸县，及五莲、诸城、莒县、临沭、郯城和江苏省宿迁、沭阳、睢宁、邳县等县之部分地区。

区内出露有太古—下元古界、下元古界、侏罗系、白垩系、上第三系和第四系，缺失震旦亚界和三叠系及下第三系，山东省部分尚缺失上第三系。

太古—下元古界胶东群广布全区。主要由白云钾长片麻岩、白云变粒岩、黑云斜长片麻岩及少量绢云石英片岩、斜长角闪岩、透镜状大理岩及部分混合岩化岩石组成，厚达17 000余米，与上覆粉子山群呈假整合或整合(?)接触。

下元古界粉子山群，主要由石英片岩、白云变粒岩、白云钾长片麻岩、黑云变粒岩、绢云石英片岩、斜长角闪岩夹大理岩组成，厚2 000余米。主要分布在五莲县城至朱家老庄及胶南七宝山至城子埠一带。下上覆侏罗系为不整合接触。

侏罗系，只发育上统。上部为黄绿、紫红色长石石英砂岩夹页岩；下部为黄绿色长石石英砂岩及砾岩，厚度不详。主要分布在胶南灵山岛、诸城桃林、日照小店子等地，出露局限。与上覆白垩系为不整合接触。

白垩系，上部为红棕色厚层砾岩、中细粒砂岩，下部为粗面安山岩、安山质角砾岩、凝灰岩、凝灰质砂页岩；厚3 000多米，主要分布于莒南刘家村、孙家路庄、芦家林以及胶南灵山卫、灵山岛等地，出露局限。

第四系主要由洪积、坡积相的黏质砂土、砂质黏土及冲积、海积相的中粗砂夹卵砾石、淤泥层组成，主要分布于沿海及山前一带。

本小区以太古—下元古界变质岩系发育、广泛出露为特征。

第四系	全新统	**全新统(Q_4)** **冲积层** 沿各河系分布。 为河床及河漫滩相的中粗砂夹砾卵石。　1.0~6.0 m **坡积洪积层** 分布于山间谷地及山麓地带。 灰黄、黄褐色黄土状黏质砂土或砂质黏土夹砂及砾石透境体，含少量碎石及钙质结核。　2.0~10.0 m **残积坡积层** 广布于区内的山坡和山麓地带。 黄褐色砂质黏土或黏质砂土夹岩石碎块。　1.0~2.0 m **海积层** 沿海组成海拔5 m左右的Ⅰ级海积阶地。 为沙嘴、沙堤、沙滩及海湾泻湖堆积的含卵砾石中粗砂，夹1~2层黑色淤泥层。含贝壳碎片，石臼所一带夹有磁铁矿砂层。　5.0~10.0 m

续表

第四系	上更新统	上更新统（Q_3） **冲积层** 分布于白马河、吉利河、傅疃河等Ⅰ级阶地上。 上部为黄绿色黏质砂土、砂质黏土及中细砂，厚 1～5 m，下部为中粗砂夹砾卵石，厚 3～5 m。　4.0～10.0 m **洪积层** 分布于东部大旺山等山麓地带。 棕黄、黄褐色砂质黏土、黏质砂土，含多层砾石透镜体，砾径 30～50 cm。5.0～10.0 m **坡积洪积层** 广布于山麓及山前地带。 棕黄色黄土状砂质黏土，黏质砂土为主，夹少量碎石及砾石，含铁锰质结核，层理明显。　5.0～8.0 m **海积层** 沿海呈宽 1～2 km 的带状分布，常组成海拔 5～10 m 的Ⅱ级海积阶地。 由含卵砾石的粗砂夹黑色淤泥层组成，表层常覆有薄层冲积相的黄褐色黏质砂土或砂质黏土，含贝壳碎片。　10.0～15.0 m
	中更新统	中更新统（Q_2） **冲积洪积层** 分布于山间谷地及东部大旺山等山前地带。 黄棕色黄土状黏质砂土或砂质黏土，夹砂及砾石透镜体，含钙质及铁锰质结核。 5.0～10.0 m **残积坡积层** 分布于王台、丝山等山坡和山麓地带。 黄棕、棕黄色砂质黏土、黏质砂土。具网状裂隙，含岩石碎块及铁锰质结核。 1.0～2.0 m
	下更新统	下更新统（Q_1） **河湖相堆积** 分布于南部东海一带。 由灰绿、灰白、黄棕色砂质黏土、黏土组成。含大量为高岭土胶结的花岗岩质砂、砾，夹数层钙质胶结的松砂岩。
白垩系	上统	王氏组（K_{2w}） 分布于莒南夏庄、刘家村、孙家路庄、芦家林、西岭泉等地，出露零星。只发育第一、二段。 **综合地层柱状剖面（临沂幅）**　>2 070.0 m **第二段** 紫色钙质页岩和红棕色钙质砂岩互层，中部夹厚层砂岩。　>1 470.0 m **第一段** 红棕色厚层砾岩，上部为中细砂岩。　>600.0 m 本组属河流、河湖相沉积，厚度大于 2 070 m。

续表

白垩系　下统

青山组(K_{1q})

分布于莒南大高埠、孙家路庄、芦家林等地,胶南灵山卫、灵山岛、薛家岛等地也有零星出露,莒南一带上亚组发育较好,中、下亚组不发育。

莒南县孙家略庄剖面	3 724. 9 m
上亚组(K_{1q3})	
第三段	2 272. 2 m
29. 粗面安山岩。	571. 5 m
28. 浅灰紫色黑云母辉石粗面安山岩。	354. 7 m
27. 熔岩角砾岩,上部为粗面安山岩。	16. 2 m
26. 浅灰紫色黑云母辉石粗面安山岩。	1 295. 1 m
25. 黑云母正长斑岩。	
24. 灰紫色黑云母粗面安山岩。	34. 7 m
第二段	487. 1 m
23. 浅棕红色凝灰质砂岩。	32. 8 m
22. 下部为紫红色黏土,向上变为棕紫色砂岩。有黑云母正长斑岩侵入。	38. 8 m
21. 棕紫色凝灰质砾岩与浅红色凝灰质砂岩。	97. 0 m
20. 黑云母正长斑岩。	
19. 熔岩角砾岩、凝灰质砂岩及浅棕色凝灰质砂岩。	18. 0 m
18. 紫色安山岩。	96. 8 m
17. 正长斑岩。	
16. 青灰色角闪石粗面安山岩。	53. 3 m
15. 黄灰色凝灰质砂岩。	56. 3 m
14. 安山质火山砾岩、凝灰质砂页岩。	94. 1 m
第一段	965. 6 m
13. 灰紫色辉石黑云母粗面安山岩。	335. 9 m
12. 黑云母正长斑岩。	
11. 灰紫色粗斑辉石黑云母粗面安山岩。	229. 1 m
10. 黑云母正长斑岩。	
9. 灰紫色辉石黑云母粗面安山岩。	194. 9 m
8. 黑云母正长斑岩。	
7. 粗面安山岩。	27. 4 m
6. 黑云母正长斑岩。	
5. 黑灰色致密粗面安山岩。	8. 2 m
4. 长英岩脉。	
3. 浅灰紫色辉石黑云母粗面安山岩。	106. 7 m
2. 正长斑岩。	
1. 粗面安山岩,底部有正长斑岩侵入,出露不全。	63. 1 m

莒南一带,上亚组以粗面安山岩为主,夹有凝灰质砂岩及角砾岩,厚 3 724. 9 m。胶南地区青山组上部以中基性火山岩流为主,内夹火山碎屑岩及沉积碎屑岩;下部由火山碎屑岩、沉积碎屑岩及页岩组成,厚度不详。

续表

侏罗系	上统	**莱阳组(J_{31})** 分布于胶南灵山岛、诸城栎林、日照小店子等地，为黄绿色、紫红色长石石英砂剧场及砾岩，并夹页岩，厚度不详。
下元古界		**粉子山群(Pt^{2}_{1fn})** 分布在五莲县城至朱家老庄及胶南七宝山至城子埠一带，胶南七宝山至王台一带出露齐全，分为三个组，综合描述如下。 **登云山组(Pt^{1}_{1d})** 黑云变粒岩，底部夹石墨片岩，其上与上侏罗统莱阳组为断层接触。　>506.0 m
		从家屯组(Pt^{2}_{1c}) 斜长角闪岩夹少量绢云母石英片岩、大理岩。　816.0 m
		林子组(Pt^{2}_{1l}) 石英片岩、白云变粒岩夹白云钾长片麻岩。　1 210.0 m 该群变动较大。在胶南县东北部大荒、城子埠到石梁唐家一带，从家屯组只出露下段为绢云石英片岩、含石墨绢云石英片岩、薄层石墨大理岩、眼球状片麻岩，厚1 050 m，林子组为白云片麻岩夹钾长石眼球状片麻岩、含石榴石白粒岩夹白云片岩、二云片麻岩，与下伏胶东群接触关系不清楚，厚1 650 m。五莲县城至朱家老庄一带仅出露林子组，为黑云钾长片麻岩夹黑云变粒岩、斜长角闪岩及大理岩透镜体和少量石墨片岩，厚1 149 m，在坤山一带则相变为巨厚的大理岩，与下伏胶东群为假整合接触。 该群原岩以泥砂质沉积为主，属地槽型碎屑岩建造，局部地区可见碳酸盐岩建造。经受区域变质作用，属绿帘石—斜长角闪岩相，具微弱混合岩化作用。
下元古—太古界		**胶东群($Ar-Pt^{1}_{1jd}$)** 分为三个组。 **坪上组($Ar-Pt^{1}_{1pn}$)** 主要分布于本小区北部、东部、在诸城、日照及胶南大片出露，南部莒南坪上一带亦有出露。露头良好。 **莒南县邱官庄—坪上剖面**　5 925.6 m **上段**　3 284.5 m 19. 二云钾长片麻岩。其上为第四系覆盖。　156.0 m 18. 二云钾长片麻岩。　452.7 m 17. 大理岩。　15.0 m 16. 黑云钾长片麻岩。　719.4 m 15. 白云变粒岩。　1 169.0 m 14. 白云变粒岩大理岩与石英岩互层。　211.6 m 13. 白云变粒岩夹薄层石英岩。　560.8 m **下段**　2 641.1 m 12. 眼球状混合岩化黑云钾长片麻岩，上部有白云钾长片麻岩。　611.2 m 11. 白云钾长片麻岩夹少量黑云钾长片麻岩。　509.9 m 10. 透闪大理岩。　12.6 m

续表

9. 眼球状混合岩化白云钾长片麻岩。　12.6 m

8. 透闪大理岩。　58.5 m

7. 石英岩。　42.0 m

6. 眼球状混合岩化白云钾长片麻岩。　30.6 m

5. 透闪大理岩。　186.0 m

4. 二云钾长片麻岩。　214.7 m

3. 眼球状混合岩化二云钾长片麻岩。　249.0 m

2. 白云钾长片麻岩。　460.0 m

1. 白云钾长片麻岩。　254.0 m

本组上段以白云变粒岩为主，下段以白云钾长片麻岩为主，二者均夹大理岩，但岩性变化较大。北部诸城、胶南一带，上段主要为白云钾长片麻岩，白云片岩；下段在徐家大村—库山一带以白云钾长片麻岩、白云变粒岩为主，诸城地区为石英片岩类，东北部茂隆山一带则为片麻岩、片岩，并出现浅粒岩。南部莒南一带，上段以白云变粒岩为主，下段与上述北部地区相似。在大坊前北部一带厚大于4 060 m，涛洛厚6 070 m，日照厚3 532 m。该组原岩为贫铁富钾、铝的碎屑岩建造，沉积韵律明显。经受区域变质作用，属绿帘石斜长角闪岩组，局部具混合岩化作用，有的已达均质混合岩，但以顺层混合岩为主。

下元古—太古界

洙边组（$Ar-Pt^{1}_{1z}$）

主要分布在本小区的中部和西南部，以日照甲子山地区及莒南洙边地区最发育，出露很好。

莒南县朱家洼—宋沟剖面　4 175.7 m

上段　2 493.7 m

23. 白云片岩、白云钾长片麻岩。　43.5 m

22. 粗粒花岗片麻岩。　35.7 m

21. 白云钾长片麻岩夹黑云片麻岩。　204.7 m

20. 含紫色石英的片麻状花岗岩。　227.6 m

19. 石白云钾长片麻岩。　216.0 m

18. 二云钾长片麻岩、白云钾长片麻岩、二云变粒岩为主，夹黑云石英片岩。　454.2 m

17. 碎裂花岗岩、麻棱花岗岩。

16. 绿帘白云钠更长片麻岩、白云片麻岩。其中有大量蛇纹石化变辉绿岩及细晶岩脉穿插。　152.8 m

15. 细粒黑云片麻岩、二云片麻岩、白云片麻岩。　335.9 m

14. 黑云母长石石英变粒岩。　272.9 m

13. 细粒黑云钾长片麻岩夹白云片麻岩透镜体。　199.7 m

12. 细粒黑云钾长片麻岩。　112.8 m

11. 黑云片麻岩夹黑云绿泥片岩。　166.9 m

10. 长石石英变粒岩。　52.0 m

9. 石英岩。　19.0 m

下段　1 682.0 m

8. 黑云钾长片麻岩夹变粒岩及片岩。　128.0 m

7. 黑云片麻岩夹黑云绿泥片岩及黑云钾长石英变粒岩。　66.0 m

续表

6. 细粒白云钾长片麻岩。 273.0 m

5. 黑云钾长片麻岩。 221.0 m

4. 细粒黑云钾长片麻岩。 273.0 m

3. 石榴白云钾长片麻岩、细粒黑云片麻岩。 195.0 m

2. 薄层云片麻岩。 430.0 m

1. 黑云钾长片麻岩及石英岩。 96.0 m

本组上段为黑云钾长片麻岩、黑云变粒岩夹透镜状大理岩，下段为黑云斜长片麻岩夹黑云变粒岩，少量斜长角闪岩及透镜状大理岩，岩性变化不大，仅在下段有些变化，小区西部洙边一带相变为黑云钾长片麻岩与薄层石英岩互层，及白云钾长片麻岩夹一些大理岩透镜体，本组在东夹河及崖子一带厚大于 7 000 m，陈家巡会厚大于 6 000 m，涛洛厚大于 8 000 m。原岩为碎屑—碳酸盐复理石建造，沉积韵律清晰，经受区域变质作用，属铁铝榴石斜长角闪岩相，混合岩化作用局部强烈，以顺层混合岩为主，局部含磷。

下元古—太古界

苍山组（$Ar-Pt^{1}_{1c}$）

仅分布于莒南苍山至东相沟一带。

莒南县西盘—白石洼信山剖面 >5 100.0 m

上段 >3 300.0 m

12. 黑云变粒岩夹斜长角闪岩。 250.0 m

11. 黑云角闪钾长片麻岩夹斜长角闪岩。 450.0 m

10. 条带状混合岩化黑云钾长片麻岩。

9. 眼球状混合岩化黑云钾长片麻岩夹黑云斜长片麻岩，并过渡到条带状黑云钾长片麻岩。

8. 条带状混合岩化黑云钾长片麻岩。

7. 角闪斜长片麻岩夹透镜状角闪片岩。

6. 眼球状混合岩化黑云钾长片麻岩夹 5～6 m 角闪斜长片麻岩。

5. 黑云斜长片麻岩，底部为眼球状混合岩化黑云钾长片麻岩。 506.0 m

4. 黑云钾长片麻岩，上部有眼球状混合岩化黑云角闪钾长片麻岩。 400.0 m

3. 黑云角闪钾长片麻岩。 700.0 m

下段 >500.0 m

2. 黑云片麻岩、二云片麻岩，顶部为角闪斜长片麻岩。

1. 黑云钾长片麻岩夹透闪绿泥片岩。 500.0 m

本组主要由条带状混合岩化黑云钾长片麻岩、黑云钾长片麻岩、黑云变粒岩、石墨片麻岩、斜长角闪岩、角闪片岩及少量透镜状大理岩组成，厚大于 5 160 m，为浅海泥砂质沉积物经区域变质作用而成，属绿帘钾长角闪岩相，混合岩化作用强，分布广泛。

附录1　山东省地质局805队奥陶系地层划分表(1966年)

<table>
<tr><td rowspan="2">奥陶系</td><td>中统</td><td>

马家沟组(O_2)

以石灰岩泥灰岩相间排列,重复出现,层位稳定,自下至上有三段石灰岩和三段泥灰岩,共三组六段。石灰岩自下至上越变越纯,从下至上逐渐变厚。现按时代自新(上)至老(下)分述之。

第三组石灰岩层(O_2^{3-2}):厚145~149 m。

下部为青灰色厚层半结晶致密的石灰岩,底部夹有泥质灰岩2~3层,表面风化呈淡黄色,中部为灰褐色,具有黄色斑点的豹皮状石灰岩,豹皮纹约有1~2 cm;上部为青灰色厚层纯灰岩,夹有灰白色粗粒结晶石灰岩,常呈带状和涡卷状,此层石灰岩喀斯特溶洞较发育,在层面上有化石珠角石、卷螺。

第三组厚层泥灰岩(O_2^{3-1}):厚51~130 m。

下部为灰黄色泥灰岩夹荀状和涡漩状石灰岩层,底部有大瘤状石灰岩砾岩,中部为暗黄色厚层石灰质角砾岩,上部为暗灰色薄层至厚层的泥质灰岩。

第二组石灰岩层(O_2^{2-2}):厚224~337 m。

含燧石结核为此层石灰岩的特点。下部为青灰厚层石灰岩,含网状和虎纹状细条,黄色泥质虎纹靠下边较少往上较多。中部为青灰色中厚层石灰岩,夹有1 m厚的泥灰岩数层,表面为灰黄色及有网格状白色方解石细脉,在石灰岩中见有干柴页状的燧石结核,且含有4~5层,厚为0.5~1 m的白云质灰岩。此层灰岩地表喀斯特溶沟溶槽很发育;上部为中厚层灰黄色虎纹状泥质灰岩和纯灰色纯灰岩,灰岩表面有小涡卷构造和少量干柴页状燧石结核,且发育着溶槽和溶沟,有化石珠角石。

第二组泥灰岩层(O_2^{2-1}):厚33~61 m。

上部为黄色薄层泥灰岩,含泥量小于50%。下部石灰质角砾岩,角砾大小不均,排列紊乱。

第一组石灰岩层(O_2^{1-2}):厚120~172 m。

下部为青灰色页状石灰岩,节理发育很破碎,中部为青灰色板状石灰岩,风化面为浅灰。层面上有次生方解石细脉,上部为中厚层青灰色石灰岩,顶部夹有1.5 m厚的泥灰岩二层,灰岩层面上有方解石细脉充填,少数呈鸡爪状,有化石珠角石、卷螺。

第一组泥灰岩层(O_2^{1-1}):厚30~36 m。

上部为灰黄疏松的泥灰岩,含泥质75%,所以极为风化,其中央二层2 m厚的泥质灰岩,下部为夹有石灰质角砾岩之泥灰岩。

</td></tr>
<tr><td>下统</td><td>

冶里—亮甲山组(O_1):厚55~95 m。

上部为浅灰色厚层的细粒状白云质灰岩,致密坚硬,风化面微黄色,顶部发育很不规则的风化裂隙。此层中含有坚硬的燧石结核和条带,扁豆状而且表面有铁锈色。下部为浅灰色微微发青的薄层板状粗砂砾状白云质灰岩,此层节理发育多破碎有化石。

</td></tr>
</table>

注:泰安地层小区。

附录2　山东省区域地层对比表

地层系统					构造单元				
					鲁西台背斜		鲁东地盾		
界	系	统	群	组	鲁中隆断区	沂沭断裂带	胶南隆起区	高密－海阳坳陷区	胶东隆起区
新生界	第四系	全新统			全新统—更新统	全新统—更新统	全新统—上中更新统	第四系	第四系
		上更新统							
		中更新统							
		下更新统							
	第三系	上新统		上玄武岩组	玄武岩组	上玄武岩组		玄武岩组	玄武岩组
		中新统		山旺组 下玄武岩组		下玄武岩组			
		渐新—始新统		官庄组（五图组）	官庄组	官庄组			
中生界	白垩系	上统		王氏组		王氏组		王氏组	
		下统		青山组	青山组	青山组	青山组	青山组	青山组
	侏罗系	上统		莱阳组（蒙阴组）	莱阳组	莱阳组	莱阳组	莱阳组	莱阳组
		中统		三台组	三台组				
		下统		坊子组	坊子组	坊子组			
古生界	二叠系			凤凰山组	凤凰山组				
				南定组	南定组				
	石炭系			山西组	山西组				
				太原组	太原组	太原本溪组			
				本溪组	本溪组				
	奥陶系	中统		马家沟组	奥陶系	奥陶系			
		下统		冶里亮甲山组					
	寒武系	上统			寒武系	寒武系			
		中统							
		下统							
元古界	震旦系		蓬莱群	土门组	土门组	土门组			
				香夼组					香夼组－豹山口组
				南定组					
				辅子夼组					
				豹山口组					
	前震旦系		粉子山群	芝罘组					粉子山群
				岗嵛组		岗嵛组－祝家夼组	岗嵛组－祝家夼组	岗嵛组－祝家夼组	
				张格庄组					
				祝家夼组					
太古界			胶东群	旌旗山组（坪上组）			胶东群		胶东群
				化山组（洙边组）					
			泰山群	山草峪组	泰山群	泰山群			
				雁翎关组					
				太平顶组					
				万山庄组					

参考文献

[1] 方文藻,李予国,等. 瞬变电磁测深法原理[M]. 西安:西北工业大学出版社,1993.
[2] 牛之琏. 时间域电磁法原理[M]. 长沙:中南大学出版社,2007.
[3] 山东省水利科学研究所. 电测找水[M]. 济南:山东人民出版社,1973.
[4] 沃德 S H. 地球物理用电磁理论[M]. 新疆工学院电磁法科研组译. 北京:地质出版社,1978.
[5] 王大纯,张人权,等. 水文地质学基础[M]. 北京:地质出版社,1985.
[6] 彭万真,韩运宴. 综合地质[M]. 北京:中国建筑工业出版社,2002.
[7] 日丹诺夫 M C. 电法勘探[M]. 张昌达译. 北京:中国地质大学出版社,1990.
[8] 张保祥,刘春华. 瞬变电磁法在地下水勘查中的应用综述[J]. 地球物理学进展,2004,19(3).
[9] 张保祥,刘春华,等. 瞬变电磁法在海(咸)水入侵动态监测中的应用研究. 自然灾害学报. 2001,10(4).
[10] 中国地质学编辑委员会,中国科学院地质所. 中国区域地层表(草案)[M]. 北京:科学出版社,1956.
[11] 海特曼 F,等. 地质家应用地球物理学[M]. 许云,赵静宣译. 北京:石油工业出版社,1984.
[12] 何继善等译. 电法勘探中的电化学研究[M]. 长沙:中南大学出版社,1987.
[13] 张守信. 中国地层名称[M]. 北京:科学出版社,2001.
[14] 钟新淮,陈居和. 找水新法——激发极化法[M]. 北京:水利电力出版社,1987.
[15] 山东省地质矿产局. 山东省岩石地层[M]. 武汉:中国地质大学出版社,1996.
[16] 薛禹群,朱学愚. 地下水动力学[M]. 北京:地质出版社,1978.